# NUEVA HISTORIA de MADRID

# NUEVA HISTORIA de MADRID

JOSÉ ANTONIO VACA DE OSMA

ESPASA

ESPASA FÓRUM



Diseño de colección y cubierta: Tasmanias
Ilustración de cubierta: *Plaza Mayor,* por Franklin McMahon - Franklin McMahon/CORBIS
Ilustraciones de interior: J. Laurent, L. Levy, E. K. Tensión, A. Guesdon, libro *Historia de la Villa y Corte de Madrid,* Archivo Espasa
Foto del autor: Vigil
Realización de cubierta: Ángel Sanz Martín

Depósito legal: M. 529-2007
ISBN: 978-84-670-2364-0



Espasa, en su deseo de mejorar sus publicaciones, agradecerá cualquier sugerencia que los lectores hagan al departamento editorial por correo electrónico: sugerencias@espasa.es

Impreso en España / Printed in Spain
Impresión: Huertas, S. A.

Editorial Espasa Calpe, S. A.
Complejo Ática - Edificio 4
Vía de las Dos Castillas, 33
28224 Pozuelo de Alarcón (Madrid)

*Si fueras como un árbol,*
*haría de ti un navío*
*para surcar los mares*
*huyendo del gran frío;*
*porque tú te mereces*
*el calor del estío*
*porque eres fuerte, José,*
*tú, querido hijo mío;*
*príncipe de tesoros*
*como Rubén Darío.*
*Valiente y adelante:*
*con tu gran señorío*
*vencerás al Maligno,*
*y a la orilla del río*
*partirás a los mares*
*y serás mi navío,*
*José Antonio, hijo mío.*

# ÍNDICE

## SEGUNDA PARTE

# Justificación

Brava ocurrencia la de ponerme a escribir una historia de Madrid con pretensiones de cierta novedad cuando se lleva escribiendo sin parar desde hace siglos sobre ese ser vivo y cambiante que es nuestra ciudad.

Desde Lope, Quevedo, Calderón, Tirso... hasta el último gacetillero que comenta la explosión de una cocina de butano en Moratalaz, hasta la penúltima bofetada de un compañero sentimental a su pareja en Aluche, algo más o menos noticiable, todos los días y a todas las horas, está pasando en estas tierras entre el Jarama y el Manzanares.

Cuando escribo un estudio biográfico sobre cualesquiera de los grandes personajes del pasado, una de mis aficiones preferentes, suelo tener la manía de irme a los orígenes en busca del biografiado y, aún más atrás, en pos de sus antepasados.

He comprobado que en tan lejanos precedentes suele estar muchas veces la razón de ser del personaje, su carácter, sus calidades..., es decir, lo que merezca ser tenido en cuenta, la justificación de que el tal sujeto no haya sido uno más a ser olvidado bajo las innumerables lápidas de nuestro ancho mundo.

Madrid, para mí, es un ser vivo. Gasto la pequeña broma de considerarlo un personaje masculino en el primer capítulo, pues sus defectos mucho tienen de tal; pero al fin y al cabo da igual, progenitor A o progenitor B, según se ha dispuesto desde la Moncloa.

Justifico también mi osadía de hoy para meterme en este embrollo: debo de ser uno de los pocos madrileños de nuestro tiempo metido a historiador. Nacido en Madrid, hijo, nieto, biznieto, tataranieto y chozno de madrileños, desde hace siglos, es posible que alguno llegara a ser amigo de san Isidro.

Una obra sobre tan múltiple, cambiante e importantísimo personaje como es la capital de España no cabe en toda una gran enciclopedia, y eso limitando mucho el espacio y el tiempo. Por eso el lector apreciará que faltan muchas cosas, que sobra más de una y que hay excesos de personalismos, tanto en mis opiniones y análisis como en la selección de los protagonistas. Téngase en cuenta que nuestros grandes cronistas y biógrafos madrileñistas han necesitado miles de páginas y que casi siempre se han limitado a una época y a ciertos relevantes episodios. No cito nombres de tan preclaros autores para evitar injustos olvidos, pero a todos los he tenido presentes.

No tengo la menor pretensión de erudito investigador que descubre viejas cartas carcomidas, sellos medievales y hasta palimpsestos. Lo que sí hago es analizar, aclarar, concatenar los hechos y dar una visión, a veces general, a veces detallada, que sitúe al lector y tal vez hasta le haga recordar y le dé que pensar sobre la capital de España, que es la de todos, hasta de los recién llegados.

En este libro hay saltos en el tiempo; no es ni debe ser una Historia de España. Recurro a muchas simplificaciones y hasta paso de largo, voluntariamente, sobre ciertos hechos y determinados personajes.

No oculto ni por un momento mis preferencias, si bien procuro ser ecuánime y evitar ciertas fobias. Pero lo que sí aseguro es la fidelidad y la seriedad de los hechos, salvo en algún detalle anecdótico. Para mayor documentación me he valido de los datos y citas de muchos acreditados historiadores y cronistas. Me fío de ellos como espero que os fiéis de mí.

De los apéndices del libro, hay dos que son reproducidos de artículos que escribí en la prensa de Madrid en 1954 y 1964, es decir, hace medio siglo. Lo que demuestra que mis preocupaciones y mi interés por nuestra ciudad no es cosa de hoy, y que ideas que entonces expresaba siguen teniendo cierto valor actual. Lo malo es que no todo ha evolucionado como fuera de desear.

Me he detenido al llegar aproximada y apresuradamente a 1975. Conozco a demasiados protagonistas y es pronto para juzgarles. Han ocurrido tantas cosas y están tan cerca, son tan cambiantes, que sería excesiva osadía el entrar ahora en polémicas contemporáneas y elogiar o criticar a quienes, todavía, merecen mis respetos.

Además, lean los periódicos de hoy y vean que los de ayer ya se han quedado viejos, pero no tienen categoría de historia.

El tema de todas mis obras tiene su protagonista: España, y con ella, inevitablemente, pese a quien pese, la Monarquía católica que nos viene, al menos, desde Recaredo. Hoy le toca la hora a Madrid, porque, pese a quien pese también, sigue siendo la capital de España.

# PRIMERA PARTE

# 1
# Estoy en el centro y me llamo Madrid

## Madrid soy yo, un gran señor

Hace pocos meses oí decir en la televisión, a un novelista recién premiado, que Madrid era para él como una mujer a la que se sentía íntimamente unido, su novia, su amante... Muy simpático ese enamoramiento; pero resulta que Madrid soy yo, un gran señor, que no acepto amores contra natura, riquísimo o arruinado según las épocas y las circunstancias, antiquísimo y joven a la vez, perfecto y a medio hacer, amén de otras muchas cosas contradictorias, paradójicas y esencialmente masculinas. Claro que en todo hombre como yo hay a veces facetas femeninas que no tergiversan mi masculinidad suavizada por cualidades muy propias de las féminas, como ternura y generosa entrega; inquietud, temores y debilidades también; amor a la familia, mal genio y dulces reconciliaciones... En conjunto, yo, Madrid, soy así, y desde luego adoro a mis ciudadanos.

Es cierto que por modestia y por mis añoranzas medievales me he dejado llamar villa, nombre simpático que desde su origen latino da idea de morada, residencia acogedora e independiente, no adosada, con campo alrededor. Efectivamente, soy así, siempre en señor: «El gran Madrid», «El Madrid de los Austrias», «El Madrid de Carlos III», «El nuevo Madrid»... Nunca «la Madrid». Y lo mismo ocurre a otras grandes ciudades: Londres, París, Washington, Moscú, mientras que Roma, Praga, Lisboa o Nueva Orleans son por esencia femeninas, sin necesidad de ponerlas por delante la ciudad de lo que sea.

Después de esa simple teoría sobre el sexo de las ciudades, pasaré a presentarme a ustedes, y para que me conozcan bien, empezaré por el principio, explicando mis orígenes, llegando hasta la gestación prehistórica. Luego, historia, mucha historia, mi fisiología geográfica, mi anatomía grandiosa y llena de defectos, con mucha política, entusiasmos y desidias, juerga y tragedia, arte y chafarrinón, balbuceos de niño y de viejo... ¿A que me vais reconociendo?

Estoy aquí, en el centro, y en ese centro están muchas de las razones que me llevaron a mandar, a sufrir, a envanecerme y a lamentarme, a ser querido y a ser odiado como ente político y como capital de las Españas. En conjunto puedo decir que soy el producto, el resultado de la cópula fecunda de lo geográfico y de lo histórico, como decía mi amigo en la distancia, el eminente don Claudio Sánchez-Albornoz. A esos factores es a los que habría que echar todas las culpas.

Lo que sí me atrevo a decir es que, sin ser capital del país, Madrid se habría quedado en poca cosa, en el «poblachón manchego» de los viejos gacetilleros, y en cambio España, con cualquier otra capital, seguiría siendo España. Aunque muy diferente.

Yo querría seguir siendo mi propio historiador, mi cronista. Pero creo que ni a mí ni al lector nos conviene. Caería a menudo en presuntuosos comentarios y en vanidades agresivas, en dicterios contra los que no me gustan, cuando no en lloros y lamentaciones, que soy sensible y de todo hay en mi larga trayectoria de grandezas y miserias. He preferido que todo lo vayan contando y comentando bajo mi supervisión, para evitar torcidas interpretaciones, una serie ilustre de historiadores, críticos, ensayistas y hasta poetas, casi todos nacionales, más algún extranjero de paso.

Los madrileños de nacimiento y de estirpe somos bastante pocos, a veces un poco vergonzantes, dominados por los provincianos, turistas y advenedizos. A mí, como capital, alternativamente, según soplen los vientos, según estorben las obras, según gobiernen los buenos o los malos [1], me quieren o me detestan.

Yo, Madrid de mis pecados y de vuestros pecados, soy un poco como mi amigo el marqués de Bradomín, viejo con el alma joven, también feo por las obras, el botellón y las pancartas; monumental, gran señor e histórico. Pese a quien pese, católico y, desde luego, sentimental. Tengo los brazos y el corazón abiertos, pero los que vengan que pasen por un filtro, que por ahí hay mucha gentuza y quiero saber con qué intenciones vienen.

## Ardua cuestión la de mi nombre

Efectivamente, ardua cuestión, y no bien dilucidada, aunque Madrid me llamo, y para siempre. Como ocurre con los humanos, nadie me consultó para mi nacimiento, para que apareciera por tierras de esta alta meseta. Además, como no nací completo y de una vez, más bien por etapas y amplios espacios como secas lagunas, las gentes me fueron dando diversos nombres según los tiempos y de un modo un tanto caprichoso. ¿Cómo me llamarían los homínidos que primero me habitaron?

Desde luego, no hubo bautizo, y como al principio era muy poca cosa no me pusieron seis o siete nombres, incluido el de Todos los Santos, como hacen en las casas reales de nuestras católicas dinastías. Más bien no debieron llamarme nada.

Los más eruditos de los tiempos modernos han removido todo lo removible y se han exprimido a fondo los sesos para dar con los orígenes de mi nombre y acertar con el más apropiado para llamarme. Claro que aceptando que a estas alturas lo de «Madrid» está muy bien y debe quedar para siempre. El insigne don Ramón Menéndez Pidal y otros no menos insignes investigadores, como don Manuel Gómez Moreno, Elías Tormo, Oliver

[1] En los días en que esto escribo, don Gregorio Peces-Barba, luminaria de la Universidad, con motivo de un homenaje a Santiago Carrillo, tuvo la genial idea de dividir a los españoles en buenos y malos. Los buenos, naturalmente, eran él y los suyos.

Asín[2], el viejo maestro López de Hoyos, etc., presentan diversas teorías casi nunca coincidentes. Resumo algunas de ellas para informar, pero procurando no fatigar con erudiciones.

Menéndez Pidal reconoce la gran dificultad de la tarea. Se inclina por una etimología celta: Magerito o Mageterito, del adjetivo *mago,* 'grande', y del sustantivo *ritu,* equivalente a 'puente' o 'lugar de paso'.

Gómez Moreno prefiere un origen púnico, Magalia, o el latino Maxeria, que significa 'choza', con el sufijo de lugar *it,* lo que daría Magerit o Maxerit.

Jaime Oliver Asín va directamente al latino Matrice y a su traducción al árabe Mayrit, con el significado de 'agua matriz', de 'arroyo' o 'canal matriz'. Parece que se va acercando al verdadero topónimo, resumen de los anteriores, que acabaron unificándose en la Edad Media, suma de lo latino, visigodo y mozárabe, en Matrit o Madrid. Y perdón, querido lector, por estas modestas erudiciones, tomadas de los maestros.

## Fantasías euskéricas y precisiones históricas

Más aventurada que todas estas teorías es la que expone José Luis Comenge Gerpe en su libro *La Gran Marcha Ibérica.* Madrid, para él, viene del euskera, que es algo así como el lenguaje que con diversas formas dialectales hablaba antes de los romanos toda la Península, el ibérico, según lo prueban numerosos hallazgos, inscripciones y la toponimia de aquellos remotos tiempos. Según Comenge, todas las palabras que nombran a Madrid y su entorno geográfico vienen del vasco Madaritze, 'peral silvestre', o sea, 'madroño'; Mantua, la Mantua Carpetana, nombre prerromano de Madrid, viene del euskera Maunt-tzua, que quiere decir 'lo muy elevado'. Estas elucubraciones de Comenge van mucho más allá; explica el origen vasco de las palabras Manzanares (Mean-zan-aretz), de Puerta de Moros (Murru), Plaza de Oriente

[2] Oliver, gran arabista, fue mi profesor en quinto año de bachillerato y era bastante intransigente y no admitía opiniones ajenas.

(Urien-tetz), hasta la plaza de la Cebada, del Alamillo, del Humilladero...

Incluso el término antiguo de Ursuaria, 'tierra de bosques y osos', lo deriva del vasco, Ur-suaria, 'tierra de muchas aguas'.

Curiosas fantasías en las que hay algo de verdad y en las que aparecen casi siempre los significados de «agua», «cuevas» y «altura». Los he traído aquí como una curiosidad etimológica que trata de probar en muchos capítulos el españolismo de lo vasco o el vasquismo de España [3].

Entrando en el terreno histórico, mi nombre de Magerit aparece con variantes en la *Crónica* de Sampiro, prelado de Astorga del siglo XI: «La ciudad que se dice Magerit por el árabe que la fundó, Mohamed I, entre los años 852 y 866»... Y como Magerit la cita el famoso arzobispo Rodrigo Ximénez de Rada. No mucho después, en el Fuero de Madrid, dado por el gran Alfonso VIII en 1202, aparece nada menos que treinta y seis veces citado mi nombre como Madrid. En el *Cronicón* de Cerdeña se dice: «El Rey don Ramiro en 968 cercó a Madrid y prísolo y lidió muchas veces con los moros y fue aventurado contra ellos».

Hay otras citas más recientes sobre mis nombres. En el reinado de Carlos I, el madrileño Juan Hurtado de Mendoza escribe estos malos versos:

Antiguos griegos Mantua te pusieron
Y los romanos que después fundaron
Ursuaria y Mayoritum te llamaron
De aquí Madrid en romance te pusieron.

El dómine López de Hoyos, maestro de Cervantes niño, me define así, y se lo agradezco: «Llámase este pueblo Madrid, y dejando patrañas aparte, este nombre es arábigo y quiere decir en nuestro castellano lugar ventoso, de aires subtiles y saludables, de cielo claro y sitio y comarcas fértiles». Otro famoso, Sebastián de Covarrubias, dice que el nombre de Madrid también en arábigo quiere

[3] Véase *La Gran Marcha Ibérica,* de José Luis Comenge Gerpe, Ed. Epesa, Madrid, 1967.

decir terrones de fuego, lo que no contradice la idea de Casiri, arabista al servicio de Carlos III, que afirma que Magerit significa «venas, conductos y corrientes de agua», y los «terrones de fuego» se refieren a las puertas de pedernal de las murallas refulgiendo al sol.

Todas estas interpretaciones coinciden en muchos aspectos, sobre todo en lo que se refiere a las corrientes de agua, con las de Comenge Gerpe, que relaciona con el agua casi todos los orígenes euskéricos de la toponimia urbana de mi tierra. Hasta hay un viejo dicho vulgar: «Madrid la osaria / cercada de fuego / fundada sobre el agua»[4].

## Las leyendas de mi origen

Empeño harto frecuente ha sido en las grandes ciudades llamadas a ejercer alguna influencia en los destinos de la Humanidad el ilustrar sus orígenes poniendo su fundación en aquellas primitivas edades que caen bajo el dominio de la fábula, bajo el velo del mito. Así empieza Amador de los Ríos uno de los primeros capítulos de su *Historia de la Villa y Corte de Madrid.* Como ejemplos, va citando a Troya, Atenas, Creta, Roma y muchas ciudades italianas y hasta de la Gran Bretaña del rey Arturo.

En cuanto a mí, Madrid, Agustín Azcona, en la Historia que me dedica me acusa de delirios de grandeza y dice lo siguiente: «Deliróse mucho entonces con abolengos y alcurnias y la manía de los orígenes gloriosos contagió también a la literatura e historia, pero de un modo tan lastimoso que no se desechaba especie, circunstancia ni noticia que pudiera realzar el asunto. Las opiniones que se establecían, pasando de extravagantes rayaban en desatinadas, y como se hallase poca luz en los buenos libros, fue más fácil asirse a los falsos cronicones...».

No soy yo de los que se dejan embaucar por estas fábulas y peregrinas invenciones. Me atengo, en cuanto a mi pasado, a datos firmes, fidedignos y perfectamente documentados, hasta con

[4] De la obra *Crónica y guía de una ciudad impar,* de Federico Sáinz de Robles (Espasa Calpe, 1962), en la que figuran muchos datos sobre el nombre de Madrid.

testimonios directos. Lo que no quita para que me diviertan, sin envanecerme, esas gloriosas leyendas semimitológicas con las que me quieran adornar.

Se cuenta, por ejemplo, que Manto, sibila de Delfos, de espléndida hermosura, marchó de su país a la península Itálica, y allí fue amada por Tiberino, río de Etruria, según relata Virgilio. Dio a luz un hijo llamado Ocno, que en plena juventud abandonó su patria, recorrió medio mundo conocido y arribó a las costas ibéricas. Penetró al interior y halló hospitalidad en las gratas orillas del Manzanares, donde levantó un poblado en la altura de las colinas cercanas, poblado al que dio un nombre derivado del de su madre, de la sibila Manto, Mantua, nombre dado también antes a la ciudad donde vivían en Italia. Para distinguir una de otra me llamaron Mantua Carpetanorum: Carpetania, nombre de toda la región situada al sur de la gran cordillera, y carpetanos sus habitantes.

Así que de este bello mito se desprende que mi fundador fue un tal Ocno Bianor, y así lo recogen numerosos ingenios españoles desde la Edad Media, como el marqués de Santillana y Juan de Mena y varios hombres doctos tan serios como Lucio Marineo Sículo, León Pinelo y hasta Miguel Servet.

En todos los eruditos de aquellos tiempos aparece citada Mantua junto a Toletum y Complutum como importantes de la región carpetana.

Así también en las famosas Tablas de Tolomeo, y algunos de esos doctos señores aseveran que mis orígenes son griegos, como lo aprueba el dragón, símbolo alegórico de la civilización helénica, que campea en mi escudo, por aparecer grabado en piedras de restos monumentales madrileños: por ejemplo, la gran culebra de Puerta Cerrada.

## El escudo de Madrid

Y ya que hablamos de escudos, voy a tratar de explicaros el mío. Desde el siglo XIII, como poco, se emplea el oso como blasón. Madrid, tierra de osos, como Berna, como Moscú; bosques de tiempos del rey Alfonso XI, rey cazador en mis montes, famoso ya por ello en el *Libro de Montería* del Rey Sabio. Igualmente las siete estrellas, representación de la Osa Mayor. Se dice que siglos antes las legiones romanas por aquí acampadas pusieron estos símbolos en sus escudos, legiones en la Mantua Carpetanorum, si bien me parece que nos acercamos demasiado al reino de la fantasía.

Algo parecido ocurre con las noticias de la presencia entre mis muros del gran rey babilonio Nabucodonosor, que recogen cronistas tan formales como López de Hoyos y Jerónimo de la Quintana, basándose en que en el Arco de Santa María se habían hallado unas láminas de metal, prueba según ellos de que el tal arco había sido construido «en honor a tan alto príncipe soberano».

En cuanto al famoso madroño, he encontrado varios en mis plazas, jardines, parques y campos de alrededores. Tal vez los más conocidos sean el del Jardín Botánico y el de bronce en la Puerta del Sol. Puede que hubiera madroños en tiempos remotos, cuando mis antepasados vivían en un puro bosque y en cuevas en las estribaciones del río. Está bien como arbórea fantasía heráldica. Lo prefiero a las aburridas acacias de los gobernantes y alcaldes masones, que en los últimos siglos plantaron por doquier en mis calles. O a las queridas encinas de nuestros montes cercanos, tan castellanas, tan carpetovetónicas pero tan poco urbanas.

Así que ya sabéis: me llamo Madrid, soy la capital de España y estoy en el centro de la Península con mis estrellas, mi oso y mi madroño. Ahora me toca contaros mi Historia.

Sin embargo, para amenizar un poco esta introducción etimológica, heráldica y algo fabulosa, os diré que han aparecido unos seres extraterrestres y peligrosos, conocidos como separatistas vascos, a los que el nombre de Madrid parece molestarles tanto que ahora en sus documentos, televisiones, periódicos, libros de texto... me llaman «Madril», así, con «l». Claro que a Vitoria le llaman Gasteiz, y a Villarreal, Legutiano, por ejemplo.

Y otros colegas suyos, por tierras del nordeste peninsular, se han creído que yo, Madrid, soy solo un odiado club de fútbol, vestido de blanco. Cosas veredes, Sancho hermano...

# 2
# De las terrazas del Manzanares al castillo famoso

## Madrid tuvo su importante Prehistoria

No hay científicos a la vez más materialistas y más imaginativos que los prehistoriadores. No se sienten satisfechos más que cuando tienen un trozo de sílex o un pedazo de hueso entre manos o cuando excavan entre estratos de arcillas y arenas en pos de los restos de un cántaro roto o de una fíbula de bronce. Pero, al mismo tiempo, ¡qué imaginación!, ¡qué ciencia especulativa para jugar con los miles, o millones de años! Yo les admiro mucho. Me hubiera gustado ser el último aprendiz de su admirable cofradía. Los prehistoriadores han sido felices hurgando en las tierras que hoy ocupa Madrid y en sus alrededores, hasta la sierra y más allá del Jarama. Aún les queda mucho por hacer y por descubrir, según mis noticias.

No me voy tan atrás por capricho. Siempre he creído que para conocer bien a un ser humano o a una agrupación de gentes, un pueblo, una ciudad, un país, hay que ir a los orígenes, ya que desde el principio se va formando la personalidad, sus atavismos y sus impulsos de futuro.

En España, por ejemplo, no basta con llegar a los romanos, incluso a iberos y celtas; hay un sustrato anterior que es el que aporta la base genética y caracterial a los primeros hispanos, luego tantas veces modificados a través de los siglos, no siempre de forma positiva. Lo mismo ocurre concretamente en lo que se refiere a nuestro Madrid. Son los que Waldo Frank, en sus mágicas ideas de la Historia, llama «los cromañones de Iberia».

Pues bien: esta Mantua, este Magerit de nuestras virtudes y de nuestros pecados, empezó a conocer bien su Prehistoria a mediados del siglo XIX. Una serie de excavaciones arqueológicas dieron lugar a unos sensacionales descubrimientos que se fueron completando y publicando por unos ejemplares prehistoriadores como Casiano del Prado, Obermaier, Guinea, Cortázar, Pérez de Barradas y Martínez Santolalla. Gracias a su ciencia y paciencia, Madrid cuenta hoy con algunos de los más ricos yacimientos paleolíticos del mundo, situados en gran parte en las genéricamente llamadas terrazas del Manzanares, a orillas o en las riberas elevadas de nuestro aprendiz de río, antaño más caudaloso, alcanzando los términos limítrofes de Vallecas, Villaverde y Vicálvaro, que hoy son unas grandes poblaciones incorporadas de hecho al Gran Madrid. Incorporaciones que comentaremos y criticaremos en su momento.

Los técnicos nos hablan de los diversos períodos prehistóricos, de sus descubrimientos madrileños del Terciario y del Cuaternario, de los planos superpuestos del Achelense y del Musteriense como fases mejor estudiadas de la zona. Lo más interesante para los profanos, me figuro que la mayor parte de los lectores, no son las arcillas rojas, la arenisca blanca, el yeso mate, los cristales de magnesita, los pedernales, los cuarzos, el terreno jurásico y los estratos carboníferos a la orilla de los ríos. Lo que puede interesarnos es la vida de los antepasados, que no difiere mucho de la que vivían otros europeos en las orillas de otros ríos mucho más caudalosos.

Los restos de animales del Terciario, antílopes, renos, ciervos, mastodontes, hipopótamos, rinocerontes... nos hablan de la caza con trampas e instrumentos contundentes. Los mamíferos más comunes aparecen en el Mioceno y sus restos son muy abundantes: caballos, toros como bisontes, cánidos, osos, incluso leones. Los yacimientos más ricos son el de San Isidro, descubierto por Obermaier y Pérez de Barradas en 1862, y el del barrio madrileño de Las Carolinas, en 1911.

Los prehistoriadores dan especial importancia a los descubrimientos neolíticos de Ciempozuelos, que datan del año 2300 a. C. También a los yacimientos abbevillienses en plena ciudad: cuentan hasta más de cuarenta en la zona de los Areneros, precisamente la que conserva este nombre, un barrio, una calle, un famoso colegio y una iglesia: Areneros.

En los siglos XVIII y XIX se descubrieron poblados de chozas de unos primitivos agricultores en la Casa de Campo, en Villaverde y en El Sotillo. Allí aparecieron por primera vez vasos campaniformes y restos de otras milenarias culturas, de El Argar, de El Garcel, de origen africano —¿quién sabe si asiático, según las más modernas teorías?—, la cultura de las cuevas, de la Capsiense, de la primera Edad del Bronce...

Madrid fue siempre una encrucijada, un lugar de paso, centro de trashumancia, cañada real, un camino a todas partes, un pariente de todos y un refugio —¿cómodo, incómodo?— para todas las estaciones.

Gran parte de las viejas culturas fueron arrasadas por las riadas, por los agentes naturales y por las guerras y las revoluciones a través de los siglos. Ahora hay que ir a buscar lo que queda a muchos metros de profundidad. La mayoría de aquellos primitivos madrileños eran nómadas, pero también se quedaban gozando de las favorables condiciones climáticas y saludables de la zona en aquellos tiempos, umbrías deleitosas con toda clase de árboles que les ofrecían sus frutos y su madera, caza abundante y variada, aguas finas, aires sanos... El madrileño se hizo recolector y ganadero, era el amo del río y de sus praderas.

Más tarde cambió el clima, se hizo más seco, empezaron a llegar los vientos fríos de la sierra, el Manzanares se fue convirtiendo en motivo de bromas para nuestros vates del Siglo de Oro... Estamos en la Edad del Hierro, llaman a la puerta los celtas, y no tardará Roma por los caminos que griegos y fenicios fueron trazando por el Mediterráneo. Roma hacia el interior, hacia la Mantua Carpetana de la leyenda, Roma en casa. Es decir, llega la civilización, y con ella, la Historia.

## MADRID, VILLA Y CAMPOS ROMANOS

Debo confesar que escribo estas primeras páginas de mi NUEVA HISTORIA DE MADRID con la hidalga ingenuidad que un ilustre autor decimonónico cree muy apropiada para el verdadero historiador. Me creo casi todo lo que me cuentan los más prestigiosos historiadores y cronistas que desde el siglo XVI, si no de antes, vienen escribiendo sobre el pasado remoto y lejano de nuestra ciudad. Lo depuro a mi modo, selecciono lo esencial, lo interpreto y le doy la mejor forma literaria de que soy capaz, procurando la mayor claridad y toda la amenidad posible en los temas que a menudo resultan áridos y hasta indigestos. Sin embargo, ¡qué gozo cuando el tema y los datos son interesantes y hasta divertidos! Da gusto ponerlos en negro sobre blanco y distraer, embaucar cordialmente al lector.

Prefiero, pues, dejar a nuestros ancestros a orillas del Manzanares y perderme en el intento de encontrar algo de romanidad en un Madrid que apenas emerge de la pluma de los historiadores, pues su existencia como tal población es más que dudosa. Prefiero también recoger los datos afirmativos, ni muchos ni demasiado sólidos, de algunos autores que creen que hubo un Madrid romano, poco definido aunque parece que bien localizado.

En los pueblos del mundo occidental siempre ha sido un timbre de nobleza el tener una ascendencia romana, el conservar sus monumentos y el gloriarse, con toda justicia, de las huellas de civilización que ha dejado en nosotros. España es muy rica en este aspecto: Segovia, Sevilla, Tarragona, Mérida, Lugo, Astorga, Sagunto, etc., pueden presumir de los admirables recuerdos de Roma que conservan en sus ciudades.

¿Y nuestro Madrid? Por desgracia, no guarda tan envidiables monumentos, pero los esfuerzos de beneméritos arqueólogos han podido convencernos de que en los lugares aproximados que hoy ocupa la ciudad se alzó durante la época romana una población respetable, hasta el punto de figurar en el *Itinerario de Antonino* entre Emérita y Cesaraugusta, y a media distancia de Segovia y Titulcia, como lo prueban numerosas inscripciones latinas. A esta población le daban el nombre de Miacum.

Gonzalo Fernández de Oviedo, el gran cronista de Indias de tiempos de los Reyes Católicos, se ocupa también de Madrid y nos dice que siguiendo el ejemplo de eximios personajes como Lucio Marineo Sículo, Pedro Mártir de Anglería y Antonio de Nebrija se dedicó a estudiar las inscripciones que guarda Madrid de tiempos de los romanos. De ellas destacan las que encontró en las Puertas de Moros y de Guadalajara y en la antigua iglesia de Santa María de la Almudena. Las leyó, copió y analizó, comprobando su autenticidad. Aparecen nombres como Domitio, Valerio, Lucio, Manlio, Máximo... Casi todas son lápidas funerarias. Incluso una de ellas parece un homenaje a Sertorio, el gran caudillo romano de Osca (Huesca). Y otra, aparecida cerca de la Puerta de Fuencarral, muy larga y detallada, aunque se duda de la autenticidad de este último hallazgo en una bella urna cineraria, considerada más bien como una copia del siglo XVI traída de Italia.

Miacum estaba situado hacia el lado de Alcorcón, junto al arroyo llamado Meaques (de Miacum), y se dice que era un lugar de descanso en la calzada que seguía la orilla del Manzanares, de Segovia a Bayona de Tajuña [1]. Era Madrid el lugar elegido por estar en la altura de unas colinas dominantes, fuertes, abundosas en aguas corrientes y subterráneas.

Varios autores dicen que Miaco o Miacum constaba de dos partes: una en lo alto, el futuro Magerit, y otra en el llano, hacia Alcorcón y Getafe, por donde pasaba el arroyo de su nombre.

Parece confirmar estos extremos la sentencia de Alfonso VIII dada en Burgos en 1208; creo que vale la pena extractarla: «Los linderos [de Madrid] pasan por la loma de la cañada de Alcorcón, y después por las aguas de Butarque y después por las aguas de Meaco y se va sobre Pozuelo y éste queda agregado a Madrid, y pasa después por la aldea de la Zarzuela, también agregada a Madrid...». Son documentos que aparecen firmados por Minaya, *«dilectus alcaldus meus»,* en el libro de Becerro citado por Pellicer y en la *Historia de Segovia* de Diego de Colmenares.

[1] Sorprende este nombre de Bayona, de origen ibero-vascón, como Bayona de Galicia y Bayona de Francia (de *ibai* y *ona,* 'gran río').

Más adelante aparecen en estos documentos los nombres de otros poblados anejos a Miaco, como Húmera y Somosaguas. Parece sorprendente ver estas citas de nombres que hoy continúan vivos en torno a Madrid, pero están perfectamente documentados.

Del conjunto de estos datos queda bastante clara la idea de que el núcleo de Madrid lo constituían unos pequeños montes, un grupo de colinas, buena fortificación natural rodeada de terrenos anejos, extensos, abundantes en bosques de robles y encinas, con fuentes y arroyos, así como ricos en productos comestibles para una población que sumaría un total de unos treinta mil habitantes.

Parece que confirma lo del Madrid fortificado en las modestas alturas el pedazo de lienzo de muralla encontrado en la calle del Mesón de los Paños en 1835, muy anterior a los árabes, «obra del estilo de la arquitectura de Vitrubio, muralla espesa de nueve palmos, de elevadísima altura y de firmes cubos y cimientos, precioso resto de la antigüedad romana», según Quintana. No desmienten estos datos, sino que los confirman, los bellos mosaicos romanos encontrados en un villa de Carabanchel, que fue propiedad de los condes de Montijo.

La situación orográfica de Madrid tiene su explicación perfecta en los altos y bajos del Madrid de hoy: subamos del paseo de la Florida por el paseo de San Vicente a la plaza de España; sigamos de allí a la glorieta de Bilbao o a la Gran Vía, subiendo y bajando hasta la calle de Alcalá, y de Recoletos cuesta arriba a la Puerta de Alcalá, y más adelante hasta la Ciudad Lineal. Y de la vaguada de la Castellana a los altos de Velázquez y la Guindalera, y así, venga de subir y bajar, de la Puerta de Toledo a Palacio y de Palacio a Moratalaz...

Incómoda gran ciudad, que en su rica diversidad y en su espléndido arbolado contemporáneo encuentra muchos de sus mayores encantos.

## Madrid en la época visigótica

Desde el punto de vista histórico soy un rendido admirador del legado visigótico en nuestro país. Ellos nos hicieron, al fundirse con el mundo romano, no parte de Europa, sino los fundadores de Europa. Ellos nos traen la Monarquía, la plenitud cristiana desde Recaredo, las ideas de la Patria, del honor y del Estado nacional, unificando la Península: godos fueron los suevos de Galicia, los visigodos de Cataluña y de la Tierra de Campos castellana y los vándalos de Vandalusía. Y la Reconquista, desde Asturias a Pamplona y de León a Barcelona, fue obra visigótica, de aquellos grandes reyes, condes y señores que lucharon ocho siglos para recuperar la «España perdida».

Siento que en Madrid no haya hasta ahora, que yo sepa, restos de la época visigótica dignos de mención, ni restos arqueológicos, ni documentos, ni testimonios.

Sin embargo, los más concienzudos historiadores suponen que al extenderse aquellas oleadas de suevos, alanos y vándalos por España fueron ocupando sin destruirlas las anteriores poblaciones romanas, ciudades, villas e incluso aldeas, «aceptando la división territorial que de nuestro suelo tenían hecha los romanos».

Pocas, por no decir ninguna, noticias de aquellos siglos: el Madrid visigótico debió de existir, pero de él poco o nada se sabe. Si acaso, un pretendido epitafio de la época, aparecido en el claustro de la iglesia de Santa María, que parece referirse a los primeros años del reinado de don Rodrigo, lápida aparecida en tiempos de Felipe III y hoy desaparecida. Por otra parte, Quintana afirma que aparecen símbolos católicos en iglesias que hoy tampoco existen, una de San Juan, del siglo VII, anterior a la conversión de Recaredo.

De la misma época, anterior a la invasión musulmana, parece que es la primitiva iglesia de San Martín, posiblemente una ermita del período visigodo y más tarde templo mozárabe. Así lo afirma el padre Yepes en la *Crónica* de la vida de san Benito, pero da más importancia al templo, al que llama monasterio de monjes del reino de Toledo.

Es de suponer que cuando llegó la invasión musulmana, en la zona de Madrid que hemos venido describiendo, en los altos más o menos fuertemente amurallados y en las fértiles llanuras en torno, habría una población hispano-visigótica a la que los invasores tuvieron que dominar. No debió de serles difícil, ya que se trataba de gentes pacíficas y no habituadas al combate. No hay noticias de luchas ni de resistencias. Tampoco de convivencia. Habrá que conformarse con alguna leyenda piadosa como la que líneas adelante relataremos.

## Vieja tradición católica de Madrid

Madrid, capital y centro de un país, de una nación cristiana desde la evangelización en tiempos de los romanos y católica desde el III Concilio de Toledo, y de aquellos grandes santos, Hermenegildo, Ildefonso, Leandro, Isidoro... tiene una larga historia religiosa a través de los siglos.

Como muchas poblaciones españolas, entre esa historia y las leyendas piadosas procura encontrar datos sobre pretendidas visitas de san Pedro, de san Pablo y de Santiago, que en verdad nunca llegaron a estos pagos.

Según Marco Flavio Dextro, el año 44 d. C., san Calógero, discípulo de Santiago, predicó a los carpetanos; por aquellos años murieron varios mártires, entre ellos, san Teodoro. Poco después, hacia el año 100, consta que el cristianismo había arraigado ya firmemente en aquellas tierras. Parece que por entonces la cabeza de la región eclesiástica era Toledo, y Madrid, una sede sufragánea de la silla metropolitana. Son datos que hay que tomar a beneficio de inventario, porque parece que el tal Flavio Dextro no es muy de fiar.

No he encontrado noticias de la llegada a Madrid de alguno de los varones apostólicos, ni nombres conocidos de mártires, como los famosos de Complutum (Alcalá de Henares), ni de futuros santos hasta nuestro san Isidro con su esposa santa María de la Cabeza, probablemente caso único de matrimonio santificado.

En cambio, en tiempos de la invasión de los moros, Madrid contaba ya con dos arraigadas tradiciones marianas: las de las Vírgenes de Atocha y de la Almudena. A ellas me refiero brevemente.

Una de las imágenes que desde siglos «ha excitado la devoción y la piedad de la Villa y Corte lleva el nombre de Nuestra

Señora de Atocha. No ha faltado quien haya afirmado que fue esculpida por el evangelista san Lucas».

Dicen que la trajo a España un discípulo de san Pedro, quien le dio el nombre de Santa María de Antiocha (Antioquía); de ahí, Atocha. Consta que san Ildefonso, prelado toledano, veneró mucho esta imagen, que primitivamente estuvo en una ermita. En el trono en el que está sentada la Virgen se leen las iniciales TT con dos oes en el centro, cuyo significado griego es el de Theothoca, Madre de Dios.

Sin entrar en más detalles, resumiré el asombroso milagro que se atribuye a la Virgen de Atocha, en el tiempo en que los moros acababan de llegar a Madrid:

Gracián Ramírez era un valeroso caudillo del siglo VIII en tierras madrileñas[2].

Él fue quien descubrió la imagen perdida de la Virgen en un «atochar», tierra de espartos, y la erigió una pequeña ermita. Enterados los moros de la fortaleza, decidieron atacarla para destruirla, así como el pequeño templo.

Ramírez, temeroso de ver a su mujer y a sus hijas violadas por la morisma, prefirió tomar la sanguinaria y honrosa decisión de degollarlas. ¡Qué honor y qué barbaridad! Pues bien: con la ayuda de cuatro vecinos y sobre todo de la Virgen, Gracián derrotó e hizo huir a los moros, y a razón seguida, al abrir la puerta de la ermita, vio, con alegría y sorpresa infinitas, salir a su esposa y a sus hijas sanas y salvas, cada una con una cinta roja al cuello como recuerdo de su «degollación de inocentes», de su pasado sacrificio. Toda la familia se postró ante tan milagrosa imagen, y el formidable episodio nos lo relatan muchos años más tarde Lope de Vega, Salas Barbadillo y Quintana.

De la Virgen de la Almudena relata la leyenda que su imagen la trajo a España Santiago y que era una talla de José Nicodemo, pintada también por el inevitable san Lucas. Aún quedaban hace poco restos de la policromía.

---

[2] Se le considera antepasado de los Ramírez de Madrid y de los Ramírez de Saavedra, estos últimos de las familias madrileñas de los duques de Rivas y de los marqueses de Andía, Bogaraya y Auñón.

Al llegar los moros fue escondida en un cubo de la primitiva muralla madrileña, donde permaneció oculta durante trescientos setenta y tres años. Recién reconquistada la población, cayó milagrosamente parte del muro y la imagen apareció, y volvió a ser venerada por los madrileños. Por el nombre del edificio al que estaba adosado el muro, la Almudaina musulmana, recibió el título cristiano de Santa María de la Almudena, que lleva hoy la catedral de Madrid.

De las inscripciones esculpidas en el pedestal de la imagen se deduce que procede, por lo menos, de los tiempos visigóticos, aunque hay historiadores que manifiestan ciertas dudas. La tradición, sin embargo, sigue viva en el pueblo de Madrid. Se tiene noticia de que Isabel la Católica, que pasó largas temporadas en Madrid, veneró la imagen de la Almudena y ordenó su restauración.

Como decía líneas atrás, con esta modesta y a la vez riquísima mezcla de historia y leyenda, desde las terrazas del Manzanares nos hemos sumergido en la más remota antigüedad de nuestra ciudad, ibérica, romana, visigótica y católica. Ahora llegan los moros, Magerit, el castillo famoso. Vamos a reconquistarlo.

# 3
# Del Magerit moro al Madrid de los reyes

## Las conquistas y retiradas de Ramiro II y de Fernando I

Siglos oscuros a partir del 711, el año del desastre del río Guadalete en el que don Rodrigo perdió a España. Así lo lamenta el histórico romance.

Nada sabemos del Madrid ocupado por los mahometanos en el largo período que va desde entonces hasta que, poco después del año 1000 de nuestra era, el rey Fernando I, hijo de Sancho el Mayor de Navarra, emprenda la marcha hacia el sur, decidido a ensanchar esa Castilla de los castillos de la que es el primer Rey. Alfonso X el Sabio, en su *Crónica* o *General Estoria,* describe años más tarde la lamentable situación de España en aquella oscura etapa: «Vacía de pueblos, bañada de lágrimas, cumplida de apellido, huéspeda de los extraños, engañada de los vecinos, desamparada de los moradores, viuda e asolada de los sus hijos, confundida de los bárbaros, desmedrada por llanto y por llaga, fallescida de fortaleza, flaca de fuerza, menguada de conocte et asolada de los suyos». ¿Cabe más rica y prolija lamentación de la gran desgracia nacional?

Casi toda la Península había caído bajo los pendones del islam. Abderramán I había puesto los cimientos del Califato de Occidente y amenazaba la existencia del cristianismo.

El primero en acercarse a tierras del Madrid moro, castillo famoso, en plan de guerra y de conquista en el primer tercio del siglo X fue el esforzado Ramiro II, que pasó de la defensiva a la ofensiva, disponiendo sus fuerzas al ataque.

De las regiones orientales del reino de León se lanzó a atravesar las hasta entonces infranqueables cumbres nevadas del Guadarrama. Descendiendo hacia el llano, en las márgenes de un río, cercano a un frondoso bosque y bien defendida en unas altas colinas, una de ellas bien fortificada e inaccesible desde el sur, encontró una desigual población ocupada por los moros. Su nombre árabe era Medina Machrith, poderoso baluarte para cortar intentos cristianos camino de Toledo.

Afortunadamente para don Ramiro, las murallas de la fortaleza no estaban completas y ofrecían buenas posibilidades para el asalto desde el norte. El rey leonés se dispuso a conseguir el primer gran triunfo de sus armas y lanzó un fuerte ataque por sorpresa un domingo de abril del año 931.

La primera noticia de esta empresa se debe al obispo de Astorga, Sampiro, del que pasó al *Códice* de Silos y a otros cronistas medievales. Es una relación que confirman los historiadores árabes, como Al-Idrisi [1].

El propio rey Ramiro dirigió el ataque, trepando por los escarpes al frente de los suyos y, una vez ocupada la plaza, procediendo a eliminar enemigos y a amontonar el botín, sistema habitual en aquellos tiempos en la guerra entre moros y cristianos. Por desgracia, la guerra es un fenómeno que acompaña a los humanos a través de los siglos, y no basta, como pretenden menguados políticos de nuestro tiempo, con la buena intención de suprimir la palabra de la Constitución para vivir una deliciosa paz perpetua. Desde Ramiro II hasta el siglo XXI, creo que el mejor principio es el de la paz armada.

La toma de Medina Machrith, Magerit o Madrid, tuvo especial mérito en un tiempo en el que el Califato cordobés vivía su

[1] Algún otro autor, como Antonio León Pinelo, dice que antes que Ramiro II había llegado a Madrid el conde de Castilla Fernán González, que ocupó la población y luego se retiró ante la imposibilidad de seguir a Magerit, tan lejos de sus bases castellanas.

estapa de mayor esplendor y poderío expansivo, gobernando el gran Abderramán III, que había impuesto en sus territorios una especie de transitoria paz islámica.

No se deslumbró el rey leonés por la victoria. Estaba demasiado cerca de Toledo y demasiado lejos de León. Lo más prudente era retirarse a sus tierras con el botín y dejar la conquista definitiva para sus sucesores, como así iba a ocurrir pocos años después.

No serían fáciles todavía más conquistas cristianas porque desde Toledo los moros tenían una cadena defensiva de sus territorios mediante una serie de castillos dominando las poblaciones. Los cronistas destacan los de Calat-rraba (Calatrava), Wad-al-fajara (Guadalajara), Xecubia (Segovia), Wedze (Huete), Maccada (Maqueda), Uclix (Uclés), y como más importantes, Talbira (Talavera) y Machrit o Megerit, con estas grafías, un tanto libres, tomadas del árabe.

Fernando I el Magno, al heredar de Sancho el Mayor de Navarra las coronas de este reino y del de León, y al tomar el título de Rey de Castilla, consciente de la responsabilidad que sobre él recaía, tomó a su cargo la tarea de dar nuevo impulso a la gran empresa reconquistadora. Era ya el titular de una poderosa monarquía, más fuerte que todas las que se habían ido formando en el norte de España desde tiempos de don Pelayo. Lo esencial y más urgente era ir poniendo límite a la expansión del Califato y empezar a recuperar territorios al sur del llamado Desierto del Duero.

Tras conseguir importantes progresos en tierras portuguesas y por el este hacia Zaragoza, éxito tras éxito en sus expediciones durante nueve años al frente de unas huestes bien entrenadas, don Fernando se preparó para expugnar el poderoso reino moro de Toledo.

Era una empresa ardua y arriesgada, el paso fundamental para la conquista de Magerit, población fronteriza y bien fortificada. Previamente ocupa Talamanca y después Guadalajara y Compluto (Alcalá de Henares). Es decir, está ya al pie de las murallas madrileñas, que derriba, penetra por las calles, destruye construcciones a su paso y reparte el botín entre los suyos. Hasta aquí, igual que Ramiro II, lo mismo que hacían en sus algaras, por tierras cristianas, los Abderramán, Hixem, Almanzor...

Toledo tembló ante tal ofensiva, y en vez de contraatacar, el rey Almamún[2] salió al encuentro de Fernando I, le ofreció regalos y se sometió al pago de importantes parias o impuestos. Se reconocía tributario del rey de Castilla, a cambio de que este se retirara a sus reinos. Así lo hizo don Fernando, cargado de botín y dejando para Alfonso VI el honor y beneficio de la conquista de Madrid, que continuaría con la ocupación de todo el reino de Toledo para seguir más allá.

## Conquista de Madrid

Alfonso VI, hijo segundo de Fernando I el Magno, ha tenido una ajetreada juventud por sus enfrentamientos con su hermano mayor, el rey Sancho II. Los graves episodios de aquellas luchas para el trono, batallas de Llantada y Golpejera, actitud de la hermana doña Urraca, la figura del Cid Campeador, el sitio de Zamora, la muerte alevosa de don Sancho, la jura de Santa Gadea, son nombres y hechos famosos en la Historia de España. Démoslos por conocidos por todos y volvamos a Madrid.

Alfonso, reinando todavía don Sancho, pasó largas temporadas en Toledo acogido a la hospitalidad del rey toledano Almamún, tributario de Castilla, como sabemos. La relación era de gran amistad, tanta que el príncipe castellano vivió allí sus mejores años, lujo, amores y riquezas, a tal punto que queda allí, en su recuerdo, el llamado «Huerto del Rey». Pero Alfonso VI, una vez en el trono de Castilla y León, sintió de nuevo el espíritu de la Reconquista, se sintió también libre de compromisos de amistad y gratitud al fallecer Almamún, y se propuso devolver definitivamente a la cristiandad la que había sido la capital de España, la gloriosa y antigua corte visigótica.

El primer paso, vencer las cumbres del Guadarrama, y de camino, como sus predecesores los reyes Ramiro y Fernando, la lla-

[2] Yahía-Almamún-Billah.

ve del reino toledano, Magerit y su castillo. Los cronistas califican a su población de aguerrida y deseosa de venganza por las muertes y saqueos anteriores y porque el rey del que son tributarios, faltando a sus compromisos, les invada en son de guerra.

A pesar de que el ejército de Alfonso VI es muy numeroso y viene de vencer en Talavera, Magerit, baluarte del reino, ciudad favorita de Almanzor, según las crónicas, no se rinde al primer embate. Las huestes castellanas acampan en el arrabal de San Ginés[3], barrio ocupado por mozárabes y por lo tanto favorable. Desde allí reanudan los impetuosos ataques y la ciudad acaba por rendirse.

Las tropas segovianas de Alfonso VI se atribuyen la conquista, y a sus dos caudillos, Díaz Sanz y Fernán García, se les conceden honores de héroes locales en la ciudad del acueducto. Sin embargo, parece que no hay la menor prueba documental de tales hazañas. En todo caso, estas tradiciones merecen respeto y simpatía.

Parece que la toma de Madrid fue la primera ocasión en que las fuerzas cristianas en vez de quemar la gran mezquita, como solían hacer hasta entonces, la consagraron al culto católico bajo la advocación de la Virgen, Madre de Dios.

Su Santa imagen fue trasladada a la mezquita recién purificada y por su cercanía al almacén de trigo donde se medía este con *almud* se llamó a la Virgen del Almud o de la Almudena. Esta tradición pervive en nuestros días.

Los cronistas e historiadores discuten acerca de la fecha de la conquista de Madrid: 1083 o 1085, antes o después de la toma de Toledo. Todos los datos parecen convencernos de que fue antes, y que supuso un paso decisivo para la ocupación de la capital visigótica.

Digna de reseñar es la tolerancia que Alfonso VI mantuvo con las prácticas religiosas y las costumbres de las poblaciones islámicas y judías que iba ocupando, concretamente con Madrid y Toledo, tal vez influido por sus venturosos días de huésped de Almamún. Fue muy digna de elogio la convivencia de las tres

[3] Mártir madrileño en las persecuciones de Juliano.

culturas y consta que en tiempos de Alfonso VI y todo el siglo XII nada turbó la paz en el interior de Magerit. Luego vinieron malos días para el rey en sus campañas hacia el sur y el sudoeste, con las terribles derrotas frente a los almorávides en Zalaca y Uclés, donde perdió a su muy amado hijo y heredero del trono. «La alegría de su corazón, la lumbre de sus ojos, el solaz de su vejez, el espejo en que solía verse»[4].

El viejo rey, a los setenta y ocho años, en sus vanos deseos de continuar la dinastía, contrajo matrimonio con Beatriz, princesa de Francia. Vanos deseos, digo, frente a la inexorable naturaleza. Al año de la gran desgracia de Uclés, el 30 de junio de 1109, fallecía el rey Alfonso VI, al que la historia llama El Bravo.

## El Madrid de los siglos XI y XII

La antigua villa de Madrid, según el historiador Vicente de la Fuente, se reducía a un estrecho recinto por la parte oeste situado sobre escarpados ribazos a lo largo del Manzanares, rodeado por unas murallas un tanto rudimentarias que sustituían a las primitivas. Eran lo suficientemente fuertes como para hacer retroceder en 1198 al emir Aben Yucef, reciente vencedor en la batalla de Alarcos y devastador de campos y aldeas alrededor de Madrid.

Desde la Puerta de la Vega, angosta y fuerte, que dominaba las feraces márgenes del río, subía el muro por las ásperas cuestas de las Vistillas, llegando hasta Puerta de Moros, de donde se salía hacia Toledo, y en el barrio en el que habitan los restos de la población musulmana. Torcía luego hacia el sudeste por la calle conocida por la Cava Baja, o foso bajo, hasta la Puerta Cerrada, que citamos páginas atrás, con su culebra o dragón más o menos helénicos. Luego, por la Cava de San Miguel hasta la Puerta de Guadalajara, la más importante de la villa. Hacia oriente, las Platerías, flanqueadas por dos torres de pedernal, las que brillaban

[4] Alfonso VI exclamó al saber de la muerte de su hijo: «Ay, meu fillo... lume de meus ollos, solaz de la miña vellez, meu espello...», mezcla de gallego y castellano, lo quieran o no algunos, una prueba más de la unidad de España en boca del rey castellano-leonés.

al sol, y un arco de rica sillería sobre el que se alzaba una hermosa capilla. De allí seguía la calle del Espejo y hacia el norte los famosos Caños del Peral, con la Puerta de Belnadú, tortuosa como las demás y la última camino del Alcázar. La tal Puerta de Belnadú era importante porque abría el paso a las atalayas de la fortaleza, estaba en lo más alto de la colina que más adelante se llamó Cuesta de Santo Domingo.

El terreno de Madrid era áspero y desigual, irregulares sus calles y sus plazas, y conservaba por entonces el aire urbanístico de los moros, que fue desapareciendo al aumentar mucho la población, repoblada, y las construcciones. Las puertas y los tramos de muro quedaron englutidos en la población y se convirtieron en «refugio de maleantes y facinerosos», lo que obligó muchos años más tarde al derribo de tal amasijo de restos de viejas construcciones.

La Puerta de Guadalajara fue el ornato que se conservó hasta el siglo XVI, cuando desapareció en un incendio. Era el simbólico orgullo arquitectónico de la ciudad, como hoy lo es la Puerta de Alcalá.

Durante el siglo XII empezó Madrid a ensancharse rápidamente. Los reyes contribuyeron a ello con los privilegios que fueron otorgando, como el de Alfonso VII en 1126 a los benedictinos de San Martín, todo un extenso barrio con absoluto señorío. Ese monasterio de San Martín existía ya en tiempos de Alfonso VI. Tan abundantes fueron las iglesias desde que marcharon los moros que Madrid se convirtió en una ciudad de templos, campanas, torres y huertos conventuales: parroquias de Santa María y de San Miguel, anejas al Alcázar; más adelante, San Gil, y siguen hasta hoy casi todas: San Nicolás, El Salvador, Santiago, San Juan, San Justo, San Pedro, San Andrés, San Ginés... Más tarde, Santa Cruz, San Sebastián, San Luis, San Millán, San Ildefonso, San Marcos... Los madrileños, a vivir y a rezar.

Luego de enlazar el reinado de Alfonso VI con los de los grandes monarcas que le sucedieron, en un breve relato histórico relacionado con Madrid, volveremos sobre la vida y milagros de la ciudad y sus habitantes.

## EL MADRID DE ALFONSO VII Y DE SAN ISIDRO

La historia de Castilla en los años que siguen a la muerte de Alfonso VI pasa por un período confuso, oscuro, lleno de complicaciones. Son los años de luchas fratricidas, de intrigas y venganzas; los años de doña Urraca, la liviana hija del conquistador de Madrid, del turbulento arzobispo de Santiago Gelmírez y del gran rey aragonés don Alfonso el Batallador, tan malquerido de los castellanos.

La crisis y los problemas castellanos afectan a la vida madrileña, apenas salida de los asaltos y luchas del reinado anterior. Solo en siglo y medio Madrid estuvo cuatro veces en poder de los moros y tres en manos cristianas, es decir, siete cambios, siete batallas en los fosos de la fortaleza, siete etapas de exterminio y de barridos sanguinarios de enemigos, como dice el cronista Bravo Morata. Un Madrid reducido a unos dos mil habitantes que más adelante se multiplicarán con la repoblación.

La descripción de la Medina Machrith por aquellos días es desoladora. No había más médico que el sangrador y se le pagaba con gallinas, huevos y panes. Las medicinas se reducían a hierbas cocidas con vino tinto; a los locos se les consideraba endemoniados; se bebían aguas insalubres, y del Manzanares subían mosquitos en verdaderas nubes. Los moros mejoraron algo la situación a base de albercas y aljibes. Las alcantarillas no existían.

A finales del siglo XI y comienzos del XII, Madrid era un conjunto de calles estrechas, a la moruna, empinadas, como hoy muchas de ellas, con un piso irregular, sin pavimento, barro si llovía y polvo en los calores. Las basuras, la descomposición de restos, la pestilencia, ratas y perros no mejoraron mucho hasta siglos después. Desde luego, noches sin luz, lo que facilitaba el bandidaje muchas veces de los mismos soldados, unas veces cristianos, otras mahometanos. Las gentes vestían todavía ropajes romanos o visigodos, y los moros, naturalmente, a la morisca; es decir, que allí se veían túnicas griegas, chilabas morunas, clámides romanas y cueros visigodos. El Concejo llamaba al pueblo «la campana tañida» y la Administración era numerosa y pesada, costumbre que por lo visto no tiene remedio.

El Califato de Córdoba, debilitado por las luchas intestinas y por la fragmentación en reinos de taifas, había llamado en su socorro a los almorávides, indomables tribus del norte de África que pasaron el Estrecho con cien mil caballos, según sus cronistas, y guiados por el propio emperador de Marruecos. Dicen las crónicas que después de refrescarse en las aguas del Guadalquivir se lanzaron en oleadas, como rayos, hacia el reino de Toledo, poniendo cerco a la capital con poderosas máquinas de guerra.

Los formidables ataques fueron rechazados por Álvar Fáñez de Minaya, que mandaba la defensa. Era uno de los caballeros preferidos del Cid: Álvar Fáñez, «el de la valiente lanza», como le llama el *Poema.* No contento con defenderse, hizo varias salidas que desconcertaron a los sarracenos, a lo que siguió la retirada de Ben Yusuf, quedando sus máquinas y armamento en poder de los toledanos.

El fracaso ante la capital llevó a los moros a tomar ventaja y venganza ocupando varias poblaciones, Olmos, Talavera y Guadalajara, para seguir sobre la más importante: Medina Mechrith. Tan fuerte fue el ataque y con tanta superioridad numérica que los defensores y la población tuvieron que buscar refugio en el Alcázar. La heroica defensa desanimó a la morisca, lo que, unido a la peste que invadió su campamento, les obligó a la retirada. Todos estos hechos están recogidos en la *Historia del Emperador don Alfonso VII. Antigüedades de España.*

Hubo nuevos ataques de Alí ben Yusuf, que igualmente fueron rechazados. El historiador Lafuente dice que durante uno de ellos (1110) cayó un lienzo de la muralla y fue descubierta la imagen de la Virgen de la Almudena; pero otros autores aseguran que el hallazgo fue muy anterior (en 1083), el mismo año de la reconquista de Magerit.

Alfonso VII subió al trono el año 1126. Su herencia le convertía en el más poderoso de los monarcas hispánicos. Le obedecía el emir Zafadola de Zaragoza; eran sus vasallos el conde de Barcelona y los señores de Tolosa, Montpellier y Gascuña; hizo campañas hacia Andalucía y llegó a conquistar Almería. Fue legislador en los Concilios de Palencia, Carrión y Burgos; levantó iglesias; entró victorioso en Coria, y en plena grandeza nacional recibió el título de Emperador en la catedral de León. Este título, grande lo era como rey, quería decir solamente que era el primer monarca entre los monarcas españoles, sin querer significar en modo alguno que tuviera pretensiones imperiales al modo de los romanos o del Sacro Romano Imperio, es decir, sin pretensiones imperialistas[5].

El Concejo de Madrid organiza sus propias milicias y las pone al servicio del rey. Con el Privilegio en 1126 por Alfonso VII, la ciudad comenzó a ampliarse. Dicho documento autorizaba a los benedictinos de San Martín[6] a poblar una extensa zona hacia oriente y a designar «caudillos» entre los naturales, encomendaba la defensa de cada portillo a quienes tuvieran casa propia, armas y caballo, mandaba a los poblados de alrededor que unieran sus fuerzas a las de la villa, a la que había de acompañar una vez al año en sus salidas fuera del reino, es decir, en las guerras contra el moro. Estas iban a ser acaudilladas por el nieto de Alfonso VI, cuya subida al trono hizo brillar de nuevo la monarquía castellana con beneplácito de grandes y pequeños. Concedió nuevo fuero especial a Madrid en 1145 y fue un buen gobernante: procuró la seguridad individual de los ciudadanos, fijó precios, limitó los abusos de la usura, protegió la agricultura, principal fuente de riqueza, más bien de subsistencia madrileña, y ordenó reforzar las murallas. La concesión de este fuero se debió a la fidelidad extrema, al valor y seguimiento de la población, no solo los más antiguos vecinos, también los muchos que se habían incorporado después de la última defensa frente a los sarracenos.

Alfonso VII concedió a Madrid el señorío de todos los montes y sierras que se extendían desde la villa a Segovia, «y si alguno fuera contra este privilegio, fuese maldito y descomulgado, pa-

[5] Me remito a otras obras mías sobre el tema: *Así se hizo España* (Espasa Calpe, 1981), *El Imperio y la leyenda negra* (Rialp, 2004), *Historia de España para jóvenes del siglo XXI* (Rialp, 2003)...

[6] El Privilegio concedía al prior del monasterio de San Martín un gran poder, con jurisdicción absoluta. Comprendía el «Vicus Sancti Martini», de gran extensión, al norte, y se ampliaba en el arrabal de San Ginés.

gando mil maravedís al rey y el doble del daño al Concejo». Esta medida dio lugar a un duradero y grave enfrentamiento entre los dos concejos, madrileño y segoviano, disputa por la gran zona del Real de Manzanares que se extendió a los reinados siguientes.

Alfonso VII se ocupó también de la organización y división interior de la villa de Madrid; así, las circunscripciones tomaron la forma de «collaciones» o parroquias que se agrupaban por cerros y colinas al norte del largo trecho del Manzanares, algunas de cuyas divisiones coinciden en parte con los barrios actuales de la ciudad. Las parroquias son diez y llevan nombres de santos: Santa María, San Andrés, San Juan, San Miguel...

Alfonso VII, importante monarca como vemos en la historia de Madrid, falleció en 1157, y le sucedió Sancho III, de breve reinado, en el que los madrileños le auxiliaron en una importante expedición a Andalucía en la que derrotó a los más famosos guerreros árabes de su tiempo, según relata Azcona en su *Historia de Madrid.*

## San Isidro

En los barrios de San Martín y San Ginés era conocido un modesto labrador, collazo o siervo de Juan de Vargas. Solía ir vestido con zaragüelles y calzado con unos zuecos forrados de piel de oveja. Muy de mañana cruzaba el puente de Segovia y se iba a misa a San Andrés. Era joven, nacido hacia 1108, y casado con una hija de labradores llamada María Toribia. Sin que conste su exactitud, parece que Isidro, nombre del joven (posiblemente derivado de Isidoro, con pérdida de la o), llevaba los apellidos de Merlo, por su padre, y Quintana, por su madre.

La leyenda relata que Isidro, después de la misa del alba, dormitaba al pie de un árbol mientras sus bueyes trabajaban dirigidos por unos seres traslúcidos y angélicos. Al final de la jornada una serie de surcos perfectos señalaban el prodigio.

Quiso Iván de Vargas comprobar lo ocurrido. Llegó sediento a la pequeña ermita que había en su labrantío. Isidro le señaló una roca donde le dijo que podía beber. Su señor creyó que se burlaba de él. Entonces, el futuro santo tocó la piedra con su vara y brotó el agua cristalina y abundante. Empezaba la serie de milagros que tan bien conoce el pueblo madrileño y que ha dado lugar a grandes y perdurables devociones y también a ciertas chanzas sobre el carácter de las gentes de Madrid, que, como su santo patrono, tienen fama, bastante injusta en nuestros días, de vagas, expectantes, irresolutas y soñadoras.

Un día, Illán, hijo de Isidro y Toribia, cayó a un pozo profundo. «Dios le salvará», exclamó el padre, y las aguas del pozo empezaron a subir metro tras metro y les devolvieron a su hijo sano y salvo. Otro día, un gran lobo despedazó al jumentillo con el que Isidro cargaba los haces de leña. A partir de entonces fue el lobo el que se hizo cargo perfectamente de la tarea reemplazando al borrico.

Todos estos prodigios y otros más los cuenta Juan Diácono, arcediano de Madrid y primer cronista del Santo Labrador. De todos estos relatos, la mayor parte verdaderos, aunque adornados por la devota tradición popular, viene el famoso patronato de tan modesto patrono sobre una gran ciudad que sigue conmemorando todos los años a san Isidro con fiestas, romerías, procesiones, corridas de toros, la «isidrada» del pueblo de Madrid, del más alto al más bajo. Y hace novecientos años.

No se sabe exactamente la fecha del fallecimiento del Santo... «San Isidro Labrador, muerto le llevan en un serón...». Modesto entierro, como lo fue toda su vida.

Debió de morir entre 1190 y 1198, de viejo, casi noventa años, edad provecta en tiempos en los que pocos pasaban del medio siglo. Quedó enterrado en caja de tablones sin cepillar y casi a ras de tierra en el cementerio anejo a la parroquia de San Andrés. Luego, con la fama de santidad, fue ascendiendo de enterramiento. Su cuerpo, incorrupto, pasó a una rica arca policromada que llevaba pintadas, entre otras escenas, las imágenes de las Vírgenes de Atocha y de la Almudena, de gran devoción de Isidro. Fue en tiempos del cardenal Cisneros, que encargó la inspección y el arca, según relata su delegado el bachiller Juan de Centenera, arcipreste de Maqueda. De las llaves y custodia quedaron encargados dos de los antiguos linajes de Madrid, los Vargas y los Lujanes, así como don Juan Ruiz de Tapia (1504).

El cuerpo del patrono madrileño pasó a una magnífica urna de oro y plata, regalada por el gremio de plateros de la Villa el 15 de mayo de 1620, al año de la beatificación por el papa Paulo V. El rey Felipe III fue un constante y muy piadoso admirador de san Isidro: la canonización llegó en 1622, otorgada por el papa Gregorio XV, al mismo tiempo que fueron canonizados santa Teresa de Ávila, san Ignacio de Loyola y san Francisco Javier.

El último destino de los restos incorruptos del Santo fue desde 1768 el Colegio Imperial de la calle de Toledo, cuyo templo quedó a él dedicado por orden de Carlos III y más tarde convertido en catedral de Madrid, hasta que el papa Juan Pablo II consagró la nueva de Santa María de la Almudena.

María Toribia, que acompañó siempre a san Isidro, fiel y abnegada esposa, se retiró a una pequeña hacienda de los Vargas en Carriquiz, cerca de Torrelaguna. La gran peña sobre el pueblo se llamaba Errasa, al parecer, cabeza en árabe. De ahí el nombre que se daba a los de Carriquiz, y por lo tanto a María Toribia, santa María de la Cabeza, en virtud de la bula apostólica del papa Inocencio XII de 11 de agosto de 1697 [7].

[7] La mayor parte de estos datos sobre san Isidro, de la obra *Crónica y guía de una ciudad impar,* de F. C. Sainz de Robles (Espasa Calpe, 1962).

# 4
# El maravilloso siglo XIII

## Los grandes reyes

En varias de mis obras he manifestado la opinión de que durante la Edad Media, en España y en toda Europa, la vida de los reyes, su acción política y sus relaciones familiares, constituyeron el elemento y base esencial del desarrollo de la Historia.

La nobleza giraba en su torno y el pueblo era todavía una masa amorfa y dispersa que contaba solo en contadas ocasiones y casi siempre para el combate.

Los reyes eran los indudables protagonistas. Nada tiene de particular que Madrid, como las principales ciudades, tuviera un papel oscuro salvo cuando el rey se acordaba para reunir un concilio, conceder unos fueros o necesitar las milicias locales para sus campañas. De lo que no me cabe duda es de que ya en el siglo XIII Magerit había dejado de ser un castillo moro fronterizo para convertirse en una ciudad de cierta importancia en Castilla, con proyección hacia el sur en la gran empresa de la Reconquista, con una organización y unos medios equivalentes a los de otras importantes poblaciones del reino, Segovia, Ávila, Soria, Medina, Tordesillas, Toro, Arévalo, Cuenca, recién conquistada, etc. Es decir, Castilla y León.

Después de la prematura muerte de Sancho III, sucesor del gran Alfonso VII, y del importante reinado de Fernando II de León, llegó al trono, casi en la infancia, después de una minoría de doce años, el que iba a ser, tal vez, el más completo de los reyes medievales españoles: Alfonso VIII.

Debido a la índole de la presente obra, dedicada exclusivamente a lo concerniente a Madrid, directa o indirectamente, con pena tengo que dejar a un lado y dar por sabidas todas las hazañas, conquistas, éxitos políticos, relaciones familiares e infinitas grandezas de un rey que bien mereció sus apelativos de El Bueno y de El Noble.

Los almorávides habían infligido a los castellanos las dos terribles derrotas de Zalaca y Uclés. Ahora los almohades venían con nuevas masas de guerreros, caballos y atambores en ayuda del islam de al-Ándalus. En Alarcos imponen su superioridad y derrotan al joven Alfonso VIII, que con su ánimo reconquistador había llegado con sus expediciones hasta Almería (1195).

Las tropas de Alí ben Yusuf prosiguieron su avance: dejan Toledo a un lado y desde tierras de Cuenca se lanzan sobre Madrid, asolando los campos de su alfoz, destruyendo las alquerías y robando los ganados. Solo los muros de la ciudad les detienen. Como dice el cronista, «son refrenados por la torreada villa del Manzanares». La defensa se lleva a cabo sin que llegue ayuda del exterior, de las poblaciones cercanas ni del monarca, que todavía no se ha repuesto de la derrota de Alarcos. Se comprende así el valor de aquellos muros y del corazón de los madrileños, por qué todos los impuestos en la villa se dedicaban a reforzar las murallas y cómo las gentes recién venidas a Madrid con la repoblación se habían convertido en esforzados defensores de la plaza.

Por tercera vez, la antigua Medina Machrith cerraba el paso al poder de África, que se vengaba con crueldad en aldeas, castros y alquerías.

## La población y el gobierno de Madrid

Gobernaba la villa por aquellos años un «Señor» o «Senior», que representaba al monarca, auxiliado por alcaldes, adelantados, jurados y fiadores. Prueba de que Madrid había adquirido importancia es que tenía más de estos altos funcionarios locales que Toledo. Los alcaldes eran elegidos por los vecinos, y de acuerdo con el fuero debían ser «homes bonos e entendidos é que dixiesen la verdad sin amenguarla». También había un funcionario juez que reunía su tribunal «en otero», es decir, en lo alto de una colina. Todos vacaban durante la Cuaresma y también en los días de la cosecha, prueba del respeto a la religión, cuidado del alma, y a las tareas agrícolas de subsistencia, cuidado del cuerpo. Una cosa curiosa es que, a pesar de su acendrado catolicismo, por aquellos años y muchos después, Madrid, convertido en ciudad importante, no fue sede episcopal.

La población de Madrid se dividía en varias clases. Primero, los vecinos y sus hijos, que a cambio de ciertos privilegios debían residir en la ciudad dos terceras partes del año; luego, los herederos, es decir, los que poseían heredades, casa y viñas; en tercer lugar, los moradores, que habitaban casas de alquiler, y por último, los albarranes o forasteros. En el fuero y en las leyes locales se mencionaba a escuderos, criados, huéspedes, comensales, collazos o siervos, hortelanos, pastores y vaquerizos. Formaban parte de la población mozárabes, judíos y moros, estos últimos divididos en libres y cautivos, y tanto ellos como los hebreos vivían en aljamas y juderías, barrios separados, como la clásica Morería madrileña. Sus profesiones y oficios estaban muy especializados.

Los alrededores de la villa eran un magnífico cazadero: osos, jabalíes, corzos, halcones..., amén de liebres, conejos y alguna perdiz que otra, todo ello importante base de sustento de los habitantes. Y, lógicamente, ovejas, cabras, gallinas y pesca de los ríos, bogas y barbos. En toda la alimentación había que evitar que se pareciera a la de los judíos, sobre todo las carnes que utilizaban en sus sacrificios.

Las medidas eran la arroba, el palmo, la vara, y las monedas, el maravedí de oro, el simple maravedí, el sueldo, el dinero, la cuarta, la octava y la miaja. Y como armas, la lanza, la azcona o venablo, el astil, la segur, la espada y el cuchillo.

Todo dentro de un orden político nada feudal, sino monárquico, en el poder delegado en el Señor, especie de Gobernador civil y militar, y democrático en la organización local. En la jurisdicción de Madrid entran los términos de Guadarrama, el Jarama y el Henares [1].

## MADRID Y LA BATALLA DE LAS NAVAS DE TOLOSA

Hacia el año 1210, Madrid se había convertido en una auténtica plaza de armas, bajo la alta dirección del gran don Alfonso VIII. Había tenido este la gran desgracia de perder a su hijo y heredero Fernando, habido de su esposa Leonor Plantagenet. El joven príncipe había acompañado y luchado junto a su padre en las expediciones por Murcia y Andalucía. Luchó con valor y salió ileso, pero las penalidades de la marcha y el gran calor del estío dieron al traste con su salud. Tuvo que volver a Madrid, donde estaba la Corte y donde las calenturas le llevaron al sepulcro a la edad de veintiún años.

Los musulmanes habían dado el grito de guerra santa. Habían llegado muchos millares de guerreros almohades del África.

A este grito respondieron los españoles exhortados por Alfonso VIII y toda Europa, católica entonces, con espíritu de cruzada animada por el papa Inocencio III, con los mismos propósitos de la guerra en Palestina. Los prelados españoles armaron milicias en sus diócesis, encabezados por el de Toledo, que pasó a ser una especie de director espiritual de la cruzada, pero «con el roquete sobre el arnés», como decían los viejos libros. Era arzobispo, embajador en Europa, apóstol y capitán de mesnadas, todo a la vez, el famoso don Rodrigo Ximénez de Rada. Además, historiador.

El rey Alfonso celebró en Madrid los primeros consejos de los magnates. Llegaban reyes, príncipes, condes y barones de Aragón, de Cataluña, de León, de Portugal, de Ultramontes, de Vizcaya y de Italia; caballeros templarios, de San Juan de Jerusalén, de Santiago y de Calatrava, y también de Francia. Muchos miles

[1] Los Señores de Madrid se llamaron, por ejemplo, Manrique (1183), Diego López (1200), Alfonso Téllez (1206), Rodrigo Rodríguez (1210)...

de a caballo y más de cien mil peones, setenta mil carros y acémilas con todos los víveres e impedimenta de campaña necesarios para tan gran ejército, todos los hombres religiosamente pagados.

Tengamos en cuenta que fue Madrid el centro de tan grande empresa histórica. Pues, aun con tan poderosa hueste, su número no llegaba ni a la tercera parte de la que iban a poner enfrente los almohades. Se calcula que el total de la fuerza cristiana llegaría a los 115.000 hombres, incluyendo el refuerzo de los navarros que llegaron con el rey Sancho VIII el Fuerte, tan arrolladores en las escenas finales de la gran batalla que se avecinaba. Este contingente de Navarra compensó en parte las deserciones de muchos extranjeros que no pudieron soportar la espera, el tipo de alimentación y el insoportable calor de la canícula manchega y andaluza. Tampoco estuvo presente con los suyos el rey Alfonso de León, por desavenencias con su primo el rey castellano. Tal vez tendrían razón los moros cuando le llamaban «el Baboso».

Queden los episodios y las grandes hazañas, los heroicos gestos de reyes, obispos, nobles, mesnadas y milicias ciudadanas en el gran combate de Las Navas de Tolosa, como una de las claves esenciales de la Historia de España.

Todo español debe tener grabada esa fecha de 1212, como la de 1492, como la muy triste de Trafalgar de 1805 y la de 1808, símbolos de nuestra Reconquista, de nuestra unidad y proyección universal, de nuestra decadencia tan grave en los mares y de nuestra independencia. Lecciones de la Historia que debemos tener presentes en unos tiempos en los que desde la periferia, con el beneplácito de Madrid, se nos quiere llevar a unos miserables reinos de taifas, rompiendo la unidad de España, su dignidad y prestigio y el bienestar del país.

Un curioso hecho anecdótico, discutido por los historiadores, vincula la batalla de Las Navas de Tolosa[2] a Madrid. Es casi un episodio indiscutido la presencia de un pastor en vísperas del

[2] Tolosa: coincidencia toponímica que para mí no tiene más explicación que el origen ibero-vascón, protohistórico, de este nombre: Tolosa de Francia, Tolosa de Guipúzcoa, Tolosa al sur de Despeñaperros.

combate, que señaló al rey Alfonso el mejor camino para pasar el puerto y ocupar posiciones dominantes sobre los almohades para así vencer a un enemigo muy superior. Se dice que marcó ese camino con cráneos de vaca; de ahí el nombre de nobleza que el monarca concedió a dicho pastor, llamado Martín Alhaja. Pues bien: Alfonso VIII, al volver después de la batalla a Madrid, visitó la parroquia de San Andrés y en ella se hizo mostrar el cuerpo incorrupto de san Isidro. Lo asombroso del caso es que en él reconoció las facciones, las formas y hasta restos de vestimenta exactos a los del pastor de Las Navas. Es decir, que san Isidro fue quien guió al ejército cristiano en la batalla, milagrosa aparición que no tiene confirmación alguna documental. Solo queda el argumento de la estatua de la catedral de Toledo encargada por Fernando III el Santo, que representa exactamente al famoso pastor, vestido tal y como le describen los cronistas de la batalla.

### Reunión de santos famosos en Madrid

El gran historiador de Madrid José Amador de los Ríos resalta la benéfica influencia del poder eclesiástico, que ayudaba a acrecentar el poder de la realeza y a cortar las demasías de los nobles. Se notaba la alta dirección de la Iglesia por un ilustre Pontífice, Inocencio III, virtuoso, culto y enérgico. El sistema escolástico se había extendido por Europa, pero se corría el riesgo del aumento de seguidores de las doctrinas iconoclastas de Oriente, condenadas en los Concilios de Reims, Tours y Letrán. El peligro era cada día mayor en el Mediodía de Francia, en Toulouse y el Languedoc. El contagio no había llegado a España y menos aún a su centro, Madrid, espiritualmente bien defendido. Aquí había benedictinos y cluniacenses, cistercienses, premonstratenses y trinitarios, con casas importantes como el monasterio de San Martín. En estos años de los reinados de Alfonso VIII y de Fernando III se establecieron nuevas casas e iglesias de los frailes menores y de los dominicos.

Tres nombres egregios de la Iglesia católica, san Francisco de Asís, santo Domingo de Guzmán y san Fernando de Castilla y León, llegan casi simultáneamente a Madrid, y si no consta encuentro alguno entre ellos, gran honor para la ciudad que tan insignes glorias de la cristiandad la hubieran elegido para sus apostolados y el descanso en su continuos viajes.

Confieso mi anterior ignorancia: no sabía que un comerciante italiano de la ciudad de Asís, en la Umbría, llamado Pedro Bernardone, tuvo un hijo, al que llamó Juan, que muy pronto empezó a frecuentar el barrio de los francos, donde se habituó a hablar en francés, razón por la que sus amigos le llamaban Francesco, o séase, Francisco en italiano, nombre con el que pasaría al santoral. De vida ejemplar y muy cultivada, una enfermedad a los veinticinco años le llevó a consagrarse al servicio de Dios y a las obras de caridad y evangelización. Fundó la orden de los frailes menores, que fue aprobada en el Concilio de Letrán.

Su celo apostólico le hizo planear la misión de cristianizar Marruecos y ganar allí la palma del martirio. Entró en España por Navarra, fundó en Burgos un convento bajo la advocación de san Miguel, después recorrió la Rioja, Álava y Guipúzcoa, llegando a Asturias y Galicia hasta Portugal. Regresó a Castilla y fundó en Arévalo, y por fin llegó a Madrid el año 1217.

En el mismo lugar que hoy ocupa el gran templo de San Francisco el Grande fundó una ermita de la que hasta hace poco se conservaron los restos y luego trazó el camino desde allí a una fuente bordeando de álamos el recorrido, que hoy, por su creador, recibe el nombre de Carrera de San Francisco. La estancia del santo en Madrid fue breve pero fructífera: hasta 1218, ordenando allí a varios discípulos que le sucedieron en su capilla y por toda España. Se conservan diez de sus nombres. Alfonso VIII se encontró con san Francisco a su paso por Castilla, aprobó su regla y autorizó todas las fundaciones en su reino, una de ellas en Ávila, con magnífico templo, ya en tiempos de los Reyes Católicos.

Santo Domingo de Guzmán, nacido en Caleruega (Burgos) en 1710, después de sus tareas apostólicas y arriesgadas en la Francia albigense, llegó a España en 1219. Tenía ya en Madrid un pequeño convento del que se ocupaban compañeros suyos de la Orden de Predicadores que había enviado desde Francia. Convirtió esta fundación en monasterio de monjas, con la regla de san Agustín. Era el más amplio y bello templo de la época, que ha vencido al tiempo y pervive desde el siglo XIII dando nombre a la plaza y cuesta de Santo Domingo, cerca del Palacio Real y del Senado. El papa Honorio III, por medio de una bula, mostró su complacencia por esta obra, la primera de dominicas que hubo en Europa.

Fray Hernando del Castillo, en una historia de la Orden de Predicadores publicada en Madrid en 1584, dice que santo Domingo de Guzmán y san Francisco de Asís anduvieron juntos por Castilla. No parece muy firme esta suposición. No parecen coincidir las fechas. El dominico se basa en las estatuas de la catedral de Burgos en las que ambos santos aparecen en ademán de ofrecer al rey sus respectivas bulas y reglas fundacionales.

La extraordinaria categoría de santo Domingo, tan difundida; la nobleza de su familia, de sus padres; Félix de Guzmán y Juana de Aza; su vinculación a la iglesia-catedral de Osma, su acción en Francia contra la herejía cátara y albigense, en la que «no utilizó más armas que la palabra y la oración» (César Cantú), son tan conocidas y tan universales que, como en el caso de san Francisco, exceden los límites de nuestra ciudad.

La relación de san Fernando con Madrid la veremos a continuación al ocuparnos de su reinado.

## Madrid y el nuevo rey Fernando III

Al entusiasmo y los aplausos del pueblo de Madrid al recibir la noticia y celebrar la gran victoria de Las Navas de Tolosa sucedió una mala época de sequías que dejaron agostados, nunca mejor dicho, en pleno agosto, los campos de cuyos productos vivía la población. Bien conocemos los españoles esos terribles vaivenes climáticos, de la gran seca a la inundación. En nuestro tiempo una buena política de embalses de canales y de planes hidrográficos pueden paliar esas angustiosas situaciones, aunque por desgracia hay gobiernos que prefieren que el agua de las torrenteras y de los grandes ríos se pierda en el mar. Entonces (siglo XIII), se carecía de tales medios técnicos, y la sequía era seguida del hambre y la peste, y como continuaba la guerra con el musulmán, los cuatro jinetes del Apocalipsis asolaban durante largas temporadas las tierra de España, en nuestro caso, concretamente las de Madrid y su extensa jurisdicción. Menos mal que contábamos con unos grandes reyes y estos dedicaban muchas de sus preferencias a la Villa madrileña, que convertían muy a menudo en Corte.

Alfonso VIII, tal vez el más completo monarca de la Reconquista, confirmó los privilegios a Madrid concedidos por Alfonso VII, extendiendo su demarcación y amojonamiento de términos con Segovia. Se encontraba a gusto en la futura capital de España y marcó esta predilección para sus sucesores. En la zona del monasterio de San Martín se instaló en una gran casa, que si no palacio todavía, reunía buenas condiciones para residencia real. Tenía un extenso jardín con una magnífica huerta que regaló a la reina Leonor, muy aficionada a la horticultura. Desde entonces se la llamó la Huerta de la Reina. Tenía ocho hermosas fuentes con los bustos de los ocho reyes Alfonso y por ellas corría la misma agua que la de los famosos Caños del Peral. Estaba en la actual calle de las Fuentes y dicen las crónicas que luego se convirtió en dos balnearios en la parte baja de la Plaza Mayor, sobre la llamada Laguna de Luján. Muy cerca de allí, es decir, en lo que podríamos llamar el Barrio Real de entonces, entre la calle del Arenal y la plaza de San Martín, se extendían estos jardines de la reina Leonor, por la actual calle de las Hileras, llamada así por las dos hileras de árboles que centraban el paseo predilecto de doña Berenguela, la hija de Alfonso VIII, con su hijo, un niño de pocos años, que muy pronto sería Fernando III. Se alojaba en la gran casa de campo antes citada, propiedad de los reyes de Castilla, al lado del monasterio de San Martín.

Los problemas que planteó la sucesión del gran Alfonso VII no afectaron especialmente a Madrid, aunque, como es lógico, sufrió las consecuencias que produjeron en toda Castilla y León los enfrentamientos entre bandos durante la minoridad del sucesor, el niño de once años Enrique I.

Murió don Alfonso el Bueno, el Noble, de manera inesperada en Gutierremuñoz, pueblo cercano a Arévalo, cuando volvía por Calatrava de poner cerco a Baeza y se encaminaba a Plasencia, ciudad por él fundada, a entrevistarse con su yerno, el rey de Portugal. Se hizo cargo del gobierno su hija mayor, aquella formidable e inteligente fémina que fue la reina doña Berenguela. Ella sacó adelante el reino, y después de mil vicisitudes, derrotando a los rebeldes y turbulentos Lara, y previa muerte en accidente de un jovencísimo hermano Enrique I, llevó al trono a su hijo Fernando III. Este, que era hijo del matrimonio de doña Berenguela con el rey Alfonso IX de León, no tardó en unir bajo su cetro los dos reinos al fallecimiento de su padre. Son largos y complicados episodios que tenemos que pasar por alto, pues, como insisto, esta no es una Historia de España, sino solo de su capital. En terminología de hoy diríamos que de Madrid, ciudad, con repercusiones en su Comunidad.

Amador de los Ríos cita de pasada un documento significativo en tanto da cuenta de que la Corte estaba en Madrid a principios de 1216. Se trata de una donación de una tienda en la calle de Traperos a un caballero de Santiago llamado Balduino, documento que lleva las firmas del arzobispo de Toledo, del alférez del Rey, del mayordomo real y de varios obispos y caballeros, fechado en Madrid, Corte del rey Enrique I.

Recién proclamado rey Fernando III en Valladolid, este, con su madre, doña Berenguela, hicieron una visita a «la villa de Madrid», para dar a conocer al nuevo monarca. Se alojaron en la Casa Quinta, cercana al monasterio de San Martín. Los rebeldes Lara, obstinados enemigos del nuevo rey, enterados de que estaba en Madrid y con muy escasas fuerzas, se lanzaron a un fuerte ataque, tratando de cercar su residencia para secuestrar a don Fernando y a su madre. El monasterio de San Martín tocó a rebato: acudieron con armas los feligreses, los vecinos del inmediato arrabal y gentes del Concejo, y todos, junto a los aguerridos religiosos de San Martín, rechazaron a los atacantes. En la lucha perecieron varios valerosos madrileños y para perpetuar la memoria de su hazaña se colocó una gran cruz en el Postigo de San Martín a la que todos los años se dirigieron los madrileños en procesión.

Madrid fue una ciudad más en el reino en unirse al nuevo rey con ilusión y gran contento. La unión de Castilla y León contribuyó a fomentar grandes esperanzas, la confianza de que Fernando III sería el que culminara la recuperación de la «España perdida», sin olvidar la otra gran rama de la Reconquista, la de su próximo pariente, el rey de la Corona de Aragón, Jaime I. «¡Dichosa generación de reyes, todos virtuosos, todos benéficos y todos grandes!», exclama el cronista de nuestro siglo XIII.

## El pleito territorial Madrid-Segovia

Dejemos a Fernando III el Santo en la gran empresa histórica que le llevó a conquistar Jaén, Córdoba y Sevilla; a alcanzar con la vista y con el corazón las costas africanas, adonde pensó ir un día; a dejar casi rematada la Reconquista, salvo el reino tributario nazarí de Granada; a ganar la santidad con su bondad, su entrega y su preclara inteligencia...

Con Fernando, nuestra gente de Madrid que le acompañó en sus incesantes expediciones y grandes y memorables sucesos, por ejemplo, en el cerco de Sevilla, en el campo de Tablada.

El flanco derecho del ejército real estaba formado por las milicias municipales del Consejo de Madrid, al mando de Gómez Ruiz Manzanedo. Sufrieron un fuerte ataque de los moros en el que perecieron seis madrileños, pero continuaron combatiendo hasta que afirmaron la seguridad del rey en Tablada.

Constan los nombres de los que mandaban las fuerzas de nuestra Villa: Martín de Madrid, Domingo Mínguez de Madrid, Alfonso García de Madrid y don Juáñez de Madrid, que llevaban en sus escudos las armas de la ciudad.

Lo que siguió siendo un arduo problema que se prolongó largo tiempo fueron las divergencias entre Madrid y Segovia para fijar los límites de sus respectivas jurisdicciones territoriales. Ambas ciudades defendían ardorosamente sus derechos. Alfonso VIII había concedido a Madrid todos los montes y sierras entre la Villa y Segovia; decía que la línea debía trazarse «desde el puerto del Berroco, que divide el término de Ávila y Segovia hasta el puerto de Lozoya, con todos los montes, sierras y valles intermedios, porque habían sido suyos [de Madrid] y les pertenecían más que a ninguno de los otros concejos inmediatos». Eran los territorios considerados en su conjunto como El Real de Manzanares.

Este privilegio lo confirma el propio Alfonso VIII en 1214, citando incluso pastos, pinares, poblados, arroyos y desiertos, todo como merced perpetua y en agradecimiento a los grandes servicios que habían prestado a la Corona los madrileños. Claro que al mismo tiempo ampliaba los privilegios a favor de Segovia en zonas de Toledo, el Alamín y Olmos. Hay autores que discuten todos estos privilegios a favor de Madrid, distinguiéndose entre ellos Diego de Colmenares.

Fernando III comprendió que ninguna de las partes quedaba satisfecha y decidió cortar para siempre la contienda que venía de su padre y de sus abuelos. Trató de hacer justicia en un privilegio dado en San Esteban de Gormaz el año 1239. En él aparecen nombres nuevos que hacen todavía más confusa para nosotros la tal división territorial; por ejemplo, como aldeas de Segovia, Seseña, Valdemoro, Gózquez y Espartinas, y como aldeas de Madrid, Palomero, Pinto y Cuelgamuros... El documento lo firma el rey, y con él los obispos de Osma, de Segovia y de Cuenca, el maestre de Calatrava... En una segunda parte del privilegio dice lo siguiente: «Yo, Sobredicho Rey Don Fernando, con plazer e con otorgamiento de la Reyna donna Berenguela, mi madre, e a uno con la Reyna donna Juana, mi muger, e con los mios fijos don Alfonso, don Frederic e don Fernando... mando e otorgo que todo el término e todas las heredades que son contra Xarama, dentro de estos mojones que son nombrados, sean siempre de Segovia. Otrosí, mando y otorgo que las heredades que son fuera de estos mojones sean siempre de Madrid. Ninguna carta de mis antecesores podrá valer contra esto que yo fago».

Me da la impresión de que ni don Alfonso, el padre, ni don Fernando, el hijo, por muchos solemnes privilegios que firmaron y otorgaron, dejaron aclarado el problema entre Segovia y Madrid. La prueba es que los segovianos, aprovechando la ausencia del rey y el descuido de los madrileños, comenzaron a ocupar y a poblar varios términos, edificando en Manzanares y Colmenar. Mandó el rey que destruyeran todo lo que habían construido. Se iban, pero volvían, y los de Madrid deshacían por orden real, y buscaban aliados: Segovia en su zona y en la vecina Ávila, y Madrid en tierras de Toledo, y de ahí venganzas, persecuciones y tropelías. En 1248 seguía enconada y sin resolver la cuestión. Y así continuaba a pesar de las continuas muestras que dio el Rey Santo de su predilección por Madrid[3]. Solo el paso de los años acabaría por resolver tan enojoso pleito.

También hubo pleitos entre la clerecía y el Concejo de la Villa. Por largo tiempo mantuvieron sus pretensiones sobre el aprovechamiento de la riqueza rural. Llegaron por fin a pactar una concordia: los pastos quedaron a beneficio del clero, y el arbolado y monte, para la ciudad. Resulta extraordinariamente curioso que ese pacto se reflejara en los respectivos escudos madrileños de Concejo y clerecía. En el del Concejo, el oso aparece de pie, apoyado o como alcanzando el fruto del madroño, mientras que en el de los religiosos el cabildo pinta al oso inclinado hacia el suelo, a cuatro patas y como pastando la hierba.

En tiempo de san Fernando este monarca, tan gran guerrero como su padre y tan sabio como su hijo, dio los primeros pasos para organizar el Estado, su país, que llegaba de Finisterre a Gibraltar. Él constituyó el Consejo Real de Castilla, con jurisdicción y autoridad sobre tan extenso territorio peninsular, verdadero Tribunal Supremo y Consejo de Estado. Publicó un Ordenamiento Real y una nueva Recopilación, que fueron la base de legislaciones subsiguientes como las aprobadas en las Cortes de Madrid, en tiempos de Alfonso XI, el año 1329.

Fernando III trajo «sabios», es decir, doctos juristas del extranjero, especialmente italianos y franceses. Con ellos se redactó en aquel tiempo un «Tratado de la Nobleza y Lealtanza, mandado del rey don Fernando, que ganó a Sevilla».

Murió el Santo Rey de manera ejemplar, muestra admirable de devoción, humildad y grandeza al mismo tiempo. Reconocen los historiadores que objetivamente superó a todos sus anteceso-

[3] El rey autorizó a Madrid a nombrar libremente sus adelantados y otras autoridades.

res en ilustración, alteza de espíritu, profundidad de miras sociales y políticas. Tenía cincuenta y cuatro años de edad y llevaba treinta y seis de reinado. Murió, ¡cómo no, en su Sevilla!, el 30 de mayo de 1252. Fue rey de Madrid, y la Villa honra todos los años esa fecha en recuerdo de tan insigne monarca, en los altares desde 1671.

## Ventura y desventura del Rey Sabio

El primero de junio de 1252, a los treinta y un años de edad, Alfonso X sucede en el trono de Castilla, León, Galicia, Asturias, Cantabria, las Vascongadas, Murcia, Extremadura y casi toda Andalucía a su padre, el Santo Rey Fernando III, habido en el matrimonio de este con Beatriz de Suabia.

El monarca en aquellos tiempos era la personificación de todos sus estados, de la sociedad, de las instituciones, de la justicia, y la espada de la Reconquista, es decir, guerrero, legislador, juez, gobernante y protector de su pueblo.

Don Alfonso era de carácter suave y más inclinado a las ciencias y a la cultura que a la política y a la guerra, un carácter no muy apropiado para mantener unido y en orden un gran reino en el que más que un magnate estaba acostumbrado a campar por sus respetos. No obstante, el rey siguió en principio el buen ejemplo de su padre y se dedicó con fortuna a continuar la tarea reconquistadora contra los moros en Andalucía. Así, conquistó Jerez, Arcos, Lebrija y Medina-Sidonia, siguiendo con la provechosa alianza con el rey de Granada, Alhamar. Continuó su campaña y rindió la resistencia de Niebla y de gran parte del Algarve.

En política no se movía con igual fortuna. ¿Por qué entregó esas tierras por él conquistadas a los moros en el Algarve a su hija natural Beatriz, casada con el rey Alfonso III del vecino reino? En Castilla, la enérgica reacción adversa fue inmediata.

También mostró Alfonso X escaso acierto en sus negociaciones con Jaime I el Conquistador sobre la sucesión de Teobaldo I de Navarra, a la que tenía derecho preferente. Igualmente perdió sus posibilidades de ser señor de Gascuña. Cuando los naturales le reclamaban, hartos de la presencia inglesa, y todo estaba a su favor, como nieto de Leonor de Aquitania, se metió en unas desastradas negociaciones innecesarias con Enrique III de Inglaterra, cediendo todos sus derechos en Gascuña, incluso la posesión de hecho a cambio de concertar el matrimonio de su hermana Leonor con el heredero del trono inglés.

Un fracaso fue su intento de ser coronado Emperador del Sacro Imperio Romano Germánico a la muerte del emperador Guillermo. Llegó a ser proclamado por algunos electores, pero falló al final y fue coronado Ricardo, hermano del rey de Inglaterra. Alfonso X tenía todas las preferencias hereditarias como hijo de Beatriz de Suabia y nieto del Emperador, pero a pesar de la compra de votos le faltó habilidad y el empujón definitivo. Lo cierto es que en Castilla nadie lo sintió; incluso las Cortes y los municipios anduvieron muy remisos para concederle las ayudas económicas que necesitaba para lograr sus aspiraciones imperiales. Lo español no fue nunca el Imperio, sino el reino, y ni aun en sus épocas de máxima grandeza sus reyes quisieron titularse emperadores. Carlos V lo era de Alemania, pero siempre fue Carlos I de España; y Alfonso VII de Castilla se tituló emperador, pero solo como primer rey entre los reyes peninsulares.

Dejemos a Alfonso el Sabio en la estela de sus frustraciones políticas y veamos sus no muy numerosas conexiones con Madrid a lo largo de su reinado.

Cuando andaba empeñado en su lucha contra el moro, el arzobispo de Toledo, que era por aquel entonces don Sancho, hijo de Jaime I de Aragón y cuñado del rey Alfonso, de carácter arrojado y más guerrero que eclesiástico, se lanzó por su cuenta hacia el sur en pos del enemigo mahometano. Reunió para ello las milicias de Madrid y de otras poblaciones de la nueva Castilla. Sin esperar los refuerzos de don Lope Díaz de Haro, fue pronto derrotado y hecho prisionero.

Los madrileños acudieron a rescatarle, aunque con gran inferioridad numérica. Muchos perecieron en el empeño, luchando heroicamente. Al pobre arzobispo-infante los moros le cortaron la cabeza y una mano. No pudo, efectivamente, ser liberado, pero la milicia del Concejo de Madrid, con la llegada del de

Haro, pudo rechazar al enemigo y perseguirle hasta sus propias tierras[4].

En un privilegio de 1262 se concede a Madrid el Fuero Real, y varias franquicias a los caballeros de la Villa. En este documento, Alfonso X unía a sus muchos títulos el de rey del Algarve, y el fuero se extiende a todos los pueblos de la jurisdicción madrileña, no solo a la ciudad. Parece que este fuero no se aplicó o cayó en desuso y solo se restableció plenamente en tiempos del rey Alfonso XI.

Madrid, siempre unido a la Corona y residencia a menudo de la Corte, correspondía a estos privilegios reales y celebraba todos los años misas y sufragios solemnes en memoria y en honor de los reyes Alfonso VIII y Fernando III y de las reinas doña Berenguela y doña Beatriz de Suabia. A las que se unió a doña Violante, esposa de Alfonso X, después de su fallecimiento.

Durante el reinado alfonsino se crearon en Madrid, por orden real, que además cedió los terrenos, unos grandes baños públicos en las vertientes de la calle de Segovia, que fueron muy celebrados y utilizados por la población, que por entonces se iba aficionando a la costumbre de los árabes, más higiénica, limpia y perfumada. Dice la crónica que del antiguo caudal de aquellas aguas quedaban restos hace años en la llamada plaza de los Caños Viejos y en la fuente de la Cruz Verde.

En varias ocasiones el Rey Sabio pasó por Madrid. En una de ellas tuvo un incidente de índole religioso-familiar que merece ser reseñado. Su hija, doña Berenguela, sintió vocación religiosa y decidió tomar el hábito en el convento madrileño de Santo Domingo. El monarca se opuso al intento, creyendo que se debía a presiones de la priora sobre su hija; pero las monjas pudieron demostrar que doña Berenguela había actuado libremente. Cambió don Alfonso de tono, visitó el monasterio al lado de su quinta de San Martín, se reunió amigablemente con el claustro, bebió agua en el pozo abierto según tradición por el propio santo Domingo y que se tenía por milagrosa, adoró las reliquias que del santo se conservaban... Es decir, había pasado de sus planes de prender

[4] Cuando el arzobispo don Sancho venía a Madrid se hospedaba en casa de los Vargas, en la calle del Almendro, donde luego se instaló la Nunciatura.

fuego al convento a una simple reconvención a su hija por no haberle consultado, y aquí paz y después gloria. Se cuenta que más tarde doña Berenguela hizo donación al monasterio de la ciudad de Guadalajara, de la que era señora. No hay datos documentales sobre ello, pero bien pudo ser, porque así se disponía entonces de ciudades y haciendas.

He traído aquí este episodio tan particular y de tan relativa importancia solo para recordar a los madrileños de hoy, cuando pasen por las calles Mayor y Arenal, Factor, Fuentes, San Martín, Santo Domingo, etc., las cosas que por allí pasaban hace siete u ocho siglos, que Madrid tiene mucha historia, muchos reyes por sus calles y plazas, y que no se lo inventó Felipe II.

Los últimos años del reinado de Alfonso X fueron un verdadero desastre, debido en gran parte a sus debilidades. Su hijo primogénito, don Fernando, murió muy joven, dejando varios hijos, los famosos infantes de la Cerda. Pasaban los derechos sucesorios al hijo segundo del Rey Sabio, el bravo y valiente don Sancho, que se enfrentó con su padre, oponiéndose a todos sus planes. Entonces don Alfonso empezó a hacer disparates, a pedir amparo al Pontífice, a los reyes de Aragón, de Francia y de Inglaterra, incluso al rey moro Yacub ben Yusuf, desheredó a don Sancho, dejó la sucesión a sus nietos los infantes de la Cerda y dividió el reino de un modo disparatado: al infante don Juan, Sevilla y Badajoz; Murcia, a don Jaime, es decir, a sus hijos menores, y el resto, a los citados infantes de la Cerda, todo confuso y conflictivo.

Dejemos tan lamentable situación que en nada afectaba directamente a Madrid, que permaneció siempre fiel a la causa del legítimo soberano, por lo que en aquellos momentos tan confusos no tomó partido, hasta que el gran pleito se resolvió por las armas, la política y la diplomacia, a favor de Sancho el Bravo.

Pocos sucesos particulares se recuerdan del acontecer de Madrid durante el breve reinado de Sancho IV, que murió cuando apenas contaba treinta y seis años de edad. Si acaso, algunas fundaciones religiosas que siempre encontraron buena acogida en nuestra villa, al menos hasta mediado el siglo XVIII, y aun así, a través de revoluciones, republicanismos sectarios, laicismo decimonónico, luchas agonales del siglo XX, Madrid siguió siendo ciudad propicia para la instalación y arraigo de nuevas órdenes religiosas católicas. Podríamos confirmarlo con una larga lista a estas alturas del siglo XXI.

También continuó el viejo pleito entre Madrid y Segovia por la extensa zona del Real de Manzanares. De poco sirvieron las disposiciones de tiempos de Alfonso VIII y de Fernando III. Los segovianos siguieron presionando al sur de las sierras de Guadarrama y Somosierra, recurriendo a construir poblados y asentamientos. La relación cada día estaba más enconada. De nuevo tuvo que intervenir el soberano, que ordenó destruir las construcciones efectuadas por Segovia en Colmenar y Manzanares, nombrando un Guarda Mayor para vigilar el cumplimiento de las disposiciones reales. Continuar con las incidencias que siguieron produciéndose sería fatigante para el lector. Baste decir que en 1332 seguirán actuando comisiones especiales formadas por varios obispos, y dictando providencias el rey para dirimir las continuas diferencias entre madrileños y segovianos.

A finales de 1294, Sancho IV, que se hallaba en Valladolid, aconsejado por los médicos, se trasladó a Madrid, donde se alojó en el convento de las Dueñas de Santo Domingo. Agravose su enfermedad. Llamó al infante don Juan Manuel y empezó a lamentarse en alta voz, entre lloros y gemidos, porque, decía, no moría de dolencia, sino en pago doloroso de sus muchos pecados y maldito por su padre. A punto de morir fue trasladado a Toledo a hombros de sus criados. Allí falleció el día de San Marcos, 25 de abril.

# 5
# Doña María de Molina, algo más que una calle

## Una gran reina

Tres mujeres extraordinarias llenan largos y trascendentes períodos de la Baja Edad Media: doña Berenguela, madre de san Fernando; doña María de Molina, madre de Fernando IV, y la gran Isabel la Católica, entrando ya en pleno Renacimiento. Prueba clara de que las mujeres en determinadas circunstancias pueden gobernar tan bien o mejor que los hombres, desde luego por méritos propios y no por cuotas, tantos hombres, tantas mujeres, como ahora se estila por los demagogos de turno.

La figura excelsa de doña María de Molina aparece con luz propia en la escena política a la muerte de su esposo, Sancho IV el Bravo. Este, hallándose en Madrid en los postreros días de su vida, llamó al poderoso magnate don Juan Núñez de Lara y le habló en estos términos: «Don Juan Núñez, bien sabedes que llegaste a mí mozo sin barbas e fiçevos mucha merced y vos dí casamiento muy bueno, con doña Isabel de Molina, nieta del rey Alfonso X... si yo muriere que nunca vos desamparades al infante don Fernando, mi fijo, fasta que aya barbas. E otro sí que sirvedes a la reina [doña María de Molina] toda su vida...», siguiendo las fórmulas de rigor, si así lo ficieres, etc.

Los nobles marcharon con el rey moribundo de Madrid a Toledo, y allí mismo, después del entierro del monarca en la catedral, juraron como sucesor a su hijo Fernando, que tenía diez años; el propio juramento hizo en su nombre la reina madre doña María.

Muy engañada estaba la nobleza respecto al carácter de tan gran señora. La suponían débil, pero ella supo demostrar valor, energía y constancia. Tuvo que enfrentarse a la soberbia de los grandes, a la indocilidad de los pequeños, la confusión y licencia por todas partes, en una época calamitosa desde la sucesión de Alfonso el Sabio, que todo lo dejó maltrecho en política, que no en el campo de la cultura, de la que fue admirable paladín.

Ante la gran responsabilidad de doña María, con su hijo de diez años, aparecían el infante, más bien el infame, don Juan, culpable de la muerte de Guzmán el Bueno, el heroico defensor de Tarifa, reinando en precario en Sevilla y Badajoz; el infante don Enrique, hijo de san Fernando, llamado El Senador por haberlo sido en Roma, novelesco, aventurero, con pretensiones de ser regente en Castilla, y lo logra, así como el innoble infante don Juan... También la poderosa familia de los Lara, siempre dispuestos a entrar en un eventual reparto de la monarquía castellano-leonesa, y la otra gran familia de los Haro, que se aliaba con quien «les ofreciera las llaves de Vizcaya». Además, como desde que murió Alfonso X, los infantes de la Cerda: don Alfonso se hacía coronar en Sahagún, mientras el malhadado don Juan lo hacía en León; los aragoneses se aprovechaban e invadían Murcia, mientras el rey de Granada, con ayuda marroquí, se plantaba en las afueras de Sevilla...

Terrorífico panorama para doña María de Molina, que demuestra su grandeza cuanto más difíciles son las circunstancias con las que tiene que enfrentarse. Hay que tener en cuenta que también son sus enemigos, activos o en potencia, Navarra, Francia, Portugal y Aragón.

Solo la entereza de la reina, errante de castillo en castillo, en demanda constante del apoyo de sus vasallos, logra salvar el reino en los momentos más turbulentos de su historia medieval. Ella es el símbolo de la unidad y del amor maternal. Su admirable conducta le ganará primero la benevolencia y luego la decidida ayuda de las Cortes, de las ciudades, de los caballeros y de los burgueses. Hizo prodigios de habilidad, de decisión, de entrega a su misión, casi al borde del milagro para salir adelante. Tenía en su contra también la bula papal que había declarado nulo su matrimonio con Sancho IV por consanguinidad, aquellas exageradas decisiones pontificias contra los terceros y cuartos grados de parentesco. Doña María solo logró el reconocimiento de la validez de su boda con el rey una vez que se quedó viuda. Esa legitimación de matrimonio y prole por Bonifacio VIII fue uno de los mayores triunfos de María de Molina.

## FERNANDO IV. CORTES EN MADRID

El pleito sucesorio entre el rey don Fernando, siempre con su madre al lado, y don Alfonso de la Cerda se prolongaba sin vías de solución. Trataron de encontrarla las dos partes en una reunión que se celebró en Torrellas, al pie del Moncayo. La sentencia pronunciada el 8 de agosto de 1304, ya en el siglo XIV, distribuía territorios entre las dos partes como si se tratara de fichas de dominó. Afecta tal distribución a nuestro Madrid porque se atribuyó el Real de Manzanares a don Alfonso, aunque sin derecho a usar el título de rey. En principio parece un claro despojo para los intereses de la Villa. No debió de hacer efectiva esta posesión el de la Cerda, porque el pleito entre Madrid y Segovia siguió creando disputas entre las dos ciudades, de modo que Fernando IV, en 1303, prohibió entrar en el Real a unos y otros, nombrando un nuevo Guarda Mayor, Fernán Lorenzo. Cumplieron los de Madrid, pero no los segovianos, y siguieron las ocupaciones, los contradictorios privilegios reales, de forma que por ahora tenemos que dejar sin resolver tan espinoso asunto, que parece el cuento de nunca acabar. Ya veremos que, como tantas cosas, será el tiempo el que acabe por resolverlo.

Lo que no falló en momento alguno fue la obediencia de Madrid a las disposiciones reales y su acrisolada lealtad a Fernando IV y a doña María de Molina en las ajetreadas circunstancias que rodearon el reinado. Aceptó también Madrid, con disciplina aunque con disgusto, la supresión de la Orden de los Templarios, acordada en Castilla y en toda Europa por aquellas fechas.

Consta también que hacia 1309 las fuerzas armadas del Concejo de Madrid acompañaron y lucharon al lado del rey en el sitio de Algeciras, llegando a participar en la ocupación temporal de Ceuta. Igualmente, «un hombre bueno» designado por nuestra Villa formó parte del grupo de doce consejeros nombrados por Fernando IV para administrar las rentas reales.

A las Cortes de Carrión asistieron cuarenta y ocho ciudades, pero de ellas solo diecisiete y una Villa tenían derecho permanente a participar, «prueba —dice un gran historiador— de su grande importancia y para su gloria». Y lo hacía con la consideración de cabeza de provincia, como Valladolid, Segovia, Ávila, Toro, Soria... Sólo ocho ciudades eran cabezas de reinos: Burgos, León, Granada, Sevilla, Córdoba, Murcia, Jaén y Toledo. No tenía Madrid ni grandes monumentos ni muchos miles de habitantes, pero grandes eran su prestigio, sus servicios a la Corona, su alta merced y representación dentro de la monarquía española.

En tiempos de Fernando IV, y por iniciativa de doña María de Molina, fueron convocadas Cortes en Madrid. Concurrieron a ellas los infantes don Juan, don Felipe y don Pedro; don Alonso de Molina, hermano de la reina; don Juan Núñez de Lara, don Diego López de Haro, los maestres de Uclés y de Calatrava, el arzobispo de Toledo y procuradores de todas las ciudades del reino. Todo lo más granado, sin que faltaran los grandes magnates, otrora rebeldes y conflictivos, prueba de la autoridad atractiva y del poder de convocatoria de la política dirigida por doña María de Molina.

Se supone que las reuniones de la Corte tuvieron lugar en la Casa-Quinta, residencia habitual de los reyes, situada al parecer donde hoy se halla el monasterio de las Descalzas Reales. Otros autores creen que el Parlamento medieval debió de reunirse en el atrio de la parroquia de San Salvador y en una gran sala que había encima, donde solía celebrar sesiones el Concejo, todo entre Santo Domingo y San Martín, auténtico centro del Madrid de entonces.

En las Cortes, la Villa estuvo representada por un regidor y un hidalgo, designado por turno.

No registran los anales de Madrid ningún hecho más de importancia digno de ser reseñado en estas páginas. Las venturas y desventuras de Fernando IV, las leyendas que le han hecho pasar a la historia como El Emplazado, poco tienen que ver con la vida y milagros de Madrid que estoy escribiendo, a la que me voy ciñendo lo más posible, rehuyendo la gran tentación de perderme en los grandes hechos de nuestra general historia.

## Madrid y Alfonso el Onceno

Trece meses contaba el nuevo rey de Castilla Alfonso el Onceno, como le llama el romance, cuando sucedió en el trono a su padre, Fernando IV. ¿Qué habría sido del reino sin la providencial y enérgica presencia de la reina abuela doña María de Molina? El panorama de la política al comenzar el reino no podía presentarse más oscuro y desolador. Seguían todos los problemas y las asechanzas del reinado anterior: los infantes, los magnates y los reinos vecinos, siempre dispuestos «a encender la guerra civil en las mismas gradas del trono». Se organizó una regencia a base de los infantes don Pedro y don Juan con la reina viuda doña Constanza, pero la regencia efectiva y la tutoría y guarda del nuevo rey quedaron a cargo de la reina abuela, la gran doña María de Molina, ya anciana. Tan grave fue la situación que el Rey Niño tuvo que permanecer en Ávila, protegido por el obispo don Sancho Sánchez y por la lealtad de los caballeros abulenses, demostrada ya anteriormente con Alfonso VI y Alfonso VIII [1]. Solo a doña María sería entregado el niño cuando a los catorce años le llegara la edad de reinar.

Apenas inaugurado el reinado efectivo, el joven rey confirma en 1314 el privilegio otorgado por Alfonso VII a la clerecía de Madrid con grandes inmunidades.

En aquellos primeros años del reinado, Madrid no fue tan leal como Ávila con el Rey Niño y con su abuela, pues mostró ciertas veleidades a favor del infante don Juan, atrevido hijo del infante don Juan Manuel, recibido en la Villa con honores reales

[1] El Rey Niño figura en el escudo de Ávila y la ciudad bien merece el título que lleva: «Ávila del Rey, de los Leales y de los Caballeros».

y declaraciones públicas a su favor. Dice la crónica que «lo mesmo ficieron los municipios de Cuenca, Sepúlveda y Cuéllar». Sin embargo, pronto se aclaró que solo se había recibido a don Juan como uno de los regentes y que el Concejo de Madrid seguía siendo leal «a la reina». El prestigio y autoridad de María de Molina continuaron incólumes hasta que dejó la vida terrena. En su favor estuvo también la misión que el Sumo Pontífice envió a España, el cardenal de Santa Sabina, que vino a poner orden y, con las Cortes, a cortar las inquietudes políticas y belicosas de los infantes ex regentes, don Felipe, don Juan Manuel, don Pedro y don Juan el Tuerto. La gestión pontificia, a favor del joven rey y de su abuela, fue aplaudida por el pueblo, por los prelados, los ricoshomes y los procuradores de villas y ciudades. Con detalle se explican todos estos episodios en la *Crónica* de don Alfonso XI, y solo los cito aquí por lo que indirectamente pudieron influir en cortar posibles nuevas veleidades del Concejo madrileño. Tan importante y firme fue el cambio de actitud circunstancial del Municipio de la Villa, siempre tan unido a la Corona desde Alfonso VI, que el cronista puede escribir lo siguiente: «Madrid cobra no pequeña importancia durante el reinado de Alfonso Onceno apenas pudo este príncipe dedicarse a la gobernación del reino, concediéndole importantes privilegios de modo que todos los pleitos suscitados entre sus vecinos fueren oídos y librados por los alcaldes de la Villa», y «Nos conoscamos solo por apelación». También resolvió el rey a favor de Madrid, volviendo a su jurisdicción el término de Torrejón que había sido concedido por reyes anteriores a don Gonzalo Ruiz de Toledo, que lo cedió a su yerno Lope de Velasco.

Con esta y otras muchas decisiones más graves se fue ganando el rey el título de Justiciero con el que ha pasado a la Historia. Justicia a veces rayana con la violencia y la crueldad, pero eran sistemas generales e inevitables en aquel tiempo.

En Madrid se congregaban los tres brazos del reino en 1329: «Llegado el rey a la villa, seyendo juntados con él los perlados, ricoshomes y procuradores de las cibdades et villas et logares de todos los regnos [aquí la lista que va desde Castilla y León hasta Vizcaya y Molina] fabló con ellos, mostrándoles quantas maneras de razones fallara en sus regnos... para tomar la tierra en justicia et sosiego...». Y tan deseosos estaban los pueblos de hacer algo digno de los tiempos pasados —continúa el cronista— que con sed de justicia acudían las gentes de todas partes a la Villa de Madrid para conocer de cerca y bendecir al príncipe que colmaba sus legítimas esperanzas. Tantas gentes que no cabían en las casas, que yacían por las noches en calles y plazas... Y parecía mentira que, tras la terrible anarquía que había conturbado a Castilla durante tantos años, se viviera ahora en ese clima de paz y de justicia, al gobernar Castilla un niño de catorce años en un cuadro de alegre porvenir y risueña bienandanza. Felices y tal vez exageradas impresiones. Pero así son los pueblos, para lo bueno y para lo malo[2].

Al lado de los grandes hechos de la Historia de España, poca importancia tienen en sí estos pequeños acontecimientos relativos a Madrid durante largos períodos de la Edad Media. Privilegios reales a la Villa, participación de las milicias del Concejo en bravos episodios de la Reconquista, el eterno pleito entre Madrid y Segovia por el Real de Manzanares, el reforzamiento de la jurisdicción del municipio y de su término, visitas reales y sobre todo las reuniones de las Cortes. En conjunto, una cierta demostración de que Madrid era mucho más que una aldea, el poblachón manchego que dicen algunos, y que reunía condiciones, como otras poblaciones más o menos centrales, para ser residencia de la Corte trashumante de una España que llegaba de Finisterre a Gibraltar, con la participación reconquistadora de las Coronas de Castilla y León y de Aragón, ya que el reino de Navarra había quedado sin frontera con el moro y miraba más hacia el norte, aunque siempre muy español. Por cierto, recordaré a algunos recalcitrantes que las Provincias Vascongadas jamás fueron un reino, una nación ni un Estado, sino señoríos, provincias o hermandades, parte integrante, muy destacada, de la unidad española.

[2] Gran parte de las medidas tomadas en las Cortes de Madrid presididas por Alfonso XI pasaron a formar parte de la legislación española; por ejemplo, en la Novísima Recopilación.

No sería justo terminar esta referencia al reinado de Alfonso XI sin recordar las facetas, tal vez más importantes, de la influencia que tan gran monarca tuvo en nuestra historia, tanto en el aspecto bélico-reconquistador como en el familiar y dinástico.

En 1321 muere doña María de Molina, que había defendido con heroísmo político los reinados de su esposo, de su hijo y de su nieto.

Alfonso XI tiene ahora que enfrentarse con un nuevo fanatismo religioso expansionista que ha convertido a los benimerines desde Marruecos en émulos de los almorávides y almohades del reciente pasado. El rey logra una coalición de reyes cristianos, como su gran antepasado Alfonso VIII, para impedir que un gran ejército musulmán que ha pasado el Estrecho sitie Tarifa. Los dos grandes ejércitos se hallan separados por el río Salado. Allí se da la famosa batalla el 30 de octubre de 1339. La victoria cristiana es total, clamorosa. Su eco en Europa es tan grande como el triunfo de Las Navas de Tolosa. El papa Benedicto XIII bendice a los vencedores, que a continuación conquistan Algeciras, renunciando los musulmanes, derrotados a orillas del río Palmones, a todo intento de expansión en la Península. El tratado de paz no se firma hasta 1344. Habían participado en la gran empresa, junto al rey de Castilla, don Enrique de Lancaster, conde de Derby; el conde de Salisbury, el señor Gaston de Béarn, conde de Foix, y el rey de Navarra, Felipe de Évreux, que murió durante el sitio de Algecieras.

Puede afirmarse que en el terreno militar Alfonso XI fue un gran caudillo medieval, valiente y estratega en la batalla, diplomático en las alianzas y vencedor.

Otra cosa fue, por sus consecuencias, su apasionada relación con las mujeres. En momentos de conjuras contra su juvenil reinado, se ofreció para contraer matrimonio con doña Constanza, hija del infante don Juan Manuel. Salvada la difícil situación, repudia a dicha señora y, por razón de Estado, se casa con doña María, hija del rey Alfonso IV de Portugal.

Durante la campaña andaluza de 1331 el rey conoció en Sevilla a la mujer cuyo amor marcó toda su vida e influyó de modo esencial en el futuro de España. No fue un amor ligero hacia una favorita del momento; fue perseverante, leal, total, por encima de todo, superior a tantos casos de sus predecesores, en unos siglos que, como dice un historiador, fueron los de la bastardía exaltada. Esta mujer que cambió el ritmo de nuestra historia fue doña Leonor de Guzmán, «viuda de diecinueve años, muy fijadalgo en fermosura, la mas apuesta muger que havía en el regno». En el siguiente capítulo veremos las trascendentales consecuencias.

Alfonso el Onceno, como le llama el poema, fue un hombre desmedido en todo, en sus virtudes y en sus defectos. Por eso me he extendido un poco al escribir sobre él[3].

Don Alfonso residió con frecuencia en Madrid; disfrutaba de sus espesos bosques, donde solía practicar la caza de jabalíes, corzos e incluso osos. Tan aficionado era que añadió varias páginas al *Libro de Montería* escrito por su bisabuelo, el Rey Sabio. En su tiempo fue declarada Madrid «Villa Realenga», prohibiéndose cualquier enajenación de la ciudad y su término. Además, en 1339, Alfonso XI concedió nuevos privilegios a la futura capital de España.

[3] Véase mi obra *Así se hizo España* (Espasa Calpe, 1981).

# 6
# El Madrid de don Pedro el Cruel y de los Trastámara

## En el que se presentan don Pedro y don Enrique

Cuando aparece en la historia un personaje del calibre humano de Pedro I de Castilla, el hijo de Alfonso XI, el terrible don Pedro el Cruel, no hay más remedio que prestarle atención, teniendo en cuenta además su preferente relación con Madrid, siempre fiel al rey legítimo, y don Pedro lo era.

El joven rey no tenía especial preparación para el trono. Si tuvo alguna cualidad positiva fue innata, así como sus tremendos defectos. Violento, apasionado, fuerte, impulsivo, con signos paranoicos y psicopáticos, manía persecutoria y solitario, aunque a veces al vulgo le resultara simpático, tanto que hay quienes le daban el apelativo de «justiciero». Todo lo contrario que opinaba la nobleza.

En la guerra fue un extraordinario estratega improvisado. En larga y complicada guerra civil contra los Trastámara solió llevar la iniciativa y acabó vendiendo muy cara su famosa derrota.

Frente a don Pedro, los hijos bastardos de Alfonso XI y la bella doña Leonor de Guzmán, don Enrique y don Fadrique. El primero, el futuro Enrique II, era un joven encomendado a la adopción del conde de Noreña, de Gijón y de Trastámara, nombre este que pasará a ser el de una dinastía para la historia. Pronto se iniciaron las hostilidades entre don Pedro y sus hermanos bastardos. De parte del rey, su favorito, el portugués don Alfonso de Alburquerque, que por orden real mata al adelantado mayor de Castilla, Garcilaso de la Vega, y a tres regidores castellanos. Mientras, don Enrique de Trastámara promueve disturbios en Asturias contra Alburquerque; otro hermano de Enrique, don Tello, se instala en precario como señor de Vizcaya, y el tercero, don Fadrique, refuerza su posición al ser nombrado maestre de Santiago. Y, entretanto, don Pedro el Cruel (no le quito este nombre que bien merece) se casa con la francesa doña Blanca, hija del duque de Borbón, a la que pronto abandona, entregándose a un apasionado amor con doña María de Padilla, algo parecido a lo que hizo su padre con doña Leonor de Guzmán.

A partir de aquellos primeros enfrentamientos, y conocidos los personajes, comienza una larga, cruel y complicada guerra civil en la que intervienen Francia e Inglaterra, a favor de uno y otro contendiente, como una faceta de su Guerra de los Cien Años. Guerra civil con constantes alternativas, sin cuartel, odios y reacciones personales, con la Corona de Aragón indirectamente implicada y episodios históricos sobradamente conocidos. Varios de estos episodios y de sus personajes irán apareciendo en los sucesivos datos que vienen a continuación sobre la repercusión en Madrid del trágico reinado de don Pedro el Cruel.

## MADRID, ESPEJO DE LEALTAD

Como dice la crónica medieval, no fue muy afortunado el docto obispo de Osma, que fue el encargado de enseñar a don Pedro los deberes del príncipe cristiano. Sin embargo, en su adolescencia «miraba con honrada veneración las cosas sagradas y favorecía el culto, la tranquilidad y el sosiego de las casas religiosas». Lo prueba cuando solo lleva cuatro meses de reinado concediendo grandes favores al convento de Santo Domingo, de Madrid, además de una importante limosna, «cuatro escusados, un tejedor, un zapatero, un mampostero, exenciones de servicios, un mayordomo, martiniega de yantar, empréstito e demás que acaesciese en cualquier manera...». Curiosa enumeración, pero al parecer muy práctica y beneficiosa para la comunidad de Santo Domingo.

El rey Pedro en 1350 concede a don Martín Fernández de Toledo, hombre de toda su confianza, el portazgo de Madrid[1] y su término «con todos sus derechos, descaminos y aventuras para siempre jamás». Es interesante observar que estos documentos reales los firma «Don Johan Núñez, Señor de Vizcaya, Alférez Mayor del Rey y su Mayordomo mayor».

Don Pedro concedió también a las monjas de Santo Domingo el derecho de pastos para todos sus ganados, en todo el reino, como si fueran del rey, y, en otro aspecto, el derecho de asilo en el convento para los perseguidos.

La viuda de Alfonso XI, la reina doña María, no podía reprimir sus antiguos odios y había jurado el exterminio de su rival, doña Leonor de Guzmán, y de toda su estirpe. Logró su propósito haciendo eliminar por sus esbirros a la que había sido «la más bella muger de estos regnos». El atentado llenó de horror a Castilla y despertó las lógicas iras de los bastardos, el conde de Trastámara y el maestre de Santiago. Don Pedro el Cruel no solo dejó impune tan vil asesinato, sino que hasta debió de celebrarlo. En cambio, hacia Madrid seguía mostrando su benevolencia, pues en 1351 volvía en las Cortes de Valladolid con nuevos privilegios al cabildo eclesiástico de la Villa y futura Corte.

Por aquellos días se dio un famoso episodio que recuerdan todos los historiadores. En Aguilar resistía a las tropas de don Pedro desde hacía cuatro meses don Alfonso Fernández Coronel, siempre fiel a los Trastámara. Como lo había sido a su madre. Acaba siendo vencido por el fuerte ejército de Alburquerque, el favorito de Pedro I. Al ir a ser ejecutado, pronuncia la famosa frase: «Esta es Castiella que face los omes et los gasta».

Madrid era ya una ciudad importante y, por lo tanto, objetivo para los dos bandos. Don Fadrique, maestre de Santiago, se adentró por el Real de Manzanares y se apoderó de Guadarrama.

[1] El portazgo comprendía los derechos más lucrativos de la Corona de Madrid: «tiendas de farina, huertas, carnicerías, especiería, cordoneros, tiendas de papel y de buñolerías, solares y otras rentas de la Corona..., y con todo ello se podría hacer mayorazgo».

Este avance coincidía con la oportuna muerte del hombre del rey don Pedro, el poderoso don Alfonso de Alburquerque. Un caso más en la historia que queda sin aclarar: ¿murió por enfermedad natural o «moría por hierbas que le dieron en un jarope» a instancias de su señor, al que ya no le era útil? Decenas de casos podríamos citar hasta siglos bien recientes, aunque el veneno ha dejado de estar de moda, sustituido por métodos modernos más evidentes y rápidos.

Don Pedro el Cruel, lanzado ya sin reserva ni frenos en tan desastrosas vías, como dice la crónica y recogen los autores clásicos, empezó a ver cómo se le revolvían pueblos y ciudades que le habían sido leales. En tierras de Torrijos, Talavera y Toledo se había olvidado de la clemencia, «confundiendo la justicia con la sevicia inhumana». En las comarcas de Madrid cundía el fuego de la rebelión, que se extendía a Cuenca.

Consecuencia de aquel clima bélico y desenfrenado fue el atentado contra la antigua parroquia de San Ginés, de Madrid. El templo fue saqueado.

¿Quién cometió aquel robo sacrílego, ese ataque a las cosas sagradas tan veneradas por el pueblo? Fueron gentes que vivían de antiguo en la Villa, tolerados por las capitulaciones y bajo la inmediata protección de los reyes desde el reinado de Alfonso VI, protección mantenida e incrementada por los sucesores. Fueron los vasallos mudéjares, los descendientes de los invasores musulmanes. Había sido imposible borrar los antagonismos de raza y de religión. Es cierto que el pueblo les seguía odiando y ellos no hacían lo más mínimo para congraciarse. Son muy sensatas opiniones que recoge Amador de los Ríos de León Pinelo y de otras crónicas de la época.

El pueblo de Madrid se volcó en ayudas a la parroquia de San Ginés, y también el capellán del rey don Pedro, Juan González. El Santo Pontífice Inocencio VI concedió extraordinarias indulgencias y con todo ello se construyó la capilla del Santo Cristo en el citado templo. Por su parte, el Ayuntamiento y los alcaldes reales protegieron y salvaron de las iras populares a los asaltantes de San Ginés. El rey don Pedro mostraba en esta faceta que, a pesar de sus limosnas cristianas en un caso y de su proverbial crueldad en otro aspecto, siempre que se presentaba la ocasión daba muestras de sus preferencias judeo-moriscas. Lo contrario de su hermano bastardo Enrique de Trastámara, decidido representante de las ideas europeas y católicas, aunque en él no todo fueran virtudes. Lo que fue y sigue siendo una utopía es la pretendida alianza de civilizaciones.

Ese ser tan singular y complejo como don Pedro tenía sus devociones, apasionadas como todo lo suyo. Muy en especial el convento madrileño de Santo Domingo, que acabaría siendo su última morada y al que en vida concedió grandes derechos señoriales.

Una figura como don Pedro el Cruel estaba pidiendo el teatro, y bien lo tuvo por obra de Tirso de Molina, que lo tomó por protagonista y tuvo el acierto de situarlo en la Villa y Corte, que lo era ya en tiempos del autor. La obra se titula *El rey don Pedro en Madrid.* Recoge una leyenda popular que trata del soberano huyendo de una sombra vengativa por sus muchos crímenes y vergonzosas acciones. De Tirso son estos versos, entresacados de su tragedia:

| | |
|---|---|
| LA SOMBRA: | Día de Santo Domingo me mataste. |
| EL REY: | Si te pudiera matar, otra vez te hubiera muerto.<br>¿Eso es ser piedra en Madrid? |
| LA SOMBRA: | Ser piedra en Madrid es esto, fuego soy. |
| EL REY: | ¡Que me abraso, que me quemo! |
| LA SOMBRA: | En este ardor, teme Rey, teme al infierno. |

Y Tirso termina así:

| | |
|---|---|
| LA SOMBRA: | Luego he de labrar un templo<br>porque por él se revoquen<br>los soberanos decretos<br>y esta advertencia le debe<br>a Madrid el rey don Pedro. |

Sobre el mismo tema escribieron Moreto, Mesonero Romanos y Hartzenbusch.

## Enrique de Trastámara, al ataque. Fin de don Pedro

Don Enrique, aspirante al trono y jefe de las pasadas revueltas, se había embarcado en Vizcaya para refugiarse en París, en la Corte del rey de Francia, mientras su hermano don Tello permanecía en tierras vizcaínas, de las que era señor, sin atreverse a salir de ellas por temor a los fuertes ejércitos de Pedro el Cruel.

Mientras, el tercer hermano, don Fadrique, por su condición de maestre de Santiago, permanecía cerca de la Corte del rey, que le hizo víctima de sus iras y ordenó su asesinato en Sevilla.

Resumiendo las fases de la fraterna contienda, para volver pronto al Madrid de nuestra historia, diremos que don Enrique volvió a España con ayuda francesa, con el caballero francés Beltrán Claquin y con «valerosos caballeros de Aragón». Corría el año 1366. En la prolongada guerra civil Madrid pasó, siempre después de rudos combates, de un bando a otro. Don Enrique, después de varias victorias por La Rioja, Calahorra, Navarrete y Briviesca en Burgos, logró ser coronado rey de Castilla en el monasterio de Las Huelgas, donde reposaban los restos de sus antepasados Alfonso VIII y Leonor Plantagenet. De Burgos a Toledo en triunfo, recibiendo el homenaje de Ávila, Segovia, Talavera, Cuenca y Villa Real, hoy Ciudad Real. Lo mismo hizo Madrid con complacencia, aunque pronto se volverían las tornas.

Lo primero que hizo el Trastámara fue confirmar al Ayuntamiento madrileño la posesión del discutido Real de Manzanares. Comenzaba a ser don Enrique de las Mercedes (1366) y demostraba una simpatía y predilección por Madrid que confirmaría cuando llegara a ser plenamente Enrique II.

¿Qué hacía entretanto don Pedro? Permaneció un tiempo encerrado en Sevilla, entre el terror y la superstición. Los sevillanos comenzaban a estar hartos de sus crueldades, sobre todo al saber que había solicitado la ayuda del rey moro de Granada. Reunió a los escasos nobles que le seguían y resucitó su espíritu bélico. Atravesando España se dirigió a sus estados en Galicia, entrando por Monterrey. En Santiago demostró su mala sangre, ordenando, como primera medida, ejecutar al arzobispo en su presencia. Cada día era más feroz y más sanguinario.

En el terreno familiar había abandonado a su legítima esposa, doña Blanca de Borbón; se había unido apasionadamente a su amante doña María de Padilla, luego había dejado a esta para casarse con doña Juana de Castro, para volver a los pocos días a los brazos de la Padilla.

De Galicia pasa Pedro I a Bayona de Francia, ciudad inglesa por entonces, aliándose allí con el príncipe de Gales, el famoso Príncipe Negro por el color de su pavonada armadura. Enterado de ello, don Enrique se presenta en Burgos, convoca Cortes y hace jurar como heredero a su primogénito don Juan, derrama mercedes y privilegios y anula todos los acuerdos «de ese mal tirano que se llama rey». Así se lo comunica al Ayuntamiento de Madrid, que estuvo presente en las Cortes. Don Pedro, desde Francia, entra en Castilla con las poderosas fuerzas extranjeras del Príncipe Negro. Don Enrique contaba a su vez con la ayuda del rey de Francia. Dejemos a un lado las sucesivas victorias y derrotas de los dos bandos. Don Pedro, demostrando en todo momento que era un formidable estratega, y don Enrique, más prudente y menos fuerte, que no le iba a la zaga.

Gran parte del reino se puso pronto del lado de don Enrique: Palencia, Ávila, Segovia, Vizcaya y Guipúzcoa, Logroño, Burgos, pasando también a Andalucía.

¿Y Madrid? Pues en aquella ocasión le dio por sentirse leal al rey legítimo, cerrando sus puertas a don Enrique y dispuesto a defender la ciudad para don Pedro, su soberano. Cuentan los historiadores que frente al feroz ataque de la poderosa hueste de don Enrique se prodigaron los hechos heroicos de muy dignos antiguos señores de la nobleza madrileña, los Vargas, los Luzón, los Bozmediano... Lo mismo que habían hecho otros ilustres nobles de Madrid durante la ocupación enriqueña, a favor del gran bastardo: por ejemplo, don Juan Ramírez, señor de la Casa de Rivas, y su hijo don Diego, que fue hecho prisionero. Es decir, divisiones de tipo político, lealtades encontradas que acabarían uniéndose una vez asentados los Trastámara en el trono.

En aquellos turbulentos días en Madrid seguía habiendo muchos partidarios de los Trastámara. Durante el sitio, la defensa de la Puerta de Moros fue encomendada a un grupo de Leganés.

Uno de los componentes, un tal Domingo Muñoz, abrió dicha puerta a los invasores, que no tardaron en dominar la ciudad.

La pérdida de Madrid fue un golpe decisivo para la causa de Pedro el Cruel. Para don Enrique quedaba libre toda una gran región, incluyendo Toledo: «Plúgole enormemente que una villa tan buena e tan abastada y con tan gran comarca fuese suya». ¡Qué alegría la del bravo Trastámara al ver flotar sus pendones sobre los adarves de Madrid!, como dice la *Crónica* de Ayala. Lo contrario le ocurrió a don Pedro, cuando estando en Sevilla supo que su hermano bastardo «había cobrado Madrid, Buitrago e otros lugares, é ovo dende grant pesar» *(Crónica del rey don Pedro).*

Vino después el trágico episodio de Montiel, que todo el mundo conoce, el «ni quito ni pongo rey...» de Bertrand Dugesclin. Enrique II sale de allí, ya sin rival, como rey de Castilla. Apenas hay una lágrima para llorar a don Pedro. El nuevo monarca dispone la fundación de un monasterio en Montiel para que allí sea enterrado su hermano ante el altar mayor. Voluntad testamentaria que no se cumplió[2].

El cadáver de don Pedro fue trasladado a la Puebla de Alcocer y de allí a Madrid, donde fue enterrado en Santo Domingo el Real por los años 1447 «merced a la piedad de doña Constanza de Castilla, priora del convento monasterio en 1447». Quintana, en sus *Antigüedades de Madrid,* dice que es fama que el sepulcro de don Pedro el Cruel existió largo tiempo delante del altar mayor de Santo Domingo el Real. Nada queda de dicho sepulcro. Los restos del rey parece que fueron más tarde trasladados a los sótanos del convento. Queda una bella estatua orante del polémico rey que tanta predilección mostró en vida por el convento, del que luego sería abadesa su nieta doña Constanza.

[2] En el testamento de Enrique II, otorgado en Burgos en 1374, figura esta cláusula: «Tenemos por bien y mandamos que sea fecho e establecido un Monasterio... é que sea enterrado dentro de él el cuerpo del dicho don Pedro ante el altar mayor... é qué los frayles sean tenudos de rogar a Dios por su ánima del dicho don Pedro que le quiera perdonar». *(Crónica del rey Enrique II* por Pero López de Ayala.)

## Enrique II el de las Mercedes

La personalidad de Enrique II tiene una extraordinaria dimensión histórica, solo ensombrecida por los procedimientos a los que recurrió para llegar al trono de Castilla.

Ya iremos conociendo a tan gran rey aun con las limitaciones a que nos obliga esta Historia de Madrid.

Don Enrique empieza por tratar con benevolencia a los prisioneros de Montiel, y aunque a veces tuvo que actuar con dureza, no llegó ni con mucho a la crueldad de su hermanastro, a cuyos dos hijos hizo prisioneros, mas sin causarles daño alguno. Tuvo que enfrentarse a un verdadero cerco diplomático, y a todos acabó imponiéndose. Fue centralista y autoritario, pero siempre procurando crear y mantener una eficaz sintonía entre el rey y el pueblo, algo que se hizo tradicional en la historia española. Concedió constantes libertades a los municipios, algo también tradicional y no tan desarrollado en nuestro país en nuestros días como fuera de desear, reprimiendo todo lo que fuera contra la seguridad y la mentalidad de las gentes castellanas, lo que le llevó a una excesiva represión contra los judíos. El clero le apoyaba como caudillo de un espíritu de cruzada, antisemítico y antiislámico. Se defendió de las aspiraciones del rey de Portugal y le venció por tierra y por mar. Con la marinería del Cantábrico, gallegos, asturianos, santanderinos y vascos, se hizo el amo de las rutas marítimas frente a Inglaterra, llegando con sus navíos al mando de Fetuán Sánchez de Tovar, Ambrosio Bocanegra, Pedro Cabeza de Vaca y el Merino Mayor de Guipúzcoa hasta las aguas del Támesis. Firmó con Aragón el Tratado de Almazán; hizo volver a sus dominios Vitoria, Logroño y Salvatierra, que ocupaba Navarra, y el príncipe heredero, don Juan, era reconocido como Señor de Vizcaya. Los procuradores de todas las ciudades le aclaman en las Cortes de Toro. Cuenta con una poderosa fuerza militar y en diplomacia logra interesantes alianzas internacionales con positiva política matrimonial, que sería heredada por los Reyes Católicos, Trastámaras como él. Con la Paz de Briones asegura ya algo esencial: la incorporación de Navarra a la gran unidad española, que con su descendiente Fernando el Católico se convertiría en definitiva.

Esta es, a grandes líneas, la figura insigne de Enrique II, que, en contra de algunas opiniones, es para mí uno de los más insignes políticos y soberanos de la Edad Media.

La Villa del Manzanares había ido adquiriendo notable importancia a lo largo de los últimos reinados. Don Enrique, desde las Cortes de Toro, lo confirma con toda clase de privilegios y exenciones, con especiales ayudas para los centros religiosos, nombrando también alcaide del castillo, «Madrid, castillo famoso», a don Pedro Martínez. A este le encarga que «tenga siempre todo dispuesto en la Villa para recibirnos cuando fuéramos allí la reyna, mi muger, o los infantes, míos fijos, segunt dicho es». Estos documentos se guardan en el Archivo del Cabildo de Madrid, mazo de privilegios reales. Al poco tiempo de expedir estas disposiciones consta una prolongada estancia de Enrique II en Madrid, en mayo de 1370, y en febrero de 1371 reafirmaba todas las concesiones de sus predecesores «al Concejo é vecinos é moradores de nuestra Villa de Madrid é su término». Correspondiendo a todos estos favores reales, Madrid envió al ejército de don Enrique «sus caballeros y hombres de armas, que hicieron honroso alarde de su valor con gloria para aquella enseña madrileña que había resplandecido en Las Navas de Tolosa con Alfonso VIII, en Sevilla con Fernando III y en el Senado con Alfonso XI».

Después de sus campañas victoriosas en el norte pasó don Enrique a residir en Madrid, ocupándose con gran interés en embellecer la ciudad y reedificando el Alcázar con suntuosidad, «conforme a la magnificencia debida a una residencia real, borrando las huellas y estragos de pasadas contiendas», como recuerdan Azcona y Mesonero Romanos. La Villa se iba haciendo digna de ser Villa y Corte y más adelante capital de España. Por aquellas fechas, finales de 1373, era regidor de Madrid uno de sus más nobles caballeros, don Diego Fernández de Gudiel, que además representó a la ciudad en las Cortes de Burgos[3].

[3] Apéndice I.—Muerte del infante don Sancho, condena a muerte de Fernández de Gudiel, etc. (págs. 579-581, A. de los Ríos), no en el texto.

Con la ayuda del rey, el Ayuntamiento de Madrid pudo recobrar varios señoríos de su término, entre otros, Cubas y Griñón. En estos asuntos intervino, encargado por Enrique II, el recaudador oficial, un hebreo llamado Mayor, hijo de Abraham Abendaño. Empezaba a darse el caso muy frecuente en la España medieval de que los reyes utilizaran a los judíos para sus actividades financieras y comerciales, en las que eran verdaderos maestros. Lo que no obsta para que siguieran siendo marginados muchas veces y, desde luego, odiados por el pueblo.

Igualmente, por aquellos días aparecen como favorecidos por las mercedes del rey Enrique en Madrid nombres ilustres de ciudadanos que se perpetúan en la ciudad: los Ramírez de Guzmán, Sáez o Sánchez de Baranda, Fernández de Huete, García de Osma, Ruiz de Villegas, Sánchez de Tovar, Cabeza de Vaca, Fernando de Vargas, que fue obispo de Burgos y muy querido de don Enrique...

El gran historiador de Madrid Amador de los Ríos afirma con convencimiento que a finales del reinado del primer Trastámara no hay duda de que la Corte castellana residía en la futura capital de España. Esa Corte castellana que empezaba ya a ser conocida por Europa, «la Kur de Castiellana», que escribía el caballero eslovaco León Rosmithal de Blatna.

A Enrique II no le pesaban los años y el tanto luchar en todos los campos; seguía en plena actividad. Tenía que resolver problemas con el rey de Navarra, Carlos el Malo, y con dicho fin reuniéronse ambos monarcas en Santo Domingo de la Calzada a firmar paces. Nada más concluir satisfactoriamente las entrevistas, don Enrique se sintió muy enfermo. La aguda dolencia no tardó en agravarse y llevarlo al sepulcro el 30 de mayo de 1379.

Una muerte más de un gran personaje que pasa a la historia como un misterio. Hubo varios festines para celebrar el pacto entre los dos soberanos. Enrique de Trastámara estaba en lo más florido de su vida, apenas cuarenta y seis años, con muy buena salud, sobriedad, vida sana... El rey navarro era llamado El Malo por sus propios súbditos.

## El tiempo de Juan I

Cambiaban los nombres de los reyes de Castilla. No más Alfonsos hasta cinco siglos después. A un Enrique, nombre germánico, le sucede un Juan, primero así llamado en el trono castellano. Entre aclamaciones es proclamado por los próceres y el pueblo de Burgos bajo las bóvedas del admirable monasterio de Las Huelgas. Después de la coronación armó a cien caballeros y presidió las justas y torneos. Todo se esperaba de él, con el buen recuerdo de su padre, Enrique II, que si positivos fueron los hechos de su reinado, mayores fueron las esperanzas que dejó para su sucesor.

Juan I, sabedor de la predilección de don Enrique por Madrid, al día siguiente de su fallecimiento escribió una carta muy sentida al alcalde y Concejo de la Villa; les pedía oraciones a las Vírgenes de Atocha y la Almudena, así como exequias en el convento de Santo Domingo, por el alma del difunto monarca; les confirmaba en sus cargos y mantenía todos los privilegios.

Una de las disposiciones posteriores del nuevo rey concernientes a Madrid, verdaderamente curiosa, es aquella que en extracto reproduzco a continuación: «Así como el Papa puede legitimar en lo spiritual, así habemos Nos poder de legitimar en lo temporal. E porque los clérigos del Arzobispazgo de Madrid nos pidieron por merced que oviésemos por bien de les legitimar todos sus fijos que avían en mugeres solteras en cualquier manera, et Nos, por ende e por facer bien o merced a estos clérigos del Arzobispazgo de Madrid, legitimamos por esta carta e damos por legítimos para siempre...» (13-VIII-1379).

Con este y otra serie de largos documentos fechados en Burgos, el joven rey da claras muestras muy espontáneas de su predilección «por la ilustre patria de los Ramírez, Mollinedos, Vargas, Lujanes y Guidieles».

También por aquellos primeros días de reinado, don Juan concertó el enlace de su primogénito, el infante don Enrique, que apenas contaba cuatro años, con otra niña, Beatriz, hija del rey de Portugal, don Fernando, precisamente cuando los dos reinos estaban a punto de enfrentarse en una guerra que se iba haciendo inevitable.

Muy interesante y singular fue un episodio íntimamente relacionado con Madrid, debido a una extraña y generosa medida tomada por Juan I. Resumo el tal episodio:

El Soldán de Babilonia dominaba todo lo que hoy llamamos el Oriente Próximo y había despojado de su trono y expulsado del país al rey León V de Armenia. Recorrió este en su exilio media Europa y en sus viajes le llegó la noticia de la grandeza y generosidad del rey de Castilla. Envió una embajada a Burgos, y Juan I, apiadado del monarca exiliado, tuvo la descabellada idea de concederle un territorio patrimonial en España, con capital en Madrid, e incluyendo las poblaciones de Andújar y Villa Real, es decir, Ciudad Real. León V de Armenia pasaba a ser rey de Madrid, Corona que en ningún caso pudo ni podía enajenar.

No hizo mucha gracia la medida en Madrid. Se aceptó sin la lógica reacción que era de esperar. Tal vez porque era tan disparatado el hecho que no se podía tomar en serio. Se obedeció, desde luego con descontento, y se rindió pleito homenaje al desterrado el 18 de octubre de 1383. Se hacía constar que la donación era solo de por vida. Siete años permaneció León de Armenia gobernando en Madrid, probablemente poco y sin excesivo celo y con simpatías muy limitadas. Cobraba, eso sí, 150.000 maravedíes de renta. Hizo algunas mejoras suntuarias en el Alcázar y un buen día desapareció y se fue a vivir a París, como cualquier americano de nuestros días. Cinco años más tarde, como nada se sabía de él, la Villa, con permiso de Juan I, le dio de baja.

Otra medida igualmente disparatada que la de León I de Madrid fue la tomada por Juan I con el Real de Manzanares, madrileño después de tanta disputa. Pues bien: el generoso monarca tuvo la peregrina ocurrencia de concedérselo al infante don Juan de Portugal, su cuñado y luego rey homónimo Juan I, y su enemigo. Aquello no tenía ni pies ni cabeza. Tal vez por ello, poco después de 1383, la donación fue revocada y el Real pasó a formar parte del patrimonio de don Pedro González de Mendoza, en cuya Casa iba a permanecer por muchos años. Don Pedro era el mayordomo mayor del rey.

Estamos a finales del siglo XIV y las cosas comienzan a ser distintas. La pálida figura de Juan I simboliza el ocaso de una época, la de sus predecesores, auténticos reyes caudillos. Vienen tiempos nuevos, formas nuevas, el Estado, las Cortes, ciudades, burguesía, alta nobleza y, al pie de los castillos, plazas, ferias y mercados. Castilla es ya, casi, el gran núcleo central de la unidad. Esas Cortes son a la vez un freno y un gran apoyo para la monarquía, cada vez más centralizada y sedentaria. Juan I tiene una idea mesiánica de su función: es el representante legítimo de Dios en el reino. La primera nobleza le rodea, los parientes del rey, con títulos históricos: Aragón, Villena, Benavente, Noreña, Trastámara, unos legítimos, otros bastardos. Grandes señores como el embajador y cronista Pedro López de Ayala y el almirante Sánchez de Tovar; las armas y la diplomacia imponen el predominio de Castilla. Emergen grandes nombres de linajes oligárquicos que cubren media Historia de España: los Manrique, Velasco, Mendoza, Cabeza de Vaca, Sarmiento, Álvarez de Toledo, Guzmán, Guiñones... Y otros no menos nobles en la Corona de Aragón.

Juan I de Castilla es contemporáneo de Juan I de Aragón y de Juan I de Portugal, los tres Juanes. El portugués es el de la victoria de Aljubarrota sobre su homónimo castellano, triste hora de la Historia de España, la derrota cuya noticia causa gran pesar en Madrid[4].

Esta es una historia de la ciudad del Manzanares. A ella vuelvo. Muy cerca, en Alcalá de Henares, hacen una exhibición ecuestre los caballeros Farfanes, que vienen de África. El rey Juan I participa en la fiesta. Accidentalmente, muere al caer de su caballo.

---

[4] Para todo lo relacionado con Aljubarrota, Juan I, su política portuguesa e inglesa, etc., véase mi obra *Así se hizo España* (Espasa Calpe, Madrid, 1981, págs. 334-345).

# 7
# ENRIQUE III, REY DE MADRID, ESE GRAN DESCONOCIDO

La muerte de Juan I, con la que termina el capítulo anterior, no encerraba, como otras, misterio alguno. El rey presumía de buen jinete. Quiso participar activamente en una exhibición hípica en Alcalá de Henares de los caballeros Farfanes, unos españoles que venían de África con brillantes estilos de monta a la morisca. Galopando a campo través, don Juan entró en un terreno blando y movedizo. Cayó de su montura, el caballo le aplastó y allí acabó su joven vida. No hubo venenos ni puñales; solo mala suerte.

Madrid, tan unido a sus reyes, se puso al día siguiente «a fazer exequias é cumplimiento al rey don Johan é a facer alegrías por el rey don Enrique, que nuevamente regnaba» *(Crónica del rey don Juan I de Castilla).*

¿Cómo era este don Enrique? La escasez de fuentes históricas ha contribuido posiblemente a que no se dé la importancia debida a un rey tan positivo y a un reinado en general constructivo y pacífico. En cuanto a Madrid, puede decirse que fue como un precursor de Felipe II en hacer a la Villa del Manzanares la capital, si no de España, del gran reino de Castilla, con la enumeración de sus muchos títulos, de León, Toledo y Galicia, hasta Vizcaya y Molina.

Es un reinado sin nombres de grandes batallas, pero con un notorio progreso, una gran inteligencia política y solo oscurecido por las terribles y, al parecer, inevitables matanzas de judíos.

Enrique III sube al trono a los once años de edad. Enseguida da muestras de energía, inteligencia y carácter, pero su salud no era buena: la posterioridad le llamará El Doliente. Tal vez por ello se nos aparece melancólico, frío, un joven de mediana estatura, blanco y rubio como toda su familia. Es muy importante la figura del rey en aquellos tiempos de la historia, esencial. Monarquía absoluta, centralizada, todo gira en torno. Por eso tiene extraordinaria importancia saber dónde están las Cortes, donde se deciden las cosas. También empieza a tener cierto valor la localización de las Cortes, un incipiente valor democrático. Pero lo esencial, y lo será durante muchos años en el devenir histórico español, será el binomio Rey-Pueblo, que funcionó efectivamente en tiempos de Enrique III.

Por entonces empezaba a quebrar la convivencia medieval de razas y religiones. Miles de judíos habían sido ejecutados en el sur de España, en Écija y Córdoba, especialmente. Al norte del Tajo era menor la persecución, que Enrique III trató de cortar a la inquina popular alentada por el clero.

Los Trastámara, en muchos aspectos, representaban, insisto en ello, algo así como una reacción europeísta, del Norte frente al Sur, de lo rubio ario frente a lo moreno semita, algo irracional, pero no tanto como la irracionalidad contraria de Pedro el Cruel.

Don Enrique el Doliente llevó a cabo una política positiva, tanto en lo interior como en lo exterior. Mantuvo buenas relaciones con Aragón y Navarra: como Señor de Vizcaya juró los fueros en Bermeo y presidió la Junta Foral en Guernica. Guipúzcoa fue uno de los florones más queridos y brillantes de la Corona de Castilla; abrió la ruta de Flandes y con la Hansa se asomó al Mediterráneo por Cartagena. Alcanzó la paz con Portugal en 1402 y contribuyó al fin del cisma.

Mención especial merecen su política naval atlántica y sus famosas embajadas a Oriente. A ellas me referiré después de ver cómo ese gran rey tan poco conocido fue convirtiendo a Madrid, el poblachón manchego, en la ciudad que con los años dirigiría la política universal.

Enrique III fue proclamado rey en Madrid ante una junta de prelados, magnates y ricoshombres, con los pendones reales flotando en las torres del Alcázar. Ya no habría más absurdas enajenaciones como la de León de Armenia. Ofrecen sus servicios al Rey Niño el duque de Benavente y el conde de Trastámara, el arzobispo de Santiago, los maestres de las Órdenes militares, el Canciller Mayor de Castilla... Se negó a ello el marqués de Villena, que reclamaba su oficio de Condestable. Todo ello durante varios días en Madrid, donde se reunieron las Cortes.

Un hecho muy digno de recordar. Había nacido en los últimos años del reinado de Juan I un título para la Historia, de allí en adelante: don Juan hizo sentar a su hijo Enrique en el trono real, le vistió con un manto, púsole el chapeo en la cabeza y una vara de oro en la mano. Dándole un beso de paz en el rostro, le dijo: «Eres el Príncipe de Asturias».

Se nombraron tutores al Rey Niño, grandes personajes, algunos ya citados, arzobispos, condestables, mayordomo mayor... Algunos de ellos quisieron enseguida empezar a mandar, cada uno por su lado. Poco a poco, con la mayor edad del rey, las cosas fueron volviendo a su cauce, con la importante ayuda del arzobispo de Toledo, Pedro Tenorio, con numerosas compañías de armas de Madrid, decididas siempre a proteger al joven monarca, durante cuya minoridad fueron garantía de su seguridad. En las largas temporadas que pasaba en la Villa tomaron a su cargo la guarda de las torres y de las puertas de la ciudad, custodiaron el tesoro real que el rey había llevado a Madrid, y el pendón de Castilla ondeaba en la torre principal del Alcázar. Ante tan aguerrida defensa tuvieron que ir bajando las pretensiones de Benavente y de los Mendoza. Enrique III consideraría desde entonces a Madrid como «su ciudad». Y ante cualquier amenaza de rebeldías armadas de algún magnate respondía con nobleza: «No me aconsejéis que ceda, pues temo más las maldiciones de mis pueblos que las armas de mis enemigos».

En Madrid recibió don Enrique a los embajadores del rey de Navarra; aquí se concertaron las bodas reales en 1388 con doña Catalina de Lancaster y la del infante don Fernando, hermano del rey, con doña Leonor de Alburquerque. Se celebraron en la

Villa dos egregias bodas, esperanza de futuro. Toda la población se unió a tales acontecimientos.

Partió el monarca para el sur a combatir en la frontera amenazada por los moros. Resuelto el asunto, asegurada dicha frontera con Granada, regresó enseguida a su Madrid, donde procedió a dirigir el reforzamiento de los baluartes del Alcázar, construyendo otros nuevos y «muy fornidas torres».

Completó el tesoro real y aseguró su custodia, y cuando tuvo que ir hacia Gijón a resolver ciertas veleidades de la familia Trastámara, no permaneció en Asturias más que lo indispensable, regresando enseguida a Madrid, donde le esperaba su casa convertida ya en un palacio propio de aquel tiempo.

Fue don Enrique quien mandó edificar también el real palacio de El Pardo, una gran residencia de caza, a dos leguas de Madrid. Era muy aficionado, como todo Jefe de Estado que se precie, pero parece que su rincón lujoso y ajardinado de El Pardo era un buen refugio para ocultar sus amores con doña María de Castilla, esposa infiel del «sabio nigromante marqués de Villena», no muy fiel al rey, precisamente.

Estamos ya en el siglo XV. La mayor preocupación de Enrique III es tener un heredero; en caso contrario, la Corona irá a su hermano Fernando, duque de Peñafiel y futuro rey de Aragón tras el Compromiso de Caspe. En 1401 nace la infanta María, y solo en 1405, en Toro, el que será el rey Juan II. Se acerca el fin de ese bello reinado de El Doliente. Un reinado en el que, como antes decía, dos grandes marinos como Ruiz de Avendaño y el famoso Pero Niño, conde de Buelna, consiguen espléndidas victorias navales contra la piratería británica en el Atlántico y en el Mediterráneo contra los piratas turcos, berberiscos y... catalanes. De Pero Niño relata sus hazañas el cronista Díez de Gámez en el famoso *Victorial*.

Un bello reinado en el que se abre para España el camino de las Islas Afortunadas, pues fue don Enrique el que mandó ir allí a los normandos Juan de Bethencourt y Gaddifer de Lasalle para que las incorporaran a la Corona de Castilla.

Los turcos seguían siendo una amenaza para Occidente: habían avanzado en los Balcanes y suponían una amenaza, eterna amenaza de siglos, para nuestras costas del sur. Precisamente en 1400 se habían apoderado de Tetuán.

Para combatir esta amenaza, Enrique III logra una especie de alianza con Tamerlán, el terrible Timur Lenk, que derrota al turco Bayaceto. Dos embajadores enviados por don Enrique, Payo de Sotomayor y Hernán Sánchez Palazuelo, afirmaron esta ayuda indirecta en su misión a tierras de Tamerlán.

Un esclarecido hijo de Madrid que se había distinguido en las guerras con los moros y en la de los Trastámara contra el Príncipe Negro, Ruy González de Clavijo, fue enviado por Enrique III al famoso Timurlenc de Mongolia, conquistador de media Asia. Partió la comitiva de Madrid el 21 de mayo de 1403. El relato de tan extraordinario viaje nos lo hace el propio González de Clavijo en su obra sobre *Vida e fazañas del Gran Tamorlan con la descripción de las tierras de su imperio et señorío.* Ruy González volvió con muy ricos presentes, entre ellos dos hermosas damas jóvenes, hechas prisioneras por el mongol a los turcos. En España fueron llamadas Angelina de Grecia y María Gómez. Casaron con caballeros castellanos de Sevilla y Segovia, y dejaron larga descendencia. Hasta las cantaron los poetas de la época.

González de Clavijo vivió hasta 1412, y en los últimos años de su vida, que pasó en Madrid, hizo construir una suntuosa capilla en el convento de San Francisco, futuro San Francisco el Grande, de esta Corte, y en dicha capilla un rico sepulcro de mármol con su estatua yacente y con una lápida en la que consta su embajada a Tamerlán y su condición de Camarero Mayor del rey Enrique y de su hijo.

«Veintisiete años de edad contaba don Enrique al bajar al sepulcro el 25 de diciembre de 1406. Dejaba un niño de escasos meses como heredero de la Corona y con él larga minoridad que era vista por los buenos cual doloroso azote, con que el Cielo afligía nuevamente a Castilla.» (De la *Historia de la Villa y Corte de Madrid,* de José Amador de los Ríos, vol. I.)

## MISERIAS DEL MADRID MEDIEVAL

Hasta aquí venimos relatando los hechos históricos relacionados con Madrid relativamente en las alturas, es decir, política, diplomacia, guerras, personajes, acuerdos, monasterios y conventos. Pero, como nos recuerdan los cronistas y escritores modernos de la Villa y Corte, la incipiente capital, como todas las de Europa, era una población más bien grande, con malas calles, más bien callejas, sucias, polvorientas, con casas modestas o míseras, al lado de alguna casona, grandes templos y hasta un Alcázar o Palacio, residencia real. Reproduzco una de estas crudas descripciones, la que hace el cronista Federico Bravo Morata [1].

> La población madrileña en el último tercio del siglo XIV crecía en la escasa proporción de cuatro por ciento al año. Las enfermedades, plagas y epidemias eran muy frecuentes. Clima de extremos, frío durísimo en el invierno, calor agobiante en el verano... Una simple epidemia de gripe se llevaba a los cementerios a treinta o cuarenta de cada cien afectados.
>
> La edad media del hombre era ya mejor que siglos antes, pues alcanzaba cuarenta o cuarenta y dos años. Las calles estaban llenas de tullidos y descalabrados... Abundaban los jorobados, como en todas las poblaciones del mundo de aquel tiempo. Eran muy numerosos los ciegos de nacimiento y las enfermedades venéreas se producían en cadena. Desde el Sur, traída por los moros, había llegado la afección llamada tracoma. Triste visión la de las calles madrileñas. Las autoridades apenas intervenían en la vida sanitaria de la Villa, a pesar de los numerosos hospitales, que eran más bien casas de caridad...

Al lado de este ambiente callejero, en época de Enrique III se produjo un importante adelanto en las industrias, poco más que artesanales, paños y tejidos, madera y muebles, acero y armas diversas, artes suntuarias... Progresan las artes y las ciencias, con frecuentes contactos con el extranjero, Italia y Francia, con lógica

[1] *Historia de Madrid,* tomo I, Ed. Fenicia, 1972.

cercanía física y cultural. El lujo se desarrolla de manera extraordinaria, fuerte contraste de la rúa polvorienta con el salón alhajado. Tales diferencias tratan de corregirlas los reyes frente a cierta nobleza, mediante repetidas advertencias y disposiciones. Brillantes trajes de damas y caballeros, no menor brillo de espadas y armaduras, caballos, escudos y escuderos... Ese es el panorama de Madrid en los años de transición del siglo XIV al XV.

Otro buen cronista de Madrid, Federico Carlos Sainz de Robles, advierte con toda razón que estas condiciones de una ciudad y de sus ciudadanos en aquellos tiempos son comunes a las más importantes ciudades europeas, capitales antiguas o nuevas urbes en formación, camino de la capitalidad: París, Viena, Londres, Roma, Nápoles, Constantinopla, Sevilla, Lisboa...

# 8
# El tiempo de Juan II y don Álvaro de Luna

## Situación de Castilla

Hay períodos en la Historia en que los monarcas comparten o ceden el poder a ese singular personaje que es el valido, noble o innoble, según explico con todo detalle en mi obra que lleva tal título, *Los nobles e innobles validos* [1].

Los protagonistas de este tiempo en Castilla son, junto con el rey don Juan II, don Álvaro de Luna y los llamados por antonomasia «infantes de Aragón», que son los Trastámara hijos de Fernando I el de Antequera, hermano de Enrique III el Doliente. Son don Alfonso V el Magnánimo, rey de Aragón; su hermano, futuro Juan II de dicha Corona, padre de Fernando el Católico; don Enrique, maestre de Santiago, y don Pedro, sin especial significación. Los cito aquí porque, inevitablemente, pueden aparecer durante el reinado de Juan II de Castilla [2].

Unos nombres que nos ha legado la historia con un halo de romance fronterizo, con la belleza poética de las coplas de Jorge Manrique, hasta como una incipiente tesis de ensayo político en

1 *Los nobles e innobles validos,* Planeta, Barcelona, 1990.

2 Los infantes de Aragón eran hijos de Fernando I de Aragón, habidos de su matrimonio con doña Leonor de Alburquerque, conocida por «la rica hembra». Fueron siete: además de los citados, María, mujer de Juan II; Leonor, reina de Portugal, y Sancho, maestre de la Orden de Alcántara.

la *Crónica* del Halconero. Y no olvidemos a Juan de Mena. Todos ellos van a llenar de intrigas, luchas, brillantes y trágicos episodios unos años muy difíciles y confusos.

Ciertamente, no era muy favorable la situación de Castilla a la muerte de Enrique III. Los moros de Granada volvían a atacar con gran ayuda que les venía del otro lado del Estrecho. Frente a ellos, Juan II, un niño de veintiún meses protegido por su madre, la reina Catalina, tutora junto al tío del rey don Fernando, y una serie de señores importantes, pero ambiciosos de poder personal: el justicia mayor, Diego López de Estúñiga; el camarero mayor, Juan de Velasco, y el obispo de Cartagena. Todo esto ocurría en los Alcázares de Madrid y Segovia.

Don Fernando, el que sería rey de Aragón tras el Compromiso de Caspe, noble y gran monarca, castellano de nacimiento, tío del Niño Rey, hizo una de las más brillantes y exitosas campañas frente a los agresivos musulmanes. En una rápida cruzada, con las milicias de Madrid entre los más destacados, derrotó totalmente al enemigo, que quedó ya hasta 1492 encerrado en el estrecho cerco de su Granada, sin reacción posible. La conquista de la plaza clave de Antequera añadió este nombre a don Fernando para pasar a la Historia.

El ilustre infante tuvo que partir para Aragón en 1412, y la reina Catalina amaneció muerta en su lecho en 1418. Tenía cuarenta y cuatro años de edad, estaba sana, pero de una obesidad desmesurada.

El amo de Castilla, en cuanto a influencia, es el arzobispo de Toledo, don Sancho de Rojas. Fue él quien determinó que la Corte se instalara de modo permanente, en lo posible, en Madrid. Allí hizo ir a los prelados, procuradores y poderosos señores de villas y ciudades. Las Cortes se reunieron en marzo de 1419.

El rey se alojó breve tiempo en las casas del señor de Villafranca, pasando luego al Alcázar. Por aquellos días cumplía Juan II los catorce años requeridos por las leyes.

Los cronistas cuentan que el día de la jura del rey, Madrid presentaba un aspecto inusitado de algazara y fiesta, multitud de gentes, soldados de gala, la guardia del rey, lujosas libreas... La ceremonia se celebró en el Alcázar con cientos de altos dignatarios y una innumerable muchedumbre alrededor. Describen al joven rey como «crecido de cuerpo, blanco de rostro, rubio, de mirada afable, suelto de miembros, pero grave en su andar y compostura...».

El saludo al monarca lo hizo el arzobispo de Toledo, Sancho de Rojas, con sonoras palabras, y siguió el Almirante de Castilla, Alonso Enríquez. Después, fiestas, público regocijo y torneos con participación de Juan II y los más brillantes caballeros, con sus insignias, escudos y gallardetes.

## Aparece don Álvaro

Al lado del rey, un doncel de su misma edad, que no se separaba de él. Todos le admiran por su juvenil y elegante distinción y porque veían que el monarca le miraba y distinguía con verdadero arrobo. Vivía al lado de Juan II en el Alcázar de Madrid, tal era su confianza.

El doncel se llamaba don Álvaro de Luna, de origen aragonés, pariente del Papa Luna e hijo natural del antiguo copero mayor de Enrique III, señor de Cañete y de Jubera, y de una mujer de clase muy inferior, María Cañete, conocida por «la Cañeta». El joven don Álvaro era sobrino del arzobispo de Toledo don Pedro de Luna, que fue quien le introdujo en la Corte. Nadie se imaginaba adónde iba a llegar en el favor del rey y en el poder.

En las justas madrileñas de honor, el día de la proclamación, don Álvaro no tuvo rival, en medio de la admiración general, aunque su valor le llevó a sufrir un pequeño percance.

No voy a entrar aquí en pormenores sobre tan destacado valido, su intimidad con el rey —de la que no hay dato alguno que haga sospechar homosexualidad del uno o el otro—, de las complicaciones políticas de aquellos días, de las rivalidades con la nobleza, de los bandos que se formaron ni de las escenas dramáticas en torno al rey en Tordesillas, Ávila, Talavera, Valladolid... Son otras historias; la nuestra es la de Madrid. Por cierto, el nuevo copero mayor de Juan II era un caballero madrileño, Ruy Sánchez Zapata.

El rey, después de que sus conflictos políticos le llevaran a otras ciudades de Castilla, regresó a su Alcázar de Madrid en los primeros días de junio de 1422. El país había vivido una auténtica contienda civil debida a las ambiciones de don Enrique, infante de Aragón y maestre de Santiago. El rey había pasado muy malos días, llegando a estar prisionero del infante en Tordesillas. Ahora, superadas aquellas largas y abruptas diferencias, don Juan II había citado al maestre don Enrique en el Alcázar madrileño.

A la hora convenida llegó el infante con gran aparato de séquito, con veinte caballeros de Santiago y con toda una Corte. Don Juan le esperaba en lo que la crónica llama «la cuadra rica de Palacio», es decir, el salón del trono. Con él, cien hombres de armas, el Almirante de Castilla y los magnates de su Consejo. Don Enrique puso la rodilla en tierra ante el rey, que permaneció sentado. Al besamano del infante, don Juan no le contestó dándole la paz en el rostro, según costumbre real... Siguió la solemne ceremonia, con don Álvaro de Luna pegado al monarca todo el tiempo. ¿Cómo terminó la lujosa y tirante audiencia? Don Enrique fue conducido a prisión, en una torre del Alcázar y su mayordomo Garci Fernández a otra torre-prisión en pleno campo[3].

Don Álvaro de Luna recibió del soberano el título de conde de San Esteban de Gormaz, al tiempo que se casaba con doña Elvira Portocarrero.

El rey tuvo una hija, Catalina, que murió en Madrigal al poco tiempo (1424), y otra menor, Leonor, que la sucedió y que fue jurada heredera. Luego vino por fin un hijo, Príncipe de Asturias, que nació entre el júbilo de todo el país.

Una de las celebraciones más notables por el nacimiento del heredero fue la de la Villa de Madrid. En las justas participaron cien caballeros de la nobleza. El niño, nacido el 5 de enero de 1425, fue bautizado con el nombre de Enrique. Uno de los padrinos, ¡cómo no!, fue don Álvaro de Luna, y con él su mujer. Y como el bautizo fue en Valladolid, donde nació el príncipe, y no en Madrid, no entro en más detalles de la ceremonia.

[3] Sobre la contienda civil y sus consecuencias, así como sobre las relaciones internacionales de la época, léase mi tratado de historia *Así se hizo España*, ob. cit.

## Batalla de la Higueruela

El rey de Granada, con fuertes ayudas llegadas de Túnez, se aprestó a atacar las tierras castellanas en una renovada guerra santa. Juan II se instaló en Córdoba para preparar la contraofensiva, mientras el Príncipe de Asturias permanecía en Madrid. Con el rey estaba el condestable don Álvaro, cada día más poderoso. Además, al quedarse viudo, se había casado con doña Juana Pimentel, hija del conde de Benavente, uno de los grandes señores de aquel tiempo.

Para iniciar la campaña llegó al cuartel real la flor de la nobleza de Castilla y de las Órdenes militares, los adelantados de las fronteras y, al frente de todos, don Álvaro de Luna, con mil caballeros de su propia Casa.

Brillaban entre los pendones las armas de Madrid, con el estandarte real al frente. No tardó en aparecer el enemigo, «innumerable muchedumbre de combatientes» con gran caballería y aparato de armas, con tribus enteras bajadas de las Alpujarras. Se acometieron con gran ardor los dos bandos. Era el 1 de julio de 1431. Dicen los cronistas que la victoria cristiana fue difícil, pero grandiosa. Los mahometanos perdieron más de treinta mil hombres. El Condestable, que se batió con valor al frente de los suyos, se atribuyó gran parte del triunfo, al que los castellanos dieron el nombre de batalla de la Higueruela, lugar situado al pie de la sierra de Elvira. Los claustros del monasterio de El Escorial reproducen, en no menos grandiosos frescos, las formaciones de los dos grandes ejércitos preparados para la batalla y el desarrollo de esta. La *Crónica de don Juan II* dice que los moros fueron más de doscientos mil, con cinco mil de a caballo. Hasta las mismas puertas de Granada fue perseguido el ejército sarraceno.

Tal victoria, según la *Crónica*, era como el anuncio de un rey digno de la fama y cetro de sus mayores. Los hechos posteriores nos dirán si tal pronóstico fue o no acertado.

## MADRID, CAPITAL DE DON JUAN II

La victoria de la Higueruela no había apagado el fuego de las rivalidades entre las grandes casas de la nobleza ni los celos por la privanza y los éxitos de don Álvaro de Luna. Madrid se mantenía al margen de estas maquinaciones y banderías. Cada día era una ciudad más importante; lo que no variaba era su adhesión al monarca: era la ciudad del rey.

Juan II marcaba sin dudas sus preferencias por la Villa del Manzanares, incluso más que sus predecesores. Le gustaba el clima, sano a pesar de sus fuertes contrastes; monteaba a menudo por El Pardo y por El Real, con abundancia de caza; hacía excursiones visitando todo su término, hasta Segovia y Toledo. El municipio se desarrollaba, tanto en vecinos como en edificios y fundaciones. Casi todo el año 1433 permaneció el rey en el Alcázar, con algunas visitas al castillo de Escalona para reunirse con su querido e indispensable don Álvaro.

Tanta era la gente que seguía a la Corte, que apenas quedaban alojamientos disponibles, problema que se agudizaba al convocarse las Cortes del reino. Por aquellos días era alcalde del Alcázar y maestresala del rey don Pedro de León. El bullicio en la ciudad era muy grande y los procuradores no paraban de tomar medidas para el buen gobierno y el provecho general del Estado. Don Íñigo López de Mendoza, señor de Hita y de Buitrago, es uno de los testigos que vive y relata los esplendores cortesanos y populares de los días de Juan II en Madrid, en las justas en que participa con él, con su hijo don Diego, con Pero Menéndez de Valdés, Pedro de Acuña, Gómez Carrillo y, desde luego, don Álvaro de Luna. Recordemos que don Íñigo era el famoso poeta y primer marqués de Santillana.

Llegó ese mismo año a Madrid una embajada del rey de Francia para solicitar la ayuda española en la guerra que su país mantenía contra Inglaterra. Se dio gran solemnidad a la visita. Fue el Condestable el que salió a recibirles con gran acompañamiento de altos personajes, prelados, condes, caballeros y fuerza armada. Los franceses eran el arzobispo de Tolosa, Louis du Molin, y el senescal Jean de Monais, dignatarios de los más distinguidos de su país.

Ricos tapices adornaban el Palacio, grandes lámparas y candelabros, y el rey en un alto estrado bajo un dosel de brocado carmesí, con un león vivo a sus pies, domesticado pero de terrible gesto. Discursos reales y episcopales, satisfacción general en un Madrid capitalino, que pasaba de esos días de esplendor a otros menos afortunados[4].

En 1434 hubo un furioso temporal de agua y nieve que duró más de tres meses y produjo indecibles estragos y desolación con inundaciones, hundimiento de edificios, caminos intransitables y cosechas perdidas. Como consecuencia, carestía, hambre y, aún después, la peste. Hubo procesiones, votos perpetuos, benéfica acción de las cofradías piadosas, una Villa siempre caritativa, entregada a sus devociones. Parte de estas se celebraban en la iglesia de San Andrés, «donde está sepultado el Bienaventurado varón Esidro...».

Otro acontecimiento que tuvo lugar en Madrid en 1434 fue la muerte del célebre marqués de Villena, don Enrique de Aragón, escritor, filósofo, científico, hasta acusado de artes diabólicas. Era tío del rey y fue maestre de Calatrava.

Nuevos festejos se celebraron en la Villa y ya entonces Corte por el nacimiento de un hijo de don Álvaro de Luna, que residía entonces al lado de la iglesia de Santiago y el monasterio de Santa Clara, hoy desaparecido, en las casas del contador mayor don Alonso Álvarez de Toledo. Bautizó al niño, con el nombre de Juan, el obispo de Osma, don Pedro, nieto de don Pedro el Cruel, y los padrinos fueron los reyes. Gran banquete, sarao y música, y espléndido regalo de joyas que hizo el monarca a la esposa del Condestable.

[4] Juan de Mena, en su *Laberinto de la Fortuna,* describe así el solemne acto: «Al nuestro rey magno e bien venturado / Vi sobre todos en muy firme silla / Digno de reino mayor que Castilla / Velloso león a sus pies por estrado / Vestido de múrica ropa de Estado / Ebúrneo cetro mandaba su diestra / E rica corona a la mano siniestra / Mas prefulgente que el cielo estrellado. / Tal lo fallaron los embajadores / En la su Villa de fuego cercada / Cuando le vino la gran embajada / De bárbaros reyes é grandes señores».

También en 1435 recibió Juan II en Madrid una embajada del papa Eugenio IV, que le traía la Rosa de Oro, demostrando con tan alta condecoración el afecto del Pontífice al rey de Castilla[5]. Y como los roces bélicos con el moro de Granada no habían cesado, el comendador de Santiago, don Rodrigo Manrique, tomó Huéscar, teniendo como segundo al caballero de nuestra Villa don Álvaro de Madrid.

No cesaban los actos memorables en un Madrid cada día más capital. Llegaba el duque Felipe de Borgoña para participar a Juan II que la ciudad de París, después de haberse sublevado pasándose al rey de Inglaterra, había vuelto a la obediencia de Carlos VII de Francia. Eran los días de Juana de Arco. El rey de Castilla recibió con agrado la noticia, pues, como sabemos, los Trastámara eran claramente profranceses desde los días de Enrique II.

Un dato curioso es que durante las Cortes de Madrid, con la aglomeración de gentes a la que me he referido, los procuradores tenían que alojarse en dos aldeas cercanas y contiguas llamadas los Carabancheles. Un día, al ir a su alojamiento y al pasar por el puente de Toledo un procurador abulense, Diego de Ávila, fue alanceado y muerto por Gonzalo de Acitores. Cuestión de amores, lo que no fue eximente para que don Diego no fuera degollado en público cadalso casi al día siguiente y previa sentencia. Justicia rápida, propia de la época, y aunque cruel, muy aleccionadora.

También ha cambiado mucho desde entonces la edad para contraer matrimonio. El del príncipe de Asturias, don Enrique, con doña Blanca de Navarra, matrimonio de Estado, naturalmente, lo celebró el obispo de Osma, don Pedro de Castilla, cuando ambos contrayentes no pasaban de los doce años. Claro que así se hacía más fácil el acercamiento entre los dos reinos hispánicos, alejados muchos años por continuas diferencias políticas, territoriales y dinásticas.

No entramos aquí en el grave tema de las crecientes complicaciones en las relaciones del rey con los nobles, de estos con

[5] La rosa era de oro, adornada de piedras preciosas. Creó tal distinción León IX en el siglo XI.

don Álvaro y de este con todos; unos a otros se llevan a prisión; parece un rigodón de insensatas actitudes; nadie se fía de nadie; de las treguas se pasa a las cárceles; de las concordias, como la famosa de Castronuño, a los choques violentos... Este era el panorama en 1439, en el que ni Juan II ni el Condestable salían bien parados. No es nuestra cuestión en estas páginas; una vez más remito al lector a mi obra *Así se hizo España* (págs. 392-407).

Viudo el monarca de su primera esposa, se había casado con la candidata que por razones políticas era la preferida de don Álvaro de Luna. Se trataba de la infanta doña Isabel de Portugal, la que sería madre de Isabel la Católica[6].

El prepotente Condestable invitó a los monarcas recién casados a que fueran de Madrid a pasar unos días en su villa de Escalona, descanso y solaz muy apropiados para la ocasión. Don Álvaro desplegó en el delicioso lugar todas sus artes del buen vivir y de la opulencia: caza mayor y menor en abundancia, servicio exquisito, reposo y tertulia en un bello castillo, verdadero palacio espléndidamente alhajado. El rey quedó tan complacido que repitió cuantas veces pudo sus visitas a Escalona.

Volvió don Juan a Madrid en los últimos días de 1448 a pasar las Navidades, con don Álvaro como invitado. Hubo reuniones literarias, tan clásicas de los tiempos del gay saber, al modo provenzal y trovadoresco. No olvidemos los nombres de aquellos grandes poetas, que pudieron estar allí: los Manrique, Villena, Pérez de Guzmán, Mena, Santillana... Madrid contaba además con muy brillantes ingenios y muy distinguidos en el campo de la literatura. A Juan II era el clima, el ambiente que más le complacía.

## El desastrado fin del Condestable

Contra don Álvaro de Luna todo valía. Hasta se falsificaron unas cartas comprometiéndole en secreta connivencia con el rey

[6] La boda se celebró en Madrigal de las Altas Torres en agosto de 1447.

de Granada. Él fomentaba los adversarios interiores para hacerse más indispensable a Juan II. Lo mismo compraba voluntades que regalaba favores. No necesitaba venderlos, porque ya era demasiado rico. La nobleza de primera clase no le iba a la zaga en procedimientos. El pueblo, en general, se mantenía al margen, y lo único que mantenía en aquellas luchas civiles y personales era su lealtad al soberano.

Fueron casi veinte años de intrigas, alianzas, rupturas, encierros y traiciones de toda índole. Parecía que don Álvaro había conseguido todos sus objetivos, y se hundía al día siguiente, para resurgir más deslumbrador que nunca. Parecía que el rey Juan estaba entregado a su valido, que le confiaba todo, hasta la formación del Príncipe de Asturias; pero cuando cambiaban las circunstancias se dejaba influir por la Liga nobiliaria. Además, tanto la nueva reina, Isabel de Portugal, como el heredero, don Enrique, y el poderoso Juan Pacheco, marqués de Villena, declaran una guerra política sin cuartel al favorito. La pequeña batalla de Olmedo entre los del Condestable y los de la Liga de Nobles y el llamado golpe de Estado de Rámaga nada resuelven. Entre el Duero y el Adaja se juega la partida todos los días; podía haber seguido indefinidamente en la España del Cuatrocientos.

¿Está cansado don Álvaro de Luna? ¿Es menos rápido y hábil en sus reacciones y en sus argucias? Villas y ciudades se le iban de las manos después de haber sido su señor tanto tiempo. El afecto del rey bajaba y pactaba con los rebeldes en vez de combatirles. Hombre débil, no fue leal ni consecuente. La reina le ordena que someta a prisión al Condestable. ¿Intentó don Juan a última hora alentarle para que se salvase? Extraña reacción del gran valido, del hombre valiente y de mil recursos. Se entrega sin la menor resistencia. ¿La fuerza del destino?

Aún pasaron dos meses antes de su ejecución. Empiezan por repartirse su inmenso patrimonio. La mujer de don Álvaro, «la triste Condesa» doña Juana Pimentel, lucha con denuedo para salvarle. Incluso recurre al Papa. «Y a los moros, y a los diablos si fuera preciso», exclama en su desesperación. El lamentable Juan II reacciona tal como es, mezquino: hasta se enfada con la condesa.

Don Álvaro sube al cadalso como siempre fue, elegante, soberbio para morir, representando hasta el fin su propio personaje. Era el 5 de junio de 1453, en la Plaza Mayor de Valladolid.

Creo que, aunque fuera a cuarenta o cincuenta leguas de Madrid, valía la pena hacer aquí un bosquejo de aquel gran cuadro histórico.

## Recuerdos del Madrid del Cuatrocientos

No es fácil encontrar documentos sobre los años del siglo XV anteriores a los Reyes Católicos. La mayor parte provienen de las *Crónicas* de los personajes de Juan II, de don Álvaro de Luna, del marqués de Villena, crónicas casi siempre adornadas o amañadas en honor del ilustre protagonista. En un aspecto menos serio, burlesco a veces, pero ilustrativo, los cancioneros y las coplas, como las de «¡Ay, panadera!» o las de «Mingo Revulgo». En general hay que recurrir a los archivos locales; las parroquias y los cabildos catedralicios suelen ser los que disponen de más información.

Lo que sí resulta claro es que el mayor tanto por ciento de los datos se refiere a los reyes con su Corte, a la alta nobleza, al clero y a las Órdenes religiosas y militares.

Madrid no es una excepción; más bien todo lo contrario. Veamos, recordemos, algunos de esos datos, casi todos pacíficos y tranquilos, en una etapa tan agitada en Castilla.

Por una orden de don Juan II, el año 1447 se trasladaron los restos de don Pedro el Cruel de la Puebla de Alcocer al convento madrileño de Santo Domingo el Real, a petición de doña Constanza, priora del convento y nieta de don Pedro I. Se preparó un suntuoso sepulcro y se encargó de su custodia a un guarda mayor vecino de la Villa. También se trasladó allí el cadáver de otro hijo del mismo rey don Pedro, el infante don Juan, a quien Enrique II mantuvo largo tiempo preso en Soria, donde murió. El monarca reinante dio un decreto en 1439 empeñando su palabra y asegurando a los procuradores que Madrid nunca más volvería a ser enajenado como ocurrió en el famoso caso de León de Armenia.

Madrid era, por esa disposición, propiedad de la Corona y estaba exento de todo feudo o vasallaje[7].

En 1447 se concedieron a Madrid dos ferias francas, una por San Millán y otra por San Mateo, todos los años y por duración de quince días cada una.

El rey encargó de las alcabalas de Madrid a don Alonso Álvarez de Toledo, su contador mayor, al que armó caballero de su propia mano y le nombró caballero de la Vanda. Este don Alonso era un hombre tan rico que poseía 380 casas en Madrid y otras ciudades de Castilla.

En 1421 se había creado la Cofradía de Nuestra Señora de la Caridad y el Hospital de Campo de Rey, cerca del Alcázar y de las caballerizas reales, así como de la fuente, hoy sustituida por otra, en la puerta al pie de la cuesta de San Vicente y de la entrada del Campo del Moro. Esta cofradía tenía fines benéficos y piadosos, siendo la encargada de acompañar a los ajusticiados y de hacerse cargo de sus cuerpos. Se trasladó a la iglesia de Santa Cruz, bajo la advocación de Nuestra Señora de la Paz y la Caridad. Una frase sobre dicha cofradía se hizo popular y ha llegado a nuestros días: cuando alguien está en una muy difícil situación, se le dice, medio en broma, medio en serio, «a ti no te salva ni la Paz ni la Caridad».

En la iglesia de San Miguel se construyó una lujosa capilla por Ruy Sánchez de Zapata, madrileño, copero mayor del rey. Allí se veneraba la imagen llamada la Virgen de la Estrella. Los miembros del cabildo debían ser cristianos viejos. Siguen los datos, como advertí, la mayor parte religiosos. Se creó por aquellos días un «recogimiento de beatas», contiguo a la iglesia de San Pedro el Viejo, una de las más antiguas, si no la más antigua, conservada en Madrid, el año 1448. Las religiosas eran de la Orden de San Jerónimo y habían de ser hijasdalga.

En el reinado de Juan II se proyectó unir las aguas del Jarama a las del Manzanares, llegando a imaginar un gran río navega-

[7] El decreto comenzaba así: «Don Juan, por la gracia de Dios, etc. Acatando que la Villa de Madrid es casa propia mia é lo siempre fue de los reyes de gloriosa memoria, mis progenitores é que es una de las principales de mi reino; é otro sí porque cumple a mi servicio y al bien común de dichos mis reinos...». Refrendaba lo anterior el doctor Fernando Díaz de Toledo.

ble. Tan complicada era la idea, que no logró realizarse, a pesar de que llegó a hacerse el trazado que, cruzando el puente de los Viveros, bajaba por la calle Segovia al Manzanares. Renunciose al intento, que resucitó con igual fracaso en tiempos de los Austrias.

No querría dejar este apartado sin referirme a las grandes familias y a los personajes más notables de Madrid en la primera mitad del siglo XV, algunos cuyas estirpes llegan a nuestros días.

Los González de Madrid, tres hermanos del Consejo del Rey[8]; Diego, hermano de los anteriores, secretario de Juan II y regidor de la Villa; Alfonso Fernández de Madrid, que había sido contador de Juan I; el comendador don Diego de Madrid, alcalde de Casa y Corte; Juan Alonso de Madrid, eminente personaje, doctor en ambos derechos... Como casas ilustres, los Lujanes, de los que Juan fue corregidor y maestresala del rey; su hermano Pedro, camarero del monarca e inseparable de don Álvaro de Luna... De igual noble estirpe y valor fueron los Vargas, tan vinculados a san Isidro, con otro ilustre caballero, don Diego, distinguido en la batalla de Olmedo, y con Garci Ramírez de Vargas, capitán y alcaide de los Alcázares de Madrid; toda la familia Ramírez, con su rama de Rivas... También el gobernador Alonso Díaz de Gibaja y el capitán Luis González de Vozmediano, así como el alcalde Aparicio Sánchez y el ya citado Alonso Álvarez de Toledo. También merecen ser citados el doctor e historiador Juan Alfonso de Madrid y mosén Diego de Valera, que se distinguió más adelante en el reinado de los Reyes Católicos, escritor ilustre que nació en Cuenca y fue vecino de Madrid. También el ingenioso versificador Juan Álvarez Gato[9], que habitaba en la ca-

---

[8] Pedro, Fernando y Gonzalo.

[9] Álvarez Gato fue armado caballero por el propio rey. Fue el encargado de reprimir una sublevación que hubo en Toledo, logrando un notorio éxito. Residía en su casa de Pozuelo de Alarcón, donde don Juan II, sabiendo que estaba enfermo tan valiente servidor, fue en persona a visitarle, abandonando su partida de caza en El Pardo. Álvarez Gato compuso estos versos para su sepultura en la iglesia de San Salvador de Madrid: «Aparéjate a querer / Bien morir / E el morir será nacer / Para vivir / E por Dios mira y avisa / Por este siglo mudable / No pierdas lo perdurable».

lle Mayor y que recibió su apellido de «aquellos gatos que asaltaron las murallas de Madrid en tiempos de Alfonso VI». Y no olvidemos al gran Ruy González de Clavijo [10], que, además de su famosa embajada a Tamerlán en tiempos de Enrique III, fue brillante autor de la *Relación* de sus viajes.

Otros apellidos madrileños que ilustraron con sus hechos, algunos históricos, nuestra Villa: los Mendoza, Sandoval, Peralta, Mármol, Peñalosa, Rivadeneyra, Francos, Paredes y tantos otros, algunos muy cercanos, que irán saliendo más adelante...

En julio de 1454 moría don Juan II, después de uno de los reinados más largos de nuestra Historia. Si, como decía el insigne doctor Marañón, a los gobernantes, reyes, presidentes, ministros hay que juzgarles por los resultados, el juicio sobre el Trastámara padre de Isabel la Católica no puede ser favorable. Fue, es cierto, un hombre de cultura, un verdadero renacentista en cuyo reinado florecieron nombres de brillantes escritores y poetas que ya hemos citado. Él mismo compuso delicados poemas. Pero eso no es ser un buen jefe de Estado, a pesar de dejar una puerta abierta para que entrase en España el arte de Italia y de Flandes. Fue más bien como una sombra errante al lado de la figura que llenó con su presencia activa toda una etapa que debió ser digno remate de los reinados anteriores.

De don Álvaro podríamos decir, parafraseando, algo parecido a lo que dijera un siglo atrás aquel heroico don Alonso Coronel: «Este es el hombre, don Álvaro de Luna, que ha llenado toda una época y ha gastado a Castilla».

[10] Ruy González de Clavijo vivía en las casas donde hoy está la Capilla del Obispo, en lo más elevado de la plaza de la Paja.

# 9
# Madrid, en el más vergonzoso reinado de Castilla

## Enrique IV, en Madrid

Algo muy fuerte debe de haber en el concepto más telúrico que jurídico de la Monarquía; al menos así ha venido ocurriendo en la Historia de España para que haya sobrevivido la Institución Real a períodos, a reinados tan vergonzosos como el que ahora pasamos a resumir con especial atención en su faceta madrileña. Algo debe de significar eso de «por la gracia de Dios», fórmula de la que muchos hacen mofa en nuestro tiempo. Convendría recordarlo cuando entran veleidades sobre cuestiones constitucionales.

No era Castilla en el siglo XV el viejo y pequeño condado de Fernán González, sino un gran territorio que iba del Finisterre al cabo de la Nao, todo un ente político, casi ya un Estado en un concepto moderno, una personalidad dentro de Europa, donde solo Inglaterra podía compararse como concepto de nación, ya que Francia estaba todavía por hacer, y no digamos las otras futuras grandes potencias. El poder unificador en nuestro país iba a ser algo más que aquellos reyes débiles y trashumantes, como Juan II, incapaces de aglutinar y de lanzar hacia delante a una nación protagonista de la historia. Habría que esperar al reinado siguiente.

En las páginas anteriores hemos ido viendo cómo la Villa de Madrid venía desempeñando un papel de relativa importancia en la historia de Castilla. A pesar de faltarle todavía mucho para ser una gran ciudad y de las miserias locales propias de la época en toda Europa, su presencia política como Corte alternativa, las visitas de grandes personajes, sus hechos heroicos en la Reconquista la ponían a la altura de varias de las importantes ciudades castellanas que solían ser sede de la Corona y de las Cortes.

Enrique IV «había cobrado extremada afición a Madrid y allí pasaba grandes temporadas con su regia consorte y toda la nobleza principal del reino». No solían faltar en las Navidades y en las temporadas de caza. En una de esas estancias navideñas en la Villa, el rey recibió una embajada del papa Calixto III que le traía el sombrero y la espada bendecida por el Pontífice en la misa del gallo. El embajador tenía un mensaje papal que terminaba así: «Vuestra Alteza debe obrar bien porque con los exemplos del monarca se conforman los del Reino». No tardaremos en ver cuáles fueron esos «exemplos».

¿Cómo era Enrique IV? Vale la pena conocer la descripción física que de él hace la *Crónica* de Enríquez del Castillo, que bien le conoció: «Enrique IV era persona de larga estatura, espeso de cuerpo y de fuertes miembros, tenía las manos grandes y los dedos fuertes y recios, de aspecto feroz, casi a semejanza de león, cuyo acatamiento ponía temor a los que le miraban; las narices romas, porque en la niñez recibió lesión de ellas, los ojos esparcidos, encarnizados los párpados, la cabeza grande, los dientes espesos y traspellados, cabellos rubios, tez entre rojo y moreno...». Así aparece en la única imagen que de él se conserva, la de un códice de la biblioteca de Stuttgart.

El estudio que de Enrique IV hace el doctor Marañón es interesante y exhaustivo. Trata de saber si efectivamente era impotente, de la influencia de su físico, si tuvo relación con mujeres y de sus aficiones homosexuales.

Si nos dejáramos llevar por estos temas, tendríamos que reproducir palabra por palabra todo el completísimo estudio de Marañón y las muchas impresiones y relatos que los cronistas de aquel tiempo nos han dejado. En conjunto, la figura y los hechos de un desastroso monarca, de un lamentable personaje. Algo habrá que saber de una época que tanto iba a influir en el futuro de España, si bien procurando encontrar a nuestro Madrid en el triste y complicado reinado de Enrique IV.

Seguimos con el ya viejo tópico de estas páginas: Madrid y el rey se llevaban bien: cada vez que llegaba a la Villa, su proverbial lealtad se manifestaba en públicos regocijos. Pasaba el invierno en el Alcázar desde que subió al trono cuando tenía veintinueve años. Dicen los historiadores que hasta 1463 compuso una buena figura de rey; hasta inspiraba temor a todo posible adversario, lo que no era mala cosa en aquellos tiempos. Y como había acumulado grandes riquezas, entre otras las rentas de las Órdenes de Santiago y de Alcántara, con maestrazgos vacantes, se permitía ser generoso, hacer donaciones y mercedes, que a menudo favorecían a los madrileños. En aquella etapa amable tenía buenos colaboradores, simples hidalgos, ya que desconfiaba de los nobles. Entre estos nuevos políticos figuraban don Miguel Lucas de Iranzo, al que hizo condestable; Diego Arias, contador mayor, y un hidalgo de Úbeda pero de origen montañés llamado don Beltrán de la Cueva. Los historiadores suelen coincidir cuando dicen de él que era, ya en las alturas, un muy lucido aunque mediocre personaje. No tardarían en venir las desilusiones.

En 1455, Enrique IV se casó en Córdoba con Juana de Portugal, hermana del rey del país vecino. Antes había estado casado con doña Blanca, hermana del rey de Navarra. De ese segundo matrimonio portugués no vendrían más que desgracias y conflictos.

Las extrañas reacciones de Enrique IV en sus campañas contra el reino de Granada, demasiado benévolo con los nazaríes, renunciando a sacar fruto de sus victorias, llevó a la sospecha de que era amigo de los moros. Cada día la nobleza se fía menos de él, aunque Castilla le sigue siendo leal: por ejemplo, en su visita a las Vascongadas, recibe por todas partes aclamaciones y sincera adhesión. Volviendo a Madrid, el rey recibe con gran fasto al duque de Bretaña, que viene buscando la alianza castellana, que, a pesar de los pesares, cuenta ya como una de las primeras potencias de Europa.

Enrique IV se hizo construir una casa en el monte de El Pardo, refugio ideal y deleitoso, a no más de dos leguas de Madrid. La nueva residencia fue alhajada muy ricamente, con grandes muebles, tapices y adornos por más de veinte mil marcos de oro. En las fiestas que se celebraron, el triunfador de las justas, el más apuesto y lucido, fue el mayordomo del rey, Beltrán de la Cueva, el nuevo don Álvaro de Luna, pero a cien codos bajo él. Los cronistas de entonces elogian mucho su magnificencia, cortesía y gracia, derrochador y dadivoso. El episodio de su «paso honroso» se hizo famoso. Se puso una barrera para impedir entrar en Madrid a los que venían de El Pardo. Cada caballero que quería pasar tenía que quebrar tres lanzas justando en nombre de su dama; don Beltrán, retando y venciendo a todos, los reyes en un alto estrado presidiendo el espectáculo, con los embajadores y grandes señores; después, un espléndido banquete.

«E como aquel paso fue cosa señalada, queriendo el rey honrar a su mayordomo e favorecer su fiesta, mando allí facer un monasterio de la Orden de San Gerónimo, que se llama ahora de Sant Gerónimo del Paso»[1].

Este monasterio es el de igual nombre que luego fue trasladado a la entrada del Retiro, donde un arquitecto muy moderno ha complicado su entorno con unas obras muy discutibles de ampliación del Museo del Prado.

## UN MONARCA INDIGNO Y LAMENTABLE

No exageramos los adjetivos: todos los cronistas del reinado lo relatan y comentan con harta pena y lujo de detalles. No es hipocresía; es dolor por Madrid, por Castilla y por España.

En la crónica de *Los claros varones de Castilla,* de Hernando del Pulgar, se dice que Enrique IV era escarnecido en el hogar doméstico por los que más amor y respeto le debían, vergüenza grande y desdoro sin igual del solio castellano. El rey se había abandonado a sus aviesos instintos, halagado y torpemente seducido por la gente menuda de que se había rodeado.

[1] Este paso fue imitación de otro más antiguo y famoso, el de Suero de Quiñones, defendiendo por su dama el paso del río Órbigo, reinando Juan II. Al monasterio de San Jerónimo el Real el rey le concedió las tercias de Valdemoro, Parla y Polvoranca.

Don Enrique se había entregado a todo linaje de vicios y locos devaneos. Alejándose del tálamo nupcial, facilitaba su propia deshonra. Así aparece el personaje en la *Crónica de don Enrique IV,* de Enríquez del Castillo, que relata la escena ocurrida en Madrid que resumo a continuación:

> El rey, con toda su Corte, estaba en la Villa de Madrid, donde concurrían gentes de toda condición. Hubo justas, convites, juegos de cañas y correr de toros. El arzobispo de Sevilla, don Alonso de Fonseca, hizo sala una noche con el rey, la reina y todas las damas, a las que el prelado, después de opípara cena, obsequió con anillos de oro engastados con piedras preciosas. Entre las singulares mujeres desenvueltas y palacianas de la corte de la reina había una, doña Guiomar, que era de singular presencia y con la que el rey tenía pendencia de amores. De donde sucedió que la reina puso las manos en la cara de ella airadamente y con enojo é la hizo apartar dos leguas de la Corte. Pero el rey iba muchas veces a la ver é folgar con ella. De aquesta doña Guiomar era el arzobispo de Sevilla muy parcial y el marqués de Villena lo era de la reina, de tal guisa que cada uno honraba su parcialidad.

¡Hermosas escenas madrileñas, allá por los mediados del siglo XV!

¿En qué quedamos en cuanto a El Impotente?

El pueblo de Madrid sabía que don Beltrán de la Cueva mantenía familiaridad extrema con la reina Juana, sin respeto a la majestad, y que vergonzosas escenas se desarrollaban en el que debía ser respetado Alcázar. Asombraban las torpezas que se contaban de aquel palacio, dividido en bandos.

Lo que no cambiaba era la predilección del rey por la futura capital de España. Viajaba y siempre volvía a su Villa, que, a pesar de los pesares, seguía siendo leal. En Madrid recibía a los embajadores de Aragón y se mostraba partidario de ayudar al príncipe de Viana en las diferencias con su padre, el gran don Juan II, otro Trastámara. ¿Es que Enrique IV tenía alguna intuición o noticia de que el otro hijo del rey de Aragón, el que sería Fernando el Católico, podría llegar a ser el marido de su hermanastra, Isabel la Católica, desde luego contra sus reales planes.

En Madrid empezaban a llegarle noticias a don Enrique del descontento de la nobleza y de las murmuraciones del pueblo por su indigna y despreciable conducta, contubernios con los moros, adulterio, sobornos, homosexualidad, traiciones... De todo esto se hace eco el gran escritor Diego de Valera en carta de julio de 1462, advirtiendo de que por conductas así se perdieron grandes imperios, reyes y príncipes... «Non debeys olvidarlo, Señor, ni al rey don Pedro, cuarto abuelo vuestro y a trece reyes godos que murieron a manos de sus vasallos por su mala gobernación...» Recordemos que Diego de Valera era vecino de Madrid.

La reina se hallaba en estado de buena esperanza; Dios sabe quién sería el padre. Don Enrique quiso demostrarle su afecto y también que nada sospechara, enviando a buscarla a don Rodrigo de Marchena con gente de guarda y traerla en andas a Madrid, «bien reposada y sin peligro para su preñez».

El rey, con todos los grandes de su Corte, salió a recibirla.

Nació la princesa —la famosa Beltraneja— en el Alcázar de la Villa y Corte. El rey la hizo bautizar con pompa inusitada y le dio el nombre de su madre, Juana. La *Crónica de Enrique IV* se deshace en detalles: bautiza el arzobispo de Toledo, asisten varios prelados, gran parte de la nobleza, con el famoso Villena al frente y... la joven infanta medio hermana del rey, la futura Isabel la Católica en el bautizo de la Beltraneja.

Como premio de algo que todos sospechaban, don Beltrán de la Cueva fue creado conde de Ledesma, emparentando a los pocos días con el marqués de Santillana, al casarse con su hija menor, todo ello en Madrid y en Guadalajara, con gran enfado de la familia Mendoza.

La recién nacida fue jurada heredera del reino, y el rey don Enrique se permitió una serie de actividades políticas y diplomáticas, buenas relaciones con los catalanes, entrevista en San Juan de Luz con el rey de Francia [2], pacificación de penosos disturbios en Aragón y en Sevilla... Ni aun así lograba recuperar su presti-

[2] Los monarcas castellano y francés se reunieron primero a orillas del Bidasoa. Don Beltrán de la Cueva al pasar el río iba de brocados y de terciopelo y oro, con borceguíes guarnecidos de perlas y piedras preciosas.

gio ni conformar a los descontentos. Don Enrique se reunió en Puente del Arzobispo con el rey de Portugal. No llevó con él a los poderosos don Alonso Carrillo y don Juan Pacheco, el arzobispo y el marqués. Los dos, desde entonces, le declararon su oposición terminante. Se avecinaba la tormenta en torno al Alcázar de Madrid, que, alternando con Segovia, la vieja rival, tenía el dudoso honor de albergar la Corte.

Nebrija, coetáneo de estos tiempos, comenta en sus célebres décadas que Enrique IV manifestaba su predilección por «la antigua Mantua Carpetana que hoy se llama Madrid».

No tardó en desencadenarse la tormenta contra el lamentable monarca, en el que pesaban más su liviandades y su torpe actitud que sus relativos aciertos.

Los condes de Benavente y de Paredes, este el noble don Rodrigo Manrique, penetraron a mano armada en el palacio madrileño y se apoderaron de la persona del rey. Con los citados iban también Villena y otros nobles. Venciendo la resistencia de la guardia, se llevaron al desventurado don Enrique. Sus medio hermanos, los infantes don Alfonso y doña Isabel, lograron refugiarse en la torre del homenaje, y don Beltrán de la Cueva, «afrentosa causa de tanto atrevimiento, se encerró en un pequeño retrete».

Lo más curioso es que después del éxito de este asalto, Villena se arrepintió, llegó hasta el rey, le pidió perdón y aconsejó que castigase a los culpables de tal insulto. Ridícula consecuencia: salvada la situación, el rey volvió a las andadas y su querido don Beltrán salió del retrete y se encontró con el maestrazgo de la Orden de Santiago, premio de don Enrique a su valor. Lo que, claro es, Villena no perdonó.

## En el que empieza a aparecer la sombra de la Beltraneja en los Madriles

Enrique IV era una verdadera calamidad, pero no era tonto. Se daba cuenta de su precaria situación y buscaba osadas soluciones. Concibió la idea de casar a su medio hermano, don

Alfonso, un niño de doce años, con su dudosa hija doña Juana, apenas recién nacida. Sabía que el infame gozaba de gran apoyo entre la nobleza y muchas simpatías en Castilla. Lo mismo le ocurría a su hermana Isabel, por el momento un tanto importante en manos del rey para jugar con ella con vistas a posibles enlaces matrimoniales con fines políticos.

Dio cuenta de estos planes el municipio de Madrid, en documento que se conserva en el Archivo del Ayuntamiento, en el que además añadía que el infante don Alfonso sería su sucesor «de los dichos mis regnos é señoríos».

Pero los más importantes magnates de esos «regnos» no cejaban en su empeño contra Enrique IV. Mezcla de deslealtad, de insolencia y de cinismo, se apoderaron de la ciudad de Ávila, y en sus afueras, en la zona llamada de las Hervencias, colocaron un estrado y en él una silla en la que sentaron un monigote que representaba al rey.

Los que dirigían la ceremonia eran don Juan Pacheco, marqués de Villena; don Íñigo Manrique, obispo de Coria; don Álvaro de Zúñiga, conde de Plasencia; don Gómez de Cisneros, maestre de Alcántara; don Rodrígo Pimentel, conde de Benavente; don Pedro Portacarrero, conde de Medellín, y otros importantes personajes.

El monigote real estaba vestido de negro, con corona, espada y cetro, que le fueron arrebatados por don Alonso Carrillo, arzobispo de Toledo y primado de las Españas, por don Álvaro de Zúñiga y por el conde de Benavente, que acabaron por derribar y arrastrar por tierra al muñeco. Allí mismo proclamaron rey de Castilla al infante don Alfonso.

Madrid no se dejó influir por aquella tragicomedia y siguió fiel a la legitimidad que para la Villa representaba Enrique IV. Tanto la ciudad como todas las poblaciones de su extenso término proclamaron su adhesión al rey que tantas mercedes les había concedido. Ahora, desde Toro, escribía al Concejo madrileño expresándole su agradecimiento y encargándole que reforzara sus defensas, en especial la Puerta de Guadalajara, y que todas las demás entradas fueran tapiadas. Y pequeños detalles: en la carta disponía que en el arrabal se hiciera una pescadería y una carnicería, y también un mercado.

Tiene valor histórico y anecdótico la descripción que hace el conde de Bohemia, León Rosmithal, de Blatna, de la Corte de Madrid, adonde llegó como embajador del rey de Polonia.

> El rey come, bebe y viste y lo hace todo a la musulmana; es enemigo de los cristianos y en todas sus ideas les es contrario... La reina es una mujer morena; el rey no la quiere ni hace vida marital con ella, por lo cual ella también es enemiga del rey y en nada le hace caso. Él no atiende más que a sus diversiones: los cristianos, mal gobernados, pierden sus tierras y sus casas; los musulmanes se las usurpan y el país desea que su hermano ocupe el trono[3].

No difiere mucho de estas oposiciones las que otro contemporáneo, Alonso de Palencia, ofrece en sus *Décadas latinas.*

En una de esas extrañas maniobras del reinado, el inquieto y peligroso marqués de Villena propuso a Enrique IV que entregase la Villa de Madrid, con su Alcázar y sus puertas, a don Alonso de Fonseca, arzobispo de Sevilla, tenido por íntegro e imparcial, para mantener así la ciudad al margen de banderías. Una verdadera ignominia para el rey si aceptaba la propuesta. Y la aceptó. Cada día se denigraba más la Corona.

Largos meses permaneció la fidelísima Villa en poder del arzobispo, es cierto que en paz y al margen de la contienda civil que ya se estaba desarrollando entre el rey, con su hija Juana como presunta heredera, y los partidarios de don Alfonso, el infante proclamado rey en Ávila.

Nuevos acontecimientos de aquellos días aciagos. Villena se hace nombrar maestre de Santiago; en Olmedo se da otra nueva batalla, más bien una fuerte escaramuza, de la que sale vencedor el bando de Enrique IV; intento de traición del alcaide del Alcázar de Madrid, frustrada por el propio rey. Y sobre todo un hecho clave en aquel conflicto y en la Historia de España: el infante don Alfonso, rey para un bando, el hermano querido de Isabel la Católica, el pretendido futuro esposo de la Beltraneja, fallece

3 *Relación al viaje a la España Central (1465-1467).*

repentinamente en una aldea abulense, Cardeñosa, cuando se dirigía de Arévalo a Toledo. ¿Muerte accidental al comer una trucha en mal estado, o envenenado, el famoso «bocado», mala costumbre de la época para quitar de en medio a personajes incómodos? En algunas de mis obras he tratado de llegar al fondo de esta cuestión y otras semejantes. A ellas me remito, pero advirtiendo que la incógnita continúa, también como otras varias, algunas en este mismo reinado y tal vez para los siglos.

¿Por qué Enrique IV accedió en la famosa ocasión de los Toros de Guisando a aceptar que la Beltraneja no era hija suya y a proclamar heredera de Castilla a su media hermana la infanta Isabel? Es tan conocido el tema, el desarrollo sucesivo de la cuestión, la retractación del rey legitimando de nuevo a su supuesta hija Juana, los juramentos, las reacciones de unos y de otros, etc., que no debo insistir sobre todo ello en una historia de Madrid. En diversas ocasiones he tratado de los graves problemas de la sucesión de Enrique IV. Con bases históricas y documentales muy sólidas, de acuerdo con los mejores historiadores de la época, llegué sin duda a la certidumbre de la legitimidad de actuación de Isabel I de Castilla frente a la infortunada doña Juana, más bien a los que por intereses políticos y religiosos se hicieron sus partidarios. Y no digamos a las magnánimas escritoras y escritores modernos que por simpatía oportuna se dedican a reivindicar a ciertos personajes históricos de tristes destinos.

Llegamos al momento clave del matrimonio de la infanta Isabel, reina ya de Castilla para un bando, desde la muerte de su hermano Alfonso.

Muchos han sido los posibles maridos de la «novia de Europa»: el príncipe de Gales, el duque de Berri o de Guyena, el rey de Portugal, el terrible personaje castellano don Pedro Girón, y, sobre todo, y el preferido por doña Isabel, su primo don Fernando, otro Trastámara, rey de Sicilia e hijo del formidable Juan II de Aragón. Todos sabemos que esa preferencia acabó en boda, casi clandestina entonces y grandiosa para la Historia.

Enrique IV no solo no autorizó dicho enlace, sino que se opuso a él. Isabel se alejó previamente de Madrid, marchándose a Madrigal. De allí a Valladolid para casarse. Don Enrique, más que enfadado, iracundo, con verdadero encono, se dedicó a declarar solemnemente desde Madrid a todo el reino que su sucesora no era Isabel, sino doña Juana la Beltraneja. Era lanzarse a la anarquía; como dice un muy serio historiador, «era condenar al naciente Estado a todo linaje de violencias y desastres».

Reunió el rey en el valle de Lozoya a varios grandes y prelados y les hizo jurar como heredera a doña Juana, «su muy amada hija», a la que hizo contraer matrimonio por poder con el duque de Guyena, uno de los antiguos pretendientes de Isabel. Todos juraron allí, ante el cardenal embajador de Francia, «que doña Juana era verdaderamente hija suya». Hizo que todos le besaran la mano y le rindieran acatamiento y vasallaje. Lo de Guyena con tan mala suerte que a los pocos días moría el pobre duque.

El país cada día mostraba más su adhesión a doña Isabel y a su marido don Fernando. Los pueblos veían en ellos la pretendida paz y sosiego después de tantas desdichas y calamidades. En Madrid no podía ocurrir de otra manera. En un acto de buen sentido, de patriotismo y con visión de futuro, reconoció a doña Isabel como sucesora en el trono de Castilla, sin faltar por ello a seguir teniendo por su rey a su hermano Enrique mientras viviera. Pero el desdichado Impotente ya no se fiaba de la Villa del Manzanares. Cargó varios carros con los tesoros de la Corona y los que acumulaba en el Alcázar y emprendió con ellos el camino de Segovia, ciudad de la que ahora se fiaba más. No obstante, volvió a Madrid y celebró nuevas fiestas y funciones en honor del legado que el papa Sixto IV acababa de enviar a Castilla. Los actos se celebraron en la iglesia de Santiago, acompañado el rey por el obispo de Astorga. Después fueron a San Jerónimo del Paso, donde se celebraron las ceremonias más solemnes.

Días después hubo un acto en Segovia en el que el rey y su hermana Isabel se reconciliaron públicamente. Tal vez primara el afecto fraternal, tal vez los intereses políticos, el caso es que el pueblo acogió el acuerdo con aplauso general. ¿En qué lugar quedaba la Beltraneja? ¿Podía uno fiarse de ese don Enrique, especie de Fernando VII del siglo XV?

Por aquellos días había muerto Pacheco, el gran perturbador de la época, marqués de Villena, amigo-enemigo del rey, que, a pesar de todo, sintió su muerte. Hasta el final permaneció este complicado personaje en el Alcázar de Madrid, teniendo bajo su guarda a la princesa doña Juana.

El rey regresó a la Villa. Parece que sus propósitos eran los de volverse atrás de lo acordado con doña Isabel en Segovia, «desbaratar las esperanzas concebidas y la reconciliación negociada con éxito por el alcaide Andrés de Cabrera», tan valorado siempre por la Reina Católica.

Sin embargo, la naturaleza empezó a fallarle al monarca. Su ajetreada y torpe vida, disoluta y llena de sinsabores merecidos, flaco de aquel cuerpo de león que infundía temor y débil de espíritu, no pudo soportar el frío del invierno en el inhóspito Alcázar ni la funesta dolencia, «gran dolor de ijada», que acabó llevándole a la tumba. Aún intentó ir a su última cacería. Volvió a Palacio deshecho. El prior de San Jerónimo del Prado, fray Pedro Mazuelo, hizo lo posible para que pusiera en paz su alma antes de partir. Creemos en la misericordia de Dios. Nombró albaceas testamentarios al cardenal de España, al conde de Benavente, al duque de Arévalo y al nuevo marqués de Villena.

Quiso Enrique IV ser enterrado en el monasterio de Guadalupe, junto a su madre. Así pasaba a mejor vida en Madrid el 12 de diciembre de 1474.

Nos dejaba don Enrique el «embolado» de doña Juana la Beltraneja, a la que volvió a declarar como su hija legítima poco antes de morir. Una vez más se contradecía y complicaba al Estado, al Reino, al curso de la Historia... Incluso para tiempos bien recientes, obstaculizaba con aquel enredo la beatificación de la reina Isabel la Católica en el V Centenario de su muerte (1504-2004).

Creo que no hay exageración en todo lo que aquí vengo escribiendo sobre la lamentable condición de Enrique IV. Cito extractos de algunas importantes opiniones de sus contemporáneos:

«Muchos excesos se cometían en sus reinos, cuánto menosprecio de la justicia, cuántos robos se hacían del Patrimonio Real, cuánta licencia de los malhechores, dolía ver cómo Castilla había caído de su gloria antigua.» (El embajador del duque Carlos de Borgoña.)

Escudos de Madrid. Litografía del libro *Historia de la Villa y Corte de Madrid*, de José Amador de los Ríos

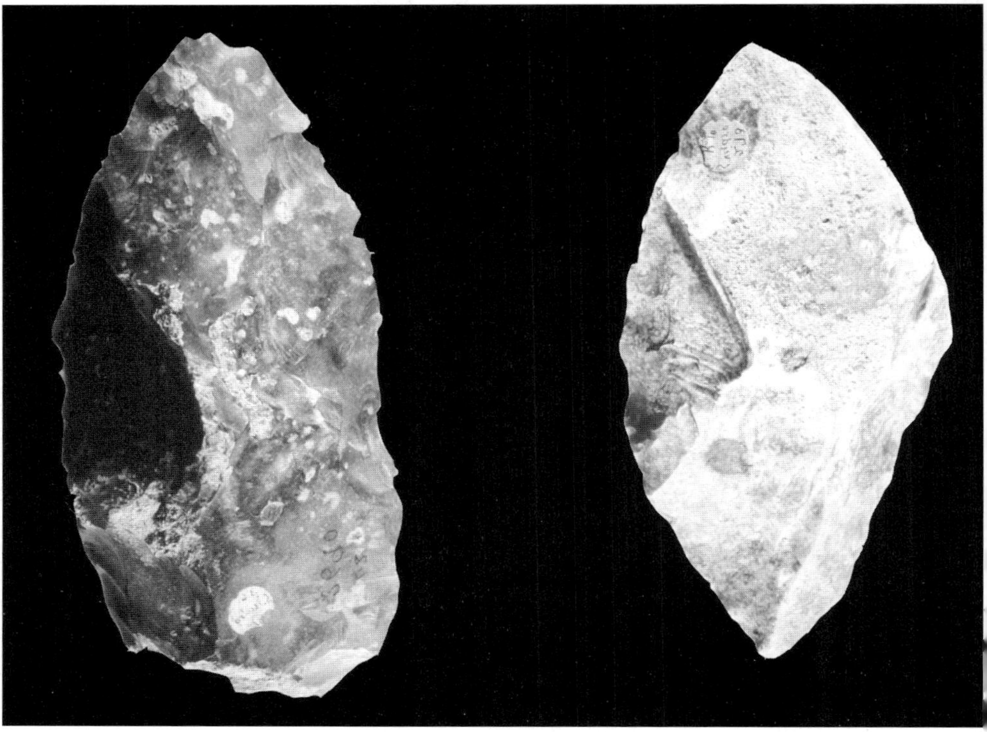

Bifaces del período chelense procedentes de las terrazas del Manzanares. Museo Arqueológico de Madrid

Vasos de cerámica neolítica de la cultura campaniforme procedentes de Ciempozuelos. Museo Arqueológico Nacional, Madrid

Mosaicos romanos procedentes de la Quinta de los Carabancheles. Litografía del libro *Historia de la Villa y Corte de Madrid*, de José Amador de los Ríos

Virgen de Atocha. Óleo anónimo conservado en el Museo Municipal de Madrid

Virgen de la Almudena. Grabado del libro *Historia de la Villa y Corte de Madrid*, de José Amador de los Ríos

Milagro de san Isidro, que aparece junto a su esposa santa María de la Cabeza. Óleo anónimo. Museo Municipal, Madrid

Conversión de Recaredo en el III Concilio de Toledo. Óleo de José Martí.
Palacio del Senado, Madrid

Ramiro II entra en Madrid. Grabado del libro *Historia de la Villa y Corte de Madrid*, de José Amador de los Ríos

Alfonso VI junto a las murallas de Madrid. Grabado del libro *Historia de la Villa y Corte de Madrid*, de José Amador de los Ríos

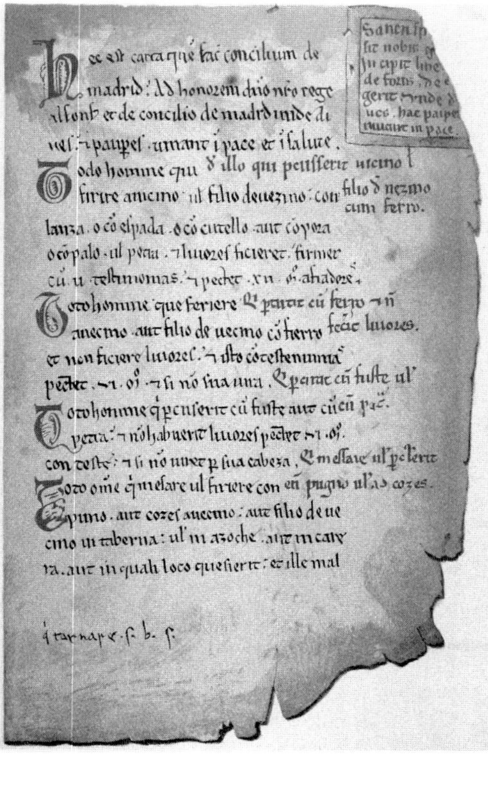

Hec est carta que fac concilium de
madrid: Ad honorem dñio nro rege
alfonb et de concilio de madrid inde di
ues: 7 paupes uiuant i pace et i salute.
Todo homine qui d' illo qui periserit uecino l
firire auecino ul filio deuezino: con filio d' uezino
cum ferro.
lanza. o cō espada. o cō cutello. aut cō pora
o cō palo. ul pena. 7 liuores ficieret. firmet
cū ii testimonias. 7 pechet. xii. ol. afiadores.
Toto homine que feriere ul parat cū ferro 7 n
anecino aut filio de uecino cō fierro feāc liuores.
et non ficiere liuores. 7 isto cō testemunia
pechet. vi. ol. 7 si nō sua iura. ul parat cū fuste ul
Toto homine q̄ pcuserit cū fuste aut cū eū pa.
pena: 7 nō habuerit liuores pechet vi. ol.
con teste: 7 si nō iuret p sua cabeza, ul mesare ul pelerit
Toto ome q̄ mesare ul firiere con eū pugno ul a coces.
Epuno. aut cozes auecino: aut filio de ue
cino in taberna: ul in azoche. aut in carre
ra. aut in quali loco quesierit: et ille mal

Sancti ... sit nobis ... in capit line ... de foris ... gerit ... inde ... ues. hac paupe ... uiuant in pace.

Folio del Fuero de Madrid otorgado por Alfonso VII. Litografía del libro *Historia de la Villa y Corte de Madrid*, de José Amador de los Ríos

Enrique IV

Los Reyes Católicos

Privilegios rodados otorgados a Madrid por Juan II, Enrique IV y los Reyes Católicos. Litografí del libro *Historia de la Villa y Corte de Madrid*, de José Amador de los Ríos

Entrada de Felipe II en Madrid en 1561. Grabado del libro *Historia de la Villa y Corte de Madrid*, de José Amador de los Ríos

El primitivo Alcázar de Madrid en 1560. Grabado del siglo XIX. Colección Casariego. Museo Municipal, Madrid

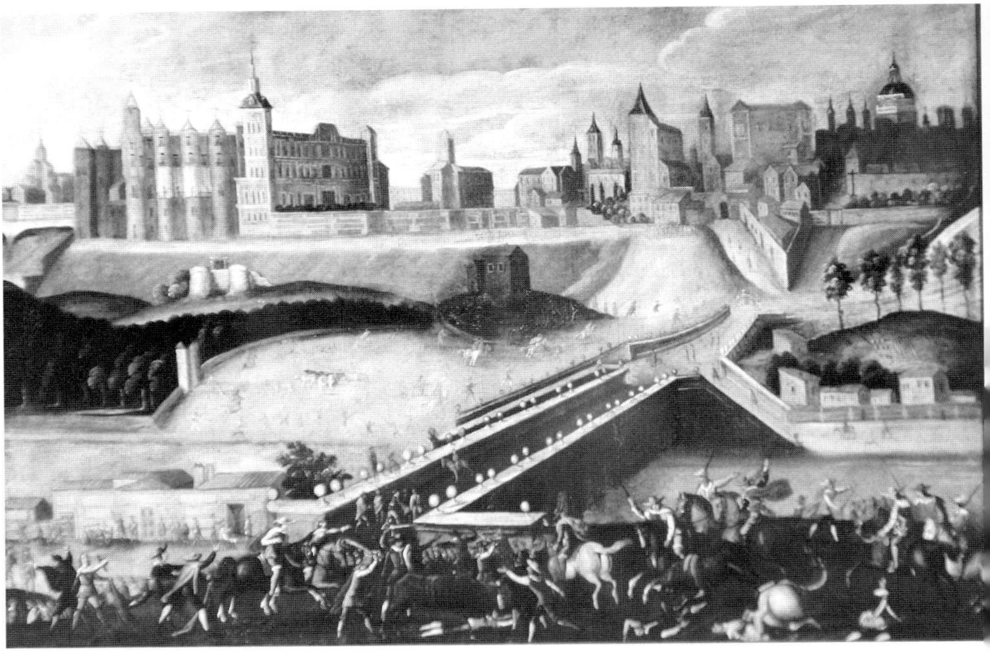

Vista de Madrid en el siglo XVII, con el puente de Segovia en primer término y al fondo el Alcázar llamado de los Austrias. Óleo anónimo. Museo Municipal, Madrid

Fiesta de toros en la Plaza Mayor de Madrid durante el reinado de Felipe IV. Óleo anónimo Museo Municipal, Madrid

«La estirpe frígida del monarca, la maldad de sus costumbres, el menosprecio de la religión cristiana, el amor a los moros, el quebrantamiento de las leyes, la general licencia para crímenes y pecados, etc.» (El cronista Alonso de Palencia.)

«Hay personas en vuestro palacio que afirman que en el mundo hay que vivir como bestias, que caen en la corrupción y pecados abominables; allí reinan la injusticia y la tiranía, infieles, enemigos de nuestra santa fe católica...» (El papa Paulo II.)

¡Hermoso florilegio!

### La fea realidad de una época aciaga

Páginas atrás citábamos algunas miserias del Madrid medieval, miserias comunes a todas las ciudades europeas de la época y que tampoco cambian demasiado en los tiempos renacentistas, salvo para sectores privilegiados por el urbanismo y la fortuna.

Los cuatro jinetes del Apocalipsis eran asiduos visitantes de campos y ciudades, cuando no la guerra, cuando no la peste, y sus horribles secuelas, hambre y mortandad.

A Madrid, allá por los mediados del siglo, le tocó la peste, tan fuerte que diezmó la población; las inundaciones lo arrastraron todo; no faltó la lepra, y los bandos completaban el cuadro de vez en cuando matándose por las calles.

Se cuenta que los ribereños del Manzanares se levantaron contra los frailes de un convento cercano a los que acusaban de haber envenenado con malos alimentos a cuatro vecinas del barrio. Hubo arcabuzazos, muertos y heridos, con intervención del corregidor con medios contundentes.

El episodio no supone irreligiosidad del pueblo madrileño. Por aquellos días, con el acostumbrado fervor popular, se fundaba un nuevo convento, el de Santa Clara, promocionado por Catalina Núñez, esposa del tesorero de Enrique IV. Y se fundaba también el hospital de Santa Catalina, ampliado años más tarde por Carlos I.

En 1464, Enrique IV da una real cédula autorizando la ampliación y reforma de la plaza de la Villa, en las dimensiones que conserva. Para esa ampliación fue necesario adquirir siete casas de la citada doña Catalina Núñez, esposa del riquísimo personaje ya conocido don Alonso Álvarez de Toledo.

En 1476 había en Madrid grandes bandos, algunos con bases y adeptos de determinadas parroquias. Se odiaban cordialmente, a modo de partidos políticos, y en los últimos años con adscripciones encontradas a las dos soluciones dinásticas, unos de la Beltraneja, otros de doña Isabel. Los que poseían el Alcázar y gran parte de la Villa defendían a la infanta Juana, y los de varios palacios, conventos y casas hidalgas estaban por don Fernando y doña Isabel. Pedro Núñez de Toledo era el madrileño que capitaneaba este bando. Él fue quien logró el apoyo del duque del Infantado, que desde Guadalajara envió tres compañías de arcabuceros que, tras varios días de cerco, lograron apoderarse de la Villa. El Alcázar, con los de la infanta Juana, resistió algún tiempo, para acabar rindiéndose. Fue el primer paso para que no tardaran don Fernando y doña Isabel en entrar triunfalmente en Madrid.

Pero al lado de estos hechos bélicos de peso histórico estaba la miseria, la falta de higiene, las lacras de la población, sucia, maloliente, con las inmundicias por las calles, con el «agua va», basuras, excrementos, sin más agua limpia que la que servía para beber y lavarse la cara... Los Reyes Católicos, nada más entrar en Madrid, dieron instrucciones para corregir aquello. Algo consiguieron, pero paradójicamente fueron varios gremios madrileños los que se opusieron a algunas medidas de limpieza. Por lo visto, perjudicaban alguno de sus negocios; por ejemplo, la venta de perfumes, inciensos y mantas. No explicamos el porqué, ya que sería como ensuciar también estas páginas.

Tales condiciones higiénicas se prolongaron muchos años en toda Europa. Recordemos a los ingleses de *Moll Flanders,* de *Barry Lindon,* de las obras de Dickens, la Florencia de Boccaccio, el París de *Los miserables...* Recordemos también a Carlos III cuando decía: «Estos madrileños son como niños: lloran cuando les lavan la cara».

# 10
# Madrid en el tiempo de los Reyes Católicos

## La patria chica de Isabel I

Isabel I de Castilla, la extraordinaria reina, la mejor reina de la Historia de España, nació en Madrid. Así dicen algunos. Pudieron tener razón también los que dicen que el privilegio de su nacimiento pudo corresponder a Ávila, o a Segovia. ¿Y por qué no a Madrigal de las Altas Torres, en la casona-palacio de su padre, don Juan II?

Discutieron y disintieron cronistas e historiadores acerca del lugar de nacimiento de la gran reina. Como las siete ciudades de Grecia por Homero. Como media España, media Italia y aun Francia se disputan al casi seguro judío genovés que era Colón.

Incluso sobre la fecha no se ponen de acuerdo las crónicas de la época: el 22 de abril, el 23, el 21, año de gracia de 1451... «Fago vos saber que este jueves próximo pasado la Reyna mi muger encaesció de una Infante», comunica el rey don Juan a las ciudades de su reino. ¿Cómo es posible que estando el monarca en Madrid el día 23 supiera de un acontecimiento ocurrido a treinta leguas de distancia a las cuatro y cuarenta de la tarde del día anterior en Madrigal de las Altas Torres? ¿Se enteró, como dicen algunos, por troteros o ahumados, señales de humo, de torre en torre?

Colmenares se vuelca por Segovia; Clemencín y Amador de los Ríos, con Lafuente, exponen argumentos, y ellos, como los grandes historiadores modernos Fernández Álvarez, Suárez, Valdeón, acaban aceptando la fórmula de Madrigal, ya consagrada por la historia y la tradición. Lo que aplaudo, como Hijo Adoptivo de la villa de las Altas Torres que soy, al par que Caballero de Isabel la Católica; y lo que siento al no tenerla como paisana del Madrid en que nací y como historiador de la Villa de las siete estrellas que ahora soy.

Tal como se van desarrollando cronológicamente estas páginas, vamos a encontrarnos con la gran reina, gobernando ya en Castilla y compartiendo ese gobierno en toda España con su esposo, el no menos grande don Fernando el Católico. Dejamos a tan admirable pareja de protagonistas con sus fabulosos hechos, páginas esenciales en el devenir histórico de España: descubrimiento, conquista y colonización de América; culminación de la Reconquista con las guerras y conquista de Granada; primacía y prestigio de España como gran potencia con los éxitos bélicos y políticos en Italia y en Francia, etc.

¿Cómo fue posible que de la gran crisis medieval, del hundimiento político y social del reino durante el reinado anterior, que del desprestigio de la Institución Real se pasara a la soberana grandeza que representan los acontecimientos que acabo de citar, poniendo además la casa en orden, como quería la reina Isabel? ¿Y pasando del desastre de Enrique IV al genio político y diplomático de don Fernando, «maestro de prima» en Europa?

Para honor de nuestra Villa y Corte, cada día más capital, tan formidable reinado fue dirigido en gran parte de tiempo desde Madrid.

¿Por qué Madrid?

## Las razones de Madrid

Ávila del Rey, de los Leales y de los Caballeros, muy querida por mí; Segovia, altiva, señorial e isabelina; Toledo, imperial del césar Carlos, con sus tres culturas y su Sede Primada, como otras bellas e históricas ciudades castellanas más o menos centrales; Cuenca, Soria y Villa Real, por ejemplo, tienen vocación de lo que son: recintos históricos, maravillosas arquitecturas de otro tiempo, entornos líricos y majestuosos. Son ciudades que dan la impresión de vivir encerradas en sí mismas, orden y señorío, refractarias al disparate novedoso. Son Patrimonio de la Humanidad, en su gloria y con prudencia ante una modernización inteligentemente dosificada.

Burgos, Valladolid, León, Palencia, Cáceres... se alejaban mucho del centro peninsular. Estamos hablando de los siglos XV al XVIII. Otras ciudades castellano-leonesas tuvieron un importante protagonismo y una presencia real en el reciente pasado medieval y aún lo conservan: Toro, Tordesillas, Arévalo, Medina del Campo, Zamora, Alcalá; pero se quedaron ancladas en la Historia. Hoy, siglo XXI, es otra cosa.

Aparte del desarrollo que supone la capitalidad, Administración central y Gobierno, la mayor parte de las poblaciones citadas están bien como están, orgullosas, progresivas, con normalidad y con reformas más o menos acertadas, pero sin excesos en cuanto a dimensiones, población y urbanismo.

Los Reyes Católicos fueron todavía reyes trashumantes. Gobernaron desde las ciudades clave de sus reinos, de la España por ellos unida y que cinco siglos después algunos quieren romper: Zaragoza, Barcelona, Valencia, Santiago, Sevilla...; se llegaron a Guernica, Astorga, Cartagena, Pontevedra, Logroño; a todo el sur, cómo no a Córdoba y a su Granada. Juraron fueros, impartieron justicia por todas partes, hicieron aún más fuerte la unión de los reyes con el pueblo... Pero necesitaban una capital, un centro, una residencia permanente para la cabeza de la Monarquía, del Estado y del Gobierno.

Reforzaron con su presencia frecuente en Madrid una tendencia que venían marcando los Trastámara y allanando el camino para la decisión definitiva que tomaría su biznieto Felipe II: Madrid, capital de España. Con palabras modernas del poeta: «Madrid, rompeolas de las cuarenta y nueve provincias españolas».

¿Por qué Madrid?

Las razones para que Madrid haya llegado a convertirse en la capital y en la primera y más grande ciudad de España está más allá de la simple voluntad de los Trastámara en el inicio y de Felipe II en la decisión definitiva. Está incluso más allá de cierta lógica geográfica y orográfica como centro peninsular entre cuestas y vaguadas.

En contraste con varias de las ciudades castellanas antes citadas, la pequeña y mísera población humana de la Antigüedad y de la Alta Edad Media mostró siempre una tendencia expansiva, de ir más allá, de dominar su entorno, cuando apenas era una aldea con un pequeño alfoz.

Desde el principio, también Madrid mostró su adhesión a los reyes, lo mismo a los dignos de ello (Alfonso VI, Alfonso VIII, san Fernando, Alfonso XI) que a los deplorables (Pedro I, Juan II y Enrique IV), con devoción política muy especial a doña María de Molina y a Isabel la Católica.

Las deficiencias urbanísticas e higiénicas eran más o menos comunes a otras poblaciones castellano-leonesas, muy superiores a Madrid en arte y monumentalidad. Por eso resulta asombroso ese preferente desarrollo vocacional del viejo Magerit para aparecer en el mapa, en el centro geográfico de la Península, importante objetivo militar, asediado y defendido, con fuertes milicias en la Reconquista y como ciudad con proyección nacional.

Da la impresión no solo de que no rehuía las responsabilidades de la capital y de la Corte, sino que las apetecía.

Madrid tenía ciertos atractivos para la época: agua abundante, bosques frondosos con magníficos cazaderos y hasta un clima sano a pesar de sus bruscos cambios de temperatura, que a nadie arredraban por entonces.

Madrid, de inmensos horizontes hacia el sur, con atractivos paisajes de gran fuerza histórica, con el respaldo de las sierras que cantara el marqués de Santillana, el discutido Real de Manzanares y la próxima balconada de la nieve.

Políticamente, la Villa y Corte ofrecía una seguridad no ya de adhesión al poder real, sino la vocación de integración en este, lejos de cualquier veleidad periférica basada en tergiversadas interpretaciones históricas. ¿De quién se iba a separar Madrid sino de sí mismo?

Además hay ciudades volcadas hacia el campo, ciudades campesinas, sus trigos, sus viñas, sus ganados... No es que faltaran en Madrid, pero su auténtica vocación, como Londres, París, Bruselas, Berlín... era ser ciudad-ciudad, vivir en sus calles, en sus plazas, ciudad comercial, artesana, gremial, llena de tiendas, de posadas, de tabernas, de baños, de mercadillos internos... De ahí los nombres de muchas de sus calles.

Madrid, desde muy pronto, conjugó grandes defectos, el «poblachón manchego», y positivas cualidades: del Prado al Alcázar, de día en día progresando, a veces contra los propios habitantes, Madrid se abrió a todos y aceptó la carga, el honor, la responsabilidad, en beneficio de todos. Fue siempre la ciudad de los reyes, de la Monarquía, de la fe en san Isidro, de las Vírgenes de Atocha, de la Almudena y de la Paloma. Mal que les pese hoy a los maestros de la demagogia y de las mentiras históricas.

## ¡Dios, qué buenos señores!

La reina Juana, segunda esposa de Enrique IV, fallecía en el convento de San Francisco, de Madrid, el 13 de junio de 1475. Por cierto, su marido fue el primer monarca de la Historia de España fallecido en Madrid. Dejaban un horizonte nublado y sangriento en Castilla, desmoralización y desesperanza. Eso sí, una princesa de veintitrés años, llena de admirables cualidades, además muy bien casada con el heredero de la Corona de Aragón. Por contra, la infanta Juana, que mientras no se probara legalmente lo contrario era la hija de Enrique IV y heredera del trono de Castilla. Dejemos la cuestión a quienes todavía discuten de legitimidades cuando los años, la tradición y el pueblo español han dado ya su veredicto de siglos.

Con ese criterio debió de estar de acuerdo la Villa de Madrid cuando, dejando de lado en el Alcázar a la Beltraneja que Villena había encomendado a su cuidado, se pasó con armas y bagajes al bando de doña Isabel y la recibió, junto a don Fernando, con todos los honores en nuestra ciudad. Toda la situación en su conjunto, y concretamente en Madrid, podría calificarse de prodigiosa mudanza. De los seis próceres a quienes Enrique IV había encomendado la guardia y custodia de su supuesta hija, solo dos permanecieron a su lado. No era traición, sino clara visión del pasado, del presente y del futuro. Entre los caballeros de Castilla y la reina Isabel había nacido una estrecha colaboración, una admirativa simpatía. Madrid la proclama reina, siguiendo a Segovia, pero para la Villa se inicia una etapa de desasosiego, porque doña Juana, en carta desde Plasencia, en mayo de 1475, exigía a los suyos de Madrid que se levantaran en armas contra doña Isabel, con lo que los de Villena convirtieron las plazas y las calles de la Villa en un verdadero campamento, «sucediéndose sin tregua los rebatos y combates».

Los fieles a Isabel II se incorporaron desde Madrid a los ejércitos reales, dominando todos los abundantes castillos y torres de la región con la ayuda del esforzado alcaide de la fortaleza de Chinchón, Francisco Díez de Rivadeneyra, y siendo los de la Beltraneja rechazados de todos los alrededores de Madrid. La reina Isabel agradeció «la nobleza y bravura de los madrileños» en carta desde Burgos, en 1475, que firmaba también don Fernando. El mismo año confirmaban a Madrid sus privilegios, fueros, buenos usos e inmunidades. Llegaban a la Villa con el intento de acercarse a Toledo y restablecer sus buenas relaciones con el altivo arzobispo primado, hombre de difícil trato y de enorme influencia en Castilla, nada menos que el famoso don Alonso Carrillo.

Era muy importante para los Reyes Católicos mantener la paz en el reino, porque el monarca portugués, don Alfonso, en defensa de su sobrina la Beltraneja, había invadido tierras leonesas y avanzaba sobre Zamora y Toro en son de guerra. E, inevitablemente, con la ayuda de una pequeña pero poderosa parte de la nobleza castellana adicta todavía a la presunta hija de Enrique IV y de la portuguesa doña Juana.

Eran las vísperas del choque de los dos ejércitos, que se encontraron frente a Toro en una cruenta y decisiva batalla, hito histórico de gran trascendencia, victoria brillante de las huestes castellanas y muy especialmente de don Fernando el Católico, que no solo dirigió tal batalla con gran acierto estratégico, sino que se batió en persona con valor y decisión. Con detalle y admiración relato las escenas y consecuencias de la batalla de Toro en mi obra *Yo, Fernando el Católico* (Ed. Planeta, 1995). A ella me remito; pero aquí, en nuestro Madrid, ya es suficiente. San Juan de los Reyes, admirable templo isabelino de Toledo, gótico de la época, fue erigido para conmemorar tan brillante victoria, que en cierto modo compensaba algo las amarguras de Aljubarrota.

Para evitar cualquier inesperada reacción de los de la Beltraneja, doña Isabel tuvo el acierto de enviar a Madrid un fuerte contingente de soldados para reforzar la guarnición, que fueron acogidos con entusiasmo por las gentes de la Villa, al frente de ellos don Pedro de Ayala, de la Orden de Santiago y comendador de Paracuellos de Jarama. La nueva guarnición logró la rendición y entrega del Alcázar, último reducto «beltranejo», e inmediatamente flameó en sus torres el pendón de los Reyes Católicos. Fue la propia reina Isabel la que armó caballeros en Madrid a los jefes de su esforzada defensa, el citado Pedro de Ayala, a Pedro Arias y a Pedro de Toledo, alma del municipio en los momentos más difíciles. Datos todos estos que figuran en el libro II de la *Historia y Antigüedades de Madrid,* de Jerónimo Quintana.

Aunque se convirtió en algo cotidiano, es de reseñar que los Reyes Católicos dedicaron gran atención a las mejoras administrativas y urbanas de Madrid, como lo hacían en toda España. En pocos días ordenaron la demolición de fortificaciones, cavas y fosos para dar a la Villa un aspecto tranquilo, limpio e industrioso, por desgracia no tanto como fuera de desear. Y ordenaron nuevas construcciones defensivas más modernas y otras en beneficio de los ciudadanos. Por algunos detalles da la impresión de que los reyes establecieron normas para una dosificada repoblación, ya que los habitantes de Madrid habían disminuido bastante como consecuencia de pestes, guerras y desmanes. También reunieron don Fernando y doña Isabel a los procuradores de todo el reino, celebraron Cortes, idearon y organizaron desde aquí la famosa Santa Hermandad para mantener el orden y la paz, especie de Guardia Civil de la época, la de las «mangas verdes»...

Y recibieron la buena nueva de haber nacido el príncipe don Juan con gran entusiasmo de la ciudad, la esperanza de los reinos recién unidos. Toda la Corte, con el nuevo infante, se instaló en Madrid. Los reyes en persona impartían justicia para chicos y para grandes, tribunal de todos los viernes, extensivo a todo el Concejo y al Real de Manzanares. Había muerto el rey Alfonso de Portugal y con ello desaparecía la sombra de la Beltraneja.

Y se constituían los Consejos Reales de Castilla, Estado, Hacienda y Aragón... ¡Dios, qué buenos señores si oviesen buenos vasallos!

## La guerra estaba en el sur

La guerra civil que enfrentó a los Reyes Católicos con el bando partidario de la Beltraneja, apoyado por Portugal, estaba ya superada. Isabel I y su esposo don Fernando podrían dedicar ya toda su atención a la gran empresa nacional pendiente: rematar la Reconquista, ocupando lo que quedaba de la invasión musulmana, el reino nazarí de Granada.

Madrid deja de ser escenario de luchas civiles y de ser base de acciones militares en Castilla. Los reyes tienen que marchar hacia el sur, a tierras andaluzas, y establecer sus reales en Córdoba y en Jaén. Don Fernando manda un poderoso ejército como un gran general y la reina Isabel actúa como eficaz y decidida jefe de la intendencia, de la sanidad y hasta de los parques de armamento, en especial de la nueva y demoledora artillería.

Pocos episodios de la Historia de España más prolongados e importantes que este de las guerras de Granada. Nada de particular tiene que haya llegado a nosotros a través de las más completas y fidedignas crónicas y de los relatos circunstanciados de muchos historiadores, entre los que modestamente me cuento.

Lo esencial, esas crónicas de Hernando del Pulgar, de Andrés Bernáldez, cura de los Palacios; de Fernández de Oviedo, de Zurita, de Diego de Valera..., testigos directos o muy próximos de las hazañas.

Madrid como protagonista queda bien lejos, sin participación directa como ciudad, aunque no al margen de esa gran empresa histórica que afectaba a todos los españoles; con más razón a una ciudad con visos de capitalidad y tan vinculada política y emocionalmente a los Reyes Católicos. Esto no quiere decir que no hubiera madrileños como caballeros y peones en el ejército castellano y también milicias municipales del Concejo y participando en las campañas del sur.

Son hechos aislados, algunos muy personales, pero ejemplares síntomas de la presencia de Madrid en aquellos años cruciales; a veces con carácter anecdótico, pero siempre prueba de que en el reinado de Isabel y Fernando los madrileños seguían dando señales de vida.

Se cuenta que don Juan Arias Dávila, más tarde conde de Puñonrostro, trataba con despotismo a los vecinos de Alcobendas, aldea de la que era señor. Huyendo de él, los habitantes de dicha aldea empezaron a construir sus casas a cierta distancia, en torno a la ermita de San Sebastián, que era del Concejo de Madrid. Arias Dávila les persiguió con gentes de armas, quemando sus nuevas viviendas y haciendo prisioneros a los vecinos. Algunos se libraron, y sabiendo que el rey Fernando el Católico pasaba de Alcalá a Madrid, le esperaron en el puente de los Viveros, sobre el Jarama, y le pidieron justicia tras informarle de las tropelías de su señor. Entonces el rey llamó al desaprensivo conde, le ordenó soltar a los presos y le obligó a dejar construir a los vecinos perseguidos donde quisieran. Desde entonces, la población surgida al lado de la ermita se llama San Sebastián de los Reyes.

Nos acercamos a la campaña granadina. Se trataba de la conquista de Alhama, uno de los más fuertes bastiones moros. Y fue un madrileño quien más se distinguió en el asalto a la fortaleza. Juan Ortega de Prado, joven de la ilustre familia de Madrid de los Núñez de Prado, con audacia y gran riesgo de su vida, al frente de un grupo de escaladores también «gatos», y a la vista del rey Fernando, se lanzó a trepar por las murallas de aquella joya de la corona nazarí. Fueron los primeros en romper la resistencia de la plaza y en abrir el camino para que entraran en Alhama las huestes de don Rodrigo Ponce de León, marqués de Cádiz, terrible golpe para los moros granadinos que confiaban en la avanzada plaza defensora de su reino. «¡Ay de mi Alhama!», bella frase de romance fronterizo que se oía entre el Darro y el Genil. «¡Alhama por doña Isabel y don Fernando!», el grito que vibraba entre tañer de campanas, por los campos de Andalucía liberada. Un capitán madrileño acababa de unir su nombre a la serie que encabezaría Gonzalo Fernández de Córdoba.

No menos meritoria que la acción heroica de Ortega de Prado fue la inventiva y eficacia puestas en acción por el más famoso Francisco Ramírez de Madrid, otro ilustre paisano, jefe de la artillería de los Reyes Católicos, demoledor con sus lombardas, bombardas y ribadoquines de todas las fortalezas moras que se le ponían por delante. Por sus muchos méritos, los reyes le concedieron para él y sus sucesores la villa de Bornos. Su cargo era el de ingeniero general de los Ejércitos Reales; sus más recientes éxitos, las conquistas de Cambil y Alhabar, y su título, el condado de Bornos, lo llevan hoy con honor sus descendientes.

Otros ilustres madrileños tomaron también parte en la campaña de Granada: don Pedro de Luján, caballero de Santiago, maestresala del Rey Católico, famosa lanza en las guerras de Granada y de Nápoles; don Francisco de Vargas, que empezó de paje de la reina, regidor de Madrid y alcaide de su Alcázar y luego veedor general de los ejércitos reales; don Sancho Méndez, jefe de la guardia del monarca; don Pedro Zapata, que perdió un ojo en la guerra granadina, premiado con el hábito de Santiago, así como otro paisano, Diego Fernández Vallejo, armero mayor de los reyes e inspector general de armamentos.

Francisco Ramírez de Madrid, además de por su apodo de El Artillero, es famoso como marido de la no menos famosa Beatriz Galindo, llamada La Latina. Unas líneas sobre esta ilustre mujer, madrileña de vecindad y devoción, que bien las merece. Beatriz había nacido en Salamanca en 1475. Llamó la atención muy pronto por su inteligencia y sus conocimientos clásicos. La reina Isabel la llevó a Palacio y la hizo su amiga y su lectora de latín. Además, facilitó su boda con Francisco Ramírez, que por desgracia murió muy joven en el campo de batalla, dejándola viuda a los veintitrés años de edad. Entonces se dedicó a la caridad, fundando el Hospital de la Concepción y el convento llamado de la Concepción Jerónima, así como otros centros de culto y beneficencia. Beatriz empezó a ser conocida como La Latina y se dio su nombre a todo el barrio donde estaban sus fundaciones. Si hay alguien vinculado a la Historia de Madrid, esa es La Latina.

La portada de su hospital, obra del alarife mudéjar Hazán, de gótico flamígero con influencias renacentistas, es de una gran belleza, con los escudos de sus fundadores y una inscripción en su recuerdo. Francisco financió en gran parte las obras. Los años llevaron los bellos sepulcros de sus fundadores a una sencilla y moderna iglesia, «las Jerónimas», en el barrio de Salamanca, Velázquez esquina a Lista (hoy, Ortega y Gasset). Pues bien, o más bien mal: la tal iglesia también desapareció. Hoy hay allí una cafetería y varias oficinas financieras. Creo que los dos sepulcros renacentistas están en algún museo, menos mal.

Con guerras o sin guerra, los Reyes Católicos se seguían ocupando de Madrid. Don Fernando dio en la Villa un largo decreto sobre el uso de las monedas que debían ser admitidas como de curso legal, «excelentes, medios excelentes, castellanos y coronas equivalentes a 328 maravedises». También se refiere a los cambios con otras monedas, como los florines con cuño de Aragón, las coronas de Francia, los ducados, florines y cruzados... Este don Fernando estaba en todo.

Cuando la conquista de la Loja avisaron a Madrid para que encomendara la victoria a Dios y a su bendita Madre, la Virgen de Atocha madrileña. Pero también se pedía a la Villa una contribución de 30.000 maravedíes para continuar la guerra contra los moros granadinos.

Un pequeño conflicto estuvo a punto de originar graves consecuencias en Madrid. Había que cubrir el cargo de priora del monasterio o convento de Santo Domingo el Real. Recayó el nombramiento en doña Francisca de Herrera, de noble familia pero de estrechas virtudes. Las monjas se negaron a aceptar tal priora y se provocaron verdaderos desórdenes, con intervención popular, y al final, del alcaide, uno de los personajes madrileños de más prestigio y muy querido de los reyes, don Alfonso Fernández de Madrid. Ni aun con su presencia pudo poner orden. Decidió entonces poner el caso en conocimiento de la reina Isabel, que sin perder un momento intervino de modo tajante, aplacando a las monjas díscolas y aleccionando a la nueva priora.

Fue una de las características del gobierno de Isabel la Católica en el terreno religioso: poner orden y moralizar conventos, monasterios y a cierto clero, que bien lo necesitaban. Esa relación directa y eficaz entre el poder político y el poder religioso, Estado-Santa Sede, reyes y prelados, religiosos y pueblo, ha sido parte esencial de la vida española durante muchos siglos. Es lo que, despectiva y agresivamente, algunos progresistas de hoy día, sin matizar y sin conocer la historia, llaman nacionalcatolicismo. Lo que no quiere decir que las fórmulas de ciertas épocas sean válidas para todos los tiempos.

Los Reyes Católicos promovieron una gran participación de los municipios en la Administración del Estado, desde cuestiones de recaudación y distribución de medios a los temas de seguridad y orden público, buenas costumbres y especial atención para respetar y proteger eso que hoy llena la boca a muchos con su rimbombante expresión de los derechos humanos. Claro es que la severidad era el complemento perfecto para dar efectividad a las libertades.

El regidor de Madrid recibía constantes instrucciones de los reyes para la aplicación de esta política. Por ejemplo, debía visitar semanalmente las cárceles e informar sobre el trato a los presos. Me dirán algunos que dónde estaban la Inquisición y los judaizantes y los moriscos en connivencia con el África... Retrocedamos cinco siglos a la España recién salida de la Reconquista y ya les explicaría...

Doña Isabel y don Fernando fundaron por entonces el Hospital del Buen Suceso, lo protegieron y le dieron continuidad como admirada institución madrileña por cientos de años. Este y otros hechos semejantes fueron vinculando cada día más a los reyes a la que se iba perfilando como futura capital de España.

## Cada día más capital. Cisneros

Madrid, la Villa situada en el centro peninsular, estaba al margen del gran acontecimiento que tenía lugar por aquellos días a miles de leguas de distancia. Nada menos que el descubrimiento del Nuevo Mundo.

Como otra serie de ciudades castellanas, no tenía participación y apenas noticia de la gran aventura equinoccial del reinado de los Reyes Católicos. Era la soberana empresa de la periferia, de las naos del sur y del norte y de la asombrosa presencia de Extremadura, «donde nacían los dioses por aquellos años».

¿Tenía vocación hispano-indiana la vieja Mantua Carpetana? Me atrevería a decir que no, que Madrid tardaría bastantes años en ser consciente de la trascendencia histórica de la travesía, del hallazgo de las Indias Occidentales y de lo que allí iba a pasar en años de conquista y colonización.

Lo iremos viendo en capítulos sucesivos. Lo que no quiere decir que no hubiera madrileños en las sucesivas expediciones y que no llegaran al centro los ecos de la formidable epopeya universal con todas sus luces y todas sus sombras. Sobre todo, con las luces de tanto alumbramiento cultural y político.

Lo que no había ni roto ni reducido el descubrimiento era la vinculación y la presencia de Sus Altezas en la Villa y Corte. Digo Altezas porque, como es bien sabido, tal fue el tratamiento a los reyes hasta tiempo del emperador Carlos I, desde cuando reciben el título de Majestad.

Corría el año 1494 cuando don Fernando y doña Isabel recibieron en Madrid el breve pontificio en el que se les concedía el título de Católicos, que para ellos fue paradigmático y parte unida a sus nombres, pero que se convertía para siempre en título de todos los reyes de la Historia de España. «¡Su Católica Majestad!», como para Francia, mientras hubo monarquía, el calificativo fue de «Cristianísima Majestad». Parece como un cierto matiz de la sabiduría papal, que no debía olvidarse.

¡Qué previsión la de los Reyes Católicos dando instrucciones para distribuir, almacenar y proporcionar agua a todos los lugares del territorio que la necesitaran para su consumo y el cultivo de los campos! Buena lección. Solo bien aprendida cientos de años después por personajes no reales, hoy innombrables... (Clemencín, *Elogio de la Reina Católica,* Archivo de Simancas). Y tanto Clemencín como Amador de los Ríos, como Lafuente, recalcan que es un gran honor para Madrid que muchas de estas disposiciones reales aparezcan fechadas bien en nuestra ciudad, bien en Medina del Campo, la ciudad elegida por la reina para tantas cosas importantes de su vida.

Debemos recordar, aunque sea en pocas líneas, a un personaje clave de la época y muy caro a los Reyes Católicos, que vivió muchos años en tierras madrileñas y de Guadalajara, de Toledo o Alcalá, del Real de Manzanares al Jarama. Se trata de don Pedro González de Mendoza, conocido como el Gran Cardenal de España y como «el tercer rey de España», magnate ilustre, durante veinte años gran consejero de los soberanos, hijo del esclarecido primer marqués de Santillana. Tal fue su vinculación a la reina que esta aceptó ser su albacea universal y lloró su muerte como la de alguien muy querido de la familia, cuando perdió su consejo en 1495.

Muy interesante fue la sucesión del «tercer rey de España». Se pensó en el arzobispo de Zaragoza, don Alfonso de Aragón, inteligente personaje; no podía ser menos al ser hijo bastardo de don Fernando el Católico, «gran pecador en sus juveniles aventuras carnales». Ese origen y el parecido a su padre en alguna de sus actividades no le hacían el más adecuado para la estricta doña Isabel.

El cardenal Mendoza, antes de morir, aconsejó a la reina a un modesto franciscano, de tierras madrileñas, vecino de Madrid algún tiempo y nacido en Torrelaguna, no lejos de la capital. Ya era por entonces confesor de la reina. Su nombre es bien conocido de todos: fray Francisco Ximénez de Cisneros.

El famoso cardenal en todas sus múltiples e importantes actuaciones como confesor, consejero, reformador religioso y hasta regente, y con el famoso poder de sus cañones, tuvo siempre su centro, podríamos decir que su capitalidad, en Madrid.

Los reyes dieron por aquellos días un «Ordenamiento de Abogados y Procuradores» verdaderamente ejemplar. Fue recogido por el Consejo de la Villa y sería la base para los futuros Colegios profesionales de tales especialidades jurídicas.

Hay detalles menudos de valor histórico y anecdótico a la vez. La Villa de Madrid quería tener un buen reloj que diera la hora para toda la ciudad. El sistema de las múltiples campanas se prestaba a confusión. Los reyes autorizaron que el Ayuntamiento hiciera una derrama para reunir los 30.000 maravedíes que iba a costar el nuevo y espléndido reloj, que fue instalado en lugar céntrico y bien visible y audible para todo el vecindario. Ilustre precedente. Padre histórico del célebre reloj que hoy nos da las horas desde la Puerta del Sol.

También autorizaron los reyes la construcción de un nuevo puente para cruzar el Manzanares, además de reconstruir los dos clásicos de Toledo y de Segovia con firmeza y arte para siempre. El nuevo puente debió de ser el restaurado viejo pontón conocido por el nombre de Vanaldíu o Valciudu. ¿Tendrá algo que ver con el paso que luego se llamó puente de los Franceses? El autor fue un alarife llamado Diego de Tovar.

Volvían a menudo los reyes a Madrid después de los frecuentes viajes a ciudades y zonas más remotas a las que los llevaban sus obligaciones de reyes de toda España, como lo fueron y son todos sus sucesores. Que busquen ahí sus derechos históricos los catalanes, vascos y gallegos.

Seguían los reyes su andadura por España y su extraordinaria proyección exterior: América, África, Francia, Italia, Flandes, haciendo y llenando las páginas de la Historia, pero sin perder sus contactos con Madrid. Temporadas de caza en sus bosques, aún queda la estampa grabada de la reina Isabel alanceando un fiero oso, un animal que tenía aterrorizados a los vecinos de los aledaños de Madrid, habiendo adquirido fama de monstruo fabuloso. Visitas a los lugares que conservaban los recuerdos de aquel Isidro medieval camino de los altares y frecuentes medidas de gobierno en sus reuniones con el Consejo.

Cisneros va adquiriendo cada día más predicamento en la Corte, con esas características tan suyas de austeridad y autoridad. Muerto el famoso «tercer rey de España» González de Mendoza, se va convirtiendo en el gran cardenal y su papel más adelante será clave en la transición al futuro reinado. Uno de los puestos que desempeñó en su primera estancia en Madrid fue el de Rector de La Latina.

Uno de los momentos más tristes para la ciudad fue la noticia del fallecimiento en Salamanca del príncipe don Juan, el primogénito, esperanza de España. Su desaparición iba a trastocar todos los planes de continuidad y grandeza que se preparaban para el buen gobierno del país. Vendrían, sí, días de gloria, pero de glorias de ocaso, la ruptura de una línea universal y nacional que vino a trastocar la Casa de Austria.

Madrid lloró la muerte del príncipe don Juan, se puso de luto y confió sus afanes a las personas y a la política de don Fernando y doña Isabel. Lo mismo ocurrió cuando poco después llegaba la triste nueva de la muerte del infante don Miguel, futuro heredero en el que se unirían todos los reinos peninsulares, el nieto querido, otro puñal en el corazón de la Reina Católica, tan desafortunada con su descendencia.

En todo caso, la presencia madrileña de los reyes fue un privilegio porque dio lugar a que las instituciones y nobles que les acompañaban construyeran importantes edificios, palacios, casonas y centros benéficos que iban dando a la Villa el tono oficial de capitalidad que iba adquiriendo. Uno de los más destacados edificios fue el del patronato de los condes de Bornos, descendientes de la gran casa madrileña de los Ramírez.

Un hecho destacado fue el traslado del monasterio de San Jerónimo del Paso, cuyo origen ya relatamos, a su nuevo emplazamiento que es el actual, al lado de los jardines del Buen Retiro y del futuro Museo del Prado. Se buscó un lugar mucho más céntrico y salubre y se logró en conjunto una bella perspectiva urbana. Fue en 1503, mediante bula del papa Alejandro VI.

A nuestra reina Isabel, espiritualmente inmortal, le quedaban ya pocos días de vida terrena. La recordaremos con la devoción patriótica y religiosa que merece en el capítulo siguiente.

# 11
# MADRID, ENTRE UN GRAN REY Y UN MAL PRÍNCIPE

## FORMIDABLE DON FERNANDO. POBRE REINA JUANA

Fernando el Católico había sido política y afectivamente el perfecto esposo de la castellana Isabel I. Pero no dejaba de ser él Trastámara aragonés, y la unidad personal lograda con gran efectividad no había tenido tiempo de llegar a ser una perfecta unidad estatal; tal vez sí cara al exterior, pero no como solución nacional definitiva.

Don Fernando, el formidable hombre de Estado, diplomático por excelencia y vencedor en las lides militares, no había pensado ni por un momento en convertirse en rey exclusivo de España. Pudo haberlo sido por su familia, ascendencia, unión dinástica y gran categoría personal. Pero todo quedaba condicionado para él por el testamento de la reina Isabel y por su señorío y nobleza. Así que desde el primer momento reconoció que la heredera del trono, la reina de España, era su hija Juana. Así se lo hizo reconocer y jurar incluso a los aragoneses, refractarios como eran a reconocer a las mujeres al frente de la Corona.

Gran desgracia tuvieron los Reyes Católicos con su descendencia. Muerto el heredero, la más bella esperanza romántica enterrada bajo el mármol de Faucelli en Santo Tomás de Ávila; perdida la nueva esperanza del nieto don Miguel, de apenas dos años, que hubiera unido España y Portugal; alejada en el reino vecino la infanta Isabel con su real esposo y sus muchos hijos; condenada de por vida la tan querida y favorita Catalina, con su doble y desgraciado matrimonio británico...

Quedaba doña Juana, joven, bella y prometedora si no hubiera llevado con ella la desgraciada enfermedad mental que perturbó toda su vida y la incapacitó para el gobierno. Bien lo sabían su madre, que tuvo que padecerla, y su padre, que la adoraba, digan lo que digan las noveluchas en boga. Doña Juana era la reina, y sobre eso no había discusión. El primero en reconocerlo, don Fernando el Católico.

Nadie dudaba tampoco de que en aquellas circunstancias y también por el testamento la única persona llamada al gobierno de Castilla era el rey viudo, garantía de inteligencia y sabia admiración.

La cuestión que se planteaba con una solución normal era cómo se iba a plantear la relación del rey-padre con el esposo de la disminuida reina Juana. Don Felipe, llamado el Hermoso, hijo del emperador Maximiliano de Austria, no había llegado todavía a España. Pero ya su séquito flamenco empezaba a originar problemas y también suponía una invitación para que la nobleza española, con resabios disolventes de tiempos pasados, tendiese a tomar partido, bien por el viejo rey, bien por el nuevo príncipe extranjero.

El testamento de la reina era bien claro: heredera de todos sus reinos, la reina Juana, y en su ausencia, falta de voluntad o incapacidad, gobernaría el rey don Fernando, suprema garantía en espera de que Carlos, duque de Luxemburgo, primogénito de doña Juana, llegara a los veinte años de edad. Tenía entonces solo cuatro. De don Felipe, ni se hablaba. Por cierto, que quien dirigía al joven y «hermoso» consorte era un flamenco, Filiberto de Veyre, conocido por *la Mouche.* De Felipe, que nunca debió llamarse Felipe I, ya que la reina era Juana I, decía el conde de Fuensalida desde Flandes: «No tiene otros antecedentes que los de ir de vanquete en vanquete y de dama en dama». Así fueron después las cosas.

Mas volvamos a nuestra Historia de Madrid, bastante plácida por entonces, aunque en ella forzosamente tenían que repercutir los problemas a los que vengo aludiendo.

Tantos acontecimientos importantes ocurrieron en los primeros años del siglo XVI, que solo una breve referencia comentada de ellos ocuparía muchas páginas y nos alejaría de los Madriles, nuestra ciudad en estas páginas. Tengo que confesar que para mí es una tentación, no digo irme por los cerros de Úbeda, sino por las altas montañas, los grandes ríos y los mares atlánticos y mediterráneos en los que se jugaba por aquellos años el destino de España e incluso de Europa con unos protagonistas tan señeros y atractivos que sus biografías son verdaderas y formidables novelas históricas [1].

Aunque tantos acontecimientos tenían lugar más bien lejos de Madrid, la Villa tenía ya una importancia y una categoría en los reinos hispánicos como para sentirse al margen de una actualidad tan viva y trascendente. Aquí, por razones pasadas y presentes, surgían inevitablemente partidarios de una u otra causa. Resumiendo: a favor del rey don Fernando, tradición, alta política, herencia isabelina y trastámara, amén de soberana inteligencia política. O a favor del rey consorte Felipe el Hermoso, el flamenco esposo de la desgraciada reina Juana, vendido a los intereses del rey de Francia, pero seguido de una serie de nobles españoles que le tenían por rey legítimo, fácil de influir, dadivoso para captarse voluntades y sin duda hijo de emperador y marido legítimo de la reina de España, la primera que ostenta tal título.

En Madrid, los Zapata y los Lasso de Castilla, al lado de don Fernando. Del bando de don Felipe, calificado de bando flamenco, Juan Arias, influyente personaje que impuso su gobierno en la ciudad, después de muy serios disturbios. «No hay mal que por bien no venga», dicho popular aplicable a aquella ocasión, ya que llegó muy oportunamente la muerte del archiduque, es decir, de don Felipe, en unas circunstancias al parecer muy claras, pero que me atrevería a decir que pueden unirse por la oportunidad a

[1] Por citar algunas de mis obras relacionadas con esta época, me limitaré a *Los Reyes Católicos* (Espasa Calpe, 2001), *Yo, Fernando el Católico* (Planeta, 1995), *Así se hizo España* (Espasa Calpe, 1981), *El Gran Capitán* (Espasa Calpe, 1998), *El Imperio y la Leyenda Negra* (Rialp, 2004), etc.

otras desapariciones de la escena de personajes que a muchos estorbaban. Por ejemplo, Enrique IV, el infante don Alfonso, el hermano de Isabel la Católica; don Juan de Austria, el príncipe don Carlos, Leonor de Guzmán, Pedro I, el príncipe de Viana, etc. En todos estos casos y otros muchos, bien podría decirse aquello de «ni quito ni pongo rey...».

Tanto Fernando el Católico, gobernador del reino, como la reina Juana dirigieron sendos escritos al Concejo de Madrid recomendándole fidelidad y cordura en tan críticas circunstancias y utilizando las mismas expresiones de amor mutuo y de coordinación en su acción política. Hay una frase de don Fernando muy definitoria: «Que obedezcáis a dicha Sereníssyma Señora mi fija como soys obligados e que no fagáis ni consintáys que se faga cosa alguna en contra della nin mío».

Pero, a pesar de tan sabias y tiernas palabras, no se había dado en Castilla caso de orfandad semejante: muerto don Felipe, don Fernando en Italia, donde se lo jugaba todo al lado del Gran Capitán y contra Luis XI, «la vulpeja» de Francia; y, para colmo, la reina indiscutida, doña Juana, con la cabeza cada día más perdida, un verdadero peligro para la gobernación del reino. Toda la esperanza puesta en el nieto de los Reyes Católicos, don Carlos, de poco más de cinco años, formándose en Gante, rodeado de ambiciosos flamencos.

Era indispensable un gobierno provisional, y así se constituyó, formado por el arzobispo Cisneros como presidente, con el Condestable y el Almirante de Castilla, los duques de Nájera y del Infantado, y dos señores flamencos representando al futuro y lejano rey. Los historiadores los llaman don Andrés del Burgo y el señor de Veyre.

Don Fernando iba de un lado a otro, hacía frecuentes escalas en Madrid y veía con tristeza que su hija Juana había caído en la locura más absoluta.

En los primeros meses de 1510, el rey fue preparando su próxima acción africana, que consideraba un legado indeclinable de su querida esposa Isabel. De Madrid fue a Monzón, a celebrar Cortes generales. Seguía estimando a Madrid como la ciudad más adecuada para ser centro y corazón de los reinos que gobernaba, de los que era rey. El episodio de indudable importancia histórica de su segundo matrimonio con doña Germana de Foix se sale del plan de este libro, ya que en nada esencial afectó directamente a Madrid. Lo más importante era conservar incólumes los reinos para su nieto Carlos I.

Guerras en Italia, en Nápoles, en Francia, en el Rosellón, en Navarra, en Aquitania, don Fernando el Católico no se cansaba, luchaba, negociaba, vencía... Más que agotarse él, se puede decir que agotó a la Historia, digno hijo de su padre Juan II de Aragón.

Todavía iba a la caza de garzas por tierras extremeñas cuando se sintió enfermo en Madrigalejo. Una gitana le había dicho en Granada que no se acercase a Madrigal, la tierra de su esposa, que le iba a traer mala suerte... Y mira por dónde en Madrigalejo.

Dicen que a la misma hora en punto en que moría allí el tal vez mejor rey de España, a cientos de kilómetros, en Velilla de Aragón, su tierra, sonaron a muerto las campanas, misteriosamente. Hay grandes hombres que están más allá de las medidas humanas.

Aunque ardiente defensor de los estudios humanísticos, no soy muy aficionado a abusar de los latinajos, pero en casos excepcionales alguno viene bien. Por ejemplo, este del epitafio granadino de los Reyes Católicos:

*Mahometice Sectae Prostratores*
*Et Hereticae Pervicaciae Extintores*
*Fernandus Aragonum et Elisabeta Castellae*
*Vir et Uxor Vnanimes,*
*Catholice Apellati*
*Marmoreo Clauduntur Hoc Tumulo*

## Días de poco, vísperas de mucho

En Madrid, pasados los disturbios entre los de don Fernando y los del archiduque, mientras se jugaban en Europa cartas tan vitales, apenas pasaban cosas dignas de especial mención. La

Regencia despertó algunos recelos, hasta el punto de producirse un motín contra ella, más bien contra el Corregidor, que era don Pedro Vélez de Guevara. Parece que con la presencia de don Fernando se cortó la revuelta. Durante su estancia en Madrid se alojó en las casas de don Pedro Lasso de Castilla, no queriendo residir en el Alcázar. Esta señorial residencia ocupaba toda la plazuela de la Paja, junto a San Andrés.

Los reyes Isabel y Fernando estaban en todo, hasta en aparentes menudencias: multas a los corregidores que faltaban a las sesiones, colectas para ornamentar retablos, adoquinado de las principales calles, entre otras la famosa de Alcalá; medidas higiénicas y educativas, incluso para las aldeas limítrofes; prohibir que los puercos anden por las calles, pago de expropiaciones, publicar pregones... Y otras medidas de verdadera categoría como las facilidades y apoyos para la instalación en Alcalá del Colegio de San Ildefonso, base de la gran Universidad cisneriana.

Medidas de policía y buen orden, como la prohibición de juegos de dados y otros de azar, multas a los que riñeran públicamente, aunque después hicieran las paces; prohibición de instalar en Madrid nuevas Órdenes religiosas, por santas que fueran, que ya no había sitio para más. Una excepción eran los cambios en las ya existentes, como el beaterío formando el monasterio de Santa Catalina de Siena, «frente a la Casa del Tesoro», fundado por la noble señora doña Catalina Téllez, que fue camarera de la Reina Católica.

Seguía marcándose una notable diferencia de clases, con tiendas para señores e hidalgos y otras para los pecheros y pueblo en general.

La Puerta del Sol, en su primera construcción, fue ordenada como tapiada y cerrada al libre acceso. Así se ordenó en enero de 1502 al mayordomo del Cabildo. No obstante, ciertos grados de cultura y de conocimientos literarios iban tomando carta de naturaleza en Madrid, en círculos que se iban abriendo a las profesiones, al comercio y al pueblo más o menos letrado. Muchos genios irían saliendo de allí desde el siglo XVI en la Villa del Manzanares.

Por lo pronto circulaban ya nombres venidos de Italia y sus obras: Lucio Marineo Sículo, Pedro Mártir de Anglería, los hermanos Geraldino, al lado de otros hispanos como los Núñez de Guzmán, Vergara, Lebrija y Barbosa. Hombres muy cultos eran algunos grandes de las familias de los condes de Haro, de Paredes, de Alba, los Manrique... De allí surgiría el núcleo para la famosa Universidad Complutense. No digamos algunos ya famosos por sí, como Gonzalo Fernández de Oviedo, el doctor Juan Alfonso de Madrid y el culto poeta Juan Álvarez Gato...

Alcanzaron fama no solo nacional personajes madrileños como Juan de Ribera, del Consejo de los Reyes Católicos, que fue embajador cerca del rey de Francia y logró la restitución del condado del Rosellón. A su vuelta fue nombrado capitán de la guardia del rey Fernando. Con la reina adquirió gran prestigio el licenciado Francisco de Vargas, que luego fue corregidor de Guipúzcoa y consejero de Hacienda. Tanta fue la fama de su eficacia que cuando algo resultaba complicado surgía el dicho famoso de «¡Averígüelo Vargas!».

Y con todos estos señores, otros muchos que se distinguieron en las diversas campañas con el Gran Capitán en Granada e Italia, con Ayora en el Rosellón y con el propio Hernán Cortés en México o en Argel. Algunos nos han llegado sus nombres más por el apodo que por el apellido. El Paje, un Francisco de Coalla que lo fue de la reina; El Valiente, un Pedro Arias de Ávila, de Alcobendas; un Gonzalo Fernández, El Beneficiado, por serlo de la iglesia de San Justo; un tal Diego Valera, conocido por Trampillas, y otro, El Madriles, natural de Carabanchel.

Con esto y con todo, Madrid sonaba y subía. En 1518 se trató de proclamarla sede episcopal, desmembrándola de la de Toledo, pero mucha debía de ser la fuerza eclesiástica toledana cuando tal propósito no se logró hasta muchos años después.

En un terreno más estadístico y menos político-heroico, digamos que la Villa del Manzanares tenía por entonces poco más de treinta mil habitantes, cantidad exigua comparada con la antigua Córdoba o con la creciente Sevilla, pero no inferior a las ciudades castellanas de entonces o incluso a la condal Barcelona. Tenía aproximadamente cuatro mil casas, algunas con pretensiones palaciegas. Se agrupaban en parroquias, y la más importante era la de Santa Cruz. Seguían San Martín, San Ginés, San Miguel,

San Sebastián y San Justo y el Salvador. Curiosamente, no se cita a San Andrés, muy importante, que debía de ser iglesia real. Y tampoco a los grandes conventos.

Entre los años veinte y treinta del Quinientos se empedraron muchas calles principales y los corregidores lograron para Madrid los títulos de imperial y coronada para lucir en su escudo. Contraste entre estos bellos honores y las importantes multas municipales por la práctica del ¡agua va!

Entre los edificios más notables, aparte de los religiosos, destacaban los palacios de Bozmediano, Guevara, los Arcos, Celenque y algunas ilustres posadas o mesones para albergar a los numerosos visitantes que convertían a Madrid en una ciudad de 50.000 habitantes. El desarrollo vendría después.

# 12
# La Regencia de Cisneros y la gloria de Madrid

## El cardenal y los tres reyes

La aparición de un cardenal en la alta política, la presencia de un príncipe de la Iglesia en la gobernación o representación de un país, no es ninguna novedad en los anales de las grandes naciones de Europa.

Hemos ido viendo la actuación diplomática de gran categoría en embajadas y negociaciones de la Edad Media y ya en pleno Renacimiento, incluso en el gobierno de territorios, algunos con total señorío. Nada tiene de particular, porque estos prelados e insignes hombres de Iglesia solían ser los más ilustrados y cultos, los más expertos en la aguda negociación y casi siempre con merecida confianza de los monarcas. Nombres como los obispos de Burgos, de Osma o de Toledo, de Chartres o de Bourges, de Mainz o de Colonia, de Bolonia o de Génova, aparecen en cada acuerdo internacional, cuando no en la defensa de una plaza fuerte.

¿Qué decir de Castilla, donde brillan personajes nobles y menos nobles, prelados como los González de Mendoza, Tavera, Fonseca, Carrillo, Gelmírez, Talavera, Torquemada, Rojas, y ahora el gran Cisneros? Por vía de confesor de reyes o reinas llegaron algunos, uniendo piedad, austeridad y buen consejo, a ambición y alto sentido político. Y no era caso especial del maldecido nacionalcatolicismo español, pues ahí están los Richelieu, Mazarino, Fleury, Moro, Beckett, Médicis, Borgia, Doria...

Fray Francisco Ximénez de Cisneros, ya lo hemos ido viendo, es un caso excepcional por las circunstancias de vacío político en las que llegó al poder. Y digo vacío cuando tal vez debería decir demasiado lleno, pues hubo unos momentos en que España contó con tres monarcas en acción y ambición, por no decir cuatro, y cuando cada gran señor de la nobleza antigua se creía con derecho a decidir y a poner a su rey o a su reina en el trono, que era ya el de España.

Tiene también Cisneros un interés especial para nosotros, pues él fue el gobernante que más clara decisión política tomó a favor de Madrid, convirtiéndola de hecho en la única Villa y Corte de España, capital, en términos modernos, aunque el título oficial le llegara pocos años después.

Cisneros no buscó su alta posición política, aunque luego sí tuvo cualidades para mantener y aplicar un verdadero poder de Regente del Reino.

Don Fernando el Católico, gobernador legítimo de ese gran reino, que lo llenaba todo hacia el interior y hacia el exterior, acababa de morir. El vacío anterior de la reina no tenía reemplazo, sobre todo en el sentido espiritual, como señora perfecta de la casa y como estímulo para las grandes hazañas. La nueva reina, su hija doña Juana, ya sabemos, a pesar de las simpáticas reivindicaciones contemporáneas, de su desorbitada locura. El consorte, don Felipe, un verdadero enemigo dentro de casa, y como esperanza testamentaria y nacional, el niño don Carlos, duque de Luxemburgo, con sus señores flamencos en torno, preparándose para mandar en el oro y en los soldados de España.

Cisneros, al frente de una Regencia que nada tenía de unitaria, aunque mucho de grandes nombres y de díscola por su propia naturaleza.

El nombramiento del cardenal no podía ser más que producto del genio de Fernando el Católico. Y no debemos olvidar que hasta sus horas finales en Madrigalejo estuvo a su lado un niño, su segundo nieto, su preferido, nacido en Castilla, criado en Castilla, auténtico Trastámara y lleno de buenas cualidades. Al dar instrucciones don Fernando a Cisneros para que prestase su apoyo al extranjero don Carlos, por ser el primogénito y el designado por Isabel la Católica dejaba unas muestras de señorío y de generosidad que nunca serán bastante apreciadas. Nos dio a Carlos V, pero se guardó para la eternidad sus preferencias y quién sabe si un cambio copernicano —¿a mejor?, ¿a peor?— en la Historia de España.

Del joven infante don Fernando, un año menor que Carlos I, dice Sandoval en el libro I de su *Historia del emperador Carlos V:* «Era un niño que había hecho concebir las mayores esperanzas. El Rey le llevaba siempre a su lado. A los nueve años lo comprendía todo, aceptaba y daba consejos. Le gustaba leer y que le leyeran crónicas y hechos de armas. Tenía buena memoria, era muy osado y de nada tenía miedo. Todos se maravillaban de un niño de tan buen sentido».

Madrid se mostró más interesado que nadie en mantener la autoridad de su prelado, para lo que reforzó sus puertas y torres mientras se celebraban las ceremonias fúnebres en honor de Fernando el Católico, tan querido en la Villa. Hubo ocho días de luto y sufragios en Santo Domingo el Real. Un detalle curioso de la época era que las llaves de las principales puertas de la ciudad estaban encomendadas a los más ilustres señores, los Zapata, los Vargas, los Suárez, Bozmediano y Herrera.

Cisneros daba un decreto «designando el asiento del gobierno en la nobilísima Villa de Madrid», definición que no admitía dudas. Madrid sería «la residencia inamovible de los gobernadores como la tierra y lugar más seguros cuando todo estaba tan alborotado por la muerte del Rey y ausencia del Príncipe». La Villa se obligaba por juramento formal a defender el derecho y señorío de la reina y de su hijo el príncipe y a no admitir en la ciudad a ningún grande que quisiera oponerse a ello. Todo en un singular documento que se guarda en el Archivo Municipal.

El anciano y enérgico arzobispo de Toledo se hacía garante de tales normas, como demostró cuando fue necesario. Para él estaba siempre presente el mandato de los Reyes Católicos. Hay que tener en cuenta que los problemas de Italia, Navarra y Aragón, en distintos grados y efectos, seguían latentes, y la situación de Castilla no era la más firme para imponer sus decisiones.

El archiduque Carlos, duque de Luxemburgo, había confirmado la presidencia de la Regencia en la persona del cardenal, aunque en plena infancia seguía rodeado de su ayo, Adriano Florent, deán de Lovaina y futuro Papa, hombre sensato y de buenas prendas pero el menos apropiado para la españolización de don Carlos, y con él, el famoso Monsieur de Chièvres, capaz de todos los abusos económicos y con la peor fama en todos los aspectos.

Estos datos y otros que exceden el tema de hoy por su carácter general y de alta política dieron lugar a que el municipio de Madrid, a pesar de los juramentos pero sin contradecirlos, se mostrara muy reacio a admitir la proclamación de Carlos I como rey de España, ya que la reina era su madre. Por fin, se encontró la fórmula adecuada, y para mayor claridad para el lector la reproducimos casi íntegramente a continuación: «En los postreros días del año 1516 recibieron el Cardenal Cisneros y el Deán Adriano una carta del Archiduque en la que éste hacía saber que había sido aconsejado por el Padre Santo, por el Emperador su abuelo y por los otros reyes de la cristiandad para que se intitulase "él solo rey" como hijo primogénito que era y sucesor de estos reinos [...] pero que él, considerando el respeto y honor que debía a la reina doña Juana, su madre, no quería aceptarlo sino juntamente con ella y anteponiéndola en el título y en todas las otras cosas e insignias reales y para hacerse así digno de su bendición y de la herencia de sus progenitores [...] Así lo mandaban a todas las ciudades y villas principales del reino [...]». Recibida esta comunicación, el Ayuntamiento de Madrid mandó alzar banderas y pendones por la reina doña Juana y su hijo, dando cuenta de ello al cardenal Cisneros en su palacio.

## «Estos son mis poderes»

En algunas ciudades españolas se mantenían todavía ciertas reticencias sobre la sucesión efectiva de los Reyes Católicos y sobre el soberano poder de Cisneros como regente. En Madrid no admitían dudas. Después de tres gritos exaltados por «la muy poderosa reina doña Juana y por el muy poderoso rey don Carlos, su hijo, nuestros naturales señores», el cardenal, montando a caballo, dirigió la comitiva a la iglesia de Santiago, donde residía el Cabildo de la Villa. Terminados los brillantes actos y con el asenso popular, Cisneros se encerró en las casas de don Pedro Lasso de Castilla, verdadera mansión regia, ya que él no disponía todavía de su propia casa señorial y el Alcázar lo reservaba solo para los reyes.

Tomó enseguida austeras medidas, suprimiendo gastos y cargos; aminoró impuestos y trató de cortar abusos nobiliarios y de las Órdenes militares. El cordón de su sayal le marcaba más que el tahalí de su espada.

Había misiones nacionales muy importantes que atender, de carácter nacional y herencia de sus reyes Fernando e Isabel: consolidar Navarra, conquistar Orán, ir sobre Argel, desgraciada empresa siempre; Granada, todavía con sus sierras, e Italia, la gloria del Gran Capitán, tan ingratamente pagada por don Fernando... Cisneros nada dejaba olvidado, su atención era constante.

Una política como la suya y tan malas costumbres que todavía conservaba la nobleza de sus poderes y controversias medievales tenían que producir una reacción anticisneriana. Había que desautorizarle, que descubrir ante el pueblo falsas irregularidades en el gobierno, despertar banderías heredadas...

Se presentan ante el cardenal Cisneros en su casa de los Lasso el Condestable de Castilla, el duque del Infantado y el conde de Benavente. Se quejan, lamentan y exigen en su nombre y en el de otros grandes señores. Se cuenta que Cisneros les llevó a los balcones de la casa y les mostró en la plaza un tren de artillería, una batería de cañones, que hoy nos harían reír, y les hizo disparar una salva. El estruendo en el barrio fue atronador. Completó la escena con sus famosas palabras: «Estos son mis poderes y con ellos gobernaré a Castilla hasta que el Príncipe mi señor venga a gobernarla».

Hay autores que discuten la exactitud de estos datos, que el efecto teatral lo reservó para el día siguiente de la audiencia; que completó la escena enseñando a los nobles una habitación repleta de plata y oro, es decir, más poder, y adornó su frase poderosa con otra: «Con este cordón —el de su sayal— me basta para sujetar a todos los grandes de Castilla». Un hermoso cuadro de época describe con detalle esta épica escena. Todo esto sucedía en Madrid. Dejemos así la Historia.

## La Universidad Complutense

De la mano de Cisneros, confirmando el selecto clima literario de tiempos de Juan II, Madrid se iba convirtiendo en un importante centro de cultura. Fue una de las primeras ciudades en disponer del nuevo y maravilloso invento de la época. El gran cardenal fue el primero en ordenar algo muy necesario para la historia, la genealogía y el orden ciudadanos: la obligatoriedad de las partidas de bautismo en las parroquias, con efectos civiles cuando sea necesario. Se ordenó también el archivo ordenado y cronológico de las escrituras públicas y, en lo posible, la transmisión de apellidos de padres a hijos.

Obra cumbre del cardenal y de su tiempo fue la *Biblia Políglota Complutense.* Sin disminuir un ápice la gloria cultural de Alcalá, hay que dar una pequeña parte de tal obra cumbre y de la propia Universidad a la cercana ciudad de Madrid, que siempre se enorgulleció de esa vinculación complutense. Así se llamó la Universidad de Madrid y aún se sigue llamando, como el obispado, durante siglos, fue llamado de Madrid-Alcalá. Y en torno a Cisneros, en Alcalá y en Madrid, nombres tan ilustres como los de Nebrija, Pablo Coronel, fray Tomás de Villanueva, Alonso de Herrera y Arnaldo Guillén de Brocar... Y alumnos como don Juan de Austria y Alejandro Farnesio.

# 13
# MADRID, PRISIÓN DE REY EN LA EUROPA DE CARLOS I

## LA PERSONALIDAD DEL REY

Muchos eran los problemas de Europa en un mundo que pasaba de la Edad Media a los Estados nacionales del Renacimiento; muy poco español en principio era el nuevo monarca que nos iba a traer imperiales aires borgoñones y muy representativo este todavía modesto Madrid de los vientos comuneros definitorios de toda una tradición de siglos, de un reino que añoraba a Isabel y Fernando. Compleja y decisiva la etapa que se abría en la España de la reina Juana. Sin entrar a fondo ni en detalles de múltiple escenario político y de sus protagonistas, y procurando salirnos lo menos posible de la concreta Historia de Madrid, no cabe duda de que es esencial conocer, en lo que concierne a su protagonismo hispano y madrileño, al personaje clave de tan importante etapa de nuestro relato. Nada menos que Carlos I. Todos nos creemos que nos lo sabemos de memoria. Es un monarca tan grandioso, Emperador en tierra de reyes, que solo con llamarle «el césar Carlos» le vemos triunfador en Pavía y en Mühlberg, suponiéndole en Roma como bárbaro saqueador, teólogo en Trento y rezador en Yuste.

Siempre tuvo Carlos de Gante una magnífica prensa, como ahora se dice, en contra de lo que le ocurre a su hijo Felipe, auténtico soberano del mundo. Veamos algunos datos de lo que supuso la llegada a España, y luego a Madrid, de esta nueva Casa europea, los Austrias, novedad tan turbadora en nuestra historia como pudo serlo la llegada de Tarik o la de Napoleón. Salvando las distancias y los fines.

Cisneros había llevado a cabo una extraordinaria labor política en circunstancias muy precarias. Supo contribuir a la creación de un Estado moderno y a dar a Castilla una proyección universal, una empresa del «más allá» continental y extracontinental que no tuvo, por ejemplo, la Corona de Aragón, aferrada a las instituciones medievales y a un cierto provincialismo más bien barcelonés.

El nuevo rey, de diecisiete años, era más borgoñón que flamenco. Su madre influyó muy poco en él y en cambio estuvo muy determinado por su entorno; el francés era su lengua preferida, y su gran honor político, la Orden borgoñona del Toisón de Oro, el recuerdo de su abuelo Carlos el Temerario. Lo castellano le sonaba muy de lejos, al igual que a los castellanos los asuntos de la Europa Central. Paradójicamente, frente a las ideas medievales del Imperio, lo que defendían era la modernidad atlántica y mediterránea, africana. En julio de 1519, nuestro Carlos I se convierte en el emperador Carlos V, lo contrario que ocurriría cuarenta años después en Yuste. Advirtamos que durante su prolongado reinado don Carlos vivió muchos más años en el extranjero que en España [1]. Seguía las directrices de su herencia. Carlos fue ante todo un heredero de tantos y tantos reinos y tareas que no tuvo tiempo para la creación imaginativa, para la decisión intelectual. Caballero del ideal, marchó a remolque de los acontecimientos, combatiendo con tenacidad y buena fe la astucia y las ideas osadas y nuevas de sus múltiples enemigos. Vamos ahora más de cerca, en tierras de Castilla, en su Toledo imperial, gran antecedente histórico de Madrid.

[1] En general, sobre todos estos temas, véase mi libro *Carlos I y Felipe II, frente a frente,* Ed. Rialp, Madrid, 1998.

## Madrid, ciudad comunera

Por muchas interpretaciones que se le quieran dar, el movimiento de las Comunidades tuvo carácter político, ya que concernía al gobierno de la comunidad nacional y, por ende, al de las ciudades. Pero en ningún momento fue un movimiento antimonárquico ni socialmente revolucionario, como algunos han querido proyectarlo hacia nuestros días.

El motivo de disconformidad, ya lo hemos ido viendo, era la irrupción extranjera en puestos relevantes, y con ello el incumplimiento de las disposiciones testamentarias de los Reyes Católicos.

Las Comunidades tienen sus exigencias, sobre todo municipales, pero en ningún caso contra la Corona. Y una de las reivindicaciones esenciales era que el rey viviese en el reino. La reacción se va produciendo desde que Monsieur de Chièvres, con el obispo Ruiz de Mota, se llevaron las Cortes a La Coruña para alejarlas de los grandes municipios castellanos. Había que conseguir así 400.000 ducados para las aventuras imperiales de Carlos V. Empezó el levantamiento en Toledo, siguió Murcia y no tardaron en sumarse Ávila, Segovia, Toro, Valladolid, Burgos, Zamora... y Madrid. Como digo, la protesta era municipal y burguesa; casos notables iniciales entre la pequeña nobleza fueron los de Juan Bravo, en Segovia; de la familia Mendoza, de Juan de Padilla, caballero toledano de ilustre linaje, y los Maldonado, de la nobleza salmantina.

La actuación de la alta nobleza coincidía en los principios, pero no en los procedimientos: jamás alzarse en armas contra el rey, con medida lealtad y serenidad. En el pueblo, el motor fundamental de rebeldía fue un vigoroso nacionalismo concejil, campesino, menestral. ¡Fuera los extranjeros! ¡Viva el rey! Fue también la actitud de las gentes de la Iglesia que veían el riesgo de infiltraciones heréticas desde Flandes. En muchos aspectos, algo parecido a lo ocurrido en España en 1808.

No entraremos aquí en el estudio a fondo de las actitudes diversas, de las 108 peticiones presentadas al todavía ausente monarca, de la buena relación de pleitesía y homenaje de los comuneros a la reina Juana, recluida en Tordesillas, aunque sabían perfectamente que con ella no podía contarse. Por otro lado, el hábil entorno de Carlos I había enviado a Centroeuropa al infante don Fernando con el objetivo de ser en su día sucesor en el Imperio, como así fue, pero con el pretexto inmediato de alejarlo de sus numerosos partidarios entre la nobleza y el pueblo en España. Los comuneros se reunieron en una llamada Junta Santa en la sacristía de la catedral de Ávila. Y el encuentro armado, aunque sin fuertes previsiones bélicas, se hacía inevitable. Pronto se vio la clara superioridad militar de las fuerzas reales, que en definitiva eran el ejército del tiempo de los Reyes Católicos.

Villalar fue una pequeña aunque dura batalla, muy desigual: quinientos muertos en el bando comunero y doce o quince en el del rey. Lo más terrible fue la ejecución de los tres grandes simbólicos jefes: Juan Bravo, Padilla y Maldonado. Sus nombres en tres importantes calles de Madrid conservan su recuerdo.

¿Qué fue de Madrid en todo aquel agitado período?

En todo tiempo había dado muestras de gran lealtad a sus reyes. Hubiera querido seguir así con el nuevo rey don Carlos, a lo que no invitaban ni sus primeras medidas, ni su equipo, ni, incluso, su escaso atractivo personal.

¡Qué gran cambio el de aquel mozo pálido, de aspecto casi subnormal, de los primeros retratos de Strigel y Van Orley, al impresionante gran señor de los años de su alta madurez imperial de Mühlberg o al anciano dignísimo de Yuste!

Dice un notable historiador que muy de antemano había previsto la Villa los funestos efectos de la política de don Carlos y que por ello dio instrucciones a los procuradores que envió a las Cortes de La Coruña para que se opusieran a las propuestas del Emperador.

Remarcaba la representación madrileña que el rey no debía ausentarse, que las medidas que tomaba estaban equivocadas y que si se negaban a Madrid las pretensiones que correspondían a sus muchos méritos en las campañas de los reyes anteriores estaban dispuestos a la resistencia, uniéndose a la ciudad de Toledo. El procurador que se encargó de llevar estos mensajes fue don Pedro Zapata.

El pueblo de Madrid demostró una opinión y unos conocimientos políticos muy claros y arraigados. No fueron reacciones pasionales ni por seguir la corriente. Desde que Cisneros trajo nuevos aires culturales y de autoridad, se consideró responsable de mantener la tradición castellana, independencia frente a las amenazas y defender en todo la herencia de Fernando e Isabel. No había llegado el momento de las armas, pero se estaba dispuesto para la insurrección. Todo ello con las fórmulas más protocolarias y leales: «[...] suplicamos a la Cesárea Majestad del Rey nuestro Señor para bien de su servicio y destos reynos [...] la voluntad desta cibdad deseosos de nos conformar con lo que se nos prescribiere [...]» (1520).

La llegada de un nuevo alcalde de Corte, Hernán Gómez de Herrera, que vivía en Madrid pero que venía de Valladolid de recibir instrucciones, soliviantó los ánimos de la muchedumbre, procediendo al saqueo de sus casas, apoderándose de parte del Alcázar y de cuantas armas allí había. Más que prevenirse para un asedio, lo que hacían con su violenta actitud era provocarlo.

Resistió valientemente en nombre del rey don Francisco de Vargas, rechazando a la masa que le pedía la rendición. Hizo varias salidas, logró una pequeña ayuda desde Alcalá de Henares, pero continuó el sitio por parte comunera. Se distinguió en la defensa la heroica dama doña María de Lago, esposa del alcaide Vargas, digna de pasar a la Historia al lado de otras heroínas madrileñas. A los atacantes del Alcázar los dirigía un hombre del pueblo llamado Juan Negrete, que pidió auxilio al señor de Torrejón de Velasco, don Juan Arias Dávila, que por adhesión al rey se negó a ayudarle. Por el contrario, preparó una pequeña tropa en apoyo a los sitiados. Consecuencia de estas luchas fue el incendio de tres localidades cercanas a Madrid: Móstoles, el propio Torrejón de Velasco y en parte Illescas, donde se negoció una paz sin resultado alguno.

Entonces los toledanos de Padilla enviaron a Madrid un refuerzo importante para aquellas luchas, quinientos hombres y treinta caballos, al mando de Gonzalo Gaytán, alcaide de la ciudad de Toledo. No se amilanó la valiente comunera defensora de las torres del Alcázar, doña María Lago: «¡Que mueran y que muramos todos!», respondió.

Cuenta León Pinelo un interesante episodio de esta guerra tan localizada. Los defensores (que llamaban a los comuneros «bandoleros») fabricaron un foso con una posición fortificada, a la que vanidosamente llamaron castillo, entre el Hospital de la Corte y la plaza del Alcázar. Sobre la puerta de piedra de entrada al baluarte colocaron un gran sol. No dicen de qué material; probablemente de metal reluciente. Desde entonces, aquella plaza artificial, situada al final del Arenal cercano a Palacio, lleva el nombre típico y famoso de Puerta del Sol, que precisamente entraba por Oriente. Los sitiadores trataron de minar las defensas, aprovechando las noches. Recuerda otro sitio muy reciente de nuestra mejor Historia.

Al final, ante situación tan desigual, entraron a cuchilladas los comuneros con el jefe Castillo, nombrado alcaide mayor de la Villa. Desde ese día figuró Madrid como una de las poblaciones más grandes y decididas en favor del movimiento comunero.

Se formó entonces una fuerte partida de Madrid, cuatrocientos hombres y cincuenta jinetes, que se unieron a los más de mil de Juan de Padilla y de Hernando de Ayala, marchando todos en auxilio de Segovia, atacada por las fuerzas reales al mando del famoso alcalde Ronquillo. Lo más absurdo y más triste de esta contienda es que las tropas y voluntarios de uno y otro bando habían sido parte del glorioso ejército de los Reyes Católicos, vencedor en Granada, en Nápoles y en el Rosellón, es decir, con gran patriotismo por ambas partes.

Una guerra civil provocada por las ambiciones de las gentes del Emperador venidas de Flandes, no por los nobles castellanos que lealmente apoyaron al rey legítimo, y una gran ocasión perdida por España para pasar sin trauma a la moderna plenitud del Renacimiento. No demostró en aquellos días gran talento político el joven rey que venía al Norte, pero así fueron las cosas; luego vinieron los días, breves días, de la cumbre universal, con Madrid capital de España. Así es la historia y así me tomó la libertad de comentarla, sin olvidar el cadalso de Villalar.

## Victoria en Pavía y dorada prisión en Madrid

Carlos I de España y V de Alemania y Francisco I de Francia mantienen a lo largo de sus reinados, casi coincidentes en el tiempo, una pugna que, aunque heredada y producto de las circunstancias histórico-geográficas de sus respectivos países, adquiere el carácter de enfrentamiento personal. Este tiene algo de caballeresco, como lo prueban hechos anecdóticos y otros de trascendencia política, diplomática y militar. En Madrid se verá una prueba bien clara de tales asertos. Entre los dos reyes hay una especie de gran torneo con intereses vitales en juego. Para Francisco, todo vale. En cambio, la actitud de Carlos está entre Don Quijote y el «paso honroso», teniendo a la cristiandad como su dama.

El escenario es casi universal, pero el preferido es Italia. «Solo en una cosa nos parecemos los dos primos —decía Carlos I—: los dos queremos Milán»[2].

El encuentro de los dos ejércitos tiene lugar en Pavía. Mandan las tropas españolas el marqués del Vasto, el marqués de Pescara y don Antonio de Leiva.

Francisco I, rey de Francia, cae prisionero. Le derriban de su caballo un guipuzcoano, Juan de Urbieta; un gallego, Alonso Pita, y un granadino, Diego de Ávila. Los grandes señores franceses caen también cautivos: el almirante Bonnivet, MM. de la Trémouille, de la Palice, de Longueville... Queda una frase famosa: Francisco I escribe a su madre: «Todo se ha perdido menos el honor y la vida, que se han salvado». Era el 24 de febrero de 1525. Carlos I no estaba allí; seguía en Madrid. No quiso celebrar el triunfo, no quiso envanecerse por haber vencido a cristianos. Solo una misa de acción de gracias en Atocha. Para respetar al rey francés se le retuvo con honores en un monasterio

[2] Por su sentido muy siglo XXI recordaremos que cuando Francisco I quiso invadir Navarra con Andrés de Foix al frente, la victoria española se debió a la valiente reacción del ejército de Carlos I formado por 6.000 vizcaínos, alaveses y guipuzcoanos. Fue en 1524. Mandaba a los españoles don Fernando Álvarez de Toledo, y el punto clave fue la conquista de Fuenterrabía, puerto navarro por entonces.

cercano a Pavía custodiado por don Hernando de Alarcón. La próxima medida, con la mediación del Papa, fue llevar a Francisco I a Madrid para que allí negociara la paz y la libertad con Carlos I.

Recuérdese que por aquellos mismos días había sido elegido Papa Adriano de Croy, uno de los flamencos más destacados del séquito del Emperador, lo que no era obstáculo para que la Curia romana estuviera volcada a favor de la libertad del rey de Francia. El traslado de este a Madrid fue también una garantía para su seguridad. Le acompañaron Alarcón, el virrey de Nápoles Lannoy, también flamenco, y mil soldados españoles. No faltaron caballeros franceses en el séquito.

Llegaron al puerto de Palamós, y de allí, por Valencia, Requena y Guadalajara, a Madrid.

He aquí a Francisco I, el deslumbrador personaje de la Historia de Francia, en la ciudad castellana con vocación de capital. Allí le esperaba el Emperador de Europa, que había regresado de un viaje a Londres, del que volvió con cuartanas que confiaban curar pronto con «el limpio y saludable clima» de las orillas del Manzanares. Así lo dicen las crónicas.

Se trató del alojamiento del real personaje, ilustre prisionero, con la solemnidad debida a su estirpe. Pero era necesario tomar precauciones, ya que, movido por la madre de Francisco y por el Pontífice, e incluso Inglaterra, se habían lanzado a una eficaz campaña en pro de la liberación del prisionero.

Resulta muy descriptivo del carácter madrileño, cordial, curioso, callejero y amigo del espectáculo, el ver con qué aplauso, jolgorio amistoso y hasta colgaduras recibió el pueblo al francés con su brillante séquito. Más que un pobre derrotado, parecía un pomposo vencedor. ¿Había tal vez en ello un punto de ironía, hasta de sarcástico recibimiento, que las oraciones eran para los vencedores?

Discuten los autores acerca de si el alojamiento primero fue en el Alcázar o si hubo una etapa previa en la muy digna casa de don Fernando de Luján en la plazuela de la Villa, o más bien en la torre que corona la ilustre casa, es decir, la famosa Torre de los Lujanes. El Emperador se encargó incluso de que se proveyese de ropas adecuadas a todo el séquito del rey Francisco.

Para los franceses, la residencia fue en todo momento en el *château* (el Alcázar). Sus cronistas lo consideran de más categoría, pero muy serios historiadores que hasta contemplaron el espectáculo se inclinan por la doble versión. Amador de los Ríos estudia el tema muy a fondo en su perfecta historia. Con decir que se permitió a don Francisco pasear, cazar, ir a la Casa de Campo y a El Pardo, asistir a corridas de toros y otros espectáculos...

La entrevista previa entre los dos monarcas primos se celebró con la sola presencia del virrey Lannoy y del duque de Montmorency. Don Francisco estaba en cama, ligeramente indispuesto. Don Carlos se descubrió para saludarle. El enfermo se incorporó y ambos se abrazaron largamente. «Señor, ved a vuestro esclavo y prisionero.» «No, sino mi buen hermano y amigo verdadero», replicó el Emperador. No seguimos la enternecedora escena para no empalagar al lector. Luego llegó Margarita de Valois, duquesa de Alençon, hermana de Francisco, y el legado papal, cardenal Salviati, etc.

Me he detenido bastante en estas históricas escenas no solo por su peso político y militar, sino por haber sido Madrid el escenario, auténtica capital europea por aquellos días. Y allí se firmaría la célebre Concordia de Madrid el 14 de enero de 1526. Reparemos en que don Carlos tenía solo veintiséis años. Las consecuencias nos las relata la Historia y no son aquí del caso.

Un castizo madrileño diría que «nos tomaron el pelo». En resumen, compromiso de boda de Francisco I con doña Leonor, hermana de Carlos I; cesión incumplida del ducado de Borgoña a España; dos hijos del rey de Francia quedaban como rehenes en Madrid, como garantía del cumplimiento de la Concordia. La boda se celebró. Francisco I quedó en libertad. De lo demás, nada de nada. Ya lo iremos viendo.

## Bodas reales y nacimiento de Felipe II

De la villa de Illescas, donde se había celebrado con toda solemnidad la boda de doña Leonor con Francisco I, salió este para su país con lucida escolta, dispuesto a no cumplir los acuerdos de la Concordia de Madrid.

En dirección contraria salió Carlos I, camino de Sevilla, con escala en Badajoz; iba en pos del amor, por una vez coincidente con la razón de Estado, pues no otra cosa que amor y admiración merecía la bellísima infanta portuguesa doña Isabel, con la que don Carlos iba a casarse.

Pasemos por alto la espléndida ceremonia, la luna de miel sevillana y la felicidad de los regios contrayentes. La emperatriz Isabel iba a corresponder en todo a las grandes esperanzas depositadas en ella; además de ella, honesta, fiel, inteligente, toda una reina regente cuando tuvo que sustituir a Carlos en sus numerosas ausencias de España.

Después de una prolongada y feliz estancia en Sevilla de los recién casados, el Emperador dispuso que su esposa fuera a Madrid para conocer la ciudad y pasar allí unos días de intimidad y bienestar. Se conservan dos documentos en el Archivo Municipal de la Villa dando cuenta de los festejos en honor de la gran señora.

El movimiento de las Germanías en tierras levantinas, más bien de carácter social y provocado por los moriscos, no afectó de modo particular a Madrid.

Dio a luz la emperatriz el 21 de mayo, en Valladolid, un infante que sería el soberano más poderoso de la Tierra, acto seguido de ceremoniales nunca vistos, asombro de propios y extraños, que describe como nadie el gran historiador Sandoval. «Pusiéronle de nombre Felipe, bien que muchos prefirieran el de Fernando por el Rey Católico o el de Alfonso, tan glorioso en la historia de Castilla. Pero Carlos V tenía verdadera devoción por su estirpe borgoñona, por el nombre de su abuelo Felipe, como por el suyo, Karl, nuevo en España.»

En Europa sucedían grandes cosas y no gratas para el Emperador, cuya fama y poder envidiaban todos, sobre todo después de la célebre derrota de Francisco I. Se habían unido a los franceses, dirigidos todos por el papa Clemente VII, los de Venecia, Urbino, Florencia, Nápoles, hasta Inglaterra. Era la llamada Liga Santísima o Clementina. Fueron los días del famoso *Saco de Roma,* victoria imperial en su conjunto, con episodios lamentables debidos casi todos a los lansquenetes alemanes y a la dirección del francés duque de Borbón al servicio del Emperador. No es cosa de entrar aquí en los tan conocidos y discutidos detalles de tal episodio.

Nada ensombreció, sin embargo, las noticias de Italia la brillante solemnidad madrileña, verdaderos cuadros de historia del acto en el que fue jurado el heredero del trono. Se celebró en San Jerónimo el Real el 19 de abril de 1528 ante todos los representantes de los reinos de España. Fue algo así como un acto simbólico en honor del infante que iba a ser el rey de Madrid, auténtico rey según la tradición española sin veleidades imperiales. Semejante ceremonia tuvo también lugar en las Cortes de Monzón para los reinos de la Corona de Aragón, Cataluña, Valencia, Mallorca, Sicilia, Nápoles, Cerdeña. Después de la estancia en Zaragoza, los reyes con el príncipe regresaron a Madrid.

# 14
# Paz en Madrid, mientras el Imperio negocia y guerrea

## El reto del Emperador a su primo Francisco. Victorias españolas

Dentro del espíritu caballeresco de la época, y a pesar del cercano parentesco entre los dos reyes. Carlos I no podía consentir y dar como buena la infidelidad del monarca francés a los compromisos adquiridos en la Concordia de Madrid. En tal sentido envió una embajada a París en lógico son de queja y, digámoslo más crudamente que lo hacían aquellos señores, tratando a su primo Francisco I de traidor a su palabra y de hombre sin honor.

No podía admitir el francés tal afrenta y correspondió enviando a Madrid a uno de sus reyes de armas, retando al Emperador a singular combate, reto que se hizo con todas las formalidades y etiquetas acostumbradas. Dio cuenta del hecho Carlos V a sus reinos, y a pesar de la negativa de estos y del Pontífice a aceptar tal procedimiento para poner fin a la prolongada contienda entre los dos países, el Emperador aceptó el desafío y fijó el campo para el combate «sobre el río que pasa entre Fuenterrabía y Andaya [Hendaya], así como las armas, padrinos, etc., y un plazo máximo de cuarenta días para llevarlo a cabo. No habiendo recibido contestación en los tres meses y medio que esperó el embajador español en París, se dio por concluido el novelesco incidente.

La guerra continuaba en Italia con resultados favorables para las fuerzas españolas. Un nuevo convenio firmado en Cambray, presidido por la madre de Francisco I y por Margarita de Austria, tía del Emperador (Paz de las Damas), pareció más una tregua que una paz definitiva. Siguieron los días gloriosos de la coronación imperial de Carlos I por el Papa, en el Vaticano, y luego la famosa Corona de Hierro de los longobardos, también por el Papa, en Bolonia [1]. Y culminando las glorias imperiales, la gran victoria de Mühlberg sobre la Liga protestante de Smalcalda, aunque luego, como otras tantas victorias españolas, fuera una auténtica victoria sin alas. ¿Cómo podía atender el Emperador tantos frentes? Los turcos avanzaban por el Mediterráneo y por el centro de Europa; por una parte alcanzaban nuestras costas con la piratería y la ayuda a los moriscos rebeldes; por otra se apoderaban de Hungría y llegaban a las puertas de Viena, todo en el corazón del Imperio; la traidora alianza de Francia con el Sultán ponía en peligro la cristiandad. El César seguía las firmes ideas de su abuelo Fernando el Católico: «paz entre cristianos y guerra contra los infieles». Añádase la misión que le llevaba a las costas africanas para proteger las espaldas de España, grave cuestión de todos los tiempos, y en Europa el nuevo protestantismo de Lutero, convertido en arma política y bélica de los príncipes alemanes contra la hegemonía de un Emperador que, para ellos, era católico y español. Solo por citar algunos de sus agobiantes y urgentes problemas, sin contar las innumerables cuestiones de las Indias, Cortés en México, Pizarro en Perú, Cabeza de Vaca y Núñez de Balboa por todas partes, todavía los Colón, Enrique VIII de Inglaterra y los eternos problemas de Italia. No es fácil comprender que no tuviera mucho tiempo para ocuparse de Madrid, de ser el Emperador del Madrid comunero que tanto se resistió a los suyos. Comunero, y tal vez el más empecinado, fue Toledo, y sin embargo Carlos V, con su famoso Alcázar, fue un Emperador toledano, lo que no quita que, por proximidad, por ciertas preferencias familiares y por la propia importancia que ya había adquirido la futura capital, no fuera un asiduo visitante de

[1] Véase mi obra *Carlos I y Felipe II, frente a frente,* 3.ª ed., Ed. Rialp, Madrid, 2003.

esta y el iniciador y director de grandes obras de mejora en el Alcázar madrileño.

Después de atender a sus reinos de la Corona de Aragón, nuevas Cortes en Monzón en 1532, reunión del Capítulo del Toisón de Oro en Barcelona, visita detenida a Valencia, trasladose otra vez a Madrid, donde reunió las Cortes de Castilla y León en 1534. Se tomaron en ellas importantes medidas con ese buen sentido municipal y popular que siempre tuvieron desde su grandeza los Reyes Católicos. Y no faltaron las fiestas, justas y espectáculos para distraer a la Corte que le acompañaba. La justa más lucida tuvo lugar en la llamada plaza del arrabal, que era el arrabal de San Ginés, que llegaba a lo que hoy es la Carrera de San Jerónimo y la antigua iglesia de los italianos. Se conocen detalles pintorescos; por ejemplo, para engalanar el campo de las justas se utilizaron 400 tablas cubiertas de ricos paños, cientos de cuarterones de madera y 1.500 maravedíes de clavazón más 400 pies de contratelas para embellecer los paramentos. Fiestas que coincidieron con el «primero de los domingos de las Carnestolendas» de 1535.

## Muerte de la emperatriz y de la reina Juana la Loca

Sin ánimos estadísticos, pero como un hecho sistemático, recordemos que durante sus cuarenta años de reinado don Carlos solo residió diecisiete en España, doce en Flandes, ocho largos en Alemania y dos y medio en Italia. En cambio, la emperatriz Isabel, que murió muy joven, en 1539, apenas doce años de reinado, se movió muy poco de España y de su zona preferida entre Toledo y Madrid.

La gran desgracia para el Emperador fue perder tan pronto a tan hermosa dama, llena de cualidades y prudente política en los días que debió actuar de regente. Murió de sobreparto en Toledo, después de dar a luz un infante muerto. Madrid lloró su pérdida, ya que, aparte de sus valores, había dado muestras de gran predilección por nuestra ciudad, sobre todo por lo bien que sentaba su clima y su paz al Emperador, que allí curó de sus cuartanas. Fue trasladada a Granada, panteón familiar, aunque sus restos acabaran en la asombrosa piedra política para su esposo y para ella inaugurada en El Escorial[2].

En 1542 el Emperador, el príncipe Felipe y toda la familia pasaron una larga temporada en Madrid. Antes había estado en Gante reprimiendo una complicada rebeldía de sus propios paisanos. Ya empezaba a sentirse más a gusto a orillas del Manzanares que en el *plât pays,* que cantara Brel.

Año de muertes famosas fue el de 1546: Martín Lutero, el famoso reformador agustino, que tantos problemas traería a Europa; Enrique VIII, no menos problemático que el fraile; el marqués del Vasto, gran general de Carlos V; y nada menos que Francisco I. Todavía viviría diez años más la madre del Emperador, doña Juana la Loca, primera reina de España.

Mucho se ha escrito en estos últimos tiempos sobre la desgraciada vida y circunstancias familiares y políticas de aquella pobre señora tantos años recluida en Tordesillas con su indiscutible demencia. Sin entrar en detalles sobre tan triste y opinable cuestión, sí me atrevo a decir, después de estudiar a fondo las razones de unos y de otros con tantas páginas de los panegiristas de última hora y de los viejos críticos de doña Juana, que efectivamente fue una loca en el más vulgar sentido de la palabra. Que fue incapaz para el gobierno y que tanto sus padres, en especial don Fernando, como su hijo Carlos I la amaron tiernamente y solo las obligaciones de sus cargos y las reacciones negativas de la pobre reina los llevaron a actuar como lo hicieron con ella. Algún autor ha llegado a decir que las condiciones de la muerte de doña Juana influyeron de modo decisivo en la retirada del Emperador a Yuste. Es muy posible.

[2] Es famosa la conversión del marqués de Lombay al contemplar el cadáver de la emperatriz al llegar a Granada. A Carlos I le sorprendió la orden elegida por el futuro san Francisco de Borja, los jesuitas: «¿Adónde vais, marqués, habiendo jerónimos, agustinos, benedictinos, carmelitas...? —Ya veréis, Majestad, adónde llegaremos», contestó el que sería General de la Compañía de Jesús. Este episodio lo relata en un bello romance el duque de Rivas.

## Madrid se va haciendo ciudad

Durante los escasos años que Carlos V tuvo una residencia estable en España, llevó la Corte breves temporadas de Valladolid a Toledo y de Toledo a Madrid, sin que sus muchas preocupaciones le permitieran fijar demasiada atención preferencial por una u otra ciudad. Eso sí, con la idea de que ya iba siendo hora de que todo un gran Imperio tuviera un asentamiento definitivo en cuanto a capitalidad. Grande se iba haciendo el aparato del Estado y todo lo que con él conlleva en cuanto a gobierno, administración, representaciones diplomáticas, centros financieros y las consiguientes instalaciones permanentes. No se podía andar en ese sentido de un lado para otro con carros cargados de tapices, braseros, archivos, cuarteles de la guardia y toda la pesada parafernalia de la Jefatura del Estado.

Eran ya indispensables unas instalaciones permanentes, y Madrid convencía cada día más al entorno del Emperador de ser la ciudad adecuada para ello.

No tomó el César decisión concreta en tal aspecto, pero sí influyó en él su curación de las cuartanas; la emperatriz se sentía en Madrid a gusto, y ambas razones aconsejaron llevar a cabo reformas importantes en el Alcázar para convertirlo en un verdadero Palacio Real. En torno se fueron instalando en casas grandes y bien alhajadas los principales personajes de la Corte. No era Madrid por entonces una gran población, ni mucho menos. Unas tres mil casas que albergaban a unas quince mil familias, número de habitantes que aumentaba mucho con frecuencia al llegar la Corte, las fiestas y ferias... Entre las casas cercanas a Palacio, muy ampliado, se contaban la del gentilhombre Felipe Guevara, las de los Bozmediano, la de los duques de Nájera, las de los Legarda, Olivares, Maqueda, Arcos, Fuentes..., señores de la nobleza que fueron construyendo y urbanizando a lo largo del Arenal, hoy popular calle, en la zona en la que se construirían las Descalzas Reales, en la plaza de Don Juan Córdoba y Celenque, hoy plaza de Celenque, hasta la cercana Puerta del Sol y barrio de los conventos de San Martín, San Ginés y Santo Domingo.

Porque, eso sí, Madrid se iba llenando de conventos, de monasterios, de templos no excesivamente importantes, algunos simples «humilladeros», pero que con grandes huertas iban ocupando demasiado espacio proporcionalmente en el camino de la Villa hacia la capitalidad.

Los alcaldes habían tratado de impedir aquella proliferación de instituciones religiosas, pero ni ellos ni otras autoridades podían impedirlo. ¿Quién puede oponerse a clarisas, dominicas, carmelitas, benedictinas...? Surgían como setas: San Miguel de la Sagra, San Gil el Real, Santa Catalina de los Donados, los Recoletos, San Felipe el Real...

Lo más curioso es que parece que ninguna de estas beneméritas y espirituales organizaciones religiosas tenía el menor interés en que Madrid tuviera una catedral y que se convirtiera en sede episcopal. Sin duda, tampoco al arzobispo de Toledo parecía tener el menor interés en tal competencia cercana, así que ni en época de Cisneros, el madrileño de Torrelaguna, ni en los días de mayor unión del centro de la monarquía austríaca a la capital, logró esta ni catedral ni obispado[3].

Algunas notas sobre la topografía madrileña en torno a los tiempos del Emperador pueden tener un cierto interés orientativo en relación con el Madrid de hoy y de algunas originales costumbres de nuestros antepasados.

La esquina de las calles Mayor y Arenal era, como hoy, lugar céntrico y privilegiado, ocupado por las casas señoriales de los marqueses de Casa Gaviria y del conde de Fuentes. Desde allí hasta el Prado de San Jerónimo se ubicaban muchos de los conventos citados, con huertas y más huertas, que probablemente seguían la línea de la calle de tal nombre.

Cerca de la Puerta del Sol, todavía sin formar como tal, había una calleja llamada de la Dada, famosa por una mancebía pública, precisamente cerca de la iglesia del Carmen Calzada. En la plazuela de Santa Catalina de los Donados, entre las calles de la Priora y de los Caños, estaba la primera institución religiosa con

[3] Carlos V obtuvo una bula de León X para convertir en catedral, mediante ampliación, la antigua iglesia de Santa María, pero se opuso Guillermo de Croy, arzobispo de Toledo. Otra bula semejante consiguió Felipe III del papa Clemente VIII y también se opuso el arzobispo toledano, cardenal de Sandoval y Rojas.

carácter de hospicio para doce pobres, llamados «donados» por el traje que vestían.

En la plaza de las Descalzas, en el mismo lugar que pasó a ser Monte de Piedad y Caja de Ahorros, había una gran casa del tesorero Alonso Gutiérrez y en ella habitaron cierto tiempo la emperatriz y Felipe II niño.

Al otro lado de la Puerta del Sol estaban la plazuela de la Leña y la llamada por ser lugar y estacionamiento calle de las Carretas, que hoy conserva tal nombre.

La iglesia del Buen Suceso estaba en la confluencia de la calle de Alcalá y la Carrera de San Jerónimo, y a su lado el Hospital Real de la Corte, fundado por Carlos I para heridos de guerra y para el servicio de la Corte.

La plazuela, luego ampliada, de la Cebada recibía tal nombre por ser mercado de granos, comercio de cereales. Los terrenos habían sido adquiridos a la Orden de Calatrava. Otra calle que hoy conserva su nombre es la del Príncipe, que así fue llamada el honor de Felipe II el día de la conmemoración de su jura en 1528.

Extenso espacio de recreo fue el Prado de San Jerónimo, punto de reunión social, seguido del Prado de Atocha hasta la ermita de Nuestra Señora. En dirección contraria, del Prado de San Jerónimo se continuaba a otro muy extenso, rodeado de huertas, que tomó el nombre de los frailes agustinos instalados allí desde mediados o finales del siglo XVI, «los Recoletos». El eje madrileño de hoy, de Atocha a Colón, quedaba ya desde entonces establecido y continuado después por el prado o paseo de la Fuente Castellana.

Madrid iba tomando forma y dimensiones, sin perder por ello muchos de sus barrios el aire pueblerino y campesino, modestamente comercial, que conservaron y aún conservan, sobre todo hasta que vino Carlos III a hacer de la Villa auténtica ciudad capital de un reino.

Fue en tiempos de Carlos V cuando el regidor don Juan Hurtado de Mendoza logró que el Emperador concediera al blasón madrileño el uso de la Corona Real que hoy conserva su escudo, así como el tratamiento de Señoría para el Ayuntamiento.

Se va acercando el reinado siguiente, en el que Madrid se convertirá oficialmente en la capital de España. Así que, para pasar pronto a la segunda parte de esta obra, hilvanaré como terminación de este capítulo una serie de hechos menores pero que van definiendo los rasgos de la Villa cara a los siglos siguientes.

Una pragmática, acordada en las Cortes de Madrid en 1543, mandaba que las mulas solo las utilizaran como caballería los clérigos y no los caballeros, que, como su nombre indica, debían montar solo a caballo. Otra disposición prohibía mendigar a los forasteros, que debían ser expulsados en tal caso a sus lugares de origen.

En 1544 se ordenó el traslado, por entonces definitivo, de los restos de Isidro Labrador a un sarcófago digno del lado del evangelio de la iglesia de San Andrés, medida en la que influyó mucho la devoción que la emperatriz tuvo siempre al futuro santo y patrono de la Villa y Corte. Tal devoción se debió también a que la reina Isabel atribuyó cualidades milagrosas, tradición muy madrileña, a las aguas de la fuente del Santo, que contribuyeron a la curación de las cuartanas del Emperador y de una grave dolencia del príncipe Felipe.

Consta también en los Archivos Municipales que Carlos I pidió a la Villa diversos servicios y ayudas económicas para sus campañas. Por ejemplo, 80.000 maravedíes para «los gastos del estrecho cerco que tenemos puesto a la villa de Fuenterrabía que habían ocupado los franceses». (Dado en Vitoria a primero de febrero de 1524.)

A pesar de los inconvenientes ya expuestos, siguieron nuevas o reformadas instalaciones religiosas. Por iniciativa del Emperador y del arzobispo de Sevilla García de Loaisa, se amplió y embelleció la ermita de la Virgen de Atocha, obra dirigida por fray Juan Hurtado de Mendoza, confesor del propio Carlos I.

Lo mismo se hizo con la ermita de la fuente de San Isidro, con lo que se prueba la identificación de los reyes con las grandes devociones del pueblo madrileño, una tradición que aún se conserva: recuérdese, por ejemplo, la del Cristo de Medinaceli y la de la Virgen de los Remedios en San Ginés.

Otros ejemplos famosos por aquellos días fueron la admirable Capilla del Obispo, junto a San Andrés; la parroquia de San Luis, aneja a la de San Ginés, y el nuevo convento de agustinos de San Felipe el Real, junto a la Puerta del Sol, así como el magnífico templo de la Trinidad, que con sus huertas y anejos llegaba casi de la Plaza Mayor a Atocha, con la plazuela de Antón Martín en medio.

Especial mención para las Descalzas Reales, de las franciscanas, obra de primera categoría, debida a la princesa doña Juana, hija de Carlos V, viuda del príncipe de Portugal y madre del infortunado infante don Sebastián.

Vemos, pues, que Madrid, lugar por entonces de nobles y de menestrales, era una ciudad esencialmente católica, más de servicios y pequeño comercio artesano que de una alta burguesía, comercio en grande e industrias incipientes. Sin cambiar en lo esencial, la Villa y Corte empezó a modificar sus estructuras urbanas y sociales a partir de 1551, año en que se inició la transferencia de oficinas oficiales desde Valladolid, donde se hallaban las más importantes. Cambios y más cambios, afán de progreso y al mismo tiempo con gran sentido de las tradiciones. Gentes y más gentes nuevas que irán apareciendo a lo largo de los siguientes capítulos, luces y sombras, glorias y fracasos, ¡qué glorias y qué fracasos! Hasta llegar a este Madrid de nuestros días.

## El César, en Yuste

El César está cansado. En 1552 ve la imposibilidad de la unidad religiosa por la que luchó toda su vida. Una preocupación política que se fue tornando religiosa conforme la edad iba quitándole ímpetus imperiales y borgoñones y el peso de sus antepasados hispanos le iba haciendo ver que lo único sólido del Imperio estaba en España. Y España, a la vuelta ya del camino, se iba a llamar Yuste.

Carlos está desengañado de su propia actuación política y piensa que Dios ya no quiere servirse de él. Los años le han cambiado biológica y anímicamente; nada queda del mozo de Flandes: el César de Mühlberg es un cuadro histórico y ahora es el anciano de Yuste. A Madrid nada le suena mucho de todo esto. La política del Imperio había estado lejos y además todavía no era la capital de las Españas. Don Carlos se encierra en su monasterio jerónimo de Extremadura. Misas y oraciones durante muchas horas, el cuidado del jardín y de las flores, sus relojes con su amigo el ingeniero italiano Juanelo Turriano y un niño asombroso, Jeromín, al que no revela que es su hijo: don Juan de Austria.

Carlos V ha tenido la mala idea, según el papa Paulo VI, de dividir el Imperio. Centroeuropa para su hermano Fernando y España, con todos sus dominios europeos y ultramarinos, para su hijo Felipe II.

El príncipe heredero, que fue llamado entonces Príncipe de España al casarlo con María Tudor, había sido bien aleccionado por su padre. Discursos de Bruselas, cartas frecuentes, consejos, entrevistas... Felipe II en nada se va a parecer a Carlos I, y sin embargo va a seguir su misma doctrina, lecciones políticas e ideas, sobre todo en cuanto a religiosidad católica a machamartillo, como decía el gran Menéndez Pelayo. Había que combatir por encima de todo el naciente protestantismo, impedir la infiltración de la herejía luterana y de los iluminados; había que continuar la tradicional política heredada de Fernando el Católico: «paz entre cristianos y guerra contra los infieles». Todo muy importante, pero muy general, para que afectara a la vida y a los problemas de la Villa, cada día más Corte en potencia, mas todavía un pueblo grande cuyos asuntos propios no iban más allá de la sierra de Guadarrama, del Jarama y de sus relaciones, no siempre amables, con la archidiócesis toledana.

El sentido del Estado nacional, que nunca tuvo Carlos I, va a ser el paradigma de la conducta política de su hijo Felipe II, rey con sentido del Estado, rey renacentista, mucho menos prudente que lo que indica su histórico apelativo, con una inteligencia fuera de lo común y capaz de las más firmes decisiones sin el espíritu bélico de su padre, pero con su españolismo y católico deber como signo de su gran reinado, en la cumbre, vislumbrando ya la ladera que lleva al llano y dejando a sus sucesores la difícil misión de no seguir bajando hacia el abismo: «O subir o bajar», decía Saavedra en una de sus empresas. Imposible la continuidad en la cumbre. En esta tremenda, gloriosa y trascendental etapa de nuestra Historia, Madrid pasa a ser protagonista, carga y gloria que nos llegó de la mano de Felipe II.

# SEGUNDA PARTE

# 15
# ¿Por qué Madrid? (Felipe II)

La capital de España está en Madrid desde el año de gracia de 1561. Hay autores que opinan que un año o dos después. ¿Qué más da que los papeles o los trastos se trasladaran unos meses más pronto o más tarde de Toledo, probablemente, a la nueva capital del reino?

No se fían mucho los madrileños de si el traslado era provisional o definitivo. Lo mismo que hoy llegaba, podían llevárselo mañana. No tenían por qué preocuparse. La cosa iba para rato, aunque más de un intento y más de un deseo hubo a lo largo de cinco siglos para desvirtuar semejante capitalidad, que ya desde sus inicios se discute. Del rey que tomó tan trascendental decisión, ¿por qué Madrid?, ya hablaremos más adelante. Ahora vamos con las razones y sinrazones de tal resolución.

Cuentan algunas historias, de las que no me fío demasiado, que el príncipe Felipe cambió impresiones con su padre sobre el tema de fijar para España y su Corte una capital, un centro permanente, en vez de ir peregrinando como nómadas según las circunstancias. Con más razón, ya que él tenía el propósito de instalarse a vivir en España del modo más permanente posible en vez de hacer el peregrino europeo salvando al continente y a la Iglesia católica por todos los rincones de la complicada Europa. No es que se fuera a desentender de tan esenciales tareas, que llevaba en sus aspectos espirituales y políticos en el alma, según las lecciones paternas. Pero quería hacerlo desde casa, con sosiego, con planificación, creando, consolidando un Estado estable. Para eso quería una capital, un centro, un gobierno y un despacho con los papeles, y los hombres, siempre a mano. Difícil, pero esa era su voluntad.

No creo que Carlos I diera consignas ni consejos decididos a tal fin. No creo que tuviera ideas claras y firmes al respecto para influir a su hijo. Menos aún que pronunciara convencido y convincente los nombres de Sevilla, Barcelona, Lisboa o Valladolid, amén de su imperial Toledo, más bien un gran símbolo.

Había dos tendencias en la España del siglo XVI: una, la de aproximar la Corte al continente africano para continuar hacia el Sur la tarea reconquistadora y ser los colonizadores del Magreb. ¿Por qué no si nos habíamos lanzado a colonizar a miles de millas marinas en un continente ignoto, sin misión política tradicional, no como en nuestra espalda del Sur, tan conocida, amenaza constante y misión de siglos?

La otra tendencia era aproximarnos lo más posible al centro de Europa, al Imperio de Carlos V, del Toisón de Oro, para ayudar a derrotar definitivamente el peligro protestante y consolidar los lazos de la Casa de Austria, encerrando a Francia en círculo estrecho.

Felipe no ignoraba esa cruz de servicio Norte-Sur, Este-Oeste; eran la herencia paterna y la misión de su dinastía española y borgoñona. Pero ni aproximarse físicamente a ellas. Lo importante era instalarse en el centro para dirigirlas.

## Madrid y El Escorial. El Escorial y Madrid

Madrid estaba a buena distancia media entre las grandes ciudades peninsulares; podía ser un adecuado cruce de caminos para desde allí centrar la acción del rey sobre todas ellas. No imaginamos que don Felipe tenía ya en su mente una serie de caminos reales, de carreteras radiales, autopistas y Aves, no digamos aeropuertos, poniendo a su alcance Sevilla, Barcelona, Lisboa, Irún y La Coruña. Pero su sentido del Estado le llevaba a querer estar presente en todas ellas. No hay que suponer tampoco una predilección por Madrid, por sus grandes encantos, por sus comodidades o por sus dimensiones superiores a otras poblaciones españolas. Como diría el insigne Sánchez-Albornoz, la elección de Madrid fue un hecho de voluntad.

Felipe II sabía lo que quería: la Corte, la metrópoli, el sillón real, a igual distancia de todos, y en España, con sus inmensos dominios, que le caían demasiado lejos pero que los tenía en mente, entre legajos y despachos, en su mesa de infatigable trabajo.

Extraordinariamente decisorio en la gran Historia española, y concretamente en la de Madrid fue la construcción del monasterio de El Escorial. Felipe II tenía el firme propósito de edificar una obra grandiosa que fuera a la vez convento, templo, palacio y mausoleo real. El primer lugar en que pensó, pocos lo saben, no fue en las estribaciones del Guadarrama, al pie del pico de Abantos, y no a más de diez leguas de Madrid. Primero pensó en un emplazamiento espectacular, solitario, sorprendente, al lado del pueblo de Navalonguilla, zona impresionante y un tanto salvaje por entonces en las tierras de Ávila, al pie de la sierra de Gredos.

¿Os habéis fijado en la coincidencia de fecha? Madrid, capital en 1561; elección definitiva de El Escorial, 1561. Dos nombres que se condicionan y que irán unidos para siempre.

Felipe II comunica su decisión a los jerónimos poco tiempo después. Es la Orden que cree más apropiada para hacerse cargo de su grandioso proyecto.

El Capítulo General de la Orden de San Jerónimo se había reunido en el monasterio de San Bartolomé de Lupiana, en tierras de Guadalajara, el 8 de abril de 1561. El rey les propone dedicar un monasterio al glorioso mártir san Lorenzo. Recuerda que una ermita dedicada a dicho santo estaba en el campo de batalla de su reciente gran victoria española en San Quintín. Aquel día tenía ya decidido el lugar, porque en pleno Capítulo jerónimo ofreció los terrenos para que la Orden fuera a hacerse cargo de ellos, y allí mismo, en Lupiana, se nombró primer prior escurialense a fray Juan Huete y vicario a fray Juan de Colmenar. Pocos meses después, en noviembre, se reunía don Felipe con ellos y con el arquitecto Juan Bautista de Toledo, al pie de la sierra y en el lugar elegido. Se dice que llamada El Escorial la pequeña aldea aledaña por haber por allí una ferrería con el correspondiente depósito de escorias.

No entraremos en detalles sobradamente conocidos acerca de la construcción, elementos técnicos, episodios, protagonistas, anécdotas, etc., del grandioso monasterio, justamente llamado Octava Maravilla del Mundo. Puede decirse que, aparte de los nombres de los insignes arquitectos, de Juan Bautista de Toledo, de Juan de Herrera, del formidable aparejador indispensable fray Juan de Villacastín, el gran arquitecto, cerebro, inventor y hasta obrero del monasterio fue el propio Felipe II. Él dirigió los cordeles para fijar las zanjas, recorrió el perímetro, vigiló los planos, puso arte y cultura hasta en el más mínimo detalle, y pensó siempre en el honor de Dios, del césar Carlos y de toda la dinastía. La solemne colocación de la primera piedra tuvo lugar el 23 de abril de 1563. Y don Felipe en su silla de piedra simbólica, hasta que en 1571 se dijo en la capilla del monasterio la primera misa. Y hasta que en 1577 el legado del Papa impuso allí la Rosa de Oro a la reina Ana.

Desde que Felipe II decidió la elección de El Escorial tuvo en cuenta la distancia a Madrid. La Villa venía siendo Corte, no de un modo fijo, pero sí muy frecuente, desde los reinados de los Trastámara y muy en especial desde sus muy queridos y admirados bisabuelos, los Reyes Católicos. Recordemos una vez más la frase de don Felipe ante el retrato de Fernando el Católico: «A él se lo debemos todo». Y sin olvidar que don Fernando era el rey de Aragón, y que hablaba catalán, porque para Felipe II, España, sin federalismo pero con fueros y privilegios, era un solo y gran reino.

Don Felipe hacía frecuentes viajes a El Escorial en su carruaje con un tronco de mulas. Solía tardar unas ocho horas en el recorrido, a veces con escala en Galapagar, donde hasta llegó una vez a dar a luz la reina, sorprendida de parto en el camino. No creo, como dice algún cronista, que en la elección de Madrid prevaleciera su mayor proximidad a El Escorial, por ejemplo más cerca que Toledo o Valladolid.

Insisto en que fue un hecho de voluntad al que los años, con altos y bajos, con pros y contras, han ido dando la razón. A lo largo de estas páginas he ido dando ya argumentos a favor de Madrid capital, sin ocultar sus muchos defectos, si bien la mayor parte de ellos eran propios de cualquier gran ciudad de aquellos tiempos.

Claro es que Madrid no tenía el tesoro arquitectónico medieval del románico y del gótico, pero las capitales no se fijan por las reliquias históricas, por admirables que sean. En esto Madrid es una ciudad moderna, que empieza a ser gran urbe, con todos sus defectos, al mismo tiempo que las grandes metrópolis del Nuevo Mundo. Ya quisieron los Reyes Católicos ser como unos predecesores de Carlos III en poner orden, limpieza, monumentalidad y dignidad real en aquella Villa concentrada en torno al Alcázar y lo demás suburbio amontonado. A Felipe II, inicialmente, tal cuestión urbanística no le preocupaba en exceso. Su Escorial y unos dominios en los que no se ponía el sol.

Otros grandes países no tienen la capital en el centro. Razones históricas diversas las fueron fijando; ahí están y nadie las discute. Indudablemente, los ríos fueron determinantes: París, con su Sena; Londres, con su Támesis; Lisboa, con su Tajo; Roma, con su Tíber; Varsovia, con su Vístula; Praga, con su Moldava; Viena y Budapest, con su Danubio; Berlín, con su Spree... Y lo mismo en América. Es la gran desventaja geográfica de Madrid, hoy atenuada por las grandes comunicaciones que le unen al mar.

Mas vayamos dejando los argumentos geográficos, climáticos y hasta lo del escatológico histórico del «agua va». Madrid desde 1561 ha sido mucho más, algo más importante, algo un tanto desorbitado, y con su Escorial, Aranjuez, La Granja, Ávila, Toledo, Segovia..., una inmensa ciudad del siglo XXI.

## De Madrid al mundo del rey Felipe

No me he olvidado con las evocaciones escurialenses de las miserias y penurias del Madrid capitalino, que no todo era, ni mucho menos, palacios y casonas, monasterios y abades, Vargas, Luzones y Bozmedianos... Ya me ocuparé de ese Madrid más adelante.

Sin dedicarme a escribir una Historia de España más, con el pretexto madrileño, no podemos ignorar desde la capital del rey Felipe que estaban ocurriendo cosas muy importantes en el mundo que concernían a nuestro país, que decidía el rey, que le afectaban personalmente y que tenían o iban a tener repercusiones importantes, directas o indirectas, en la vida madrileña.

Graves conflictos políticos y territoriales, amén de religiosos, estaban teniendo lugar a la sazón en Europa y nueva espléndida misión era tarea hispana en el mundo recién descubierto. Estamos en pleno siglo XVI, en el que tantas cosas se van a decidir, y muy cerca de la cumbre tras la cual se adivinan las luces decadentes del ocaso. Felipe II es ya, en muchos aspectos, pleno Siglo de Oro. En otros es, por desgracia, el involuntario precursor de «aquella patria mía, un día fuerte y hoy desmoronada».

Me he referido antes a San Quintín. Era el año 1557. Mandaba las tropas españolas Manuel Filiberto de Saboya, joven príncipe del Piamonte. Su victoria fue total, abrumadora, sobre el ejército francés del almirante Coligny y del condestable Montmorency. Fue allí donde don Felipe, al ver desde un altozano correr tanta sangre, tantos cadáveres, tanta desgracia humana, pudo decir: «¿Pero cómo es posible que esto le gustara a mi padre?».

El duque de Guisa, el francés, tiene que retirarse de Italia; la Picardía cae en manos españolas; se firma el ventajoso tratado hispano-francés de Cateau-Cambrésis.

¿Cómo no iba a celebrarlo Madrid, según la costumbre medieval, a pesar de que el rey, siempre sobrio y sin alharacas ofensivas para el vencido, participara en las fiestas? Claro es que además, para él, aquella victoria, como toda la política bélica o pacífica por tierras de Europa, era un gasto terrible, un problema más que añadir al angustioso estado de la hacienda. ¿Y qué sacábamos de tanto gasto y de tanto dolor?

Más amable y provechosa era, o debía de serlo, la política matrimonial. Así lo fue la boda de Felipe II con la princesa Isabel de Valois, a la que el pueblo llamaría «Isabel de la Paz». Una embajada partió para París formada por el duque de Alba, los príncipes de Orange y de Éboli, el conde de Egmont... ¿Quién nos iba a decir lo que sería más adelante de algunos de aquellos grandes señores? Enrique II concedió la mano de su hija y poco después se celebraba la gran ceremonia de la boda en Toledo (1560); Madrid todavía no era la capital. En cambio, sí lo era ya cuando el príncipe don Carlos, pocos meses después, juraba como heredero del reino y sucesor en el trono. La capitalidad dio lugar muy pronto a un ensanchamiento del recinto, salvando sus antiguos límites: Puerta del Sol, Antón Martín, Puerta de Moro, y hacia el norte las Puertas de Santo Domingo y Benaldú. Todas ellas auténticas puertas de piedra tallada, de un solo arco en general y sobrecargadas de artificiosos adornos y veneradas imágenes. Empezó ya a tomarse como centro la mencionada Puerta del Sol, prolongándose hacia otros parajes más altos y más bajos, siempre subidas y bajadas en este «Madrid de nuestros pecados».

Un acaudalado propietario, don Juan de Victoria Bracamonte (¿de los Braquemont de Ávila, de origen francés?), cedió cientos de hectáreas hacia la Puerta de Fuencarral, distritos que iban desde la llamada después Red de San Luis hasta la Puerta de los Pozos, hoy glorieta de Bilbao, de heroica defensa en la Guerra de la Independencia.

Continuó la construcción de edificios religiosos. Era el sino de Madrid. En cuanto alguien tenía cuatro perras, las donaba para hacer una iglesia, ermita o capilla a su santo favorito. ¡Para que alguien desvirtue el catolicismo histórico arraigado de los madrileños!

Además, venían nuevas Órdenes. Ahora nada menos que con el nombre militar de Compañía, la de Jesús, de reciente fundación por el español Ignacio de Loyola, nombre por el que es conocido. El año 1560 empezó ya a fabricar su primera iglesia, en el mismo lugar que hoy ocupa la antes catedral de San Isidro, y antes Colegio Imperial, en la calle de Toledo. Los primeros jesuitas en Madrid fueron el padre Fabro, saboyano, confesor de María Tudor, y el padre Antonio Araus, uno de los fundadores con san Ignacio.

Los mínimos de San Francisco de Paula también fundaron cerca de la Puerta del Sol, a pesar de la oposición de sus vecinos, los agustinos de San Felipe el Real, magnífico y enorme edificio, perdido por desgracia en 1836. Ocupaba gran parte de la Carrera de San Jerónimo, Espoz y Mina, de la Victoria, etc. Fue mucho tiempo el primer templo de Madrid y el más concurrido. Y no olvidemos las famosas Descalzas Reales, fundación de la infanta Juana, hermana del rey Felipe.

En el terreno institucional, se instalan en Madrid, el primero de ellos, el Consejo Real y Supremo de Castilla, que dictaba las leyes y actuaba como Tribunal Supremo, con jurisdicción sobre las Reales Chancillerías de Valladolid y Granada. Se reunía todos los viernes por la tarde con Su Majestad y dirigía, aunque respetando su labor, con los alcaldes de Casa y Corte, que eran además corregidores de la Villa.

También se reunía el Consejo Real y Supremo de Aragón, cuya jurisdicción era plenamente respetada por el rey y se extendía a Aragón, Cataluña, Valencia, Baleares y Cerdeña.

Para España y para su rey seguía siendo una preocupación el pirata Dragut, sucesor de Barbarroja. Nuestra política mediterránea seguía siendo primordial desde que en plena Edad Media la Corona de Aragón llevó sus banderas rojigualdas hasta el Oriente y nos vinculó para siglos con Nápoles, Sicilia, Malta, Cerdeña... Amén del peligro de la amenaza berberisca cerca de nuestras costas, siempre con el apoyo de la resistencia morisca latente en Andalucía y Levante. Dudo que a los madrileños de entonces les acuciaran mucho estas relativamente lejanas preocupaciones.

Don Felipe sí se ocupaba atentamente de todos estos problemas y no podía por menos que seguir la política de su padre, ocupando posiciones en el norte de África, de las costas de Trípoli hasta el estrecho de Gibraltar; una de las más recientes conquistas, ya en tiempos de Felipe II, fue la ocupación del Peñón de Vélez de la Gomera. También por aquellos días se reunía el célebre Concilio de Trento, que promovió Carlos I con el papa Pío IV. Su inicio (enero de 1562) vino a coincidir con la capitalidad de Madrid, y tuvo muy importante y decisiva participación española, como es bien sabido, con una extensísima bibliografía de fácil consulta.

En 1563 se reunieron las Cortes de Madrid, presididas por el marqués de Mondéjar, que presidía también el Consejo de Su Majestad. Asistió el rey con el príncipe don Carlos. Se puede decir que por primera vez en estas Cortes la representación de Madrid fue la más distinguida entre las dieciséis ciudades y dos villas que tenían voto, fijándose allí útiles reformas para la administración del reino. También desde julio de 1564 se publicaron en Madrid las disposiciones que marcaban la obligación de cumplir todas las normas del Concilio tridentino, con efectos para toda la Monarquía. Como un paréntesis indicaremos que la responsabilidad del rigor inquisitorial, agudizado en la época, no fue personal de Felipe II, sino que respondía en España y en Europa a la mentalidad de la época, a las asechanzas contra la fe católica, y también casi como una normal aplicación del sentimiento del pueblo. Que don Felipe fue inexorable, como su padre, en este terreno nadie lo duda, y es lógico que haya dado razones más que sobradas para la tremenda «leyenda negra» que se ha exacerbado contra él, especialmente desde los países que no podían celebrar, sino todo lo contrario, la hegemonía española durante muchos años.

Tampoco cabe duda de que el pueblo, del más alto al más bajo, asistía a los autos de fe, inadmisibles para la mentalidad moderna, como la cosa más natural del mundo, como un espectáculo y como una normal aplicación de la justicia.

Tema espinoso, que no podemos ignorar por la época, pero que poco o nada tiene que ver concretamente con la Historia de Madrid, a pesar de la relativa frecuencia con que los madrileños asistían a los autos de fe en la Plaza Mayor o a las ejecuciones posteriores en la plaza de la Cebada, estas más bien por razones políticas y por delitos, como veremos algunos casos más adelante.

## La tragedia del príncipe don Carlos y otros acontecimientos

El reinado de Felipe II es todo un drama, con esplendores y abismos tenebrosos, un drama que a veces degenera en tragedia. Muy por encima pasaremos por tantos y tan graves episodios en la vida de un rey que hizo capital a Madrid, y por lo tanto centro político y geográfico de todo ese drama histórico del gran monarca.

Don Felipe tuvo un solo hijo de su primera mujer, la portuguesa María Manuela. Nace don Carlos en 1545, endeble, febril, bilioso, de cabeza desproporcionada y cierta tartamudez. Un dechado de heredero. Educación perfecta y estricta, lo que no impide muy pronto detalles de mala sangre, grosero, irascible, lascivo, verdadero psicópata sexual. A pesar de todo, las Cortes, en 1560, vísperas de la capitalidad de Madrid, le reconocen como heredero. Estudia en Alcalá, nada menos que con don Juan de Austria y con Alejandro Farnesio, a los que trata como inferiores. «Vuestra madre es una ramera», le dice a don Juan; y a Farnesio le insulta: «No sois más que un pobre bastardo». Hermosa catadura moral del futuro rey. Luego medio se rompe la cabeza al caer por una escalera. Se proyectan para él egregios matrimonios, pero es irrecuperable. Su vida, su mala vida, transcurre entre Madrid y El Escorial. Pero quiere hacer política contra su padre, huir a Flandes y unirse a los rebeldes. También se dice que se enamoró de su madrastra, la bella y joven Isabel de Valois. Conspira con los hugonotes, con Isabel de Inglaterra, con quien sea. Es demasiado: traición, sobornos, amenazas, locura agresiva. Es sometido a prisión atenuada en el Alcázar de Madrid. Allí va suicidándose poco a poco: se autogolpea, no come; su padre le acompaña en sus últimas horas...

Todo esto lo adoban los escritores extranjeros, Schiller el más importante, precioso tema para un drama histórico y para incrementar la «leyenda negra», hasta con música de Verdi. No podíamos ignorarlo. Por eso lo he resumido aquí [1].

Los funerales por don Carlos en Madrid fueron de extraordinaria solemnidad, con asistencia de príncipes, embajadores, nuncio, Casa Real, Ayuntamiento... Se celebró en Santo Domingo con varios obispos y un suntuoso catafalco, hasta la bóveda del coro, donde fue depositado el pobre vástago austríaco.

Igual de solemne fue el entierro de la reina Isabel de Valois en las Descalzas Reales, hasta que en 1573 fueron trasladados sus restos, como los de don Carlos, a los panteones reales y de infantes del monasterio de San Lorenzo de El Escorial.

[1] Véase *Don Carlos, hijo de Felipe II,* del doctor Antonio López Alonso, decano de la Facultad de Medicina de Alcalá de Henares (ed. personal), Alcalá de Henares, 2000.

Nuevo matrimonio del rey Felipe, ahora con la archiduquesa Ana de Austria, hija del emperador Maximiliano. La boda tuvo lugar en Segovia, repicando en su honor todas las campanas de Madrid, adonde llegó la nueva reina pocas horas después por el camino de Fuencarral, y donde le esperaban el duque de Feria y un ejército de gala formado por más de 4.000 infantes y 1.500 arcabuceros, al mando del madrileño Francisco Vargas Manrique.

Madrid se volcó en la recepción y el espectáculo. Hasta se fabricó un estanque de quinientos pies de largo, donde se fingió una gran batalla naval con ocho galeras. Un trono de brocado esperaba a doña Ana, la mujer con la que tal vez se compenetró mejor el rey Felipe, que allí la esperaba con el Ayuntamiento en pleno. Luego, camino triunfal por la Carrera de San Jerónimo, y de allí a Palacio, donde esperaban las infantas Isabel Clara Eugenia y Catalina Micaela, los archiduques de Austria y el alto personal de la Corte.

Bodas, funerales, ceremonias, pero don Felipe tenía que seguir ocupándose de la seguridad de sus reinos. Los moriscos seguían su guerra particular en la Alpujarra y suponían un grave peligro que había que combatir desde Granada, misión encomendada al conde de Tendilla y luego a don Juan de Austria, que, triunfador en las serranías andaluzas, era enviado a Italia para cubrirse de gloria en Nápoles, en Sicilia y en Túnez. Un éxito continuo para las armas reales, pero un imaginario problema más para el rey Felipe, al ver cómo crecía el prestigio, la fama y la fortuna de su medio hermano. No faltaron los que incitaron sin razón los celos del monarca, dando lugar a injustas medidas y a novelescos episodios como el de la muerte de Juan de Escobedo, que pronto veremos.

En medio de tan complicados problemas exteriores en política y anímicos en el espíritu de Su Majestad, Madrid seguía, ¡cómo no!, poblándose de conventos.

En la después llamada plaza del Progreso, y más tarde de Tirso de Molina, se instaló la Orden de la Merced, llamada también de la Redención de Cautivos. Algo tuvo que ver con ella por entonces el gran don Miguel de Cervantes, vecino de Madrid.

Fue fray Gaspar de Torres quien logró unificar los diversos establecimientos de esta Orden en 1564, ya que había otro en la calle Mayor, contiguo a la Puerta de Guadalajara. En este nuevo convento se veneraba una imagen de la Virgen de los Remedios, salvada de ser quemada en Flandes por los luteranos y traída a Madrid por el soldado Juan de Orihuela.

Se terminó por aquellos días otro convento, Santa María de los Ángeles, en la plazuela de Santo Domingo, junto a la calle de Preciados. Lo protegió y financió doña Leonor de Mascarenhas, dama portuguesa aya de Felipe II. De la religiosidad, al borde de la beatería y del iluminismo, del pueblo madrileño puede recordarse que en dicho templo se veneraban una imagen de Nuestra Señora de las Victorias, un brazo de santa Inés y doce cabezas de las Once Mil Vírgenes.

Otro templo, el del Asilo de Mendigos de San Bernardino, allá por las huertas de Leganitos, y la iglesia de los religiosos descalzos, dirigida por un sobrino de san Pedro de Alcántara.

No es que fuera signo de modernidad, pero sí una curiosa variante, la casa de mancebía en los alrededores de la Puerta del Sol, que fue transformada, ¡cosas veredes, Sancho!, en un ilustre convento más, bajo la advocación de Nuestra Señora del Carmen, que es el que hoy se conserva en la calle de su nombre. Y fue el nuncio Juan Bautista Cataneo, luego papa Urbano VII, el que celebró allí la primera misa[2].

En la céntrica calle de Toledo nació el templo de la Compañía de Jesús, dedicado a san Pedro y san Pablo. A la inauguración asistieron los reyes con el príncipe Carlos y con don Juan de Austria. El Colegio pasó a ser Estudios Reales y más tarde el famoso Instituto de San Isidro, donde en el siglo XX se examinaron el actual rey de España, don Juan Carlos, y su desgraciado hermano don

[2] Hubo más devociones en ese período. Madrid recibió también los restos de san Eugenio, primer arzobispo de Toledo, traído desde St. Denis, en Francia. El todo Madrid oficial, con el rey al frente, acompañó tales restos a su catedral toledana. La reina encargó a Gaspar Bocure una admirable imagen de la Virgen de la Soledad. Un hospital para cuarenta mujeres cerca del Prado, en el convento de Santa Catalina o algo parecido. En fin, una sola obra civil digna de mención: la urbanización de la plaza de la Armería, frente a Palacio, casi con su traza actual. Allí se trajo la Armería Real, que estaba en Valladolid.

Alfonso. Madrid, con tanto templo, tanta procesión, tanta Corte y tanta severidad filipina, iba siendo ya algo muy distinto del alegre, vocinglero y desordenado Madrid medieval, del que tanto llevo ya escrito. Las diferencias, ventajas y desventajas para los habitantes, ya las iremos viendo. Pero algo singularísimo, típico y tópico, un madrileñismo sui géneris, el Madrid de siempre y el de los muchos miles de gentes que iban llegando de todas partes, iremos viendo cómo se perpetúa a través de los siglos. De ahí ese Madrid de las contradicciones, de los contrastes, de lo mínima y de lo desorbitada que es esa ciudad que hoy padecemos y disfrutamos.

## ¡Qué lejos estaba el mar de Madrid!

La suerte de España y de la cristiandad se jugaban en el Mediterráneo. La gran rivalidad marítima y comercial con Inglaterra se jugaban en el mar del Norte y en el canal de la Mancha. La herencia austríaca y borgoñona de la dinastía se jugaban en tierras de Flandes, mitad carne, mitad pescado, como diría de ellos el gran Eugenio Montes. ¡Y Madrid, capital de las Españas, tan lejos de todo ello! Oficialmente concernido, qué duda cabe, por las guerras contra el Turco, contra ingleses y contra flamencos. Rey y ministros, en Madrid y El Escorial, lanzando y esperando despachos, analizando mapas. Nada menos que Lepanto, la Invencible y el dominio de los Países Bajos se estaban jugando con cartas a la vista. Y la Providencia, según el monarca, decidiéndolo todo, la gran victoria y la gran derrota, lejos de Madrid, en el mar o al borde del mar.

¿Qué sabía la Villa y Corte, la capital mesetaria, de los océanos y de las costas, de las mareas y de las tormentas, de la galerna y de la tramontana? Las difíciles y lentas comunicaciones de entonces retrasaban las noticias semanas enteras.

Además, ¿en qué iba a afectar directa o indirectamente combate de más o de menos en aguas o tierras lejanas? Indudablemente, sí a largo plazo, porque era España la que se jugaba allí el ser o no ser. La hegemonía frente al hereje y frente al Turco, el subir, el bajar o el mantenerse. Y Madrid, capital del reino, tenía sus responsabilidades nacionales. Pero había que vivir al día, y el día era algo pequeño, estrecho, cuando no amargo por las hambres y las pestes. También había que celebrar los éxitos lejanos, y con los reyes al frente se organizaban fiestas y procesiones, por Lepanto, ¡cómo no!, y el solemne tedéum, y la acción de gracias. El gran patriotismo era sincero, auténtico, espontáneo y un tanto ingenuo. Luego los grandes autores de la época darían admirable forma literaria a los triunfos y a los desastres. ¡Cómo no recordar esas prosas y esos versos soberanos de Lope, de Calderón, de Tirso, de Quevedo!...

Para nosotros, historiadores de Madrid, lo que aquí cuenta no son los formidables episodios históricos de la época de la que tantas obras propias y ajenas hemos leído, escrito y descrito: don Juan de Austria, el marqués de Santa Cruz, el duque de Alba, Sancho Dávila, ni sus enemigos Alí Bey, Drake, Guillermo de Orange, Antonio Pérez..., ni los reyes y las princesas. Lo nuestro es Madrid, su pequeña historia, que adquiere grandeza cuando se convierte en protagonista, y es también por esa formidable evolución que va convirtiendo a nuestro pueblo de villa medieval en gran capital europea.

A San Felipe el Real fueron los reyes con toda la Corte y el Ayuntamiento a celebrar la gran victoria de Lepanto, y pocos días después a la iglesia de San Gil para el bautizo del príncipe don Fernando.

No sé si se hablaría mucho de la rota de la Armada Invencible, que por cierto recibió el rey imperturbable en El Escorial, pero sí en cambio fue un acontecimiento para el mundillo madrileño, desde Palacio a la calle, un curioso episodio que a continuación resumo:

En casa del conde de Montalbán apareció una noche —¿casualmente?— una muchacha que pertenecía al servicio de la princesa doña Juana. Tremendo escándalo. Don Gonzalo Chacón, que así se llamaba Montalbán, tuvo que huir y refugiarse de convento en convento. Fue sentenciado a muerte por cuestión de honor. El rey se mostraba inflexible. La madre de don Gonzalo, aya del príncipe don Fernando, logró el indulto; el conde, obligado a casarse con la joven en cuestión, y los dos, desterrados de Castilla. Como hoy, esos «culebrones» son el opio del pueblo.

En 1573, terminado ya el monasterio de El Escorial, fueron trasladados allí los restos de la reina Isabel de Valois y los del desgraciado príncipe don Carlos. El mismo año, coincidiendo con el día de San Lorenzo, patrono del monasterio (10 de agosto), nació de camino en Galapagar otro infante, Carlos Lorenzo, sorprendida de parto Su Majestad en pleno viaje.

En abril de 1578 nace en Madrid un nuevo príncipe, al que se llamó Felipe, como su padre, es decir, un heredero al trono, madrileño, no provinciano o extranjero como los monarcas anteriores de la Casa de Austria. Él sería el futuro rey, al haber fallecido poco después el Príncipe de Asturias, don Diego. No puede dudarse acerca de los deseos de Felipe II por asegurar la sucesión en el trono y su insistencia o más bien la mala suerte procreadora. Amén de sus amores extraconyugales, que los hubo y bien sonados, pero que no son aquí nuestra cuestión.

## La princesa de Éboli, Antonio Pérez, Escobedo y compañía

En la noche del 31 de marzo de 1578, es decir, el año en que nace Felipe III, en el callejón de Santa María, frontero a la Casa de los Consejos, muy cerca de Palacio, fue atravesado de una estocada, muy certera por cierto, el secretario y privado de don Juan de Austria, don Juan de Escobedo, ministro también del Consejo de Hacienda y conocido por sus enemigos por «el Verdinegro». Murió en el acto, y la justicia parece más bien que en principio tuvo interés en ocultar el trágico hecho, hasta el punto de evitar toda clase de averiguaciones. Simplemente da la impresión a los historiadores de que el asesinato de Escobedo fue ordenado por el secretario y favorito del rey, Antonio Pérez, y que este no hizo sino cumplir las órdenes del propio monarca.

Ríos de tinta se han vertido sobre tan famoso y poco oscuro hecho. Va unido a tal serie de intereses políticos y a cuestiones íntimas y amorosas de los grandes personajes de la época, en el hecho en sí y en sus repercusiones, que merecen aquí siquiera un brevísimo resumen.

Juan de Escobedo era un hidalgo montañés, de Colindres, que llegó a Madrid en pos de fortuna, logrando pronto la confianza de Ruy Gómez de Silva, príncipe de Éboli, algo así como el primer ministro del monarca. Se hizo aparentemente amigo de Antonio Pérez, el secretario de Felipe II, pero se detestaban: el hidalgo, «nacido de la pata del caballo del Cid», y el bastardo trepador. Escobedo fue nombrado secretario de don Juan de Austria y pronto se hizo su amigo y confidente. Nadie como el doctor Marañón ha estudiado mejor su carácter. El rey y Pérez le llamaban «el Verdinegro» por su humor bilioso y atrabiliario.

Entran en juego los supuestos amores reales con la princesa de Éboli y la segura relación de amantes entre Antonio Pérez y la famosa y bella tuerta. Escobedo, al tanto de todo, amenazó con denunciar esto último al rey. Entonces, Pérez se inventó una conspiración de don Juan de Austria y Escobedo para derribar a don Felipe, desembarcando en Santander con ayuda inglesa. El soberano cayó en la trampa. Hubo cartas secretas, pruebas falseadas y algo más que interés del monarca por la Éboli, viuda de su ministro Ruy Gómez.

De ahí vino todo. El rey no dio la orden del asesinato de Escobedo, pero no ignoraba los planes del secretario Pérez para eliminarlo. Lo vio con buenos ojos, porque ponía una mordaza a ciertos comentarios y porque además eliminaba al supuesto muñidor de las supuestas conspiraciones de don Juan de Austria.

Todo sucedió en Madrid. El crimen de Estado era moneda corriente de la época. Se procuró el mayor sigilo posible, hacer creer que se trataba de un asunto de faldas. Y como ejecutadores más seguros se buscó a un grupo de presos, ofreciéndoles la libertad y la posterior huida a Aragón.

Marañón es, como siempre, el mejor cirujano y psicólogo del episodio. Él da los nombres de cada uno de los ejecutores, los primeros intentos de envenenamiento, la complicidad del marqués de los Vélez, que odiaba a don Juan de Austria porque le quitó el mando en la guerra de las Alpujarras, la ejecución de una pobre cocinera morisca sobre la que se cargaron las culpas del fracasado veneno, una conspiración secreta con tambor y altavoces. Parece que el ejecutor fue un tal Insausti, y con él otros dos, Bosque y Rubio... Y muchos más nombres. Todo pasó al lado de la Almudena, cuando Escobedo salía de casa de la Éboli. El viejo Madrid, escenario privilegiado del gran drama histórico. El que quiera saber más que no vaya a Salamanca, sino simplemente a la magnífica biografía de Antonio Pérez por don Gregorio Marañón. Por Madrid sonaba esta letrilla:

> Don Antonio, don Antonio,
> secretario, secretario,
> el mismísimo demonio.

Lo que vino después ya no es cosa nuestra.

## Felipe II, rey de Portugal

Tengo la opinión personal de que, de todas las empresas de Felipe, la que llevó a cabo con más inteligencia y con más amor fue la de Portugal. Corazón y cabeza acordes, con éxito, claro. Unifica la gran aventura de las Indias Orientales y Occidentales, sale a relucir la sangre portuguesa que corre por sus venas y es fiel a sus antepasados, casi todos a través de bodas y de luchas en pro de la unidad dinástica y peninsular. La muerte prematura del rey don Sebastián deja como único varón de la Casa de Avís al anciano y enfermo cardenal-infante don Enrique, que se muestra partidario de Felipe II para sucederle al frente de la Monarquía portuguesa. Las armas se aprestan a confirmar los derechos. El duque de Alba, por tierra, y don Álvaro de Bazán, por mar, dirigen sin problemas graves las operaciones. El único opositor, don Antonio, prior de Crato, ilegítimo heredero, hijo de La Pelicana, tiene que huir a Oporto y de allí a Francia.

Felipe II es proclamado rey de Portugal en las Cortes de Tomar el 15 de abril de 1581. Rey legítimo, con más sangre portuguesa que castellana, rey de la unidad peninsular. Más de 700.000 ducados dedica a su nuevo reino, concede el Toisón de Oro al duque de Braganza, se viste a la portuguesa y pasa dos felices años en Lisboa, con ánimo de volver: le va el carácter, los modos, la suave sensibilidad del país, pero ni por un momento se le ocurre seriamente el llevar a Lisboa la capital de las Españas. Fue allí un buen rey, y con un pequeño grupo de soldados mantuvo la paz y la armonía. Dejemos ahí tan bello y difícil capítulo de nuestra historia. Demasiados intereses, sobre todo extranjeros, franceses e ingleses, entraron en juego. También fallos nuestros. Un sueño de siglos del que tal vez algún día volvamos a despertar.

Guerra continua con Francia; Flandes, hermosa etapa histórica sin sentido político; amores y desamores con Isabel de Inglaterra; España por el orbe, con la rosa de los vientos, de Norte a Sur, del Este al Oeste... y don Felipe en su despacho, Madrid-El Escorial. Dejemos el ancho mundo y volvamos a la Villa y Corte.

## IGLESIAS, HOSPITALES Y TEATROS

Sigue Madrid de iglesias. No es crítica. Si las hay, y cada día surgen nuevas, es porque el pueblo las quiere y además entonces las oenegés se llamaban caridad, así que todo lo que era beneficencia, filantropía, ocuparse de niños y ancianos, atender a los enfermos, etc., se hacía en las iglesias o por medio de las iglesias, a base de virtud teologal, que en ciertos casos llevaba algún grado de hipocresía o penitencia.

Se fundó por entonces para niños expósitos la primera Inclusa, protegida por la Cofradía de Nuestra Señora de la Soledad, una de las de mayor devoción en Madrid.

Era costumbre muy poco edificante el ir dejando niños recién nacidos y aun algo creciditos abandonados a la puerta de las casas grandes y de los conventos. Tengo datos de uno que fue dejado en una cunita elegante con lujosas ropas de cristianar en el zaguán de la más ilustre casona del pueblo de San Clemente. Fue acogido y hoy es el ilustre antepasado de una muy noble familia. Pero la mayoría de esos expósitos, aparte de recibir tan poco distinguido apellido, eran enviados a pueblos cercanos para ser acogidos mediante estipendio por familias campesinas más o menos acomodadas. En tiempos bien recientes conocí una región de Ávila, conocida por las Umbrías de Navatalgordo, que seguía viviendo en buena parte de lo que les producía económicamente la acogida de los incluseros madrileños. El número de estos en tiempos del rey Felipe era de unos quinientos o seiscientos. Otra obra religiosa fue la parroquia de San Sebastián (1575), mezquina e impropia para tan ilustres parroquianos como fueron Cervantes, Lope de Vega y Quevedo, cuyos restos se han buscado más de una vez, siempre en fracaso, en el camposanto anejo a la modesta iglesia.

Casi enfrente de San Sebastián, de la parte de la plazuela de Antón Martín, estaba el monasterio de monjas de la Magdalena, templo ampliado con muchas vocaciones y que da nombre a la calle que hoy continúa con él.

Un convento más, el de las Recogidas, en la calle de Hortaleza; otro más, el de Loreto, en la plazuela de Matute. Lo fundó el propio Felipe II en honor de una imagen venerada de la Virgen que trajo de Italia. Luego se trasladó, creo que cerca de la calle de Santa Isabel, donde se dedicó a la educación y enseñanza de jóvenes doncellas. Añadamos la iglesia de Santo Tomás, luego colegio con cátedras públicas, muy ampliado y después convertido, tras varios cambios, en Tribunal Supremo de Guerra y Marina[3].

Al final de la calle de Atocha se construyó un enorme edificio, el Hospital General, que fue transformado en obra suntuosa y más vasta en tiempos de Carlos III; Felipe II lo ordenó construir en 1581, ocupando varias manzanas. Sabatini, en el siglo XVIII, dio extraordinaria categoría médica, docente y artística al edificio. Hoy convertido en Centro Reina Sofía, museo de arte más que moderno, modernísimo, reúne junto a obras maestras verdaderas mamarrachadas muy aplaudidas por cierta crítica pedantesca, y con variaciones arquitectónicas coloristas de un francés llamado Nouvel que preferimos no comentar aquí.

Mas no todo iban a ser conventos, iglesias y monasterios. También algo de aquellos edificios sirvió para ser origen del primer teatro español en local cerrado. Primero con representaciones de carácter religioso o semirreligioso-mitológico, origen de

[3] Hubo más hospitales: el de Campo del Rey, el de San Lázaro (de ahí tal vez lo de lazareto), el de San Ginés, el del Amor de Dios, que dio nombre a una calle; el de Convalecientes, en la calle Ancha de San Bernardo...

los primeros autos sacramentales. Precisamente así comenzó en Italia y luego en España la primera ópera, cantatas, oratorios, arias..., en templos, casas de la nobleza y de allí a Palacio.

Había dos o tres representaciones por semana, siempre domingos y festivos. En Carnaval, tres días seguidos; cerrado en Cuaresma; el público intervenía, se protestaba y se silbaba mucho; la gente de posibles, en los aposentos; la del bronce, en el patio; mujeres y hombres, separados, en lo posible... La «cazuela» estaba en la parte de atrás y generalmente con público femenino. Había un espacio llamado el alojero, dedicado a la venta de aloja, especie de ambigú o bar, y un palco de autoridad o presidencia, algo así como el palco real.

Los más famosos teatros fueron pronto el de la Cruz y el del Príncipe, ya con ciertas comodidades y ornatos, coliseos distinguidos, distintos a los famosos corrales, aunque con obras y público parecidos. En todo caso, y a pesar de sus muchos defectos, ese modesto teatro filipino fue ya como una puerta abierta para la cultura y un entretenimiento para todas las clases sociales, que, con altibajos, viene durando ya cinco siglos.

## Últimos tiempos del reinado

Aunque ya dije que por razones geográficas Madrid vivía de espaldas al mar, la preparación de la Armada Invencible en todos los puertos y la rivalidad con Inglaterra alcanzó tan alto grado que acabó por tener repercusión en la capital. Se preveía una gran victoria nacional y todos querían contribuir a ella. A la solemne fiesta en las Mercedarias, encomendando la empresa naval a la Virgen de los Remedios, asistió todo el pueblo madrileño con los reyes, toda la familia real y los Consejos al frente, con sermón del orador sagrado de moda, fray Hernando de Santiago, conocido por Pico de Oro. Hay quien opina que tales fueron los excesos que siguieron al tedéum en las fiestas profanas, que bien mereció del cielo la derrota de la gran Armada. El caso es que Dios nos dejó de su mano y a base de fuertes vientos ayudó a los protestantes. Bien lo reconoció el paciente monarca en sus famosas palabras.

En la relación con Francia vencíamos casi siempre en el campo de batalla e incluso en los tratados, pero perdíamos siempre en el terreno de las astucias y de las malas artes, malas para nosotros. Así que con el «París bien vale una misa» Enrique IV echaba por tierra todas las brillantes victorias de nuestros ejércitos.

Madrid celebró el Tratado de Paz de Vervins con ceremonias y festejos. Para eso siempre estamos dispuestos, lo mismo si se gana que si nos quedamos en tablas.

Todo el asunto de Antonio Pérez, su prisión, su fuga, los graves problemas planteados por los Fueros de Aragón, las traiciones en el extranjero del innoble personaje, indudablemente debieron de ser muy comentados en Madrid. Era un tema a la vez verde, rosa, político y religioso, todos los ingredientes para entretener a nobles y pueblo, pero sin afectar a fondo a la vida de la ciudad. Lo mismo debió de ocurrir con el malhadado asunto del «Pastelero de Madrigal», con todas sus intrigas para la falsa resurrección del pobre infante don Sebastián...

A pesar de haber vivido su más feliz matrimonio con la reina Ana, a pesar de estar con sus amadas hijas, a pesar de complacerse con su gran afición a flores y jardines, a pesar del grandioso monasterio, su casa y de toda la dinastía, los años finales de Felipe II no debieron de ser muy felices. Era un hombre muy sensible y terriblemente inteligente. De ahí alguna de sus contradicciones. Cayeron sobre él tremendas responsabilidades, problemas insolubles, y sobre todo ello siempre su fe católica, su fidelidad a la Iglesia y su patriotismo español, repito lo de español. Menos dinástico que su padre y nada imperial. Probablemente intuía ya el declive.

En 1595 sintió agravarse su gota, su hidropesía. Síntomas cercanos al final, en El Escorial, rodeado de innumerables reliquias que había ido reuniendo.

No alarguemos las escenas del final. A los setenta y un años de edad y cuarenta y dos de reinado, el 13 de septiembre de 1598, pasó a mejor vida, mientras doblaban las campanas de su monasterio, del gran monumento de Madrid en la sierra.

Durante los últimos años del reinado de don Felipe se habían ido produciendo hechos de relativa importancia, pero de interés para nosotros por su repercusión en la vida madrileña, en el acontecer local. Las reclamaciones se dirigían a las Cortes, que no daban abasto a atenderlas. Había quejas por los excesos de lujo de algunos, por el dispendio en actos oficiales, el exceso de casas religiosas y de sus espaciosas huertas y jardines, el absentismo de los grandes propietarios que llega hasta nuestros días en muchos casos, necesidad de fijar tasas, sobre todo a los alimentos, y de la limitación de los excesivos arrendamientos urbanos; lo normal era el alquiler de la vivienda, no la compra desorbitada como hoy día... Reformas y más reformas que se proponían al municipio y a las Cortes. Por desgracia, según inveterada práctica, la Administración era lenta y los procedimientos se eternizaban. Hubo Cortes en Madrid desde 1573 y se prolongaron en diversos períodos hasta finales del siglo. El rey no dejó nunca de estar al tanto de lo que allí ocurría, aunque su intervención, a pesar de la Monarquía absoluta, estaba muy limitada por las leyes en tales casos, sobre todo en cuestión de gastos.

En aquellos tiempos se incrementó la costumbre muy laudable de fijar mediante cotos, cruces y mojones la jurisdicción de cada zona provincial (todavía no había provincias, pero sí su clara noción), municipal e incluso de pedanías, pero con tendencia a suprimir límites fronterizos, pósitos, alcabalas de paso, etc.

También se procuró el limitar el uso de caballos para recreo y dedicarlos todos a las faenas del campo, a la agricultura. Hay que tener en cuenta que Madrid era ciudad y campos, y que vivía en gran parte de sus productos.

Se fijaron estipendios justos para la administración independiente de la justicia, con lo que aumentó su prestigio y su respeto. Se limitaron los tributos, medida lógicamente muy bien acogida, y se recargó el lujo. Otro interesante acuerdo de las Cortes fue aconsejar al rey que delegase atribuciones a los Consejos y Tribunales, evitando retrasos y dando fluidez a la vida oficial y pública.

Madrid era cada día más el centro de todas esas medidas, es decir, la verdadera capital del reino de España, más que de las jurisdicciones periféricas, con sus ventajas y sus inconvenientes. Es decir, lo práctico era centralizar la alta política y distribuir atribuciones regionales y locales, práctica en la que fueron maestros iniciadores los Reyes Católicos.

Hecho anecdótico e histórico digno de recordar fue la coincidencia en Madrid por aquellas fechas finales de reinado nada menos que de santa Teresa de Ávila y de san Juan de la Cruz, los dos grandes santos y maravillosos poetas, con sus fundaciones. Vinieron de Ocaña, de Malagón y de Toledo, y alquilaron edificios que llegaron a ser de su propiedad, como la iglesia de Nuestra Señora de los Ángeles.

Más conventos: el de Santa Isabel la Real, traído por mis queridas monjas de Santa María de Gracia, de Ávila y de Madrigal de las Altas Torres. Y el de la calle del Reloj, donde predicaba el famoso beato Alonso de Orozco. Y el gran Colegio que luego fue palacio del Senado, y el convento de los padres recoletos, que da nombre al espléndido paseo. Ocupaba un espacio que luego pasó a ser palacio y jardín del marqués de Salamanca.

Otro palacio construido para Congreso de los Diputados fue en tiempos mansión del marqués de Távara y de la marquesa del Valle, y tiene gran fama y hoy perdura el oratorio de Caballero de Gracia, cedido por el caballero de Módena don Jacobo de Gratis (o Gracia), otro local que da nombre a una calle muy céntrica de la capital.

Agreguemos los orígenes de la Casa de la Villa en la plazuela llamada de Herrera, junto a la calle de la Cruzada, cerca de la Plaza Mayor, llamada todavía del Arrabal, y la construcción de la llamada Puente Segoviana (1584).

La Villa y Corte se desarrolló notablemente al instalarse en torno al rey Felipe las grandes familias; entre otros, los duques del Infantado y de Escalona, que recibieron el Toisón de Oro; el duque de Saboya, Manuel Filiberto; los legados papales Aldobrandini y los príncipes de Ascoli; los primeros secretarios reales, como Martín de Idiáquez; el primer conde de Barajas, el quinto duque de Gandía, los príncipes y duques de Pastrana, Mélito, Parma, Éboli..., además de las tradicionales grandes familias madrileñas... Solo la peste de 1596 vino a enturbiar el relativo bienestar de una población que, aunque inevitablemente compartimentada, empezaba a merecer el calificativo de «la ciudad alegre y confiada».

# 16
# TIEMPO DE VALIDOS Y MUDANZAS

## DON FELIPE III: «¡ME TEMO QUE ME LO HAN DE GOBERNAR!»

Con estas palabras se despedía el moribundo Felipe II de su íntimo colaborador y amigo don Cristóbal de Moura, portugués y marqués de Castel-Rodrigo: «¡Ay, don Cristóbal, que me temo que me lo han de gobernar...! Dios, que me ha concedido tantos estados, me niega un hijo capaz de gobernarlos».

¿Cómo era el nuevo rey? Con tres acertadas palabras le define un historiador: apacible, clemente y piadoso, admirables cualidades para un buen padre de familia, pero ¿suficientes para cargar sobre sus espaldas, que no eran precisamente las de Atlante, la pesada mole de la Monarquía de España?

Tantas cosas pasaron en sus más que largos veinte años de reinado, que una vez más procuraré no olvidar lo esencial de tan ajetreado período, pero acercándome siempre a lo personal y a lo relacionado con la reciente capital de todos sus estados.

El 17 de septiembre de 1598, tras los funerales escurialenses y la noche en Torrelodones, el joven rey entraba en Madrid, acompañado de su hermana Isabel Clara Eugenia, que se alojó en las Descalzas Reales mientras él lo hacía en los Jerónimos. Desde allí dirigió un sentido escrito al «Concejo, Justicia y Regidores, Caballeros, Oficiales, Escuderos y hombres buenos de esta noble Villa», participando el fallecimiento de su padre y pidiendo las honras y demostraciones de sentimiento debidos a su excelsa memoria, documento solemne que se conserva en los archivos del Ayuntamiento.

Seguía viva la idea, no ya medieval, sino históricamente española, de que el pueblo quería a sus reyes y los madrileños tanto como el que más. Era el regidor y alférez mayor el caballero de Santiago Íñigo de Cárdenas Zapata, y corregidor, don Rodrigo del Águila. El cortejo recogió a la infanta en las Descalzas, siguió a la Puerta del Sol y por la calle Mayor hasta la gran plaza, donde tuvieron lugar sobre un alto estrado las solemnes exequias ante el catafalco que representaba al gran monarca que yacía ya en su casa de El Escorial. Asistió el rey de luto riguroso con toda la Corte, Ayuntamiento y grandeza, obispos y arzobispos por doquier. Madrid siempre fue maestro en este tipo de ceremonias hasta que llegó la chabacanería igualitaria de 1931. Claro que aquel lujo resultaba caro, pero complacía a todos, salvo a la Hacienda, y daba prestigio al país, como sigue ocurriendo en Inglaterra, por ejemplo. Es cierto también que Felipe III durante su reinado debió de pasarse alguna vez en estos fastos, alegres o fúnebres, pues dejó fama de generoso, dadivoso, lujoso, espléndido y hasta un tanto manirroto.

En cuanto al gobierno, pronto se vio que no estaba dispuesto a dedicarle excesivos esfuerzos y que le resultaba más fácil encomendarlo a un caballero amigo y de su confianza, con todos los riesgos que ello comportaba, pero muy cómodo para sus limitados alcances intelectuales y sus escasas energías físicas.

Así, los atributos de la majestad fueron cedidos, sin más, al señor marqués de Denia, que desde el primer día se dedicó a favorecer a los amigos, a ignorar a otras autoridades e instituciones y a recibir obsequios sin tasa. Y como siguió dando grandes limosnas y generosos favores al clero, contó pronto con su apoyo y con su «vista gorda» para sus tropelías gubernativas.

La generosidad del rey se convertía en un clima de despilfarro general. El conde de Miranda, que por cierto da nombre a una plaza, gastaba enormes sumas para ser nombrado presidente del Consejo de Castilla, desbancando a don Rodrigo Vázquez, que había servido eficazmente en tiempos de Felipe II. La mitra de Toledo se entregaba a don Bernardo de Sandoval y Rojas, tío del insaciable valido, marqués de Denia, y este, a poco, era elevado a duque de Lerma.

La Villa de Madrid se preparó a recibir con honores a la nueva reina, como pocos días antes había hecho espléndidamente Valencia. Todo pareció poco para celebrar y homenajear a la hermosa austríaca. A los gastos debió de contribuir el famoso impuesto de la sisa, una especie de moderna contribución al consumo.

Describir los solemnes actos, ceremonias, festejos, desfiles, uniformes, nombres ilustres, no solo resulta ya fatigante para el lector, sino incluso para el autor. Nos lo podemos figurar, pero a la gente le encantaba.

Lo práctico e interesante es que se ensanchó la calle de Alcalá. Que fue empedrada, que se puso una estatua de Minerva, anuncio de la futura Cibeles, y que se alzó una puerta de piedra de tres arcos que años más tarde se amplió y perfeccionó en la espléndida y majestuosa Puerta de Alcalá. Entonces predominaba el gusto mitológico en la arquitectura y decoración. Por eso es curioso que aquella primitiva Puerta de Alcalá fuera adornada con dos grandes estatuas. Se quiso que fueran muy madrileñas: una gallarda matrona representaba a la Mantua Carpetana (Madrid de los romanos) y un apuesto mancebo al fabuloso Ocho Bianor, como vimos, supuesto fundador de la Villa. Había más arcos, uno en la calle de Bordadores, esquina a Mayor; otro en la plaza de Santa María, con un pedestal de Hércules; otro de todos los joyeros y plateros, de gran riqueza... Es una lástima que alguna de estas obras de fábrica de piedra berroqueña y artísticas esculturas de mármol no se haya conservado. Y, desde luego, no faltaban los tapices, algunos de los cuales constituyen la maravillosa colección del Palacio Real.

No olvidemos que fueron también numerosas las corridas de toros al modo de la época. Felipe III adornaba también de blasones a las gentes del valido Lerma. A su hijo le hizo marqués de Cea, y a su nieto, conde de Ampudia; a la duquesa de Gandía, una soberbia carroza, y a su tío el arzobispo, el mejor cigarral de Toledo.

«El confuso e ignorante gobierno del Rey ni se enteraba y le tenía sin cuidado.» Y lo mismo debía de ocurrirle al pueblo de

Madrid, del que no consta la menor queja. ¡Bendita indiferencia! ¿Eran todos felices o eran todos un poco cortos de alcances? Acaso lo que más preocupaba a todos era la peste, que se extendía por entonces en Madrid. Y, mira por dónde, empezó a hablarse del traslado de la capital a otra ciudad.

Al comenzar el año 1600 corría ya por todos los mentideros la noticia de que el duque de Lerma, gran hacendado en la ciudad y tierras de Valladolid, pensaba trasladar allí la Corte con el pretexto de ayudar a aquellas regiones castellanas que se estaban despoblando. Toda su corte de aduladores, esa gentecilla que suele estar nombrada a dedo y cobra del poder, le apoyó fervorosamente con el fin de hacerlo lo antes posible. Se jugaban muchos intereses. Por lo pronto, el duque y los suyos habían adquirido a bajo precio grandes propiedades vallisoletanas que se iban a revalorizar inmediatamente. No les perjudicaba, ni les importaba, que Madrid sufriera graves pérdidas y que se desvalorizara la propiedad urbana. Ya llegaría el día de volver y de adquirir por cuatro cuartos. Al Municipio le parecía imposible tal desvergüenza del favorito. El movimiento industrial y comercial en la Villa comenzó a paralizarse. Era de lamentar, porque por aquellos días se estaban construyendo importantes edificios, entre ellos la Cárcel de Corte, magnífica obra, después Ministerio de Estado.

La gente vendía sus casas y hubo quien las alquilaba a muy bajo precio con tal de que se las cuidaran durante su ausencia, con la esperanza de que no sería muy larga una vez que cesara el valimiento del gran estafador de altos vuelos, el señor duque de Lerma.

En los últimos días de la capitalidad de Madrid se celebraron grandes fiestas en Aranjuez y otras en San Jerónimo, donde se repartieron hábitos, condecoraciones y mercedes a manos llenas. Dispendios a los que debieron de contribuir los aumentos de tributos que fueron recaudando los oficiales de Lerma por tierras de Ávila, Salamanca, Segovia y Valladolid, donde el duque se autoproclamó Regidor Perpetuo.

Los reyes se despidieron de Madrid con las fiestas por el cumpleaños, decimosexto, de la joven reina. En ellas, Lerma tuvo la insólita y odiosa actitud de leer un soneto denigrando a la Villa y Corte.

El día 11 el rey estaba ya a orillas del Pisuerga, y la reina, el 15. Madrid quedaba como una ciudad semiabandonada, triste, un tanto aislada. Se fueron trasladando los Consejos, las Cortes, las representaciones diplomáticas. El débil rey había dado la máxima prueba de que nada mandaba. Lerma inauguraba en plenitud la era de los validos y llenaba sus bolsillos con el producto de sus latrocinios. Bien lo dijo el pueblo con sus versos cuando la ambición del duque llegó a la púrpura cardenalicia:

Para no morir ahorcado
el mayor ladrón de España
se vistió de colorado.

## A Valladolid, de ida y vuelta

Nunca estuvo Felipe III muy decidido a la mudanza, pero su voluntad no contaba para nada y en los mentideros madrileños, gradas de San Felipe, arcos de Santa Cruz y figones de San Gil y Santo Domingo, ya todos lo daban por hecho. En carta al dictado de Lerma lo había ofrecido casi oficialmente desde Medina del Campo a la ciudad del Pisuerga. La voz de alarma se hizo pública en palabras del procurador de la Villa don Diego de Barrionuevo en enero del año 1600.

Según todos los cronistas de la época, la tal resolución «fue causa universal de protestas y clamores entre los madrileños todos, tal como no la recordaban ni los más viejos». Las maldiciones contra el favorito se extendían hasta el propio monarca. Vicente Espinel, en agudo soneto, culpa de la mudanza a «dueños tiranos y avarientos», y como beneficiarios, a toda la gentuza de la época.

Hasta Lope se lamentó: «¡Adiós, Madrid, madre amada, madre nuestra, Madrid rico, corte del gran Salomón, hechura de Carlos Quinto...!».

¿Dónde estaban las ventajas de Valladolid, con tantas nieves, tantos fríos, tantas brumas y las crecientes avenidas de los dos ríos que la cercaban?, se preguntaba Pérez de Herrera. Dos meses seguidos pasó allí Felipe III, «tirando la casa por la ventana» para hacerse el simpático, repartiendo ducados, sonrisas y dineros. El traslado costó millones en compensaciones, obras, compra de voluntades y lucro cesante, auténtica calamidad, más que local, nacional.

El aspecto en que quedó Madrid era desolador: los jardines sin riego, los sotillos abandonados, el silencio de una urbe irreal, desbandada de los Consejos. «Daba lástima mirar las casas, tanta tristeza, tanta soledad, afligida el alma de melancolía [...]», escribe Agustín de Rojas. Y en cambio se trasladó a Valladolid con la efímera capitalidad «todo género de insaciables sanguijuelas, busconas, taimas, celestinas, madres del embeleco, pícaros, ganapanes, rufianes... y demás piojos de la sociedad».

Y ¿qué Valladolid? Muy poco, algún festejo los primeros días, jolgorios, amontonamiento de gentes, improvisaciones y ruina de más de uno. Es cierto que llegaron algunas embajadas importantes, ingleses, persas; que se vio por las calles a Lope, a Quevedo, a Rubens y hasta a Cervantes. Por pocos días.

El rey Felipe no perdía su atracción por Madrid. Varias veces dejó Valladolid para ir a El Pardo, a Aranjuez, a la Florida, a los barrios de la Morería, a las Descalzas Reales. Cuatro meses duró su excursión madrileña, desde abril de 1602, y en 1603 se llevó las Cortes a Valencia, dejando en Madrid a la reina y a la infanta.

Los poetas no cejaban en su campaña madrileñista. Góngora llama a Madrid «dosel de Reyes, de sus hijos cuna», atacado por la envidia con poderosos dientes, etc. Y Quevedo no se queda atrás: «De Valladolid la rica, arrepentidos de verla [...] por romadizos engendra aquellas riberas calvas [...]».

Los regidores madrileños propalaban las continuas epidemias vallisoletanas, citando enfermedades de personajes reales y pidiendo el inmediato regreso a Madrid. Hasta se ensayó el sistema de comprar al duque de Lerma ofreciéndole valiosísimos regalos, nada al lado de la colosal fortuna que le había valido la mudanza.

Más que la campaña de Madrid, que fue intensa, lo que decidió el regreso de la capital a la Villa y Corte fue el aburrimiento de Felipe III a orillas del Pisuerga, prefiriendo el glorioso Manzanares, «único río en el mundo que podía navegarse a pie o a caballo».

Así, el 4 de marzo de 1606, los reyes entraban de nuevo en Madrid, en medio del consabido júbilo. Y con la vuelta siguió tal lluvia de conventos que resulta ya pesada la simple enumeración.

No hubo muchos momentos históricos de importancia durante el reinado de Felipe III en Madrid: el juramento del Príncipe de Asturias en San Jerónimo, en 1606; la muerte de la reina Margarita, en 1611, a los veintiséis años de edad. Ante tales hechos, alegres o luctuosos, don Felipe, siempre haciendo honor a su nombre de El Piadoso, exclamaba: «¡Dios sea bendito por todo!», se ponía de riguroso luto y se encerraba después de encargar miles de misas.

En diciembre de 1615 llegó a la Corte la jovencísima Isabel de Borbón, hija de Enrique IV de Francia y de María de Médicis. Tenía doce años y estaba casada desde hacía varios años. Infantil matrimonio de Estado que se consumó en 1620. Debió de resultar muy agradable para don Felipe, pues la novia era, según las crónicas, «un auténtico bombón, una perita en dulce», «la mejor flor de lis de Francia», según Enrique IV.

Coincidió por aquellas fechas un hecho luctuoso: la muerte el 23 de abril, en la calle del León, de Madrid, de don Miguel de Cervantes, que tuvo eco muy limitado, salvo en los medios académicos y en alguna tertulia. El modesto entierro llevó al primer novelista del mundo al convento de las Trinitarias, en la calle de Cantarranas, hoy Lope de Vega.

En 1617 quedó concluida la magnífica Plaza Mayor, con la Real Casa de la Panadería al frente, obra del arquitecto Gómez de Mora y del alarife Antonio Sillero.

Brillante día para Madrid fue el de la beatificación de san Isidro [1], con una gran justa poética dirigida por Lope de Vega en la iglesia de San Andrés.

Continuando la aproximación a Francia, se concertó la boda del Príncipe de Asturias con la princesa Isabel de Borbón,

[1] A la que siguió poco después la de su esposa, santa María de la Cabeza.

hermana de Luis XIII de Francia, jurando ambos contrayentes la renuncia para ellos y para sus sucesores a cualquier derecho que tuvieran al trono del otro país; lo que no se cumplió por parte francesa con Felipe V cuando llegó la hora de suceder a Carlos II.

Felipe III tuvo el propósito de visitar, como era lógico y necesario, las tierras portuguesas de su reino. Se preparó todo al efecto, pero el viaje se suspendió porque se consideró que sería contraproducente, dada la gran pobreza y miseria en que se hallaban aquellos vecinos. Disparatada decisión, error político máximo, un mal paso para llegar no mucho después a la pérdida de Portugal... Otro error fue el excluir a Madrid de una guarnición, siquiera limitada, del nuevo contingente creado por Felipe III del Ejército español. Por desgracia, seguía mandando Lerma con sus sucesores, el duque de Uceda y el marqués de Cea, aunque esos eran algo mejores que el padre y abuelo de la dinastía ducal de tal personaje. Sus fortunas familiares se iban acreciendo mientras que el país iba cada día peor y sus finanzas cerca de la quiebra.

Pues sí, se lo gobernaron, como decía Felipe II. Ya lo hemos ido viendo. Sin embargo, tan grandes habían sido los reinados anteriores, que aún seguía siendo España una gran potencia, aún seguían temiéndola nuestros enemigos, aún seguíamos imponiendo la moda de ser en Europa e íbamos a ser capaces de vivir en decadencia todo un incomparable Siglo de Oro. Lo confirmaremos en el reinado siguiente, con Felipe IV y Olivares; pero, aun con todas sus calamidades y los latrocinios de tiempos de Lerma, la España de Felipe III tiene momentos de esplendor, y el escenario no es un campo de ruinas, sino un gran monumento con achaques y goteras.

Lo que pudiéramos llamar el eje Madrid-Viena seguía imponiendo su prestigio, su «nobleza obliga», en las contiendas del centro y del norte de Europa, cada vez más políticas nacionales y menos religiosas. Nuestra herencia, nuestro honor y hasta nuestro modo de ser nos obliga a enfrentarnos a casi todos los nacientes nacionalismos renacidos de las ruinas del Imperio carolingio, que no era precisamente español: frente a bohemios, magiares, flamencos, valones, croatas, daneses... En el balance de la historia parece que todos ellos, con la batuta francesa y a veces británica, solo pretenden recordar lo negativo. Son los ecos y los efectos inmediatos de las guerras de religión del XVI y de la Guerra de los Treinta Años. Felipe III era profundamente pacifista, pero ¿para qué le servía su carácter, inmerso en el torbellino de intereses en el que solo habría sido capaz de imponer su ley un gran hombre de Estado, que no lo era?

No debemos olvidar que España al morir Felipe II era mucho más extensa y poderosa que en tiempos de los Reyes Católicos, con la diferencia de que entonces había espíritu creciente, energía y optimismo, y el renacer periférico español apenas se insinuaba. Prueba de que aún éramos alguien es que el mismo año de la muerte de Felipe III, Spínola obtenía la gran victoria de la Montaña Blanca, a las mismas puertas de Praga.

Nuestros ejércitos, aguerridos aun disminuidos, eran capaces de imponerse en el continente... Pero hacía falta un gran rey, y para el poder y la gloria hace falta algo más que ser El Piadoso.

Hemos subrayado que el país estaba exhausto y además la sequía hacía perder las cosechas. No supimos ni aprovechar los breves períodos de paz ni sacar rendimiento de las riquezas que venían de América. Magníficos estudios se han hecho sobre el tema para que insista en nuestra Historia del modesto Madrid, capital de un gran reino universal. Pero ¿es que no nos damos cuenta de lo que era para una ciudad de la meseta, en el centro de un país casi insular, en un mundo sin más comunicación que las velas de las carabelas y los galeones desde muchos miles de millas de distancia? ¿Qué era Montaña Blanca para Sevilla? ¿U Otumba para Barcelona? ¿O Vervins para La Coruña? ¿Es que les llegaba antes que a Madrid? ¿Es que a andaluces, vascos, gallegos, extremeños o catalanes les vibraba más el patriotismo que a Valladolid o Madrid? Desorbitada España que llegó al poder a deshora, demasiado pronto.

Otro tremendo *handicap* heredado: España, y no Madrid precisamente, era un Estado burocrático que vegetaba; las circunstancias, la mala ventura, la idiosincrasia nacional nos llevaron a la casi obligada expulsión de los moriscos, los únicos que querían y sabían explotar el campo, después de haber expulsado a los judíos, los únicos que sabían producir, crear, administrar, hacer correr el dinero...

Felipe III era el único rey que había nacido e iba a morir en Madrid. El 31 de marzo de 1621 falleció en el Alcázar madrileño. El Concejo de la Villa se gastó 36.000 reales en las honras fúnebres. Dicen que el rey Felipe tuvo gran predilección por Madrid. Era tan «pasmado» que Madrid ni se enteró.

# 17
# Esplendores del Madrid de Felipe IV

## ¡Qué reinado, Santo Dios!

El reinado de Felipe IV es uno de los más largos de la Historia de España. Además, está lleno de hechos trascendentales, por lo que resulta casi imposible para un modesto historiador de Madrid, que fue el centro de su vida y personales avatares, el sintetizar y analizar, todo de una vez, esa riquísima simbiosis histórica entre el monarca y la capital de España. Que, por cierto, comienza a serlo plenamente a partir de tan espectacular reinado.

Una simple enumeración de hechos puede poner en marcha la mente del lector, que, versado en historia, no necesita más que los nombres para recordar todo lo que hay detrás de ellos, y excusaremos, por lo tanto, de entrar en más disquisiciones.

Sin embargo, unas cuantas consideraciones nos pondrán mejor en situación.

España llegó demasiado pronto a ser un Estado, la primera nación de Europa como tal, redondeando sus fronteras naturales a principios del siglo XVI, cuando los demás países europeos se estaban haciendo y a algunos aún les faltaban siglos para ser Estados unificados. Nuestra Historia es una serie de anticipaciones y retrasos, así que rara vez estamos a la hora en punto de los tiempos.

El tiempo de Felipe IV, el espléndido rey, en su persona, no en su protagonismo histórico, es un tiempo catastrófico por querer hacer política moderna, centralismo absolutista, con los materiales de un Imperio, llamémosle así, en bancarrota, una monarquía que se ha entregado a los validos. Era muy difícil mantener firme aquella casa, aquel caserón, con un viejo y agarrotado aparato burocrático, esquilmado por las guerras, con unos dominios inmensos y dispersos y rodeados de enemigos en plena ebullición religiosa y política y en crecimiento continental y hacia ultramar.

Recordemos que el reinado de Felipe IV, insisto en que rey madrileño por excelencia, comprende nada menos que el valimiento del conde-duque de Olivares, un personaje excepcional con su pasión de mandar y su «Unión de Armas» tan comprensible pero que tantos problemas nos trajo: la Guerra de los Treinta Años, con el canto del cisne de España en Flandes; Rocroi, en 1643; el Corpus de Sangre en Barcelona; la rebeldía catalana, la andaluza y la aragonesa; la pérdida de Portugal, ya definitiva; las guerras continuas con Francia, el gobierno de don Luis de Haro, la sublevación de Massaniello en Nápoles, la serie de validos, la Paz de los Pirineos en 1659, la Paz de Westfalia y Osnabruck... Casi nada, como para resumirlo en pocas páginas. Y el rey, grande en su esplendor, alguien le llamó el Rey Planeta; grande como los hoyos, según Quevedo, más grande cuanto más tierra le quitan. Todo en un siglo español que con toda propiedad podemos llamar Siglo de Oro. Volveremos sobre ello, pero vamos a darnos una vuelta por el Madrid deslumbrador y miserable a la vez de nuestro rey Felipe, «que Dios guarde».

Así, de verdad, al llegar al trono el cuarto de los Felipes, se ve sorprendido como el ama de casa a la que le llega una visita de muchísimo cumplido cuando todavía están ella y la casa sin arreglar.

Rápidamente hay que limpiar, embellecer y aparentar grandeza. Cuenta, así, con un viejo y gran Alcázar, hecho a retazos; un caserón de 500 aposentos, lleno de funcionarios, arreglado por Carlos V, con muchas dependencias, sin unidad, y con una bella torre dorada, llamada de La Parada. La verdadera grandeza, la máxima piedra política de la Monarquía, está en El Escorial.

Pero Madrid, desde que es capital, no ha dejado de crecer. Ha pasado de poco más de 30.000 habitantes con 2.500 edificios a 200.000, y a mediados del XVII eran ya 300.000 o más, la cuarta ciudad de Europa tras Londres, París y Estambul, por encima ya de Nápoles. De aquel centro de la castellana paramera se ha ido haciendo una ciudad a la que Felipe IV, con todos sus defectos, ha dado carácter y color. Me atrevo a decir que con todos sus precedentes medievales e imperiales de los que he venido escribiendo, hoy, cuando hablamos del Madrid antiguo y nos vamos a hacer un recorrido «turístico», nos vamos al Madrid de los Austrias, que en realidad es el Madrid de Felipe IV con algo de su padre: Ayuntamiento, Casa de la Villa, palacio de Santa Cruz, Plaza Mayor, la Encarnación, Lope de Vega, Cervantes, San Ginés, Quevedo, Sacramento, Cruzada...

Un Madrid en el que hay poema, novela, crónica, comedia, un ambiente que es el de aquel rey calamidad, galante y poeta. Hasta un estilo arquitectónico que mis Eugenios, D'Ors y Montes, describían así: ladrillo, del pueblo; granito de sillería, de los señores, y coronando el conjunto la pizarra, la majestad real.

Hasta sus polvos y sus lodos eran castizos, hasta las sombrías esquinas sin más luz que el candil de alguna imagen, hasta ciertos olores que templaban el aire sutil, según nos comenta el gran historiador Ballesteros Beretta.

No eran muy seguras las calles por las noches: estoques, cuchillos, tinieblas y amoríos, velay la novela de capa y espada; pero ¿qué París, qué Londres, qué Roma o qué Palermo no lo eran por aquellos años en que el portugués Teixeira hiciera aquel espléndido plano de nuestros Madriles? (Amberes, 1656).

No era Madrid una ciudad cerrada, cercada. Felipe IV mandó hacer unas tapias que sirvieron solo de límites simbólicos, algo así como poner puertas al campo. Indudablemente, había otras ciudades en Europa más hermosas, mejor situadas, con grandes ríos, anchurosas avenidas..., pero los madrileños estaban orgullosos de lo suyo y algunos escritores llegaban al ditirambo desorbitado: «Este Madrid, cuya grandeza invita a vivir en él, su trato hechiza, su confusión alegra», cita Estébanez Calderón. Y María de Zayas: «Madrid, Babilonia de las Españas, nueva maravilla de Europa, madre de la nobleza, jardín de los divinos entendimientos, archivo de las gracias, cielo tan parecido al cielo...».

Claro que tampoco escaseaban los detractores, sobre todo los que odiaban la Corte. Corrupción, sin duda, y mucha; un tanto de hipocresía, vivir de apariencias y críticas como las de fray Antonio de Guevara en su *Menosprecio de corte y alabanza de aldea.* En fin, una serie de dicterios: mezquindad, escaladores, codicia, envidia, y, como toda metrópoli, «laberinto de enredos, comedia de engaños, juego de fulleros y falsarios, orden confuso, trampas peligrosas, cantos de sirena...». ¿No estamos oyendo a Lope, a Quevedo, a Góngora, a Alarcón, a Vélez de Guevara...?

Bernardino de Pantorba hace su particular estadística, muy cerca de la verdad: Madrid, sesenta conventos con las iglesias respectivas, tercera parte del perímetro de la Villa. Doce fundó Felipe III, cerca de veinte Felipe II, y Felipe IV, diciecisiete. Las más importantes ya las hemos ido nombrando.

En cuanto al urbanismo, la Puerta del Sol, con su Mariblanca en medio, pero más importante la del Arrabal, convertida en gran Plaza Mayor, la obra favorita de los Felipes, perfecta, levantada en dos años. Llegó a costar 900.000 ducados, admirable obra de Gómez de Mora, capaz para 50.000 personas, apta para toda clase de espectáculos, torneos, justas, fiestas de toros y cañas, procesiones y... autos de fe.

## De don Rodrigo en la horca a los amores de Villamediana

Dice un agudo cronista contemporáneo que Madrid con Felipe IV empieza a encontrarse a sí mismo. ¡Vaya que si se encontró! Consigo mismo y con el conde-duque de Olivares, con don Rodrigo Calderón, con la Calderona, que nada tenía que ver con el anterior; con el príncipe de Gales, con Velázquez, con Rubens, con Quevedo, con las *Meninas,* con el Panteón de Reyes, con Calderón de la Barca, con sor María de Ágreda, con el cardenal-infante don Fernando, con don Juan José de Austria... ¿Dónde vas, Felipe; dónde vas, Madrid, con esa ingente carga de sucesos y personajes que apenas caben en tan largo reinado y en el tapiado recinto de «la Villa y Corte», que ya tiene hasta estanque y nobles frondas en el Buen Retiro?

A rey muerto, rey puesto. A valido en desgracia, valido nuevo, brillante, demoledor. Con Lerma y Uceda han caído los suyos. Entre ellos, por su repercusión en Madrid, don Rodrigo Calderón, marqués de Siete Iglesias. Ni con setecientas habría podido librarse del escenario que se le preparaba en la Plaza Mayor. Mala fortuna la del brillante personaje, que de bastardo de un capitán de Flandes con una gallarda alemana de Amberes pasó de Rodrigo a don Rodrigo, pronto caballero de Santiago, a comendador de Ocaña, de allí a conde de Oliva y luego las Siete Iglesias. ¿Que se hizo muy rico? Como tantos otros, el catalán Franqueza sobre todos; pero cayó el protector y vino el juez, el potro, la prueba de los cordeles... No confesó a pesar de la tortura. ¡Si el rey es muerto, también yo muerto soy! Ha quedado la imagen del gran señor, altivo, orgulloso: «¿Esta es la afrenta? Esto es triunfo y gloria».

No fue ahorcado don Rodrigo. Justicia del rey nuestro señor, su cabeza rodó al pie del cadalso en la famosa Plaza Mayor.

Gran acierto de Felipe IV fue el traerse de Sevilla a Diego Velázquez y hacerle pintor de cámara, ilustre criado con veinte escudos de sueldo mensual. Baratas salieron las grandes obras del Salón de Reinos, baratos los cielos guadarrameños tras los retratos ecuestres. Tenía veinticuatro años el pintor y el rey solo dieciocho, y tardaría en llegar el formidable documento gráfico que son *Las Meninas,* con un Felipe IV ya en segundas nupcias. Veamos el cuadro despacio, sin prisa. Ahí está Velázquez; ahí está, en un salón de Palacio, el Madrid de Felipe IV, todo un siglo, para siempre.

Grande y hermosa obra fueron los jardines del Buen Retiro, delicia para los reyes y sus invitados y luego goce y orgullo para toda la población madrileña. El estanque sirvió para las fiestas más suntuosas. Grandes carros adornados atravesaban los jardines, con damas lujosamente ataviadas, simulando a veces figuras mitológicas. En el centro del estanque, una pequeña isla, donde se ejecutaban bailes clásicos. Y fingidas batallas navales, con los reyes y su séquito contemplando el espectáculo de embarcaciones engalanadas. Todo un artificio: las naves traídas de Cartagena, los disparos de la artillería, los colores, las pelucas...

Otros días a ver alancear toros o a ver luchando al fiero astado con un león o con un tigre. ¿Era el fin del Imperio romano o el principio del fin del Imperio español? Leedlo con detalle. Unas y otras fiestas reales, los cronistas se deleitan con los relatos. Y todo en Madrid, como parte de nuestra Historia.

Francia y España se copiaban según las tornas. El vencido solía seguir las modas y costumbres del vencedor. Aunque seguíamos siendo primera potencia, empezaba a imponerse la moda francesa. En las alturas, Richelieu iba marcando ya la moda a Olivares. Claro es que en cuanto a disolución de costumbres parece que nada teníamos que aprender, y sobre todo nuestro monarca podía poner cátedra a toda la realeza francesa en cuanto a aventuras amatorias.

Pongamos en primer lugar a María Calderón, «mujer de belleza obsesiva, desconcertante». De sus muchas intimidades nació un ilustre bastardo del que ya hablaremos, don Juan José de Austria.

Dos mujeres y trece hijos tuvo Felipe IV de sus matrimonios legítimos, más bien todos ellos de salud precaria y quebradiza, lo mismo los de la francesa, un poco mayor que él, que los de la sobrina austríaca casi treinta años más joven. Pero a partir de 1625 se dedicó a la poligamia más desenfrenada, sin preocuparle la condición social. Treinta y cuatro hijos ilegítimos le cuenta el marqués D'Aulnoy. Se conocen los nombres de más de una docena de ellos. Alguno llegó a obispo.

La Calderona, la preferida, trabajaba en el Corral de la Cruz y representaba obras de Lope de Vega. ¡Tantas cosas podían contarse de esta relación! Como don Lope de Sosa, tendríamos que decir: ¡quédense para mañana!

Tuvo Felipe IV la bella e histórica idea de crear en el monasterio de El Escorial un soberbio Panteón Real para que reposaran en él, en familia, todos los reyes y reinas que tuvieron hijos reyes, desde Carlos I hasta don Alfonso XIII, con la notoria excepción reciente de los condes de Barcelona, don Juan y doña María, que no llegaron a reinar. Sería de desear que el tal Panteón se siguiera llenando y aun hubiera que ampliarlo para los años y siglos venideros...

## EL CONDE-DUQUE DE OLIVARES

Desde los once años, Felipe IV tuvo a su lado a un joven gentilhombre, don Gaspar de Guzmán, conde de Olivares, nacido en Roma en 1587, hijo del embajador español y nieto por su madre, Inés de Velasco, del Condestable de Castilla. Tanto nos lo han descrito, Velázquez en pintura y Marañón en historia, que no es preciso trazar aquí un pobre retrato de tan magnífico personaje. A partir de las Cortes de Madrid de 1621, decir Felipe IV es decir Olivares, a tal punto el joven político se había adueñado de la voluntad real. Como todo valido que se precie, se encargó de que nadie más que él llegara al monarca en cuestión de decisiones políticas e incluso personales, y también, como todo privado con personalidad, procuró rodearse de tipos mediocres para que ninguno le hiciera sombra. Y como fue terriblemente centralista y autoritario, contribuyó a esa animadversión, entonces incipiente, que Madrid producía en las demás regiones peninsulares.

Vayan quedando para otro lugar los numerosos acontecimientos históricos en los que tuvo esencial protagonismo el conde-duque. Pocos de ellos tienen consecuencias en Madrid, aunque sí en la Historia de España. De momento, quedémonos aquí con el famoso cuartel del Conde-duque, espléndidas construcciones hoy dedicadas, en pleno centro de la ciudad, a muy diversas actividades culturales.

## El príncipe de Gales, en Madrid

Aunque no sea una regla general, tenemos muchos españoles un cierto papanatismo provinciano ante los nombres importantes del extranjero, ante los casos notables que nos vienen de fuera, cuando lo nuestro es por lo menos tan destacado y digno de mención, cuando no superior, a lo ajeno.

No es este, precisamente, el caso a que ahora nos referimos, pero sí es síntoma notorio de ese trato superextraordinario a ciertas novedades y a distinguidos personajes que nos vienen de otros países.

Trátase aquí nada menos que del príncipe de Gales, heredero del trono de Inglaterra, que venía a Madrid en busca de novia.

Ya en vida del difunto Felipe III habían mediado negociaciones para casar al primogénito de Jacobo I de Inglaterra con la infanta María, hermana de Felipe IV.

El obstáculo de la diferencia de religión había desaparecido mediante dispensa del Pontífice. Además, las malas relaciones de Londres con Richelieu animaban a los ingleses a acercarse a Madrid. Y en Madrid, en la noche del 17 de marzo de 1623, se presentaron de incógnito el príncipe de Gales con su amigo y confidente el gran almirante de Inglaterra conde de Bristol, después duque de Buckingham. Se presentaron como unos caballeros ingleses con varios criados en casa del embajador de su país, que estaba en la calle de Alcalá. Inmediatamente lo supo Olivares, que despertó al rey y dispuso que los dos personajes británicos pasaran a alojarse en el llamado «cuarto viejo» del monasterio de San Jerónimo, lo más lujoso y alhajado que existía en la Corte para casos extraordinarios.

A partir de ahí todo fueron encuentros llenos de afecto y cortesía. El rey y el príncipe paseando juntos más de dos horas por el Prado, pregones especiales anunciando actos solemnes, medidas de protocolo, servicios especiales e invitaciones al pueblo para unirse a fiestas y celebraciones en honor de los ilustres huéspedes. El príncipe se trasladó a vivir al gran Palacio. Las recepciones solemnes y los banquetes superaron todo lo imaginable. La grandeza en pleno se desvivía en organizar homenajes, festines, desfiles; Madrid era un tapiz y un redoble constante de tambores, doseles de plata y oro, palio para cubrir al príncipe de Gales en sus desplazamientos, caballeros tras él, jaeces y uniformes de gala, fuegos de artificio... ¿No nos estábamos pasando un poco los madrileños, grandes señores, gran pueblo altivo, Rey Planeta, etc.? ¿No estábamos perdiendo un tanto el sentido de la medida?

Hubo cacerías, llaves de oro en el Ayuntamiento, banquete con doscientos platos ofrecido por el conde de Monterrey y servicios personales de intérprete del gran conde de Gondomar, que había sido nuestro embajador en Londres; mascaradas, luminarias, fiesta de la Jarretera, y regalos, regalos, muchos y espléndidos regalos. León Pinelo cita entre ellos dos cuadros de Correggio y de Tiziano.

Pues bien: después de tanto obsequio, de tanta negociación entre abrazos, no hubo compromiso nupcial, y el príncipe una buena mañana se fue como había venido, con la vaga promesa de que Bristol se quedaba para preparar un futuro viaje de la infanta a Inglaterra, que nunca se llevó a cabo. Felipe IV y Olivares fingieron creer las razones políticas del rey de Inglaterra y extremaron las atenciones hasta el último momento, acompañando al príncipe de Gales hasta el Campillo, cerca de El Escorial, despidiéndole con abrazos.

La boda de la infanta pasó al olvido, pero no todo paró ahí. El de Gales se apresuró a ayudar con armas y dinero a los soldados holandeses que luchaban contra España, a armar a los piratas ingleses que atacaban los convoyes españoles de Indias, y, una vez convertido en Carlos I, al morir su padre Jacobo, en organizar una poderosa escuadra para atacar a nuestra ciudad de Lisboa, intento, como otro ante Cádiz, en el que fracasó. Ya sabemos cómo acabó su vida tan calamitoso monarca. ¡Qué lejos del cadalso de Londres las luminarias del Buen Retiro!

## «Son mis amores reales...»

No tenía fama el gobierno de eficaz y seguro en cuanto al mantenimiento del orden público y de la seguridad ciudadana.

Madrid era ya una ciudad muy grande para entonces, y los medios del Consejo, muy escasos para garantizar la tranquilidad de los viandantes y aun de los carruajes. Así que las gentes, en cuanto anochecía, se metían en casa, salvo en casos de grandes festejos o de aglomeraciones populares cuando había acontecimientos. Quedaban solo por callejas y plazuelas algunos trasnochadores, tahúres de capa y espada, alguna moza de mal vivir y algún caballero juerguista, bien escoltado, aunque no siempre. Hay a quienes les gusta el riesgo y la aventura. Así que más de un poderoso hacía alarde de valor, de relajación o de donjuanismo nocturno y ello daba lugar a misteriosas situaciones, con venganzas y hasta con asesinatos. Una noche de solemne procesión entre San Francisco y las Descalzas Reales, cayó víctima de muerte alevosa don Fernando Pimentel, hijo del conde de Benavente, en la plazuela de la Paja. De momento no se averiguó la causa, pero se sospechó de don Diego Enríquez, caballero de Santiago, que fue preso y murió en la cárcel. Nada menos que un regidor de Madrid, Juan de Iturralde, fue procesado por haber dado muerte a don Gaspar de Arias.

El caso que produjo mayor impresión en Madrid, desde Palacio al mentidero de San Felipe, fue el del trágico fin de don Juan de Tassis y Peralta, conde de Villamediana. Iba este caballero, conocido poeta satírico e impenitente donjuán, acompañado por don Luis Méndez de Haro, hijo del marqués del Carpio y cercano pariente de Olivares. Era al anochecer del domingo 21 de agosto de 1622. De pronto, de la esquina de la calle Mayor a la de Botoneras, frente a San Ginés, salió un embozado, hizo detener el coche y sin más disparó un ballestazo terrible al pecho de Villamediana, que solo tuvo tiempo de decir «¡Esto es hecho!» al tiempo de expirar. El cadáver fue trasladado a San Felipe el Real y de allí al convento del que era patrón en Valladolid. Villamediana era famoso en la Corte por su ingenio satírico, por sus versos mordaces y por su genio tan singular, muy caballero pero procaz, generoso y atrabiliario, gran jinete, Correo Mayor del Reino, gran conocedor del arte y de las antigüedades, afición de su etapa de estancia en Italia; en conjunto, buenas y malas prendas, por lo que su muerte tuvo enorme repercusión en todo

Madrid. Él había difamado a todo el mundo con sus epigramas, desde el rey al último correveidile. No ocultó su predilección amorosa descarada por la esposa de Felipe IV, Isabel de Borbón, por cierto, mujer honestísima que en nada correspondió a sus aproximaciones, fáciles en ocasiones al ser hombre de Palacio como correo real. El conde, como era un vanidoso enfermizo, hacía sospechar lo que no era. Se cuentan de él mil anécdotas. La más conocida, la del día que se presentó en unas justas en la Plaza Mayor, presididas por los reyes, con una banda con el lema de su dama. En él ponía: «Son mis amores»; y debajo, engastados en el terciopelo, una serie de reales, es decir, son mis amores reales. En sus versos su amada se llamaba Belisa, es decir, Isabel al revés o Flordelisa, es decir, la flor de lis borbónica... Un buen día presumió en Palacio de conocer a la mujer más bella del mundo. «Mañana os enviaré su retrato para que la conozcáis», dijo a la reina, y esta, al desenvolver al día siguiente el lujoso paquete, se encontró con un espejo.

¿Quién mató al conde? ¿Un tal Ignacio Méndez? ¿Un ballestero del rey, llamado Alonso Mateo? El nombre que pasó a las coplas callejeras fue el de Bellido: «Mentidero de Madrid, decidme quién mató al conde... —Todos saben quién ha sido, el matador fue Bellido y el impulso soberano».

Fue el crimen más famoso de Madrid por aquellos días, pero no el único. El día de Santiago, al anochecer, unos mozos bien armados acorralaron al marqués del Valle, joven de veintiocho años, y le cosieron a puñaladas. Unos meses después, el conde de Villamar fue asesinado a la puerta de la iglesia de Antón Martín. Un sacerdote fue agredido brutalmente por no haber querido absolver al amante agresor.

Otra noche, un grupo de cinco hombres, al parecer bien portados, asesinaron a don Diego de Ávila. El hijo del conde de Puñonrostro, don Félix, murió también a manos de varios traidores que le atacaron en la noche.

¡Qué gran ciudad Madrid! Espectáculos de todas clases. No faltaba de nada.

## De lo pintoresco a la gloria literaria

En Madrid se pasaba de los entretenimientos fútiles a las grandes solemnidades, llegando a veces a confundirse tan sonoras y brillantes expresiones del carácter local.

Tan pronto se celebraba con doce mil misas la llegada a Sanlúcar de Barrameda de los galeones de Indias cargados de plata (27 de noviembre de 1622), como el conde-duque tenía que servirse en platos de barro porque había tenido que prestar todo su servicio de plata y las joyas a Su Majestad para sacar al país de apuros financieros. De la corrida de toros se pasaba a la procesión y del auto de fe al jolgorio de la taberna. La llegada de cualquier personaje extranjero servía para montar un espectáculo y con igual entusiasmo se celebraba la canonización del querido patrón labrador que la casi simultánea de san Ignacio de Loyola, de santa Teresa de Ávila y de san Francisco Javier y del italiano san Felipe Neri. Eso sí, con justas literarias verdaderamente notables. Por esos días se quemaba a un hereje catalán, hebreo de origen, Benito Ferrer, que en plena misa arrebató la Sagrada Forma al oficiante y la pisoteó con saña.

La Plaza Mayor, escenario de tan variados acontecimientos, sufrió un grave incendio que la destruyó casi por completo. Se quemaron más de cuarenta casas y hubo muertos y heridos. Tres días duró el fuego, y el agradecimiento popular por el fin del luctuoso suceso fue la consiguiente serie de procesiones. La reina, aunque francesa, no dejó de asistir a tan variadas manifestaciones populares, de la corrida de toros al auto de fe, de la verbena a la procesión. Supo hacerse querer de verdad por el pueblo de Madrid. Tuvo muchos hijos y con mala fortuna en casi todos: muertes prematuras o muy juveniles, abortos, leves accidentes. Pariendo anualmente desde 1621, solo en octubre de 1629 dio a luz a un robusto infante, don Baltasar Carlos, que en 1632 fue jurado como Príncipe de Asturias en medio de gran alborozo madrileño.

En la misma época se fundó el monasterio de monjas benedictinas de San Plácido, que dio lugar a un sonoro y prolongado escándalo. Se corrió la voz de que en aquel monasterio pasaban cosas muy raras, demoníacas y lascivas; se acusó a las monjas de iluminadas y de poseídas por Satán. Este, por lo averiguado, era fray Francisco Calderón, que se permitió excesivas libertades, se inventó santas, se benefició de novicias, etc. Intervino la Inquisición y, condenado a prisión perpetua, acabó su vida en la cárcel[1].

Se cuenta la historia, algo más que anécdota, de que el rey Felipe se enamoró de una joven monja (a él le daba igual, duquesa, cocinera, monja o comedianta). Por un pasadizo secreto llegó al convento de San Plácido, pero, avisado de ello, el prelado protector del monasterio recurrió al ardid de preparar a la religiosa pretendida del rey como si estuviera de cuerpo presente, con lo que el galanteador huyó horrorizado. El escándalo repercutió hasta Roma. Intervino la Inquisición, mas dada la condición del protagonista se acabó echando tierra al asunto. Dícese que el rey, para compensar el desaguisado, regaló una torre al monasterio y en ella «un relox que hoy se conserva y cuya campana suena a difuntos, recordando la famosa historia de la monja Margarita», según cuenta Mesonero Romanos.

Amante fue también el rey Felipe IV de las flores y a él se deben en gran parte los esplendores de los jardines del Buen Retiro, con un anchuroso estanque y una zona para animales raros, cercada y con jaulas, a la que se llamó el «Gallinero», probablemente origen de la futura Casa de Fieras.

Coinciden los historiadores de aquellos tiempos, lo mismo los contemporáneos que los más modernos, de León Pinelo a Bernardino de Pantorba, pasando por Mesonero, en que, a pesar de tan abracadabrantes historias, Felipe IV no era un rey indigno ni corrompido: todos sus defectos venían de su indolencia y de su debilidad de carácter. Su gran pasión por las diversiones, caza de campo y de alcoba, no le dejaban tiempo ni gusto para ocuparse de los negocios. Era afable en el trato, sencillo en el vestir, bizarro y galán, captaba fácilmente las simpatías de todo el mundo.

Otras dos personas, los hermanos de don Felipe, eran fundamentales en aquella Corte madrileña: los infantes don Carlos y

[1] Entonces no había redención de penas por dar clases de aeróbic, como en la actualidad.

don Fernando. Seguían al rey en todo, nunca pretendieron hacerle la competencia, eso que no les faltaban muy notables cualidades. Don Carlos, hombre fuerte, serio y atractivo, tuvo la desgracia de morir muy joven, a los veinticinco años. Don Fernando, que a los veinte era ya cardenal, fue un príncipe lleno de buenas cualidades, resuelto, ingenioso, valiente y simpático. Con poco apego a la Iglesia, mostró en cambio gran afición y grandísimas condiciones para el arte militar y acabó demostrándolo al frente de las tropas católicas en lejanas tierras de Europa.

Mejores o peores estos príncipes, el esplendor de la Monarquía española se mantenía vivo y la Corte de Madrid seguía siendo considerada la primera de Europa, por importancia, poder y magnificencia, y las gentes, aun los más desgraciados, tenían el orgullo de seguir siendo los primeros. Tal vez contribuyeran a ello los escritos y obras diversas que veían la luz por entonces, una serie de autores a los que justamente se seguía con ilusión y entusiasmo. A la cabeza, cómo no, el gran fray Félix Lope de Vega y Carpio.

Era Lope de Vega hijo de nuestra coronada Villa, «honor de España y asombro del mundo entero». Se le apellidaba por antonomasia El Fénix de los Ingenios, brillaba como un rey en la esfera literaria y Madrid lo consideraba suyo, «un ingenio de esta Corte». Fue verdaderamente un prodigio de la naturaleza y un ídolo de la fortuna, pues los defectos y errores en que incurrió como hombre no pudieron perjudicar sus perfecciones y oscurecer sus aciertos como escritor. Su muerte fue llorada por los madrileños. Tantos fueron su prestigio, su fama y el favor popular que hasta los grandes escritores que más se le opusieron y le fueron más hostiles acallaron sus críticas y disimularon sus agudos tiros, caso de Quevedo, Góngora y el mismo Cervantes.

Curiosa coincidencia es que otro de los grandes ingenios de la Corte, don Francisco Gómez de Quevedo y Villegas, e igualmente don Pedro Calderón de la Barca, fueran madrileños oriundos de la montaña de Santander, igual que fray Félix Lope de Vega y Carpio.

Todos ellos fueron verdaderos genios de la naturaleza en el campo literario y muy vinculados a Madrid por su vida y sus obras. Muchos chistes, sátiras y críticas dedicó Quevedo a la Villa y Corte, y por su parte Calderón fue el dramaturgo más famoso de la ciudad y de los fastos que organizaba Su Majestad. Comedias o autos sacramentales suyos eran las obras de moda, algunos con música, y se dice que las representaciones de estas obras cantadas que se ofrecían en el palacete real de la Zarzuela fueron las que dieron ese nombre para siempre a tan hispánico género lírico.

Madrid era por aquellos días un campo de batalla literaria. Todos se ponían verdes, unos a otros, y asombra ver a qué juegos de ingenio dio lugar tanta rivalidad entre aquella pléyade de formidables espadachines de las letras.

De Madrid llegó a decir Lope «que era una cueva de la murmuración y de la lujuria, donde es la lengua espada de la ira». Correspondía con esta frase a los ataques no solo de los grandes, sino también de otros dioses menores de aquel Parnaso como Alarcón, Jáuregui, López Pinciano, Rey de Artieda, Villegas... También Tirso de Molina entró en aquellas polémicas atacando a Góngora, con Rojas Zorrilla, Alarcón, Suárez de Figueroa. Y Alarcón no dejaba a uno sano, desde a los grandes, Lope y Cervantes, como al ya citado satírico Villamediana, como a Vélez de Guevara, Calderón y el propio Tirso. Y siguen las firmas... Una antología de aquellos duelos literarios a sable, a espada y florete llenarían más de un volumen.

Y todo esto, salvo raras excepciones, sin salir de Madrid y de sus alrededores.

## SIGUEN LOS FESTEJOS, SIGUEN LOS DESASTRES, SIGUE ESTE REINADO INTERMINABLE

Francia y España en guerra por aquí y por allá, y al mismo tiempo compartiendo espectáculos, como cuando la duquesa de Chevreuse, «gran señora de Francia», compartía con los reyes Felipe e Isabel el tablado que se hundió en plenas fiestas de San Juan el año 1639 en pleno Buen Retiro. Reventó un estanque y todas las personas reales se vieron arrastradas por el torrente. El espectáculo mitológico acabó en ridículo desastre.

Pero no importaba, ni eso ni lo que ocurría en Flandes, en la Valtelina, en Portugal o en Cataluña. El conde-duque halagaba al rey y le decía que se estaba convirtiendo en el monarca más poderoso del orbe, y don Felipe dejaba de lado el buen juicio y se sentía feliz, «convirtiendo a la Corte en una mansión de placeres».

No paraban ahí las pequeñas catástrofes reales. En el Carnaval de 1641 ardió gran parte del Palacio, las dos torres principales y la fachada que miraba a Madrid, perdiéndose grandes riquezas, algunas, sobre todo cuadros y tapices, insustituibles. En medio de tantas galas y festejos, el cuadro de las calles, sobre todo de noche, era un peligro en cada esquina. León Pinelo relata, y Cánovas del Castillo lo refleja en su obra *Decadencia de España,* que solo en Madrid, en quince días, hubo ciento diez asesinatos. Es posible que el Municipio y las altas autoridades nacionales trataran de mejorar el ambiente con cuatro pragmáticas: 1.ª Las mujeres debían llevar el rostro descubierto, nada de velos ni de modas sarracenas; que se viera quién era cada una. 2.ª Prohibido jurar, salvo en los juicios. Si no, multa por blasfemia. 3.ª Prohibición de los tontillos o guardainfantes, así como los jubones muy escotados. 4.ª Los hombres no debían llevar ni guedejas ni copetes, cabelleras que producen escándalo.

Estamos en plena comedia, en la calle y en el escenario. Y no entramos en los auténticos problemas políticos nacionales e internacionales porque es para echarse a llorar. Basta recordar que hasta algún duque andaluz o aragonés jugaba a la independencia, siguiendo el ejemplo portugués.

Don Felipe, que a pesar de sus frivolidades era un hombre valiente, de vez en cuando tenía que irse a la guerra, y entonces la reina se quedaba en Madrid cuidando del gobierno con celo y diligencia.

Llegó por fin un día en el que el rey prescindió de los planes del grandioso Olivares y le mandó a descansar a su pueblo de Loeches. Es tan interesante toda esta relación entre el rey y el noble valido, del principio al final, que bien vale la pena recordar al lector la gran obra del doctor Marañón sobre tan importante, espectacular y triste etapa de nuestra Historia, que es la de más de medio siglo.

Cuarenta y un años tenía la reina Isabel cuando falleció, después de un reinado ejemplar en cuanto a su vida personal y política. De El Pardo a San Jerónimo y de allí a El Escorial, con su esposo sin dejar de acompañar, lloroso, el cadáver de su esposa de tantos años, mucho más digna que él en su conducta privada. Desgracia que no tardó en ser seguida por la muerte del joven heredero, el príncipe don Baltasar Carlos, cuando acompañaba a su padre en un viaje a Zaragoza, en 1646. Tenía diecisiete años de edad.

Unos cuantos datos en relación con la labor urbanística en Madrid por aquellos días pueden situarnos mejor en aquel maremágnum frívolo-religioso de mediados del siglo XVII. La Villa y Corte no era la última en acudir en beneficio general del reino con sus contribuciones y arbitrios. Llegó a enajenar propiedades rústicas en las zonas del Jarama y de Vaciamadrid para efectuar estos pagos.

También dedicó importantes sumas a la construcción de nuevos edificios para utilidad y ornato de la ciudad. Así se terminó la espléndida Cárcel de Corte, en la plaza de Santa Cruz, que acabó dedicada a más nobles fines; también en el mismo estilo, la Casa-Ayuntamiento de la ciudad, frente a la Torre de los Lujanes. Otro gran edificio, el Noviciado de los jesuitas en la calle Ancha de San Bernardo.

El Concejo de la Villa se reunía en la iglesia de Santiago con una torre que se conocía como Atalaya de Madrid, pues desde ella se ofrecía la más bella perspectiva de la ciudad.

La vieja iglesia de San Ginés se había hundido y la reconstruyó a sus expensas un devoto feligrés, don Diego de San Juan. Otra iglesia se abrió al culto, el Oratorio en la calle de Cañizares, formándose una cofradía a la que pertenecieron Cervantes, Lope de Vega, Calderón, Solís y Montalbán[2].

[2] Me permito el legítimo orgullo de que mis antepasados, hasta mis padres, han sido protectores y hermanos de esta cofradía.

Como demostración de amor a Cataluña, a pesar de la rebelión contra Felipe IV, el propio monarca tuvo la idea de fundar y ayudar económicamente la creación de la iglesia de Santa María la Mayor de Montserrat, en la calle Ancha de San Bernardo, cerca de la Puerta de Fuencarral, templo que hoy existe[3].

Por aquellas fechas el rey pasó por la villa de Ágreda, y allí conoció a la famosa abadesa sor María de Jesús, con la que estableció una buena amistad, hasta el punto de convertirse en consejera de Su Majestad, manteniendo al efecto una interesante correspondencia.

Como en toda monarquía que se precie de tal, y razón de más si está compenetrada con el país, la cuestión sucesoria es fundamental. La muerte del malogrado príncipe don Baltasar Carlos aconsejaba unas nuevas nupcias para el rey, y sin dilación. La elegida fue doña Mariana de Austria, sobrina del propio don Felipe como hija del emperador de Alemania, Fernando III. Madrid participó activamente en las suntuosas ceremonias de la boda y en torno a ella. Todo lo dicho hasta ahora sobre ceremonias equivalentes queda oscurecido por la esplendidez, duración y participación en aquel enlace. El Buen Retiro fue el escenario de gran parte de ellas.

Gran motivo de alegría para todos fue el nacimiento del príncipe Felipe Próspero, por el hecho hereditario en sí y porque evitaba el riesgo de la sucesión en la infanta María Teresa, hija de Felipe IV, casada con el deslumbrante Luis XIV de Francia. Fueron los días de la famosa Paz de los Pirineos.

Desgracia sobre desgracia. A los cuatro años moría el príncipe Felipe Próspero. Hubo otro varón a los pocos días; por falta de intentos no sería, pero el recién nacido, al que se dio el nombre de Carlos, no trajo más que calamidades para el reino.

Se quedó también Felipe IV sin su hombre de confianza, primer ministro y digno personaje, don Luis de Haro, marqués del Carpio, que había heredado privanza y título de su tío el conde-duque de Olivares, aunque no su agudeza política.

---

[3] Otra fundación fue la del Santísimo Cristo de la Salud, en 1681, primero en Antón Martín y años más tarde en la calle de Ayala.

Al margen de tanta calamidad, Madrid iba creciendo mucho en población, en vida propia, en independencia municipal, en tráfico comercial e industrial y en categoría de gran ciudad, aunque con los consabidos defectos. Lo que no perdía era ni su afición a las fiestas, su adhesión a los grandes acontecimientos y su religiosidad, sincera, profunda y compartida por toda la población, incluso en sus facetas de fanatismo.

La ciudad donde se representaban obras de Lope, Tirso y Calderón, donde intrigaba y derrochaba ingenio don Francisco de Quevedo y donde retrataba reyes Velázquez no era una ciudad cualquiera.

Como no he querido entrar en este capítulo en la larga serie de acontecimientos políticos y militares que cubren el largo reinado de Felipe IV, importantes páginas de nuestra Historia al alcance de todos, ni tampoco en la vida y milagros de tantos y tantos personajes que la lustran y la deslustran, me voy a permitir a continuación la reproducción de las palabras con las que comento y termino la crítica de tan trascendental reinado, tomadas de mi obra *De Carlos I a Juan Carlos I* (vol. I), Espasa Calpe, 1986).

Son comentarios nacionales, y no olvidemos que por entonces Madrid era como nunca la capital de España.

> El fin del largo reinado de Felipe IV es como un símbolo de la grandeza y de las miserias de la monarquía.
>
> La institución no solo ha resistido las durísimas pruebas de toda índole a que ha sido sometida, sino que es gracias a ella por lo que España no se ha deshecho, no ha desaparecido del mapa en la segunda mitad del siglo XVIII.
>
> La Corona ha sido el único vínculo que, más allá de los desaciertos de los gobiernos, de los abusos de los validos, de las tendencias desintegradoras, ha superado la prueba más dura a que puede verse sometido un Estado absoluto y centralizado: la presencia en la cumbre de ese Estado de una persona carente de las condiciones mínimas indispensables para el desempeño de tan alta función.
>
> Sin condiciones, pero era el rey. Acechado por todas partes, yendo de la frivolidad y el lujo de una Corte absurda a los escrúpulos morales y religiosos más desorbitados. Incapaz de mandar

por sí mismo, pero el rey. Con vivas al rey se hacen las rebeliones en Nápoles y en Barcelona, y aun en los momentos de mayor crisis, al rey no se le pierde el respeto y nadie piensa en destronarle.

[...]

Pero una monarquía, para ser tal, tiene que ser hereditaria, y en la herencia está la mayor quiebra de esa dinastía austríaca que ha encarnado la Institución en sus momentos de máxima grandeza.

Bodas entre parientes cercanos que culminan en el segundo matrimonio de Felipe IV con su prima Mariana de Austria, y como resultado, después de la muerte del príncipe Felipe Próspero..., ese verdadero fin de raza que es el único hijo que sobrevive al rey, el que va a ser Carlos II.

El respeto a la ley hereditaria ha impedido que la sucesión venga por la línea que pudo representar un cardenal-infante, don Fernando, hermano de Felipe IV, que, fuera de la Iglesia, hubiera tenido descendencia, posiblemente sana y tal vez bastarda. O el famoso don Juan José de Austria, el hijo del rey con la Calderona. Precisamente estos dos, don Fernando y don Juan José, los mejores capitanes y gobernantes que dio la dinastía después de Felipe II.

El rey, en sus últimos días, lo sabe. Su gran preocupación es que la Corona española no se una a la francesa a través de los numerosos vínculos familiares que entre las dos existen. Por eso, y dudando de la viabilidad vital de su único heredero, y más aún de su descendencia, toma medidas sucesorias, que luego de nada van a servir...

[...]

Nada como las páginas que por aquellos años escriben Quevedo, Saavedra Fajardo y Gracián para explicar cuál era la situación de España ese 13 de septiembre de 1665 en que muere Felipe IV, después de tan largo reinado, cumbre de nuestras artes y de nuestras letras y abismo de nuestras desgracias.

Al caer la tarde, camino el rey-poeta de la marmórea morada que él mismo dedicó a la dinastía en la cripta del monasterio que su abuelo erigió en plena gloria, mirando a las cuatro esquinas del Imperio, bien podríamos decir con don Francisco de Quevedo:

> ... Y no hallé cosa en que poner los ojos
> que no fuera recuerdo de la muerte.

# 18
# El fin de la Casa de Austria en España

## Doña Mariana de Austria y el padre Nithard

Pocas veces se dieron juntas más circunstancias para el destronamiento o la revolución como durante el reinado de Carlos II, cualquier cosa para poder salir de tan desastrosa situación. Inglaterra acababa de hacerlo.

Sin embargo, pocas veces un rey se ha sentido más amparado por el pueblo que el pobre Carlos el Hechizado. ¿De dónde pudo sacar fuerzas de flaqueza para llevar adelante una España que se hundía y para dar continuidad a la Monarquía?

Por los escasos datos de que se dispone da la impresión de que Madrid se sentía al margen de tan graves circunstancias nacionales, que todo seguía igual y que mientras la Institución siguiera viva, con bautizos, juramentos, procesiones, entierros y testamentos, a vivir que son dos días.

La reacción empezaba a llegar a la periferia con una inteligente iniciación hacia un arbitrismo renovador, mirando a Europa y reflexionando sobre el crudo panorama que presentaban algunos sesudos señores sobre el oscuro presente y el aún más negro horizonte sucesorio.

El mismo día del fallecimiento de Felipe IV, moría también el arzobispo de Toledo, don Baltasar de Moscoso, que había sido designado por el rey difunto para presidir el gobierno del reino durante la menor edad del príncipe don Carlos.

La reina gobernadora, doña Mariana de Austria, aprovechó la ocasión para entregar el poder a su confesor y favorito, el padre jesuita alemán Everardo Nithard, hombre astuto, ambicioso y atrevido, que desde el primer día no disimuló ese poder cedido por la reina, sino que lo exageró hasta extremos inconcebibles.

Si a Castilla le cayó mal en su día la llegada de un rey nacido en Gante y rodeado de extranjeros, no digamos ahora al ver el país gobernado por una señora austríaca, casi recién llegada y entregada en manos de un clérigo también extranjero. En Madrid, concretamente, cayó muy mal la pareja Mariana-Nithard y solo el respeto a la Institución y la ilusoria esperanza en la mayoría del rey evitó males mayores.

Un pobre rey, de apenas cuatro años y que daba la impresión de enfermizo y endeble. Se levantaron pendones por el nuevo monarca en el Ayuntamiento, reunido en la casa del conde de Oñate, acto seguido de todas las solemnidades de costumbre —a rey muerto, rey puesto—, entre ellas la de armar caballero a Carlos II, ciñéndole la espada el duque de Segorbe.

En la ciudad daba la impresión de que allí no pasaba nada y ese mismo ambiente de vacío y ocio empezaba a preocupar, atribuyendo muchos las culpas al padre Nithard y empezando a insinuarse la formación de dos bandos, uno a favor y otro en contra del contubernio Mariana-Everardo, por razones exclusivamente políticas, pues para nada se habló de que hubiera relaciones pecaminosas entre ellos. En contra del padre Nithard se recordaba que de joven había sido luterano, a lo que se unía ahora la animadversión que despertaba su nuevo cargo de Inquisidor General.

Pero no eran la reina ni el valido las únicas figuras que contaban. Del reinado anterior procedía un personaje de cualidades bien contrastadas y de muy elevado rango: nada menos que el hijo bastardo de Felipe IV, don Juan José de Austria, que no solo no se escondía, sino que estaba dispuesto a que se hablara de él.

A doña Mariana de Austria, la presencia y potencia de don Juan José no podía resultarle más incómoda. Los dos bandos empezaron pronto a definirse.

## Don Juan José de Austria, casi rey en Madrid

Vistas las escasas simpatías que despertaban en España las maniobras políticas de la pareja austríaca, de la reina y el jesuita, era lógico que Madrid, tanto el sector popular como el nobiliario, se inclinaran a favor del hijo bastardo de Felipe IV y la Calderona, una combinación político-sentimental muy del gusto de las gentes sencillas. Además, muy madrileña.

El paso por la Historia de don Juan José creo que no ha sido suficientemente valorado. Su personalidad, injustamente poco conocida por sus paisanos de hoy, puede servir para extraer muy valiosas lecciones.

Con todas sus virtudes y sus defectos, en modo alguno se le puede considerar uno más de la serie de validos que se prolonga a lo largo de todo el siglo. No fue, ni mucho menos, favorecido por su real ascendencia y por llevar el nombre de la dinastía reinante. Por parte de un sector exigente, el ser hijo de una artista de teatro era un obstáculo muy serio para incluirle en la alta sociedad, y menos todavía para darle vía libre en la política. Otros le temían por ver en él a un firme candidato al poder; sus condiciones de inteligencia, valor y categoría eran bien conocidas. La regente doña Mariana detestaba, lógicamente, al bastardo de su marido, que sobresalía por encima de sus contemporáneos, triunfador deslumbrante en las guerras de Italia y de Cataluña. Era valiente, con talento político, orador de primera y con don de gentes. Lo sabía y estaba orgulloso de ello. «Don Juanísimo» le llamaba su gran adversario francés, el príncipe de Condé.

Doña Mariana, con astucia, quiso alejarle de la Corte y darle un alto puesto en Flandes, algo parecido a lo que en tiempos se hizo con su tocayo y soberano antepasado «de la mano izquierda», el gran don Juan de Austria, en tiempos de Felipe II.

Pensó aceptar en principio. Desde Madrid emprendió el viaje, camino del Norte, reclutando tropas de camino, pero antes de llegar a La Coruña supo que se había desterrado de Madrid al duque de Pastrana, su gran amigo, solo por serlo, y que se había privado de la presidencia del Consejo de Castilla al conde de Castrillo, por igual razón. Mas su enfado llegó al colmo cuando un hidalgo aragonés, muy amigo suyo, don José de Malladas, fue prendido y, sin juicio, sometido a garrote por supuesta conspiración contra Nithard. Don Juan José, encolerizado, dimitió de su cargo y regresó a Madrid, pero la reina le obligó a irse a residir en Consuegra, de donde era prior de la Orden de San Juan, y para que se mantuviera alejado al menos veinte leguas de la capital. No paró ahí la cosa: don Juan supo que un capitán y cincuenta oficiales habían salido de la Villa y Corte con orden de prenderle. En plena noche emprendió la huida, dejando una carta para la reina de advertencia contra ese «emponzoñado basilisco» de Nithard, mas al mismo tiempo amenazadora, anunciando que si continuaba la persecución contra sus amigos se vería obligado a tomar medidas más enérgicas. De ahí a la guerra civil, un solo paso. La enconada relación en las alturas trascendió a la calle y Madrid empezó a sentirse inquieto, marcándose pronto una fuerte división, al menos dialéctica, entre los dos bandos. Don Juan se había ido a Barcelona, donde contaba con grandes simpatías, y desde allí continuó pidiendo a la reina la expulsión de Nithard.

El enfrentamiento entre el bravo bastardo y la obstinada regente pasó por diversas alternativas, sin que se llegara a una ruptura de las hostilidades. Don Juan salió de Barcelona para Zaragoza con tres compañías de a caballo que le cedió el duque de Osuna, capitán general de Cataluña. En todo el trayecto y en la capital aragonesa no se oían otros gritos que los de «¡Viva el rey! ¡Viva don Juan de Austria! ¡Muera el jesuita Nithard!».

El Ayuntamiento de Madrid se alarmó ante la llegada del bastardo al frente de un verdadero ejército. Sus peticiones al Consejo de Castilla no fueron atendidas y, a los pocos días, don Juan José y los suyos estaban ya en Torrejón de Ardoz exigiendo que Nithard abandonase la Corte en tres horas. La reina no tuvo otro remedio que buscar una salida decorosa, nombrando al jesuita embajador en Roma o en Viena, si bien reteniendo sus cargos de inquisidor y de consejero de Estado.

La salida de Madrid fue escandalosa. Hombres, mujeres y niños se lanzaban contra el coche de Nithard con insultos, silbidos, golpes y lanzamientos de piedras. «Ya me voy, hijos míos, ya me voy», exclamó al llegar al pueblo de Fuencarral.

A partir de entonces se inició un tira y afloja entre la reina y don Juan: concesiones, amenazas, un paso atrás y otro adelante. Lo cierto es que ni el uno ni la otra las tenían todas consigo. El Ayuntamiento de Madrid se mostró siempre partidario del infante frente a la regente, pero sin tomar un partido claro. Lógica prudencia de los munícipes, que lo que no querían eran batallas callejeras entre los dos bandos, que en realidad no hubo, ya que la auténtica fuerza era la de don Juan José.

Fueron unos días en los que el bastardo real contaba con todos los elementos para hacerse con el control efectivo del poder. El pueblo veía en él al único que podía poner orden en aquel caos. Fue el primer «pronunciamiento» militar de nuestra Historia moderna que se quedó en el camino. Se admiraba en el hijo de Felipe IV al descendiente fuerte, vencedor y «dotado del encanto de los príncipes», al sucesor de los Austrias Mayores. Y como hijo de la Calderona, al madrileño más guapo y más listo, orgullo de sus paisanos.

Pues bien: don Juan José de Austria no se decidió a entrar en Madrid y prefirió ir forzando a doña Mariana para que tomara una serie de medidas que fueron atendidas. Además, existía algo así como el peso histórico de un reyezuelo enfermizo pero que era el rey. En esta situación pasaron tres años, 1669-1672: demasiado tiempo. Estas cosas, o se hacen en unos días o se convierten en nada..., o en guerra civil.

¿Faltó auténtica grandeza a quien aspira a la cumbre del Estado? No fue la creación de la llamada guardia «chamberga»[1] la que cortó sus vuelos. Le faltaron decisión y entrega; le sobró, tal vez, el ser el hijo de la Calderona. Fue una pena para Madrid, con cuya aura popular contaba. Una paradoja de valor histórico para todos los tiempos. El pueblo, de corazón, quiere mandar, pero la cabeza le exige una institución, un ser ungido, al que «casi» adorar.

Fue una lástima, porque además Aragón, Cataluña y Valencia querían a don Juan José de Austria, y ese renacimiento de la

[1] La guardia real creada por Mariana de Austria fue llamada «chamberga» porque sus soldados iban vestidos como los del mariscal francés Schomberg. ¿De ahí la palabra chambergo?

periferia unida al centro tal vez habría impedido una Guerra de Sucesión que, en algunos aspectos, aún dura.

## De Valenzuela al final

A finales del siglo XVII en Madrid no había partidos políticos, ni régimen parlamentario, ni oenegés, ni ONU, ni sindicatos, ni Opus Dei, etc. Es decir, que la gente políticamente se aburría, lo que tenía sus ventajas. El gobierno absolutista se hacía en Palacio, o sea, que el único entretenimiento en los mentideros, aparte de algún asesinato que otro, consistía en saber quién mandaba, si el rey, la reina o el valido de turno, con las correspondientes intrigas. La gente vivía su vida al margen de los juegos cortesanos, los abastos, las multas, la procesión del Corpus y las pequeñeces municipales. De vez en cuando estallaba un escándalo, las gentes se encolerizaban y daban vivas a don Juanísimo o apedreaban a Nithard.

Esos escándalos solían surgir de Palacio. El nuevo se llamaba Valenzuela.

Había llegado a Madrid un joven natural de Ronda en busca de fortuna. Logró pronto situarse bajo la protección del duque del Infantado, que le llevó con él a Roma como secretario. A la vuelta se lió con la camarista favorita de la reina, y de ahí a caballerizo de Palacio, al hábito de Santiago y a convertirse como valido y confidente en el sucesor de Nithard. Pronto comenzaron a llamarle «el Duende de Palacio», y él, sin recato, se lanzó a gobernar a su gusto la Monarquía. Fue nombrado introductor de embajadores, marqués de San Bartolomé de Pinares, luego de Villasierra, y, en definitiva, primer ministro.

Empezó a repartir favores a troche y moche, a organizar fiestas para divertir al pueblo, a escribir comedias que hacían representar y a dirigir obras públicas importantes como reconstruir la Casa de la Panadería, construir el arco de la Armería, el puente de San Fernando y a organizar espectáculos al gusto del joven rey. La primera consecuencia pública fueron los folletos y los pasquines insultantes y difamantes contra el audaz personaje. Y como Carlos II se acercaba a la mayoría de edad, todo el Madrid que contaba, a congraciarse con él, lo mismo la regente, que Valenzuela, que don Juan José de Austria, que volvía a escena con ímpetu y con muchísimos partidarios. De modo que cuando Carlos II debía convertirse en rey de hecho y a dirigir la política, la realidad es que se convirtió en el juguete de unos y de otros. Tan poco contaba que ya toda Europa pensaba en la sucesión.

El duque de Maura, en su obra *Carlos II y su Corte,* nos describe a Fernando de Valenzuela como «ejemplar degenerado y mestizo de la raza admirable de los grandes aventureros castellanos, de buen talle, simpático, listo, despierto, maestro en el arte de salir del paso, incapaz de estudiar los problemas a fondo, adulador, sin formación cultural y política, incapaz de comprender los problemas de la inmensa Monarquía, diestro en las artes que llevan al engrandecimiento personal, sin escrúpulos y con prisas en subir». No me atrevo a compararle con otro advenedizo primer ministro contemporáneo... Muy fecundo en toda clase de arbitrios, pero incapaz de un plan serio político, militar o económico.

¡Qué gran ocasión para él en 1675 al llegar a la mayoría el pobre retrasado espiritual y corporal que se iba a hacer cargo del cetro! Pero el pueblo de Madrid opina de otra manera. A quienes aclama es al rey cuando sale al público acompañado de don Juan José de Austria, unión que no llega a buen término porque la reina madre sigue influyendo en su hijo y logra que el primer decreto de este sea enviar a don Juan a Italia.

Vuelve Valenzuela en plenitud de poder y de osadía, pero don Juan no se resigna, se instala en su fiel Zaragoza y allí solivianta a toda la nobleza y forma su propia tropa. En enero de 1677, con un ejército de 16.000 hombres, entra en Madrid en medio de un entusiasmo delirante y llevando a Carlos II a la cumbre de la popularidad.

Llegó a hacer de Carlos II un monarca popular y querido y nunca se pasó en sus atribuciones, con buena voluntad, categoría y con sobriedad, sin despilfarros escandalosos, cortando abusos, cohechos y favoritismos. Doña Mariana fue residenciada en Toledo y Valenzuela desterrado a México y Filipinas. Tuvo además el acierto don Juan de apoyar siempre su política en la periferia, sin hacer centralismo como sus predecesores. Solo pudo gobernar dos años y medio. Con más tiempo habría sido uno de los mejores gobernantes de nuestra Monarquía. Su muerte prematura, a los cincuenta años de edad, en 1676, fue un golpe fatal para la Institución Real que estaba a punto de salvar.

El reinado de Carlos II, incluida la positiva etapa con don Juan José de primer ministro, fue una época de gran trascendencia internacional y poco interés local en lo que se refiere a Madrid. Francia se había impuesto, aunque no de un modo decisivo. De momento, el gran interés de las potencias es adquirir posiciones con vistas a la que se considera inevitable cuestión sucesoria en España. Luis XIV pretende asegurar sus fronteras y, si es posible, extenderlas. Inglaterra, conseguir el dominio de los mares y tallarse un imperio colonial. Los planes del antiguo Imperio austríaco son más modestos, diplomáticos y defensivos.

En todo este cuadro europeo hay constantes enfrentamientos bélicos, casi nunca decisivos y, por desgracia, con participación española y muy pocos beneficios. En Aquisgrán nos quedamos solos y se vio cómo el rey de Francia proyectaba repartirse con Austria la todavía inmensa herencia que dejaría Carlos II. No entraremos en las numerosas negociaciones, la mayor parte secretas, en las que unos y otros se disputaban lo que pudiéramos llamar «los andrajos de la púrpura», canjes, ofertas, juego de alianzas en los que siempre salíamos perdiendo. Se llega a jugar con nombres tan españoles como Guipúzcoa y Barcelona como posible rapiña francesa.

Carlos II no tenía ni tíos ni sobrinos, parientes consanguíneos con vistas al próximo futuro. Llega la hora de pensar en posibles matrimonios, sin demasiada esperanza. Todo el país, fiel a la Monarquía, desea fervientemente un heredero para la Corona. Ni por un momento aparecen veleidades republicanas como en la Inglaterra de Cromwell. Por desgracia, aquel fin de raza que ostenta esa Corona languidece tristemente en el Alcázar de Madrid. Como Francia impone la moda por aquellos días, la candidata europea es María Luisa de Orleans, sobrina de Luis XIV y con fama de bella.

Cuando María Luisa llega a Madrid, acaba de morir don Juan José de Austria, el verdadero candidato del pueblo español. La nueva reina hace esfuerzos por granjearse las simpatías del país, pero no lo logra, porque se ve en ella un agente de su ambicioso tío, que en los últimos años persigue todo lo español como un verdadero perro de presa, incluso nuestras entrañables tierras de Guipúzcoa y Cataluña. El pueblo se expresa con ingeniosos versos:

Parid, bella flor de lis,
con aflicción tan extraña;
si parís, parís a España;
si no parís, a París.

La infortunada y bella flor de lis muere en 1689 sin dar a España el heredero deseado. No han pasado diez días y ya se ha encontrado sucesora. Otra extranjera, esta vez alemana, para reinar en Madrid. En principio, y con otro futuro padre que no fuera Carlos II, una buena elección: veintidós años de edad, el rey veintiocho, sana, espléndida hembra de estirpe fecunda. Su madre ha tenido veintitrés hijos.

Mal se rodeó la nueva reina: la baronesa Berlipo, conocida por La Perdiz; un aventurero alemán, Wieser el Cojo, y el incapaz secretario Angulo, es decir, voz del pueblo: «La Perdiz, el Cojo y el Mulo». Al menos algo madrileño entraba en juego: el humor.

Pronto advirtió la soberana que, a pesar de sus intentos y grandes cualidades, con aquel marmolillo no había nada que hacer, y como no tenía París donde marcharse, se dedicó a las intrigas políticas, sin mucho acierto, según parece. Dice un historiador que doña Mariana de Neoburgo demostró, además de torpeza, mezquindad y ambición, una mezcla de ambición e infantilismo muy peligrosa. Para colmo, se llevaba mal con la reina madre Mariana de Austria, que solía residir en Aranjuez. Ella fue la que hizo caer el gobierno del conde de Oropesa, el mejor de la época después de don Juanísimo. Tampoco tuvo éxito su predecesor, el duque de Medinaceli, honrado y leal, quien, como todos aquellos señores, parecía sentir de modo irremediable aquel viejo dicho de «el Rey acaba, el Reino acaba».

Mariana de Neoburgo demostró poca capacidad para comprender al país. Seguía siendo alemana de corazón; se apoyaba en su lamentable camarilla y fingía embarazo tras embaucar al podre don Carlos, en el que llegó a influir para contrapesar otra fuerte influencia, la de doña Mariana de Austria. Cada una tenía su candidato para la sucesión, pero los verdaderos muñidores eran el embajador de Francia, marqués de Harcourt, y el del emperador, conde de Harrach, entre los que terciaba el delegado del gran elector de Baviera. Objetivo: el trono de España, su todavía inmenso Imperio e incluso trozos del solar hispano.

## El período presucesorio. Intrigas en la Corte de Madrid

La crisis política de España no favorecía la suerte de nuestras armas en la guerra con Francia. La ambición sin límites de Luis XIV le llevaba a presionar en todos los frentes.

Sus tropas ocuparon Namur y vencieron en Neervinde. Solo en el mar encontraba la oposición británica, por lo que le interesaba mucho llegar a un acuerdo con los ingleses. La pieza sacrificada en el juego iba a ser una vez más la pobre España en plena crisis sucesoria. La guerra se había trasladado a tierras catalanas, llegando a ocupar Barcelona las tropas francesas. A Luis XIV le convino más de momento una paz general que se negoció en Ryswick con participación de Holanda y España, así como el emperador Leopoldo. En Nimega se logró que los franceses nos devolvieran las plazas ocupadas en territorio español. Fue sin duda una astuta maniobra del monarca francés para congraciarse con los españoles, a los que veía pronto como súbditos de su nieto, el futuro Felipe V.

En Madrid los cortesanos, es decir, los políticos de la época, estaban ya empeñados en una batalla de intrigas e influencias. A la reina Mariana le seguían el influyente cardenal Portocarrero, el conde de Melgar, Almirante de Castilla, y otros partidarios de la Casa de Austria. Al rey le seguían, a favor de la dinastía de Baviera, el eficaz ministro conde de Oropesa, el marqués de Mancera y otros miembros influyentes del Consejo. Da la impresión de que era el grupo más desinteresado y patriótico, al margen de la lucha imperialista de Francia, Inglaterra y Austria.

El tercer bando, por razones prácticas, interesadas y probablemente justificadas en lo político, era partidario de los Borbones franceses.

Allí, más que legitimidades, lo que primaban eran lejanos parentescos, líneas familiares, nietos y sobrinos de los enrevesados linajes a través de los dos últimos siglos, bodas entre parientes, recurso a leyes antiguas periclitadas, con un fondo exclusivo de preponderancia militar para convertirse en la primera potencia europea y para asegurar el dominio del comercio marítimo. España, en plena crisis, seguía siendo un elemento decisivo.

Surgían nuevos elementos mientras la sucesión se prolongaba. Portocarrero se había pasado del lado borbónico, y la muerte prematura del candidato bávaro, el príncipe de Baviera, de seis años de edad, dejaba la partida en un enfrentamiento directo entre el candidato austríaco, don Carlos, hijo del emperador Leopoldo, y el príncipe francés Felipe, duque de Anjou, nieto de Luis XIV y de la hermana de Felipe IV, María Teresa.

Coincidió en Madrid esta grave crisis política en las alturas con un problema local, pero de gran importancia para el pueblo: la falta de abastecimiento. La culpa, ¿de quién?: del conde de Oropesa, que era por entonces presidente del Consejo de Castilla. Motín violento, que se acrecentaba de hora en hora; asaltos a la casa de Oropesa en la Cuesta de Santo Domingo, tumultos contra el alcalde Ronquillo, procesiones para calmar a las turbas, y Oropesa desterrado, con don Manuel Arias de nuevo presidente. Otra novedad que se convierte en histórica: el rey Carlos II está hechizado, tiene el demonio dentro y hay que sacárselo. El inquisidor Rocaberti se trae de Cangas de Narcea a un confesor exorcizador especializado. Por lo visto, no tuvo éxito, porque se importó de Alemania a un superespecialista en el arte de los conjuros, fray Mauro Tenda, que se hizo cargo del pobre enfermo. Exorcismos y fanatismos se mezclaban con un telón de fondo: los intereses de las grandes potencias. Estamos ya en el año 1700.

# 19
# Guerra de Sucesión. Los Borbones, en Madrid

Año 1700. Cambio de siglo. Nuevo rey, nueva dinastía, nueva guerra, nuevo estilo de vida, nuevas corrientes políticas y filosóficas, el equilibrio europeo, la Ilustración. El neoforalismo que apuntaba a finales del siglo XVII se ve cortado de raíz por el centralismo borbónico importado de Francia...

Parece que todo cambia, pero para el pueblo todo sigue igual. Solo bien avanzado el siglo empezará a notar un cierto paternalismo eficaz y benéfico, el producto del despotismo ilustrado. Porque hasta entonces igual de pobres en su limitada y escasa vida seguirán siendo los pueblos de Castilla o de Cataluña, de Galicia, de las Vascongadas o de Levante... Guerras, reclutamientos, tributos, sequías, pestes, pero siempre dispuestos a darlo todo por unos ideales que parecían salidos de una tradición de siglos. Aunque había cambiado la centuria, aunque habían cambiado el rey y la dinastía.

Quisiéramos o no, quien mandaba ahora en Europa era Luis XIV; por eso, pocos días después del fin de siglo, Madrid iba a ver entrar por sus calles, y rodeado del entusiasmo popular, ¡cómo no!, al nieto del Rey Sol, Felipe V de España.

En gran señor de Europa, el rey de Francia convoca en Versalles a su Consejo de Estado después de encargar a la Junta de Madrid que se haga cargo del gobierno en espera de la llegada de su nieto. Están presentes, para dar mayor solemnidad al acto, todos los grandes de Francia y los embajadores de las potencias europeas.

Con gran prosopopeya presentan el asunto en su discurso-arenga como un gran favor que se dignan hacer a España, como un noble y pacífico propósito de unir para siempre las Coronas de Francia y España, y claro es que con una clara dependencia de la segunda respecto a la primera.

El talento de hombre de Estado de Luis XIV se prueba con algunas de las frases que extractamos de su alocución versallesca: «Este es un gran acto para la paz de Europa [...] Aquí tenéis al rey de España, toda la nación lo quiere y es la voluntad del cielo [...]». Y aconseja así a Felipe V: «Tu primer deber será ser un buen español, pero acuérdate siempre que has nacido francés y procura mantener siempre la unión entre las dos naciones [...] Conservad siempre la pureza de las costumbres, respetad al Señor y ensalzad su gloria [...] Defended la virtud y sed enemigo de todo vicio [...] y no tengáis jamás afecto decidido a nadie [...]». Una larga serie de consejos, incluso con detalles muy personales. Admirable muestra de elegancia, bondad angelical, inteligentes advertencias y formidable hipocresía. Y un pequeño detalle, nada simpático, respecto a Madrid: «Arrojad dinero al pueblo, especialmente al entrar en Madrid».

«No olvidéis jamás que sois francés. No os dejéis gobernar. Sed siempre el amo.»

Y dirigiéndose al embajador de España, marqués de Castelldosrius, terminó: «Ahí tenéis al rey de España: sed el primero de sus súbditos en rendirle vasallaje» [1].

## FELIPE V, EN MADRID

Parecía que todo se iba a desarrollar con la mayor sencillez, sin problemas graves y con general aceptación. Así, al menos, lo parecía desde Madrid.

La Villa y Corte se preparó para recibir al nuevo soberano con la solemnidad y las aclamaciones que correspondían a tan

[1] La famosa frase «Ya no hay Pirineos» la pronunció Castelldosrius, no Luis XIV.

trascendental acontecimiento, la continuidad de la Institución secular a la que siempre fue tan leal la capital de España. El 24 de noviembre toda la ciudad se engalanó entre el Palacio Real, las Descalzas y la Plaza Mayor, apareciendo grandes efigies del nuevo rey.

No por estas efigies, siempre amables, sino por las crónicas y los mejores retratos de la época, don Felipe presenta una imagen de lo más atractiva. Dejemos hablar al cronista, poniendo en cuarentena sus exageraciones: «El Rey tiene gracia natural en su persona y sus acciones. Es muy galán y muy español en el aire, de hermosas facciones, muy naturales [...] Grave en el aspecto, pero benigno, brazo fuerte, buen caballista [...] De buenas costumbres, muy devoto, inclinado siempre a la religión y la piedad [...]». Y el elogio sigue, entusiasta, detallado.

¿Qué más podríamos pedir, si además lo había designado como heredero el último rey y para colmo tenía detrás el apoyo y la lección del más poderoso monarca de Europa? Madrid lo entendió así y desde el primer día se volcó a favor de Felipe V, actitud que iba a mantener con alma y vida en los momentos decisivos y muy difíciles que se iban a presentar, decidiendo probablemente con su fidelidad la solución final del gravísimo problema sucesorio que convirtió a España en campo de batalla de Europa durante diez años.

Felipe V salió de Versalles el 4 de diciembre de 1700. En Bayona le recibe una delegación española y desde la famosa isla de los Faisanes no recibe más que homenajes en Irún, en Fuenterrabía, que visita en breve excursión, en Vitoria, Miranda y Burgos, presentándose a las puertas de Madrid el 18 de febrero de 1701.

Daba la impresión de que los posibles añorantes del bando austríaco habían desaparecido del mapa. Por lo pronto, a la revoltosa reina madre, la austríaca doña Mariana, se la residenció en Toledo, controlando todas sus actividades.

Felipe V entró en Madrid desde Alcalá de Henares, por el Buen Retiro a la Virgen de Atocha, donde le recibió el cardenal Portocarrero y hubo solemne tedéum. Tanta fue la masa que seguía al nuevo rey que hubo aglomeraciones y atropellos con víctimas que murieron asfixiadas.

Don Felipe cambió pronto a gran parte del personal de Palacio, beneficiando lógicamente a los grandes que habían defendido su causa: el marqués de Villafranca, los duques de Osuna y Medina-Sidonia, el conde de Benavente..., y dando lugar, también naturalmente, a una serie de descontentos.

Felipe V se dedicó a recorrer las calles a caballo, saludando a todo el mundo y ganando generales simpatías. La jura, solemnísima, tuvo lugar en los Jerónimos. Omitimos detalles de tanto brillo deslumbrante. Baste decir que el rey llevaba los collares de Toisón y del Sancti Spiritus y engarzadas las dos más grandes joyas de la Corona, el diamante más grande conocido hasta entonces, *El Estanque,* y la famosa perla *Peregrina.* El contento parecía general y que se olvidaban los terribles tiempos finales de Carlos II.

Por aquellos días se fijó también la próxima boda del rey. La candidata, elegida sin duda por el abuelo Luis XIV, fue la princesa María Luisa, hija del duque de Saboya, de solo catorce años, pero dotada de las mejores prendas.

Don Felipe tuvo el acierto político de proyectar enseguida su viaje a Aragón y Cataluña para ser allí jurado como rey y jurar a su vez los fueros y privilegios de la Corona aragonesa. A Zaragoza fue a celebrar Cortes y en octubre tenía lugar su entrada solemne en Barcelona. Celebró su boda en Figueras y la real pareja fue agasajada con grandes fiestas y afectuosas demostraciones allí por donde pasaban, especialmente en la capital catalana.

Después de una prolongada estancia de la reina en Zaragoza, mientras el rey hacía un rápido viaje a Nápoles, que era español, la real pareja regresó a Madrid, donde fue recibida con indecible júbilo, aunque precisamente por orden de la reina se evitaron los grandes gastos, tanto oficiales como particulares, soslayando dispendios y lujosas manifestaciones. Todo parecía marchar sobre ruedas.

## Comienzan las complicaciones internacionales. Primeros encuentros bélicos

Parece imposible que en aquel clima de armonía y general satisfacción hubiera un malestar latente en ciertos sectores que empieza a manifestarse del modo más inesperado. El conde de Melgar, Almirante de Castilla, se declara decidido partidario del candidato austríaco, que sigue su campaña en Europa sin admitir el hecho consumado de Felipe V. Desaparece de Madrid y se presenta en Lisboa, donde se declara abiertamente en pro del archiduque Carlos, hijo del emperador Leopoldo.

Felipe V reaccionó con una campaña de prestigio personal y dinástico, recorriendo toda España, haciendo favores y creando un fuerte grupo de seguidores, incluso una guardia de soldados flamencos para la protección de su persona.

Probablemente el acto rebelde de Melgar y la acción de los sectores hispánicos proaustríacos no hubiera ido a más si no hubiera sido porque el emperador de Austria tuvo la habilidad de unir sus intereses a las viejas cuestiones internacionales que hacían siempre de España motivo de apetencias tanto inglesas como francesas, amén de holandesas. Eran muchos todavía sus territorios ultramarinos y sus posiciones en Europa. Así que todos unieron sus intereses, incluso con Portugal, siempre con un doble juego francés, en el que Luis XIV fue capaz de hacer determinadas combinaciones contra su propio nieto. Era la lucha de intereses europeos que se iba a librar en territorio español.

A tal punto se mostraba Madrid adicto a la causa de Felipe V, que la ciudad reclutó a su costa un cuerpo de ejército de 28.000 infantes y 10.000 jinetes para acudir a la raya de Portugal por si desde allí venía una ofensiva austríaca, cosa de esperar, pues el archiduque había sido proclamado rey de España en Lisboa con el apoyo de la escuadra inglesa y el desembarco de 8.000 británicos y de 6.000 holandeses.

Felipe V, ante tal amenaza, salió de Madrid, camino de Extremadura, con una fuerza muy superior, unos 40.000 hombres... Iba acompañado del duque de Berwick, hijo natural del destronado rey Jacobo II de Inglaterra. Las primeras operaciones dieron un claro triunfo a los del rey Felipe, que ocuparon todo el Alentejo y varias poblaciones portuguesas.

No aprovecharon bien los vencedores esta inicial ventaja. El rey regresó a Madrid y los ingleses vieron la ocasión de atacar por mar en el sur y provocar un levantamiento en Andalucía. Fue el momento hábilmente elegido para atacar Gibraltar en nombre del archiduque Carlos. La defensa de la pequeña guarnición de don Diego de Salinas no fue suficiente. Al no recibir la ayuda solicitada y después de largo asedio, tuvo que capitular frente al ataque del príncipe de Darmstadt. Fue el golpe de fuerza a favor del pretendiente austríaco, no de Inglaterra, que consumó el expolio, la colonia británica, única en Europa, que soporta España. Es posible que las intrigas y la confusión que provocaron en las Cortes de Madrid los franceses duque de Grammont, embajador de Francia, y el influyente abate D'Estrées fueran la causa indirecta que provocó la indefensión de Gibraltar, coincidiendo con la defección del conde de Cifuentes y del marqués de Leganés, que se mostraron decididamente proaustríacos.

Estas divisiones entre los españoles y la equívoca actitud francesa facilitaron el gran progreso de la causa del archiduque, recién proclamado Carlos III. Así lograron varias sublevaciones en Levante, Denia, Orihuela, Játiva, Gandía... hasta Valencia, e igualmente el dominio de la escuadra inglesa en toda la costa catalana. Barcelona proclamó rey de España a Carlos III y siguieron Tarragona, el Vallés, Lérida y el Ampurdán. Se puede decir que toda la nobleza, los clérigos y los campesinos tomaron el partido del archiduque. ¿Era algo así como un atavismo proaustríaco que venía de tiempos de Carlos I, que casi siempre cayó muy bien en Cataluña? ¿Era una reacción frente al temible centralismo borbónico de París, trasladado a Madrid? ¿Se había olvidado que Felipe IV, un Austria, fue el mayor centralista de la mano de Olivares?

Es un fenómeno histórico de gran trascendencia que ha sido utilizado y tergiversado políticamente a través de los siglos, un disparate irracional que aún colea. Como un disparate histórico, doloroso y prolongado, toda la Guerra de Sucesión en sí, de la que la única perjudicada en su propio territorio fue la España en la que todos querían reinar y que los franceses tenían gran interés en fragmentar, en vez de cumplir la idea de Luis XIV en su discurso de Versalles; en definitiva, nada más que una auténtica farsa.

Cinco años iba durando ya aquella disparatada guerra, sin frentes claros, sin definiciones territoriales ni políticas determinadas, con traiciones e indefiniciones de un lado y de otro. Daroca, Huesca, Teruel y Zaragoza aceptaban al pretendiente austríaco. El propio rey Felipe V combatía con gran valor al frente de los suyos en la campaña de Cataluña, pero su trono peligraba porque los aliados, después de ocupar Ciudad Rodrigo, avanzaban sobre Madrid.

Precipitó Felipe V su regreso. Hizo salir a la reina de la Villa hacia el norte y él mismo quedó a la altura de Fuencarral, mientras los aliados entraban en Madrid y proclamaban rey a Carlos III en medio de un silencio ominoso de la población, que seguía estando a favor de Felipe V, al que habían jurado fidelidad. «Solo una pequeña parte de la población, jóvenes de los más abyectos, se dejaron comprar por las monedas que les arrojó el marqués de la Mina para que gritaran ¡Viva Carlos III!», escribe un serio historiador con muy buenas fuentes.

## La Guerra de Sucesión. Madrid, con Felipe V

Absurda sigue pareciéndonos aquella guerra desde el punto de vista español, sobre todo porque convertía en guerra civil y en fermento de divisiones internas lo que no era sino un reflejo de la situación europea, liquidación del Imperio, pretendida hegemonía francesa y aparición de nuevos protagonistas en el continente que hasta entonces se conformaban con el dominio de los mares. Nos encontramos al joven Felipe V, mucho más digno español de lo que suponía su abuelo, encerrado en Atienza, en tierras de Guadalajara. ¿Tengo fuerzas para volver a Madrid y ocuparlo?, debía de preguntarse, frente a un ejército enemigo reunido por Peterborough y por el marqués de las Minas. Tuvo la noticia, no muy segura, de que en Andalucía se habían reunido 30.000 infantes y 20.000 caballos para venir en su socorro. Quiso creerlo.

Esperaba también ayuda de Luis XIV. Así que decidió volver a Madrid como fuera a restaurar la monarquía «legítima».

Entró en Madrid el 4 de agosto. El pueblo, entusiasmado, se echó a la calle para aclamarle, jugándose la vida, ya que los del archiduque disparaban contra ellos, cumpliendo órdenes del gobernador, conde de las Amayuelas. Españoles contra españoles. Se impuso la masa felipista, que acabó ocupando el Palacio Real.

No vamos a seguir con detalle la guerra abierta, desordenada y confusa, cruel y sanguinaria, entre los dos ejércitos, bastante reforzados en ambos casos. Cambiaba constantemente el teatro de la guerra, pero la hostilidad no cesaba, con conquistas y pérdidas de poblaciones que pasaban de una a otra mano. Eran miles los muertos y miles también los heridos y prisioneros, a sangre y fuego.

Debió Felipe V de obtener alguna ventaja cuando decidió volver a Madrid y hacer volver a la reina, que estaba en Burgos. Parece mentira, pero aún tuvo ánimos el pueblo de Madrid para llevarles casi en volandas al Buen Retiro. Lo malo para la causa borbónica era que el ejército francés estaba sufriendo grandes derrotas en tierras flamencas y valonas, donde el inglés Marlborough conseguía éxito tras éxito. Así, todo el antiguo Flandes español se había perdido definitivamente. Y lo mismo en el norte de Italia, donde el Piamonte y el Milanesado habían proclamado rey a Carlos III.

Las cosas fueron mejor en España. Las tropas de Felipe V, con el duque de Berwick al frente, consiguieron la gran victoria de Almansa, donde los aliados dejaron más de cinco mil muertos y doce mil prisioneros. Las banderas conquistadas pasaron a adornar los muros de la basílica de Atocha y el duque de Berwick recibió el título de duque de Liria, la grandeza de España y el Toisón de Oro.

Como consecuencia de la victoria de Almansa, el ejército de Felipe V recuperó toda la costa levantina, la capital Valencia, marchando luego a Aragón, Calatayud y Zaragoza.

Bajo el mando de los duques de Berwick y de Orleans fue ocupada Lérida, después de la larga resistencia, seguida de Urgel, Cervera y Tárrega.

El 25 de agosto la reina dio a luz a un robusto varón al que se puso el nombre de Luis Fernando. Hubo indulto general y las solemnidades de costumbre. La impresión general para la causa borbónica aparecía de lo más positiva. En ese año de 1707 su autoridad se iba extendiendo a mayor número de poblaciones.

Siguiendo los consejos de distinguidos juristas, como Melchor de Macanaz, del gobernador del Consejo de Castilla, Ronquillo, y del embajador de Francia, Felipe V abolió los fueros de Valencia y Aragón, sometiendo estos reinos a la ley general de Castilla. Medida originada por la guerra, muy a la francesa, pero de dudoso acierto. En la zona valenciana el malestar se demostró con violencia, que fue reprimida enérgicamente. En cambio, en Cataluña se advertía una cierta oposición al gobierno impuesto por el archiduque, que, en cambio, tuvo un gran éxito diplomático, al ser reconocido por el Papa como rey de España. La conducta de Luis XIV en tales circunstancias puede calificarse incluso como una traición a Felipe V, pues, visto el cariz que tomaba la guerra, procuró entenderse en La Haya con los aliados anglo-austro-holandeses.

Cuentan las crónicas que todos estos hechos se reflejaban en Madrid, alternando las ilusiones y los desengaños, los temores y las esperanzas. Se celebraban festejos para distraer al público, pero no era suficiente. Era notorio que, ante la actitud francesa, Felipe V se iba emancipando cada día más de la tutela de Luis XIV, mientras la guerra continuaba sin tregua en los campos de Europa y en la zona de Cataluña.

En Madrid, el rey formó un gobierno tachado de españolista con el duque de Medinaceli en Estado y el marqués de Bedmar en Guerra. Lo que cada día era más notable era la influencia de la princesa de los Ursinos. El rey seguía en el frente de Cataluña con resultados alternativos. Tan alternativos, que Carlos III, el archiduque, volvió a entrar en Madrid, instalando su cuartel general en Canillejas y en El Pardo.

La conducta de los del archiduque en Madrid se hizo odiosa, violenta, vengativa, sacrílega... El pueblo les respondió con unas acciones muy parecidas a las que se dieron años después el 2 de mayo de 1808.

Felipe V se instaló en Valladolid y desde allí preparó la contraofensiva. Todavía debía de contar con fuerzas suficientes, pues acosó al archiduque, le aisló de Portugal y ocupó gran parte de La Mancha y de Castilla, de modo que el pretendiente tuvo que abandonar Madrid, cincuenta y un días después de su entrada en la ciudad.

Ahora iba a refugiarse en Barcelona, ya que no toda Cataluña le era afecta.

El regreso de Felipe V a Madrid fue un verdadero delirio. Vuelven los cronistas a superar en su entusiasmo descriptivo todos los relatos anteriores, pero lo que es indudable es que la Villa y Corte era totalmente proborbónica y veía en la nueva dinastía la afirmación de su capitalidad y una gran esperanza de modernización hacia el futuro.

Tres días permaneció el rey en la ciudad, saliendo enseguida para perseguir al enemigo, obteniendo en los campos de Villaviciosa una de las más brillantes victorias de toda la guerra: más de doce mil prisioneros, estandartes, cañones, carros de munición y la recuperación de mucho de lo robado por los de Carlos III en los templos de Madrid y Toledo. Por fin, las tropas de Felipe V ocuparon toda Cataluña, salvo Barcelona, que resistió unos meses más.

Murió el emperador de Austria y el pretendiente Carlos III fue llamado a la sucesión en el trono imperial, con lo que cesaron sus aspiraciones españolas. Así que puede decirse que, salvo la ya última resistencia de Barcelona, la Guerra de Sucesión podía darse por terminada. Llegaba la hora de la diplomacia y nos esperaban las decepcionantes jornadas de Utrecht.

## Muertes, bodas y bautizos en la Real Familia

Los acontecimientos interiores y exteriores ocurridos durante el larguísimo reinado de Felipe V, dividido en dos períodos, son imposibles de resumir en un capítulo de esta obra dedicada con absoluta preferencia a la Historia de Madrid.

Cuando escribí mi obra *De Carlos I a Juan Carlos I* tuve que hacer un verdadero esfuerzo de síntesis para poder explicar someramente en más de cien páginas los sucesos políticos, militares y diplomáticos del reinado de aquel buen monarca español que fue Felipe V el Animoso. Al volumen I de dicha obra tengo que remitirme, y aun así me quedo corto ante la gran y selecta bibliografía nacional y extranjera dedicada a tan interesante y complejo período histórico.

Espigando de un lado y de otro, hilvanaré en lo posible aquellos hechos y etapas del reinado que tuvieron una relación directa o indirecta con Madrid.

El 6 de junio de 1712 le nace a Felipe V en Madrid un nuevo hijo, al que se puso el nombre de Felipe. De haber vivido habría sido Felipe VI, adelantándose más de tres siglos al que esperemos con la gracia de Dios y de la voluntad popular que lleve ese nombre y ese número en la España del siglo XXI.

La muerte del Delfín de Francia dejó por aquellas fechas vacante la sucesión de Luis XIV. Nuestro Felipe V, su nieto, pudo optar por su candidatura al trono francés, pero prefirió la de España; tal aprecio había llegado a tener por nuestro país, que, después de la Guerra de Sucesión, aún le quería más, salvo la resistencia parcial y temporal de Barcelona.

El rey convoca Cortes en Madrid en noviembre de 1712, una vez terminadas las celebraciones por el nacimiento del heredero. Fueron años en los que el rey y sus consejeros franceses impusieron en España la Ley Sálica, es decir, la absoluta preferencia del varón en la sucesión al trono aunque hubiera hembras de mayor edad o con un parentesco más cercano en relación con el monarca difunto. La reina volvió a dar a luz un nuevo varón, el que sería rey Fernando VI.

El centralismo borbónico se manifestó no solo en Barcelona. También suprimió los juzgados autónomos de Villa en Madrid, con fuertes protestas de la Municipalidad, que veía así muy reducidas sus atribuciones y privilegios.

La reina empezó a dar muestras de deficiente salud. No quería alejarse de Madrid y, como había obras en el Buen Retiro, pasó a vivir en casa de los duques de Medinaceli, la más desahogada y cómoda de la Corte. Como no mejoraba se recurrió a todos los medios médicos y religiosos habituales en casos extraordinarios:

imágenes, oraciones y rogativas en todos los conventos, el cuerpo de san Isidro en la capilla de Palacio...

Llegó el famoso médico holandés Helvetius; todo fue inútil: el 14 de febrero de 1714 falleció la esposa tan querida de Felipe V, ante el dolor del pueblo de Madrid, que se había vinculado a tan gran señora, que bien supo merecerlo con su bondad y dedicación. Tenía solo veintiséis años de edad.

Con la muerte de la joven María Luisa de Saboya quedó en Palacio como única consejera de Felipe V la famosa princesa de los Ursinos, avanzada en años, sabiduría y astucias políticas: Marie Anne de La Trémouille. Nadie dudaba de su ascendencia con el monarca. Así llevó a la presidencia del gobierno a su hombre de confianza, Jean Orry. Otros nombres del nuevo equipo fueron don Manuel de Vadillo y un ilustre jurista de gran prestigio, don Melchor de Macanaz, fiscal del Consejo de Castilla. No olvidemos al padre Robinet, confesor del muy devoto soberano.

Y como ocurre siempre en estos casos podríamos aplicar aquí el dicho «A reina muerta, reina puesta». Tanto la de los Ursinos como el ya influyente Alberoni mostraron sus preferencias por la princesa Isabel de Farnesio, hija del duque de Parma, lo que daría nuevos derechos sucesorios por matrimonio al rey de España sobre unos ducados históricamente vinculados a nuestra Corona. Además, las impresiones recibidas presentaban a la joven Farnesio como terriblemente seductora.

Se celebraron los desposorios en Parma y la entrega de la novia a España se hizo en San Juan de Pie de Puerto y Roncesvalles, donde la recibieron el marqués de Santa Cruz y el duque de Medinaceli. De allí, por Pamplona, a Guadalajara, donde la esperaba la princesa de los Ursinos, muerta de curiosidad por conocer a su protegida, que no debió de ser muy de su agrado, pues la encontró distante, altiva y dominante, cuando la esperaba dócil y agradecida. La rivalidad entre las dos grandes señoras, con importante diferencia de años entre ellas, se veía venir.

A tal punto y tan rápida, que a los pocos días la nueva reina daba orden a la princesa de los Ursinos para que sin más tardar emprendiera el camino de Francia, lo que asombró a todos en España y en Europa. ¿Una prueba más de la tradicional ingratitud real?

Don Felipe y su nueva esposa se instalaron en el palacio del Buen Retiro. Desde el primer día su compenetración pareció perfecta. Cazaban juntos por los montes de El Pardo y por los Reales Sitios de la Zarzuela y Valdelatas, celebraron alegremente el Carnaval, dieron bailes «honestos» y aceptaban invitaciones de las grandes casas. Los cambios de alto personal demostraron pronto que doña Isabel mandaba mucho. Cayeron enseguida Orry, Macanaz y el padre Robinet, mientras ocupaban cargos clave ilustres miembros de la nobleza española, Bedmar, Veragua, Frigiliana, Celamar... Y mandaba ya Alberoni a través de la reina.

Muere Luis XIV en 1715. ¿Quién con más derechos que Felipe V a la Corona francesa? ¿Por qué no la regencia durante la infancia del futuro Luis XV de cinco años? Eran demasiadas complicaciones en el juego del equilibrio europeo.

Fue un buen período de un buen reinado. Felipe V funda la Real Academia de la Lengua Española (1714) para la propagación y prestigio de nuestro idioma. También a él se debe la creación de la Biblioteca Real, luego Biblioteca Nacional.

El 20 de enero de 1716 la reina daba a luz un nuevo infante, al que se dio el nombre de Carlos. Sería nada menos que el gran Carlos III, con derechos sucesorios a los ducados de Parma y Toscana. Un infante nacido en Madrid al que las circunstancias llevarían al trono de España. Las calles de la capital se cubrieron de flores y colgaduras para celebrar el feliz alumbramiento, y en la cuarentena al paso de la comitiva al templo de Atocha, inmemorial costumbre.

Era el gran momento para Alberoni, que además logró el capelo cardenalicio. En cambio, sus ambiciones políticas en pro de sus señores, los reyes, nos llevaron a una aventura bélica y naval en Italia con resultados nada positivos para España. Dejemos tan ardua cuestión, que con todas sus complicaciones internacionales nos llevaría muy lejos de Madrid.

Tan aventurada era la política del inteligente Alberoni que estuvo a punto de llevarnos a tener frente a nosotros a toda Europa. A tal punto que Francia llegó a ocupar grandes zonas del norte de España y nada menos que con el duque de Berwick al frente, el antiguo gran general de Felipe V, duque de Liria, Toisón, etc.

La desmedida ambición de Alberoni le hundió políticamente, lo que permitió a Felipe V regresar a una política constructiva y pacífica y ver muy posible la unión con Parma y Toscana.

La reina dio a luz dos nuevos infantes, Francisco y María Ana Victoria, nacidos con un año apenas de diferencia, otros dos madrileños. Así va creciendo la ciudad; del más alto al más bajo; la vida es eso: nacimientos, casamientos y enterramientos. El más alto de entonces, Luis XIV, pide la mano de la infanta doña María Ana Victoria, hija de Felipe V, es decir, su biznieta, para casarla con el que quiere que sea su sucesor en el trono de Francia, el futuro Luis XV. Toda esta combinación de Borbones con Borbones se esperaba que hiciera felices a las dos naciones vecinas. El embajador de Su Majestad Cristianísima, el duque de Saint-Simon, enlace para tan bella boda principesca, fue elevado por Felipe V a la grandeza de España. Las fiestas y ceremonias para celebrar el enlace excedieron todos los precedentes. Madrid vivía de fiesta en fiesta, siempre alegre y confiada, aunque todavía polvorienta.

Felipe V venía llevando una vida muy ajetreada. Valiente como el que más, nunca renunció al combate en primera línea, y lo cierto es que no hubo año en su reinado con una paz estable. Bien parecía lo de El Animoso. En política nacional, tan implicada con el europeo, el conflicto era diario, y su relajamiento y descanso se reducía a la caza y la contemplación y cuidados de sus jardines, afición venturosa que importó de Versalles hacia las deliciosas frondas palaciegas de La Granja y de Aranjuez.

Aun así parece difícil comprender que un monarca triunfador, de solo treinta y nueve años, pensara seriamente en la abdicación. Solo a un fondo de melancolía, lindando con la enfermedad depresiva, podía atribuirse esta decisión. La renuncia formal en su hijo don Luis, príncipe de Asturias, tuvo lugar el 10 de enero de 1724, anunciando también su retirada a vivir en el palacio de San Ildefonso (La Granja). ¿Con una mujer joven, de treinta y un años, y ambos sanos y queridos por el pueblo? Parece un desvarío, pero... ¿era un oculto propósito para optar, todavía joven, por el trono francés, dejando a su hijo como rey de España? La muerte de su mayor competidor, el duque de Orleans, regente hasta entonces, y la frágil salud del pequeño Luis XV parecían ofrecer a Felipe muchas posibilidades. Eso pensaron algunos, mas no debió de ser esa la idea del rey, que dado su carácter debía de estar deseando una vida tranquila.

En Madrid habían bajado mucho los festejos diversos, sobre todo los de la Plaza Mayor, desde las corridas de toros a los autos de fe. Se cuenta que Luis XIV al mandar a su nieto a España le dijo: «Te gustará tu futuro país, tiene cosas admirables, pero procura eliminar las corridas de toros y la Inquisición».

Lo que no cambió al pasar de los Austrias a los Borbones fue la devoción, el catolicismo acendrado de la población madrileña, tal vez no muy ilustrada pero sí de una enorme sinceridad, con mucha presencia femenina y con tradiciones piadosas arraigadísimas que pasaban de padres a hijos. No se comprendía acto importante de la vida humana que no fuera impregnado de espíritu católico y celebrado sin sus ceremonias religiosas. En todo ello tanto Felipe V como toda su familia fueron verdaderamente ejemplares. No faltaban con todo el pueblo a los oficios de Semana Santa, a las ceremonias de la Capilla Real, a las procesiones del Corpus Christi, «el Dios Grande», a las comidas de los pobres, a las fiestas de imágenes veneradas, en la Virgen del Puerto, en la iglesia de Montserrat, en la calle Ancha de San Bernardo, en el Hospital de Antón Martín... Allí siempre las personas de la Familia Real y el marqués de Vadillo, corregidor de Madrid.

Por desgracia, no desaparecieron las horribles medidas del Santo Oficio, pero fueron bastante limitadas y no contaron, salvo excepciones, con la benévola presencia de personas y dignatarios reales. Y lo curioso es que, a pesar de la crueldad de los autos de fe, en Madrid nadie se avergonzaba de ellos y parecían la cosa más natural del mundo. Era un atavismo de siglos y, aunque con matices y cambios de gobiernos, se prolongó muchos años.

Un detalle poco conocido: adelantándose medio siglo a las medidas de Carlos III y del famoso Motín de Esquilache que les siguió, en octubre de 1723 se publicó un bando prohibiendo el uso de sombreros y gorros gachos, así como ir embozado por las calles, bajo penas de encarcelamiento y multas. También se procuró cortar la exhibición de oro y joyas, salvo para el culto divino. Así era el Madrid de Felipe V.

# 20
# Segundo reinado de Felipe V. Política exterior

## Pactos de Familia. Ripperdá

Aunque parezca mentira, después de una etapa tan larga, dolorosa y destructiva como la de la Guerra de Sucesión y años subsiguientes, España vuelve a ser un país que cuenta en la política internacional, a la vez codiciada y temida, pero siempre en primer plano, a la altura de las grandes potencias de la época.

En estas etapas, para el historiador, la pequeña política interior y la anécdota del acontecer diario pasan a segundo término, porque todo lo que ocurre con una cierta perspectiva histórica se refiere y depende de la política internacional del país. Madrid vuelve a ser la capital europea en la que se deciden muchas cosas y, por eso, parece inevitable y conveniente que contemplemos estos años desde nuestra ciudad no en el detalle menudo habitual, fastos regios, ceremonias civiles y religiosas, detalles de la vida ciudadana, sino con la visión de la alta política, de la que con éxitos y fracasos, destellos y ocasos, somos protagonistas en el siglo XVIII. Con los Borbones en el trono, ahora Felipe V por segunda vez, y desde Madrid.

En esta nueva etapa del reinado del primer Borbón español se produce un cambio de alianzas, tanto en lo que se refiere a nuestras esenciales reivindicaciones territoriales, recordemos Gibraltar, Menorca, Italia..., como en la siempre acuciante política matrimonial de Isabel de Farnesio, a la que Francia ha devuelto a Madrid a la infanta María Ana Victoria por considerarla demasiado joven para un Luis XV necesitado de descendencia. Ahora, sus planes consisten en casar a los infantes españoles Carlos y Felipe con dos archiduquesas austríacas.

El cerebro y ejecutor de esta política matrimonial española es un aventurero holandés que ha sustituido a Alberoni, Juan Jerónimo Ripperdá, que había sido protestante, católico, italiano y catalán, un tipo volátil, ambicioso, imaginativo y muy inteligente. Algo así como un Casanova o un Cagliostro en su faceta de político y diplomático. Lo cierto es que fue un peón importante entre los muchos políticos astutos de la Europa de entonces y que sirvió a España en el gran juego de las alianzas.

Su posición dominante apenas duró un año, pero le sirvió para ser primer ministro, duque y grande de España. Fue un buen economista, mas en su audacia política se pasó de la raya y don Felipe le mandó de su despacho de Madrid a la prisión en el Alcázar de Segovia, de donde escapó, acabando su aventura en Tetuán, convertido al islamismo. Su desaparición de la política permitió que apareciera un ilustre personaje que habría de rendir grandes servicios como ministro, don José Patiño, nacido en Italia pero gallego de origen, un político de saberes universales a la altura de los Walpole y los Fleury de la época. A él se deben los primeros pasos eficaces para el resurgir de nuestra marina, tan necesaria con un litoral y un Imperio como los de España.

Francia busca la alianza española. Tenemos ya al futuro Carlos III como soberano en Parma, Piacenza y Toscana, y al infante don Felipe como rey en Nápoles y Sicilia. De ahí viene el llamado Primer Pacto de Familia, firmado en El Escorial en noviembre de 1734, y poco después la gran victoria de Bitonto, en Italia, como en los mejores tiempos del Gran Capitán.

Toda Europa estaba en guerra: en Austria, en Polonia, en el norte de Italia, con repercusiones en América, como en Cartagena de Indias. De lo que no cabe duda según los historiadores es de que los infantes españoles de la Casa de Borbón Carlos y Felipe fueron muy superiores a sus predecesores de la Casa de Austria y que el cambio de dinastía supuso una gran mejora en la aportación de una sangre y de unas mentalidades nuevas a la Corona española y a sus intereses internacionales. Dos infantes nacidos en Madrid. Sin embargo, el buen entendimiento con Francia, aparente al menos, Pacto de Familia sobre todo, resultó como siempre desfavorable para nosotros, pues el nuevo canciller francés, marqués de Argenson, negoció a nuestras espaldas con Austria, dejándonos solos en las cuestiones italianas.

Coincidió esta traicionera negociación con la muerte de Felipe V en el palacio del Buen Retiro el 9 de julio de 1746. El Segundo Pacto de Familia se había firmado en Fontainebleau en 1743. El objetivo esencial para nosotros, una frustración más, era conseguir ayuda efectiva para la recuperación de Gibraltar y Menorca.

## ALGUNOS HECHOS NOTABLES EN MADRID DURANTE ESTE PERÍODO

Casi todos los hechos a que me refiero en este apartado tienen el habitual carácter familiar de los reyes y de los infantes, con la inevitable secuela de ceremonias civiles y religiosas. De vez en cuando surgen acontecimientos que se salen de la tranquila vida de la capital, y a ellos procuraré referirme.

La reina Isabel de Farnesio dio a luz una nueva infanta, María Teresa Antonia. A pesar de la poca afición francesa a las corridas de toros, hubo una con asistencia de toda la Familia Real desde los balcones de la Casa de la Panadería. Rejoneo nobiliario y mucho lujo.

Jornadas veraniegas en San Ildefonso. En Madrid, el pueblo, botijo y procesiones de la Paloma y San Cayetano y colchón al aire libre. El rey, con su hipocondría, de caza, pero con la suerte de contar ahora con un gran ministro, Patiño.

Se celebran las canonizaciones del franciscano Francisco Solano, y los jesuitas preparan grandes eventos para solemnizar las de Luis Gonzaga y de Estanislao de Kostka, grandiosas y espectaculares ceremonias a las que no faltaron los reyes y toda la Corte: calle de Toledo, Plaza Mayor, imágenes de Loyola, Javier y Borja, todos santos, y Madrid con ellos, feliz, alegre, orgulloso, como una gran fiesta de familia. Y no se quedaron muy atrás los carmelitas con la canonización de nuestro maravilloso santo y poeta Juan de la Cruz, de la hoy iglesia de San José, el Carmen calzado, a Palacio: Caballero de Gracia, Red de San Luis, Jacometrezo, todo Alcalá, imágenes, ejército de gala guardando el paso y acompañando a la procesión con toda la grandeza. Así era Madrid. Y de Madrid al cielo, como dice el refrán.

En 1727, nace el infante don Luis Antonio. Esta reina no para de parir. Y de nacimientos a casorios. Ahora hay que casar a los príncipes y se piensa que nada mejor que volver a los enlaces portugueses: para el Príncipe de Asturias, la infanta doña Bárbara de Braganza, y para el príncipe de Brasil, doña María Ana Victoria, la fallida prometida de Luis XV. Y todo con la solemnidad correspondiente, regios desposorios en el salón principal de Palacio, bendición del cardenal Borja, patriarca de las Indias, y muchas carrozas, libreas nuevas, luminarias y banquetes.

Un brillante paréntesis bélico fue la reconquista de Orán por el conde de Montemar, victoria que se debió rematar con la toma de Argel, entonces presa fácil.

Un hecho luctuoso vino a ensombrecer unas temporadas en conjunto tan plácidas y venturosas para la capital de España.

La noche de Navidad de 1734, de improviso, y sin que se pudiera averiguar la causa, empezó a arder violentamente el Alcázar, el Palacio Real de la Villa, como se le llamaba. Todo Madrid, pueblo, ejército, guardias, bomberos, fueron incapaces de cortar el terrible fuego, ayudado por el viento. Solo se evitó la propagación a los muchos edificios contiguos. Por fortuna, salváronse de las llamas pinturas y tapices, aunque no todos; también el gran tesoro de la Real Capilla con sus reliquias únicas... ¿Qué fue de toda la obra del taller de Velázquez, salvada en parte? ¿Y de las joyas históricas del mobiliario?

Felipe V vio aquel incendio con cierta indiferencia. No le gustaba el Palacio. Prefería vivir en el de los Medinaceli y no digamos en su San Ildefonso. El recuerdo histórico de Trastámaras y Austrias no le conmovía. Tenía ya *in mente* un nuevo palacio, el auténtico Palacio Real, digno de su dinastía, a la altura de Versalles...

Madrid, vieja tradición meteorológica, sufrió una gran sequía. Hubo procesiones, rogativas *ad petendam pluviam*. Como el cielo fue clemente y llovió, nuevas procesiones en acción de gracias. Madrid, querido Madrid.

## MUERTE DEL REY

Entre los hechos dignos de reseñar en esta última etapa del reinado de Felipe V figura uno de indudable trascendencia: la muerte del gran ministro universal que fue don José Patiño, la mayor pérdida que podía sufrir la dirección del Estado.

Fue inevitable el que se llegase a la guerra con Inglaterra. Lo más curioso es que el pueblo madrileño recibió la noticia de la declaración de guerra con verdadero entusiasmo, con ganas de revancha y convencidos de nuestra superioridad, gracias a las riquezas que llegaban de las Indias.

El ambiente social y cultural en la capital había evolucionado muy favorablemente con el cambio de dinastía. Hay mayor interés por los estudios, por la erudición, por los trabajos de investigación, por los estudios históricos... Una de las consecuencias fue la fundación de la Real Academia Española de la Historia, cuerpo académico realmente necesario con tan grande y diversa trayectoria histórica. El primer presidente fue don Agustín de Montiano y Luyando.

Prescindimos aquí de los aspectos exteriores de aquel período. Fueron tantos y tan complicados, tanto en el terreno militar como en el diplomático, que no tenemos más remedio que remitirnos a nuestras propias obras que figuran en la bibliografía. Recordemos únicamente, por su futura trascendencia, el compromiso de boda del infante don Carlos, futuro Carlos III, con la princesa María Amalia de Sajonia, hija del elector Augusto III y sobrina del emperador. La nueva fue muy recibida en Madrid, así como los desposorios del infante don Felipe con Luisa Isabel, primogénita de Luis XV. Una novedad en las grandes fiestas con motivo de estas bodas: las funciones de ópera con los mejores autores e intérpretes de la época, sobre todo el famoso Farinelli.

Por aquellos días fallecieron, después de muy larga vida, el primer ministro francés, cardenal Fleury, no muy digno personaje durante los Pactos de Familia, y la reina viuda Mariana de Neoburgo, en 1740, en Guadalajara, donde residía.

Los reyes habían pasado la primavera en el Real Sitio de Aranjuez, sosegados, tranquilos y en buen estado de salud. A mediados de julio pasaron por el Buen Retiro de camino para la jornada veraniega en el frescor serrano de San Ildefonso. A todos sorprendió la noticia que publicaba la *Gaceta* el día 12, anunciando la muerte de Su Majestad el rey después de un reinado de más de cuarenta y cinco años, completamente identificado con el país.

Transcurrido un mes de tan luctuoso hecho, el nuevo rey Fernando recibió a los grandes y al Ayuntamiento de Madrid, procediéndose a la proclamación solemne en el palacio del Buen Retiro en medio de una inmensa muchedumbre, con el grito del Regidor Perpetuo y Alférez Mayor de la Villa y Corte, marqués de Altamira: «¡Castilla, Castilla, Castilla, por el rey don Fernando el Sexto!». Todas las rogativas de los innumerables templos de Madrid se dirigían al cielo pidiendo que el nuevo rey siguiera la senda de dignidad y prestigio de España que en medio de tantas adversidades había seguido su padre, el buen monarca que fue Felipe V.

## BREVE ANECDOTARIO DEL MADRID DE FELIPE V. NUEVAS COSTUMBRES

Las anécdotas son hechos breves, por lo general auténticos, que se suelen contar como entretenimiento, pero que resultan ilustrativos y pueden suponer un suplemento ligero y ameno de la Historia. La de Madrid podría contarse a base de anécdotas y de supuestos sucedidos, ya que una ciudad de aluvión, tan movida y animada, con gentes de todas procedencias, se presta a las novedades y sorpresas. Así se ha ido tejiendo gran parte de su pequeña historia y así se comprenden algunos de sus grandes cambios y de su carácter tan singular y volandero.

El tránsito del siglo XVII al XVIII, con el relevo dinástico y la llegada de tantas gentes de fuera, en general distinguidas y de relieve, tenía que dar lugar inevitablemente a nuevas influencias y a la adaptación del estilo propio a las modas que nos llegaban de ultrapuertos. En la vida de los pueblos, más aún en los vecinos, suelen imponerse los modos y las modas del más fuerte, del que domina la situación. Así como lo español se impuso en el XVII, ahora, en el XVIII, le tocaba la hora a lo francés. Con una curiosa circunstancia, casi tradición: lo italiano se infiltraba y se ha infiltrado siempre en todas partes, aun sin constituir un Estado, a base de una gracia y una inteligencia que superan toda barrera.

El nuevo rey se trajo con él muchos nobles franceses, criados y curiosos en pos de la aventura española. En Madrid capital, más que en provincias, entró la moda de copiar todo lo que venía de París. Cuentan los cronistas que miles de familias modificaron las horas de sus comidas, lo que, desde luego, ha cambiado mucho desde entonces. El afrancesamiento era lo elegante, aunque en cuestión de idiomas debió de costar bastante, porque por estas tierras no somos muy dotados para las *nuances* del hablar galo.

Con los franceses llegó el uso de la servilleta, cambiaron los bailes, los vestidos, el estilo de montar a caballo, el uso de pañuelos con las puntas bordadas... y los baños. Un artesano se hizo rico imitando bañeras a la francesa. ¡Cómo cambian los tiempos! Hoy doblamos en cuartos de baño a los franceses.

Los jardines se llenaron de parterres; las comidas, de salsas bechamel y béarnaise, y las copas, de un vino espumoso que venía de la Champagne.

Algo mejoró en Madrid la recogida de basuras, y aunque los olores no mejoraron mucho, sobre todo en los teatros, se disimularon con perfumes.

Porque la afición al teatro se extendió y popularizó mucho en barracones que se fueron perfeccionando, como el del italiano Bartoli, que se instaló cerca de los Caños del Peral, cuyo nombre adquirió, y que llegó a llamarse Coliseo. Costumbre francesa que se extendió a Palacio fue la de que el rey recibiera audiencias mientras estaba en funciones de aseo íntimos, en paños menores y más que menores. En cambio, no pudo acabar con un bandolerismo urbano que seguía actuando en las extensas choperas por las noches, a pesar de las enérgicas disposiciones del corregidor Villate. El lugar más peligroso era el olivar de Atocha. Algo mejoró desde 1717 con la instalación de faroles, una iluminación dirigida por el marqués de Vadillo y pagada en gran parte por los comerciantes y el vecindario, y que dio lugar al nacimiento de una próspera industria de fabricación de faroles de esquina, farolas de pie y linternas. Establecimientos típicos fueron los mesones, y se desarrollaron las peluquerías con influencia francesa en pelucas, coletas, postizos y empolvamientos.

Las calles madrileñas se habían ido formando sin sujeción a proyecto alguno. Yo construyo aquí porque me da la real gana, casona, convento, posada o lo que fuera, rellenando huertas y descampados. Asombra que aun así llegara a formarse una ciudad como la del admirable plano de Teixeira desde 1658, y que se marcaran calles, en general estrechas, retorcidas y algunas sin salida, calles y plazas cuyos nombres a veces se conservan muchos años: Relatores, Comendadores, Encomienda, Fúcar, del Tuerto, San Gregorio, Torrecilla del Leal, las Costanillas..., así como otras más importantes. Carrera de San Jerónimo, Herradores, Toledo, Conde de Miranda, ancha de San Bernardo, Conde de Barajas, Prado, Magdalena...

# 21
# Fernando VI, un buen rey pacífico

## El Palacio Real

Desde tiempos de los primeros Trastámara se había elegido aquel emplazamiento para construir una residencia real, en el extremo noroccidental de la Villa y donde quedaban restos habitables de una vieja fortaleza mora, el Alcázar.

Allí pasaron temporadas, como hemos visto capítulos atrás, desde Enrique II a Enrique IV e incluso los Reyes Católicos.

El edificio, inhóspito y abigarrado, había ido adquiriendo empaque y prestancia, amén de relativa comodidad, mediante sucesivas reformas y mejoras que se fueron haciendo, sobre todo desde los años en que el emperador Carlos V encargó de ello a sus arquitectos Vega y Covarrubias, y, poco después, continuaron Juan Bautista de Toledo, Herrera, Gómez de Mora, etc., durante los reinados sucesivos de Felipe II, Felipe III y Felipe IV. Allí se había fijado la Corte, y el conjunto, aunque puede que no muy confortable como instalaciones, presentaba un aspecto imponente: gran fachada de elegantes líneas, espléndidas torres en los extremos, pórticos, escudos, explanada de amplia perspectiva... Así se desprende de algunos magníficos grabados de la época que se conservan. Históricamente tuvo un protagonismo destacado en varios momentos, sobre todo en tiempos de las guerras de los Comuneros o de Sucesión.

Así que no era un gran trasto viejo, feo e incómodo, lo que se quemó en la noche del 24 de diciembre de 1734. Era el edificio más importante de Madrid, y los madrileños lo habían vivido como cosa suya, aunque no hay noticias de un especial sentimiento por su pérdida. El incendio duró varios días.

Sus Majestades habitaban en el Buen Retiro, y el rey Felipe V debió de pensar en un designio providencial que permitiría pasar de aquellas ruinas humeantes a un nuevo palacio que estuviera a la altura de las espléndidas mansiones reales de Francia y de Italia. El recuerdo versallesco era lógico y la influencia italiana muy notable a través de la Casa de Saboya y del éxito de los arquitectos ítalos en Alemania, Rusia, Austria, Polonia.

Tal vez por ello, don Felipe, cerca ya de sus años finales, iba a dejar a su hijo Fernando VI todo dispuesto y resuelto para que se encargara de la construcción del nuevo palacio el mesinés abate Felipe Juvara, famoso ya por ser el autor de grandes construcciones palaciegas de Turín y Lisboa.

Juvara se presentó en Madrid en abril de 1735 y, siempre con el rey a su lado, recorrió los terrenos, adoptó los primeros planos y limitó sus aspiraciones, ya que el espacio disponible era menor que el que proyectaba en sus grandiosas elucubraciones. Indudablemente, la mezcla de estilos iban del italiano al francés y viceversa, sin el menor detalle de lo que pudo llamarse el estilo madrileño de los Austrias: Ayuntamiento, Cárcel de Corte, Plaza Mayor... Otro proyecto barroco de Pedro de Ribera fue rechazado por el rey.

Murió Juvara en 1736, y fue encargado de los nuevos planos su discípulo Juan Bautista Sachetti. Se puso la primera piedra con gran solemnidad el 7 de abril de 1738. No entraré en detalles de tan grandiosa obra y de su prolongada construcción, pues aunque de hecho duró más de veinte años, Carlos III no consideró habitable el Palacio hasta diciembre de 1764. La obra se fue perfeccionando de día en día. Aún en tiempos de la regencia de doña María Cristina, al borde del siglo XX, continuaba la acomodación y el embellecimiento de este soberbio edificio y de sus alrededores, orgullo de Madrid, que cuenta, probablemente, con el más bello y completo Palacio Real del mundo.

El Patrimonio real, hoy Nacional, tuvo el acierto de editar en 1975 un admirable libro con todos los detalles del gran monumento desde el primer día de su iniciación a la admirable belleza de todos sus suntuosos salones y perspectivas, detalles que tienen el sello de nombres de tanta categoría como Sabatini, Villanueva, Ventura Rodríguez, González Velázquez, Hermosilla, etc.

A dicha obra me refiero y la recomiendo a todo el que quiera entrar en Madrid por la puerta grande.

## FERNANDO VI, REY DE PAZ

«El gobierno fue francés en tiempos de Luis XIV, italiano el resto del reinado de Felipe V, pero ahora va a ser español y nacional.» Es una frase del marqués de Argenson, ministro de Estado francés, un tanto exagerada pero con una parte de cierta exactitud.

Fernando VI, al llegar al trono, hereda guerras por tierra y por mar. Él es pacífico por temperamento y piensa que lo más urgente es ganar la paz y fortalecer internamente al país, dotándole de medios militares y navales para ser respetado y mantener una eficaz neutralidad armada. Por eso, si hay algo que defina el reinado de Fernando VI, es su serio pacifismo, su afán por mantener la casa en orden y fortalecer la Marina para que España cuente en los mares y, por consecuencia, en Europa como potencia de primer orden.

Fernando VI sube al trono a los treinta y tres años, en plena madurez. Su gran acierto, como veremos, fue saber elegir a sus colaboradores. Dicen sus contemporáneos que el rey era tímido, modesto y afable, condiciones suaves, tan poco arrolladoras para provocar entusiasmos que un historiador tan consciente como Menéndez Pelayo se deja llevar por cierta frialdad diciendo que en el reinado de Fernando VI no pasó nada. ¿Cómo que no pasó nada? Precisamente fue su gran éxito, que pasaron muchas cosas pero sin escándalos, sin ríos de sangre y sin deslumbrantes acciones para la masa. Por eso, a pesar de lo mucho que hizo en Madrid y por Madrid don Fernando, no fue un rey tan popular y espectacular como alguno de sus predecesores.

El rey, elegante y discreto, no tenía una gran prestancia, no era un caballista de exhibición, ni un cazador consumado, ni un bailarín alegre. En cambio, tenía una predisposición natural a la melancolía. Felipe V era guerrero por naturaleza, le encantaba el espectáculo de los miles de hombres formados con brillantes uniformes. En cambio, Fernando VI disfrutaba sentado en un sillón oyendo música. En lo que sí coincidieron padre e hijo fue en su sentido del deber, en su buen oficio de rey y en su amor a España. Y en la influencia que en su vida tuvieron dos mujeres: Isabel de Farnesio, en don Felipe, y Bárbara de Braganza, en don Fernando. Precisamente reaccionó este contestando a alguien que le propuso que consultara a la reina: «Lo que yo determino en mis reinos no admite consulta de nadie antes de ser ejecutado y obedecido».

Fernando VI heredaba una guerra. Su anhelo fue salir de ella con dignidad y sin faltar a sus compromisos. Un gran colaborador suyo en este sentido fue el marqués de la Mina, vencedor en Italia y benévolo en la victoria.

La conclusión de esta política fue el Tratado de Aquisgrán, al que se adhirió España (1748). No entramos en los detalles de este tratado, en sus aspectos diplomáticos y en sus consecuencias en el «equilibrio europeo» porque sería extendernos demasiado y nos alejaríamos de Madrid.

Y ya que hablamos de Madrid, como dice la canción, recordemos que Fernando VI había nacido en la Villa y Corte, que hablaba en español perfectamente, no como su padre, que a pesar de ser un buen rey españolizado, tras cuarenta y cinco años de vivir entre nosotros pronunciaba mal el castellano y lo mezclaba a menudo con palabras y expresiones francesas. En estas condiciones, Fernando VI tenía que caer bien entre los madrileños, y por ello, a pesar de no ser un personaje propio para despertar entusiasmos, el pueblo le acogió muy favorablemente y le aclamaba en sus salidas, sobre todo cuando muy pronto dictó una amnistía general.

Fernando VI, según sus pintores oficiales, Van Loo sobre todo, era más bien carilleno, pero con expresión de firmeza, y clásico gran señor dieciochesco con sus elegantes atuendos y su peluca empolvada.

Aparte de estos detalles formales, insisto sobre todo en la admirable y paciente política del rey Fernando para mantener a España en paz, consiguiendo logros importantes, a pesar de que Francia, nuestra aliada familiar, nos dejó colgados en Aquisgrán, donde ni se habló de la recuperación de Gibraltar y de Menorca. En cambio, sí se afirmaron bien los derechos de los infantes españoles, de los hijos de Isabel de Farnesio, en Parma, Piacenza y Guastalla —el infante don Felipe—, y en Nápoles y Sicilia, con el infante don Carlos como rey.

Algunos historiadores han criticado el insuficiente provecho que se sacó en aquella etapa del cansancio de las potencias tras tanta guerra y de la debilidad circunstancial a que dio lugar el *balance of power* entre nuestros tradicionales enemigos.

Después de tantos años de lucha y de complicaciones diplomáticas, nuestra política internacional no fue estática, ni mucho menos. Ello se debió en gran parte al acierto de Fernando VI al elegir a sus principales colaboradores, cualidad esencial para un gran gobernante, lo que es muy distinto a entregarse a los validos.

Esos dos grandes ministros del rey don Fernando fueron don José de Carvajal y Lancaster y don Zenón de Somodevilla y Bengoechea, marqués de la Ensenada, probritánico el primero y profrancés el segundo. Una vez más tenemos que dejar de lado en esta Historia de Madrid la admirable lección de política exterior, e interior en el caso de Ensenada, que llevaron a cabo a lo largo del reinado estos dos formidables políticos, grandes patriotas y encarnizados adversarios. Es un aspecto del reinado que bien merecería un estudio a fondo, una experiencia histórica como en los mejores tiempos de los Reyes Católicos y de Felipe II. Ambos ministros pertenecieron a la estupenda escuela de Patiño —mezcla de cualidades de gallego italiano y ex jesuita— y ambos fueron secretarios de Estado de formidable categoría. En otras de mis obras he estudiado más a fondo la labor de estos dos personajes y a ellas debo remitirme, no sin tener en cuenta como historiador de Madrid que la alta política de Carvajal y de Ensenada se llevó a cabo desde la capital de España, y ellos fueron los precursores del reformismo ilustrado de Carlos III que tantos beneficios trajo para la dignificación y categoría de la Villa y Corte y para el bien de sus vecinos. Y recordemos, en justicia, que un buen sucesor de Carvajal y Ensenada fue el ex embajador de España en Londres don Ricardo de Wall.

Todo esto con un país en paz, respetado en Europa, en tiempos de esplendor de nuestros virreinatos de ultramar y con grandes mejoras materiales en una patria unida, en la que habían pasado al olvido las contiendas de la Sucesión, sustituidas por una política nacional de fuerte neutralidad armada.

## La vida madrileña en tiempos de Fernando VI y Bárbara de Braganza

Si a Felipe V le gustaban la guerra y las fiestas deslumbradoras, a Fernando VI le deleitaban la música y los espectáculos teatrales. Con doña Bárbara de Braganza siempre a su lado, de la que trataré especialmente al final de este capítulo.

No era muy firme la salud de Fernando VI, más bien endeble y sufridor de varias dolencias, aumentadas por una hipocondría aguda, heredada, y por un tono bajo con tendencia a la melancolía. Por ello, las fiestas de la Corte en nada recordaban a las de Felipe IV o Felipe V. Eran más bien fiestas «de cámara», la música en armonía con su carácter y muy del estilo de la época. Ya eran menos frecuentes las corridas de toros y las cacerías, que volverían a ser parte esencial en la vida de sus sucesores. Y el teatro, más bien ópera, pues casi siempre iba acompañado de música, era el espectáculo favorito del rey y de la reina. Y bien sabemos cuánto influyen las aficiones y gustos de los grandes en las costumbres de la época hasta en los estratos más modestos de la sociedad.

El Carnaval de 1747, por ejemplo, se celebró en el palacio del Buen Retiro, en presencia de los reyes, de toda la Corte y los embajadores extranjeros, representándose *La clemencia de Tito,* obra de los mejores maestros de la época.

Lo que no había cambiado al cambiar de rey, como cuando se cambió de dinastía, fueron las actividades públicas religiosas, con gran participación popular. Por ejemplo, capilla pública en los Jerónimos el día de San Fernando; la celebración del Corpus, fiesta grande en Madrid, en la que participaron el rey y toda la Corte, y que vieron pasar en procesión la reina y los infantes desde el Ayuntamiento.

Se representaron los autos sacramentales de don Pedro Calderón de la Barca en los Teatros del Príncipe, hoy Teatro Español, y de la Cruz, cuyas compañías se unieron para actuar en un gran espectáculo en un gran teatro de mucha capacidad, que se construyó en la plaza del Buen Retiro. Todo Madrid estaba allí.

También se celebró espléndidamente la beatificación de José de Calasanz, fundador de las Escuelas Pías, y poco después se trasladó el sepulcro de san Juan de Mata al culto en la iglesia de Jesús Nazareno, tan venerada en Madrid.

Pacíficos eran los reyes y pacífica era la vida de Madrid, sin que ocurrieran hechos nobles dignos de ser consignados. La *Gaceta de Madrid* de 16 de diciembre de 1748 insertaba un largo comunicado real sobre la anhelada paz y sus consecuencias prácticas y económicas de posible repercusión en la vida madrileña.

Una de las principales preocupaciones reales fue mejorar las instalaciones hospitalarias, hasta ahora a base del Hospital General de Madrid. En general, el nuevo reinado se ocupó en todo lo posible en mejorar el nivel de vida de sus súbditos y en fomentar la ilustración. Un gran personaje muy elogiado y apreciado por los reyes fue el famoso benedictino fray Benito Feijoo, y tuvo gran influencia el padre jesuita Rábago, confesor del rey. Con los Borbones seguía plenamente la unión del Trono y el Altar...

En cuanto a la parte musical, el más favorecido por los reyes fue «el célebre cantante Farinelli, tan digno de admiración por su gran talento y extraordinaria habilidad en la música, como por su modestia». Había venido a España en tiempos de Felipe V y su mágica voz ejercía un dulcísimo efecto sobre la melancolía del monarca. Ahora Fernando y Bárbara solían escucharle extasiados y le dispensaron sus amistades. El rey le concedió la orden de Calatrava. Para él se construyeron un lujoso teatro en el Salón de Reinos del Buen Retiro. Se trajeron, además, muy bien pagados, los mejores cantantes de Italia, siempre con la dirección del brillante napolitano [1].

Por aquellos días se concertó la boda de la infanta María Antonia, hermana de Fernando VI, con el duque de Saboya, acompañado el compromiso con una representación operística en el

[1] El verdadero nombre de Farinelli era Carlo Broschi.

Coliseo del Retiro. ¡Feliz reinado en el que todo se procuraba celebrar con música!

El 14 de junio de 1752 se firmaba un Tratado en Aranjuez para asegurar la paz en Italia, acuerdo suscrito por España por María Teresa de Austria, poseedora del Milanesado, el gran duque de Toscana, los reyes de Cerdeña y de Nápoles y el príncipe de Parma. El espíritu de Isabel de Farnesio se habría sentido feliz en su tumba.

Otros acontecimientos dignos de mención en aquel período fueron la firma del Concordato de 1753 entre España y la Santa Sede, felizmente reinantes Benedicto XIV y Fernando VI. Su texto recogía el famoso y duradero derecho de presentación. Proseguían con lentitud las complicadas obras del nuevo Palacio Real, «las obras de Palacio van despacio»; se recibía en Madrid el 4 de agosto de 1750 la noticia de la muerte de Juan V de Portugal, padre de doña Bárbara de Braganza, acordándose un luto de seis meses en la Corte española; Fernando VI, como su padre, que fundó las Reales Academias de la Lengua y de la Historia, tuvo la feliz idea de reunir en una institución semejante a los grandes artistas, pintores, escultores, arquitectos, músicos y grabadores, creando la Real Academia de Bellas Artes, que por él recibió el nombre de San Fernando; se creó la Congregación de San Dámaso, haciendo Hermano Mayor al rey, todo en el piadoso supuesto de que aquel Santo Papa había nacido en la Villa y Corte; presentó sus credenciales el nuevo nuncio, el obispo de Laodicea, un Spínola...

Para que nada faltara, hubo hasta un pequeño terremoto que conmovió en pequeña escala desde Madrid a El Escorial, por fortuna sin víctimas ni grandes daños.

## Doña Bárbara de Braganza. Las Salesas Reales

La nueva reina, Bárbara de Braganza, elegida en su día por Felipe V por razones de Estado para esposa de su heredero primogénito Fernando, era hija de Juan V de Portugal y subió al trono cuando tenía ya treinta y siete años de edad, bastante madura para la época. No se distinguía por su belleza ni por su esbeltez, con el mérito de mantener un noble porte a pesar de su desmedido volumen, que aumentó con los años. Diez compartió el trono con Fernando VI en buena armonía y perfecta unión política, siempre naturalmente muy proportuguesa. Como estos primeros Borbones españoles, en contraste con la mayoría de los Austrias, tendían a la completa monogamia, con una honestidad a prueba de tentaciones, don Fernando debió de distraerse más con la política de neutralidad armada que con otra más combativa con su voluminosa compañera, a la que todos reconocen, en compensación, inteligencia, buen sentido y señorío. La maledicencia popular, que no perdonaba ni a Ensenada, Carvajal o Farinelli, fue cruel con doña Bárbara, a la que, sin embargo, respetaba en su posición real. Decía de ella, dirigiéndose al pobre don Fernando:

Gorda, fea y portuguesa,
¡chúpate esa!

O aquello otro de:

Bárbaros tiempos,
bárbaras rentas,
bárbara obra, [por la de las Salesas]
bárbara reina.

No tuvo descendencia la pareja. Tal vez influyera esto en la impopularidad de la reina. Aquí se las quería para procrear. Si no, recuérdese aquello de «si no parís, a París». La belleza conquista los corazones, las carrozas y los blasones encantan al pueblo sencillo, compensan incluso el acento defectuoso... Difícil tarea si el físico no acompaña.

Doña Bárbara siempre respetó y ayudó al rey en sus tareas. Contribuyó a mantener en España una etapa de relativa felicidad. Ya es mérito. Falleció a los cuarenta y siete años de edad. Dejó una obra que, a pesar de sátiras y críticas madrileñas, inmortaliza su nombre precisamente en monumentos y calles de Madrid. Me refiero, naturalmente, a las Salesas Reales.

Al margen de la continuación de las obras del Palacio Real, que se puede decir que se terminó en su tiempo, la obra más importante que dejó en Madrid el relativamente corto reinado de Fernando VI fue el edificio y entorno de las Salesas Reales.

Tanto la idea como el impulso fueron de la reina doña Bárbara de Braganza, que solo por ello merece respeto y lugar de honor en la Historia de la capital de España. Las Salesas, obra de primera magnitud y costosísima, tuvo, según algunos historiadores, una fuerte oposición desde un principio, por no decir encarnizados enemigos, el primero de ellos la reina madre, la viuda de Felipe V. Y con ella, por otras poderosas razones, varios ministros que consideraban el proyecto un capricho «pagadero a precio de oro».

Doña Bárbara, como casi todas las reinas de España, mantenía amistosas y devotas relaciones con todas las comunidades religiosas. En su caso, especialmente, con las hijas de san Francisco de Sales, las salesas, a las que ofreció algo más que una buena ayuda: todo un gran templo, un monasterio, una auténtica ciudad religiosa. Estas monjas venían dedicándose a la educación de las hijas de las familias nobles. La orden de comienzo de las obras la firmó la propia reina en el palacio del Buen Retiro, con la ratificación del ministro de Hacienda, marqués de Valparaíso. Firmaron también la fundación el confesor de la reina, el Inquisidor General, los duques de Medinaceli y de Solferino y otras personalidades.

El terreno elegido para la edificación fue las llamadas eras de Vicálvaro, junto a la Puerta de Recoletos. Antiguamente hubo allí una laguna de regular tamaño.

El proyecto fue del arquitecto del anterior monarca Francisco Carlier. La construcción se inició a principios de 1750.

Cuentan las crónicas que Madrid no mostró unanimidad ante la obra emprendida, más bien opiniones encontradas: de una parte, la ocupación de unas tierras inhóspitas, hasta insalubres, por una edificación de gran envergadura, de hermosa factura y dedicada a fines piadosos y educativos; por otra, el gran gasto, el despilfarro que en gran parte recaería sobre el erario público, mientras la mayoría de los madrileños vivían con estrecheces. Se acababan de gastar muchos millones en el Teatro Real del Buen Retiro.

Las obras se llevaron a cabo a buen ritmo, incluso mayor de lo habitual por entonces. Las primeras salesas vinieron de Francia, gracias a las gestiones del marqués de la Ensenada. Tenían allí gran prestigio como educadoras. Mejor para Madrid si sus enseñanzas se extendían a todas las clases sociales.

La reina organizó la llegada de sus protegidas como un gran acontecimiento público, con carrozas, acompañamiento nobiliario, calles engalanadas, dos batallones formados... Esperaban los reyes, bendijo el nuncio, disparó la artillería salvas de honor y toda clase de himnos religiosos y patrióticos, el público aplaudía entusiasmado... Una cronista moderno, Bravo Morata, comenta: «Más de la mitad de aquellos que aplaudían rabiosamente solo habían comido tocino y raspado de pan y un poco de lechuga, algunos no tenían casas y vivían malamente [...]». ¡Qué difícil es medir la felicidad de las gentes según los tiempos y las circunstancias! Seguro que algunos de aquellos de tiempos de Fernando VI no fueron más desgraciados que otros que hoy tienen televisor y lavadora.

Fernando VI, que nunca fue un rey popular ni hizo por serlo, tiene uno de los reinados más positivos y ejemplares de nuestra Historia. Menéndez Pelayo llama a Fernando VI honrado, justo, sensato, pacífico, tradicional, prudente, reformador, benéfico, bueno y recto. ¿Cabe más?

¡Ah! Recordemos: nació en Madrid y apenas salió de Madrid. Se puede decir que ahí está: entre las calles de Fernando VI y Bárbara de Braganza. Con las Salesas Reales en medio.

# 22
# UN REY PARA UNA CIUDAD

En contra de la opinión de los que creen solo en las glorias de Pavía, Lepanto y San Quintín, en Trento y en El Escorial, grandiosos días indiscutibles de nuestra Historia, y reniegan de la nueva dinastía borbónica por afrancesada, enciclopedista y antirreligiosa, considero para mis modestos alcances que la llegada de los Borbones a España en 1700 fue un gran bien durante todo el siglo XVIII.

Después de las calamidades de los reinados finales de la Casa de Austria, el cambio dinástico fue un factor positivo, una bocanada de aire libre, de ímpetus nuevos y de ideas constructivas. Ese largo período que va de Felipe V a Carlos III transforma nuestro país y le devuelve el prestigio y el protagonismo que tanto habían disminuido en la etapa final del XVII. Luego, la Revolución francesa, la invasión napoleónica, amén de Trafalgar, cortan la trayectoria positiva de los Borbones españoles.

No entremos ahora en más detalles. Quiero hacerlo constar porque también Madrid a lo largo de esos tres reinados, Felipe V, Fernando VI y Carlos III, experimentó un gran cambio favorable e igualmente para que se vea, creo que lo hemos visto, cómo el «mejor Alcalde de Madrid» encontró un terreno bien abonado para su admirable tarea, gracias en gran parte a los méritos de sus predecesores.

La Villa y Corte, como ya he dicho, fue durante el reinado de Fernando VI con Bárbara de Braganza una de las capitales europeas de la música. El nombre de Domenico Scarlatti, músico de la Corte, dice bastante en este sentido, así como la presencia de Farinelli, casi un tercer rey en Madrid.

La mala salud llevó pronto a la tumba a doña Bárbara y poco le sobrevivió don Fernando, muerto a poco de melancolía y casi perdida la razón en su vivienda-castillo de Villaviciosa de Odón, en las cercanías de Madrid. Como es bien sabido, no tenían descendencia, y por lo tanto había que recurrir a las disposiciones testamentarias y a las leyes vigentes para encontrar al sucesor de aquel matrimonio fiel y benéfico que reposa en los espléndidos mausoleos para ellos esculpidos en ricos mármoles y dorados en la iglesia de Santa Bárbara en la capital de España.

En un inciso histórico recordemos que, construido el monasterio de El Escorial para Panteón de Reyes por Felipe II y ubicadas las tumbas adecuadamente por Felipe IV, la nueva dinastía borbónica durante dos reinados no siguió esa tradición funeraria. Felipe V, con los suyos, se hizo enterrar en la Colegiata de San Ildefonso, en La Granja, parte del palacio por él construido [1]. Fernando VI hizo lo mismo para él y para doña Bárbara de Braganza en su obra de las Salesas Reales de Madrid.

Carlos III, como veremos, volvió a la tradición escurialense, que nos dura hasta hoy.

## El Madrid que encontró Carlos III

La expresión «De Madrid al Cielo» era un adagio vulgar ya en el siglo XVII, una hipérbole utilizada incluso por los más brillantes escritores de la época, lo que demuestra en parte un ciego amor y por otra una comparación favorable en relación con otras ciudades españolas de aquellos días.

Más exacta y mucho más cruda es la idea que nos da del Madrid de mediados del siglo XVIII uno de los escritores que mejor ha investigado el pasado de la capital de España, Mesonero Romanos, idea que extractamos a continuación: «La construcción

[1] Personaje importante fue el director de las obras del palacio de San Ildefonso, don Teodoro Ardemans, que escribió las Ordenanzas de la Villa de Madrid e hizo un interesante estudio de sus aguas subterráneas.

del caserío era deplorable por egoísmo de los dueños y por la ignorancia y mal gusto de los arquitectos. Las calles presentaban un aspecto discordante de casas altas y bajas, extensas y diminutas, con fachadas del peor gusto posible. Nada de alineación ni de proporciones, nada de ensanche de la vía pública, ni plazas, ni avenidas anchurosas [...] Apenas puede hablarse de empedrado... La numeración solo empezó en 1751, no existían sumideros ni alcantarillas [...] Las basuras hacían de la calle un sucio albañal [...] Las fuentes públicas pocas y escasas [...] Los mercados miserables, cajones y tinglados en las Plazas Mayor, Cebada, Antón Martín, Red de San Luis [...]». ¿Para qué seguir? Ya irán saliendo más datos a lo largo de las detenidas crónicas de la época en las que baso gran parte de este relato.

Vamos con la figura del rey, que en este monarca excepcional es como ir describiendo la identificación majestuosa del protagonista con la ciudad, con su ciudad.

Carlos III es el cuarto Borbón de España. Nadie podría esperar que el cuarto hijo del segundo matrimonio de Felipe V llegara a ocupar el trono del nuevo Palacio Real.

Nació Carlos en Madrid el 20 de enero de 1716. Murió en nuestra ciudad el 14 de diciembre de 1788 y vivió en ella veintinueve años, después de su etapa italiana, ya que después de guerras, negociaciones, alianzas, tratados y combinaciones había sido reconocido como soberano de Parma y Toscana, por su ascendencia materna, hijo de la gran Isabel de Farnesio. Una descripción simple nos lo pinta feo y piadoso, gran amante de la caza, rutinero, perspicaz y aficionado al chocolate y a las colecciones. A los dieciséis años es duque de Parma, y tres años después, rey Carlos VI de las Dos Sicilias. Allí va a reinar hasta que en 1759 llega a Barcelona a suceder a su hermano de padre Fernando VI.

En sus veinticinco años napolitanos, Carlos adquiere experiencia como gobernante con un maestro avezado y astuto, Bernardo Tanucci, que mucho influirá en su formación política y en sus maneras. Carlos III llegó a Madrid rodeado de italianos, lleno de ideas italianas. Lo que no nos vino nada mal. También influyó mucho en su personalidad la de su esposa, María Amalia de Sajonia, abierta a la mentalidad de los espacios centroeuropeos y pacifista por naturaleza. De esta mujer poco atractiva pero llena de buenas cualidades el rey tuvo nada menos que trece hijos, y cuando se quedó viudo, a los cuarenta y cuatro años, permaneció fiel a su recuerdo y no volvió a casarse ni tuvo amoríos, al menos conocidos. Un rey ponderado, caluroso, frío, firme en sus decisiones, tenaz, consecuente con sus ideas, puntual, impasible, formalista y buen administrador, vigoroso y sano.

Ya tenemos al personaje. Sigamos ahora las crónicas y hasta un cierto anecdotario desde su llegada a Madrid.

El 9 de diciembre de 1759 llovía copiosamente en Madrid. Los ediles salieron a recibirle al camino de Barcelona. El rey los saludó con un marcadísimo acento italiano y muy sonriente. De allí al palacio del Buen Retiro, ya que al mal llamado de Oriente le faltaban detalles para su terminación.

Durante siete meses, Carlos III se encerró a trabajar con sus colaboradores, sin ceremonias, posponiendo su entrada oficial en la ciudad, que fue el 13 de julio.

«Bien pronto —relata un cronista— se dio cuenta Carlos III de que no era igual gobernar en Nápoles que gobernar en Madrid. Bien pronto se dio cuenta de la manera especial de ser prácticamente ingobernables los madrileños [...]»

La crítica malévola del Madrid que encuentra Carlos III tiene mucho de verdad: «Al pueblo de Madrid le hubiera gustado seguir encerrado en sus callejas angostas, pisando sobre polvaredas insanas, porque era lo de siempre, lo tradicional. El pueblo de Madrid leía poco y viajaba menos [...]». Tenía mucho de cierto la famosa frase del rey recién llegado de Nápoles: «Estos madrileños son como niños pequeños que lloran cuando les lavan la cara». Otros cambian el lloro por el «cambio de pañales». Se levantaba al amanecer y de despacho en visita y de visita en oficio, con colaboradores eficaces, trabajaba hasta altas horas de la noche. Estaba dispuesto a actuar con prisa y sin pausa, limpiando y embelleciendo Madrid, europeizándolo, ilustrándolo...

Parecía imposible lograr un equilibrio entre los palacios y los monasterios suntuosos y las casuchas miserables o de muy modesto pasar. Todo con grandes dificultades y penurias, pero con inigualable y apasionado tesón.

Carlos III se atreve hasta a poner límites a la Inquisición, designando defensores para los acusados. Por Orden Real se crean los Alcaldes de Barrio en Madrid, encargados de hacer cumplir las Ordenanzas.

La actividad del nuevo rey se extiende a toda clase de problemas, participa en todo lo positivo, y lo que no funciona lo corrige, y lo necesario inexistente lo crea o se lo inventa. Admirable mezcla de ilustrado moderno y de tradicionalista respetuoso, lo mismo se ocupa de honrar a san Isidro y a santa María de la Cabeza que de poner coto a determinados excesos eclesiásticos. Devoto de misas y rosarios, todo bajo la advocación de la Inmaculada Concepción, que pone como divina Patrona de la Orden que crea y de toda España, y gobernante práctico con la creación de escuelas de todo género, lo mismo de costura para jóvenes doncellas que de equitación militar.

Extraordinario y polifacético aquel narigudo personaje, tan admirablemente retratado por Goya, lo mismo en el despacho que en la cacería.

El Madrid que encuentra Carlos III es un pueblo muy grande, muy típico y muy disperso. El rey no se enfrenta a ese casticismo tan peculiar, tan simpático y tan atrasado a la vez. Lo respeta, lo transforma, lo hace compatible con la estética, el urbanismo y los aires de gran ciudad.

Mesonero, Fernández de los Ríos, Fernández Moratín... nos describen un Madrid en el que los oficios y las artesanías se agrupan por barrios y por calles: los herradores, los curtidores, los pasteleros, los sanadores, los polleros... Distintas peinadoras para las señoras que para los caballeros empelucados, y los herbolarios, a cientos, base de la medicina de la época con las sanguijuelas, y tiendas de guitarras y bandurrias... Fruterías y carnicerías, lo más cerca posible del campo del que llegaban sus productos, como los lapidarios, al lado de los cementerios, a pie de obra... La moda de los relojeros llega casi de la mano del rey, mientras los plateros, famoso gremio madrileño, como los célebres Martínez, hacían maravillas y hasta daban nombre a calles y plazas.

## VAMOS A MODERNIZAR A ESTAS GENTES

Como hemos dicho, Carlos III llega rodeado de italianos inteligentes y activos: los Tanucci, Squilacce, Grimaldi, Sabatini... y artistas de la época: Luca Giordano, Tiépolo, Mengs... Y empieza a cambiarlo todo, con calma acelerada y buen sentido. Lo mismo da una pragmática sobre los matrimonios desiguales que prohíbe los bailes en locales inadecuados próximos a iglesias y cementerios. Ordena la creación en todos los barrios de Madrid de escuelas para niñas pobres y huérfanas y «prohíbe las corridas de toros con muerte de la fiera, salvo que sea con fines benéficos y piadosos». ¡Curiosa disposición que no impida la pléyade de fenómenos taurinos como Pepe-Hillo, Pedro Romero y Cúchares!

Carlos III funda el Montepío de Correos y el Montepío Militar y se ocupa de cosas tan diversas como del sueldo de los artistas de la Fábrica Real de Tapices y de prohibir a los actores de teatro que introduzcan morcillas en sus diálogos y parlamentos.

Y de ahí sube a crear por Real Decreto la Junta Suprema del Estado, algo así como el primer Consejo de Ministros, y a fundar el Real Colegio de Cirugía de San Carlos, cuya acción y fama casi llega hasta hoy.

Con Carlos III nace la Administración local, empezando por Madrid, y con órdenes para todos los alcaldes de España...

Y vamos a ponernos a hacer obras importantes. Por ejemplo, la Puerta de Alcalá. No se la inventó Carlos III. Existía desde 1599, año en que se construyó como arco triunfal para la llegada de Margarita de Austria, esposa de Felipe III. Después de la ceremonia, aquel pastiche feo y frágil fue abandonado por los madrileños. Don Carlos, acostumbrado a los arcos imperiales de Italia, se dijo: «Esto hay que transformarlo». Y encargó una obra espléndida, la que hoy conocemos, al general de Ingenieros don Francisco Sabatini. Con gran esfuerzo económico se remató y se inauguró solemnemente en 1778, pero como puerta de paso para los que venían de la carretera de Alcalá, no como grandioso centro ornamental de una gran plaza. La puerta se cerraba con verjas por las noches hasta mediados del siglo XIX.

Por las mismas fechas, Carlos III ordenó la transformación del paseo del Prado, Salón del Prado, como se llamó en principio. Según Fernández de los Ríos, se trataba de un terreno desigual, fangoso y desagradable. Se encargó al capitán de Ingenieros José Hermosilla que nivelara las calles y que hiciera plantaciones, encauzando las aguas que, como una cloaca romana, según Jovellanos, iba desde la Puerta de Recoletos a la de Atocha. Se ajardinó el terreno en torno a la fuente de Apolo y se completó la gran reforma con la creación del Jardín Botánico, un gran museo previsto para las ciencias, y ocho fuentes encargadas a Ventura Rodríguez hacia 1786: la de la Cibeles, la de Apolo, la de Neptuno y la de la Alcachofa, así como una glorieta frente a la nueva plaza de Murillo.

La actividad constructora, de gran categoría, no cesa. El templo de San Francisco el Grande, el mayor y más lujoso de Madrid, se inaugura en 1784, culminado por el gran Sabatini. Tal vez el emplazamiento no fue el más adecuado, pero los arquitectos tuvieron que plegarse a los planes de los franciscanos. Otra gran obra fue el palacio de Buenavista, en un desmonte al borde de la calle de Alcalá y frente a la Cibeles, rodeado de jardines. Fue construido por los duques de Alba y comprado más tarde por el Concejo de Madrid para regalárselo al Príncipe de la Paz, el tan discutido Godoy, cambiando varias veces de destino: Parque de Artillería, Museo Militar, residencia del regente Espartero, Embajada de Turquía y Ministerio de la Guerra.

En la misma calle de Alcalá, junto a la Puerta del Sol, el enorme edificio, verdadero palacio, de la Aduana, después Ministerio de Hacienda. Obra también de Sabatini, de una sobria y elegante arquitectura, a la manera «grande» como le gustaba a Miguel Ángel. Lástima que no sea un edificio exento, sin vecindades medianeras, necesitado de una amplia perspectiva. Sigamos la colosal obra de Carlos III. Él ordenó edificar la Casa de Correos en la Puerta del Sol, obra de Ventura Rodríguez, los planos, y de Marquet, la ejecución. Tuvo muchos usos, incluso leyendas diabólicas. Fue Dirección de Correos, Capitanía General, Gobierno Militar, Ministerio de la Gobernación, Dirección de Seguridad y Presidencia de la Comunidad de Madrid.

El famoso reloj de las doce campanadas de Año Nuevo procede de la antigua iglesia del Buen Suceso, que fue derribada.

El proyecto del primitivo Museo del Prado fue de Juan de Villanueva. Ya he dicho que Carlos III lo ideó como Museo de Ciencias Naturales, una de sus grandes aficiones. Se empezó en 1785, pero solo se concluyó, y ya para Museo de Pintura, en tiempos de Fernando VII, nieto de Carlos III. A su lado el nunca bastante ponderado Jardín Botánico. Don Carlos lo crea en 1781, perfecto como jardín, como edificio y como institución científica de fama mundial, orgullo para Madrid.

Una de las más bellas y personales obras de Carlos III en Madrid, con proyección internacional, fue la Real Fábrica de Porcelanas del Retiro. Se trajo la idea, fija y firme, desde que llegó de Italia. La modesta fabriquita ya existente la convirtió en unos talleres dignos de competir con los famosos de Capodimonte, que dejaba en Nápoles; de Meissen, en Sajonia; de Sèvres, en Francia; de Delft, en Holanda... La producción, reducida y muy selecta, estuvo de moda en todas las Cortes europeas, con el mérito de que los materiales empleados fueron en gran parte de Madrid y sus alrededores: arcilla de la Fuente del Caño Gordo, de la Huerta de Zabala, de cuarzo de Galapagar y de feldespato de Colmenar de Oreja.

Sección de anuncios. El buen cronista de Madrid Federico Bravo Morata publicó hace unos años un divertido resumen de algunos anuncios de la prensa madrileña en tiempos de Carlos III. Por su fuerte color local y de época, me permito reproducir aquí una breve selección, muestra de la castiza ingenuidad de un tiempo que desde hoy admiramos por lo modernizante y lo tradicional.

> • Señora de Toledo extravió un cerdo rosa gris de seis arrobas en el camino de la Cava a la Plaza Mayor. La persona que lo encontró que lo devuelva en el Consejo.
>
> • Se ha perdido una enagua con encaje de Talavera y debe devolverse a su dueña que lo es Ana Martínez, en la plazuela de Antón Martín, número 7, bajo.

- Ofrezco una mulata de veintiséis años, muy responsable y buena presencia, que sabe aplanchar a la inglesa [...] lavar, guisar con primor [...] San Onofre, 22.
- Caballero procedente de Ultramar, vende un mono que está amaestrado y no muerde y hace sus necesidades fuera.
- Nicolás de la Vega, de las montañas de León, soltero, de 24 años, solicita acomodo para criado. Haré cuanto se me mande siendo decente.
- Se necesita mujer que sea aseada, de no mucha edad y que no tome tabaco, para caballero solo.
- Vendo calzones de punto inglés y lisos, desde noventa reales.
- Tenemos un surtido de pescado, que de momento está muy bien.
- Necesitamos un joven medianamente decente, para familia honorable.
- Véndese lacayo de buen color que sabe llevar troncos de mulas o de caballos.
- Se necesita maestro para enseñar fortificación a un señorito.

Para muestra, no están mal. Al menos, a nuestros abuelos les parecían normales y muy comerciales.

Otra notable novedad en las costumbres madrileñas extendida a toda España fue el Real Decreto de 30 de septiembre de 1763 fundando la Lotería. Es una institución romana que pronto arraigó en el pueblo español. La Real Hacienda se hacía responsable por si faltaba dinero al hacer los pagos, pero el éxito fue tan grande que desde los primeros sorteos produjo beneficios considerables que se aplicaron a favor de hospitales y asilos, a obras pías y a trabajos públicos. Aquella primera lotería de importación italiana fue llamada por ello la Beneficiata.

Carlos III, además de las obras, había traído a Madrid la ilusión, el derecho a soñar, de pobre a rico. De la Beneficiata a la Primitiva, la Bonoloto, las Quinielas, el cupón de la ONCE, etc., una creciente popularidad a lo largo de los siglos.

Las famosas Ordenanzas de Madrid de Ardemans, sobre las casas, el orden y la limpieza, completan el cuadro de esa Villa y Corte que tuvo su mejor Alcalde en Su Majestad don Carlos III de Borbón.

## El Motín de Esquilache

Aunque orquestado desde importantes cenáculos y a pesar de sus escasas repercusiones provinciales, el Motín de Esquilache fue un suceso madrileño y un espectáculo tan ridículo e inútil como escandaloso. Una vez más tengo que remitirme a una obra mía, donde lo trato a fondo y con detalle[2].

Llevaba ya don Carlos veinte años en el trono de Madrid cuando se plantea el problema que ha pasado a la Historia con el nombre del superministro don Leopoldo de Gregorio, marqués de Esquilache. Por ser un fenómeno muy madrileño, me ocupo de él aquí con relativa atención. Un fenómeno tan torpemente interpretado que ha llegado a que algunos pongan en cuestión uno de los más positivos reinados españoles, sobre todo para la Villa y Corte. Otras revoluciones o revueltas graves en la Historia han tenido motivos más que justificados. Ahora, en 1766, ni la situación interior ni la exterior justificaban en absoluto el tal motín. Los méritos personales y ministeriales eran muchos, con muy benéficas consecuencias para el pueblo de Madrid y para España en general. Pero era extranjero, rico, poderoso, brillante y dispensador de mercedes. Ideal para despertar envidias. Y como estaba contra los vagos, los maleantes, los delincuentes, los desertores, los sucios y los violentos, objetivo ideal para la crítica y, si hacía falta, el crimen. Además, sabiendo que el rey estaba detrás, duro contra la Monarquía absoluta, buen tema para despertar las iras populares. Y, como siempre, en torno al poder del gran personaje, los abusos de algunos de sus más próximos y cierta ceguera desde las alturas.

Para que estallara el motín no había más que prender la mecha: la publicación del famoso edicto prohibiendo las capas lar-

---

[2] *Carlos III,* Ed. Rialp, Madrid, 1997.

gas y los sombreros gachos. Tal principio solo se aplica a los funcionarios de la Casa Real. Luego se extiende a todos los madrileños. Obligaba a llevar capa corta y sombrero de tres picos. Medida de seguridad para evitar tanto delito que se tapaba con las grandes prendas que se prohibían. Ya se lo había advertido Macanaz a Felipe V cuarenta y cuatro años antes. Y lo más con que se amenazaba era con pequeñas multas y tras previo asesoramiento del Consejo de Castilla.

En la noche del 16 de marzo fueron arrancados los bandos. Se colocaron pasquines contra Esquilache; los embozados atacaron a los golillas de la fuerza pública. La turba va contra la residencia de Esquilache, la Casa de las Siete Chimeneas. Saqueo, destrozos, borracheras... Son datos históricos. Hubo heridos, hasta muertos.

Los amotinados se dirigen al rey: «O nos concede lo que pedimos o arderá Madrid entero». Don Carlos no se impresiona. Confía en los madrileños. Varios de sus ministros le aconsejan el uso de la fuerza. Él se inclina por la concesión, por la clemencia. Se asoma al balcón de Palacio y concede. Los «¡Muera Esquilache!» se terminan en «¡Viva el Rey!». Esquilache marcha a Italia.

No entro aquí en más detalles. Muchas cosas que sucedieron después ensucian la Historia del pueblo de Madrid y ponen en entredicho la dignidad real[3].

## La expulsión de los jesuitas

Esta medida tan drástica tomada por un muy piadoso monarca de la muy católica España ha dado lugar a duras críticas y a la formación de un bando de ideas ultramontano, que todavía no ha perdonado a Carlos III. Hay que ponerse en aquel tiempo y en aquellas circunstancias, sin que ello suponga disculpar al rey y a los ministros que la inspiraron, ya que la medida tuvo sus razones, pero tan bien sus sinrazones y sus malas consecuencias.

Dice el cronista que el primero de abril de 1767 Madrid se despertó asombrado, un Madrid que lo mismo se amotinaba por

[3] Vuelvo a remitirme a mi misma obra.

un corte de capas que ahora sentía como un mal sueño el que los soldados echasen de sus casas a los jesuitas. Y tanto en un caso como en otro los políticos, que no daban la cara, detrás. Como siempre. Seis enormes edificios famosos en la capital se veían rodeados de tropa mientras por sus grandes portalones salían carruajes cargados de muebles, enseres de toda índole y libros, sobre todo libros, muchos libros.

Carlos III acababa de firmar el decreto propugnado por su ministro el conde de Floridablanca, expulsando a los jesuitas de todo el territorio nacional.

No entraremos aquí en el análisis y juicio de tan grave cuestión. A fondo ha sido ya estudiada, con criterios diversos, por los más ilustres historiadores.

Respecto a Madrid, lo más interesante era lo siguiente:

Los edificios afectados eran el Noviciado de la calle de San Bernardo, ante el que se reunió una masa de gentes a comentar y ver salir a los religiosos; también la Casa Profesa, en la plaza de Herradores; el Colegio Imperial de la calle de Toledo, del que se comentaba que salieron tesoros y reliquias; el Seminario de Nobles, del que fueron alumnos varios de los expulsores; los colegios vinculados tradicionalmente al catolicismo anglosajón, de los Ingleses y de los Escoceses...

La pragmática ordenaba la incautación de las bibliotecas, archivos y joyas de culto y toda la correspondencia, de la que se esperaban grandes secretos. Indudablemente, influyó en Floridablanca la seguridad de que su enemigo político, el gran marqués de la Ensenada, era muy amigo de los jesuitas. También téngase en cuenta que la expulsión fue acordada simultáneamente en todos los países europeos de la Casa de Borbón: España, Portugal, Nápoles, norte de Italia, Francia...

Téngase en cuenta también que por aquellos días empezaban a situarse en centros de poder determinadas corrientes filomasónicas...

La orden de expulsión era tan perentoria que concedía un máximo de veinticuatro horas para la salida del país. Durante muchos días fue tema de discusión de los madrileños, dividiéndose la opinión en dos bandos.

## VISIÓN GENERAL DE UN GRAN REINADO

El reinado de Carlos III es un pozo sin fondo; por mucho que se relata de él, siempre quedarán datos importantes, novedades, decisiones, dignos de consideración. Para que queden en el tintero los menos posibles, citamos a continuación algunos, un *totum revolutum,* con preferencia si tiene relación con Madrid.

Carlos III dejó entrar al pueblo en el hermoso coto cerrado que eran hasta entonces los jardines del Buen Retiro; claro que con limitaciones, sobre todo en las horas nocturnas.

El adoquinado transformó gran parte de la ciudad, aun contra la voluntad de muchos chulos y chisperos que se dedicaban a apedrear con los propios adoquines a los que trabajaban en las obras. El embajador de Francia llegó a escribir a su Chancillería: «La capital está siendo bien edificada. Sus calles tiradas a cordel son generalmente anchas y los cuidados de una modernísima policía la hacen una de las capitales más limpias de Europa».

El teatro tuvo un auge muy notable entre la segunda mitad del siglo. Se representaron más de doce nuevas óperas, destacando las de Piccinni. Don Ramón de la Cruz estrenó ciento cincuenta sainetes, algunos con música, pequeñas zarzuelas.

De esta época es la famosa tonadillera María Antonia Fernández, *La Caramba,* que impuso su moda y trajo a todo Madrid alborotado hasta la Guerra de la Independencia. Son incontables y abundantísimas las anécdotas sobre La Caramba y su entorno, un cuadro de época madrileñísimo. Son también los años de las aventuras en la Villa y Corte del famoso bandolero Diego Corrientes. Y años, nada menos, en los que llega a Madrid don Francisco de Goya y Lucientes.

Carlos III gobernaba personalmente. Desde Madrid, y con gran visión que tenía en cuenta la importancia para España del mar y de las colonias ultramarinas, así como la obsesiva política para recuperar Gibraltar; don Carlos trabajaba con un selecto grupo de colaboradores, secretarios de despacho, pero no validos, como los últimos Austrias. Hombres bien elegidos, cualidad esta, selectiva, fundamental en un gran hombre de Estado. A los italianos de la primera importación, todos muy eficaces, reemplazaron españoles ilustres, generalmente procedentes de clases medias y de todo el país. Es curiosa y admirable la incorporación de las provincias a la gran política madrileña, nunca un coto cerrado para los forasteros. El conde de Floridablanca era murciano; el conde de Aranda, aragonés; Rodríguez Campomanes, asturiano; Olavide, peruano; Roda, aragonés también. Es curiosa la falta de madrileños que llegaron a altos puestos de la Administración, hasta entonces reservados a la nobleza y sobre todo a los grandes. Apenas madrileños; pero no es cosa de entonces, sino desde entonces: Godoy, Espartero, Narváez, Prim, Cánovas, Sagasta, Maura..., hasta Primo de Rivera, Pablo Iglesias, Franco..., todos provincianos.

La política madrileña de Carlos III no podía ser popular; él nunca buscó el éxito, sino que se dedicó en alma y vida a hacer su tarea, a hacerla bien y en beneficio de todos, desde las mejoras urbanas al Observatorio Astronómico, del suelo a los cielos. Con sus siete secretarios de Estado, con sus corregidores y alcaldes mayores, dividió España en veinticuatro provincias y estas en partidos judiciales, cuadrillas y merindades. Fue Carlos III el primero en crear los diputados del común y los síndicos, todos elegidos por el pueblo por votación y el que da acceso al poder provincial y local a los plebeyos.

También fue Carlos III el creador del Tribunal Eclesiástico Central, con jueces españoles designados por el propio rey, no italianos de Roma, como hasta entonces. También subordinó la Inquisición al poder de los ministros del rey.

Fue un reinado en el que florecieron brillantes personalidades en el arte, las ciencias, la economía, la cultura en general; la lista sería interminable.

Un rey que dota a España de su bandera, la roja y gualda, inspirada por la de la Corona de Aragón; de un himno nacional, la Marcha Real; de un banco nacional, el Banco de España, primero de San Carlos... Carlos III, rey madrileño, nacido en Madrid, muerto en Madrid, es el rey del Palacio Real. Su blanca piedra, sus armoniosas y a la vez grandiosas proporciones, su elegancia y su majestad, mirando al campo, vigilante de la Sierra cazadora, puerta abierta de un Madrid menestral y de señores, horizonte de Goya, balconada de una plaza hecha historia, todo eso es el Palacio y todo eso es el rey, verdadero soberano en su noble sencillez. Un rey amante de la familia que le rodea al alba del 14 de diciembre de 1788, cuando con el último aliento pone fin a un hermoso reinado. Un reinado, como dijera Jovellanos, «iluminado con luz divina que sobre sus principios derramó la doctrina de Jesucristo, sin la cual ninguna regla de conducta sería constante ni verdadera».

# 23
# LA CORTE DE CARLOS IV

## DE LO VIVO A LO PINTADO

No es que vaya a reproducir aquí la estupenda literatura histórico-costumbrista de don Benito Pérez Galdós en uno de sus *Episodios Nacionales,* siempre tan bien documentados y tan amenamente relatados. Es una tentación que tengo que salvar una vez más acercándome al análisis resumido de una época tan llena de acontecimientos, muchos de los cuales, como es natural, tuvieron su origen en Madrid, se desarrollaron en Madrid, que fue varios años el escenario de aquel tinglado de la antigua farsa.

No fueron muchos los recuerdos prácticos en cuanto a la mejora de la ciudad y de sus estructuras que nos dejó aquel reinado, de una diferencia abismal con los anteriores, de cuya herencia y lección va a vivir durante unos años, hasta que los acontecimientos exteriores vinieron a perturbarlo todo.

Me voy a permitir una serie de consideraciones sobre la transición del reinado de Carlos III al de Carlos IV, sucesión de ideas, acciones y omisiones, que marcan el fin del Antiguo Régimen, trascendental etapa que Madrid vive como una obra de teatro.

Hay momentos en la historia que más que para el relato se prestan a la pintura. Los años finales del reinado de Carlos III, paz, prestigio, orden, desarrollo ilustrado, dan un nuevo tono de verdadera gran capital a Madrid. Son años que se escriben, son un capítulo que queda en la Historia.

En cambio, Carlos IV y su Corte, muy madrileña a la italiana, los pinta genialmente don Francisco de Goya. De la seriedad, el equilibrio, la templada serenidad, del «pensamiento optimista» de la época carlotercista, pasamos a la tragicomedia, de Palacio a las Vistillas, o como en el cantar, del Portillo a la Arganzuela. De la pedagogía por amor a la algarada, de la dignidad a la bajeza, de la elegancia al chafarrinón, de los despachos al escenario. Parece mentira que en tan poco tiempo pueda darse un cambio tan radical. Además, una ola de literatura, desde los episodios galdosianos a las coplas de ciego, iluminan o deforman el Madrid cortesano en un reinado que es como un claroscuro cercano al capricho goyesco.

Lo que pasa es que ocurren sucesos tan graves que es difícil la ecuanimidad cuando se pasa de la gran tragedia histórica de Trafalgar a la vileza del proceso de El Escorial, pasando por el motín de Aranjuez.

Aun habiendo muerto el madrileño Carlos III y heredado el napolitano Carlos IV, no se comprende aquel cambio tan profundo, cuando estaban vigentes y en plena marcha una serie de proyectos, planes y realizaciones del reinado anterior, muestras afectivas de lo que se llamó el Siglo de las Luces. ¿Fue posible la continuidad en la Historia de España a pesar del torrente desbordado y cercano de la Revolución francesa? ¿Se pudo dar un rumbo positivo al país, tras la ambición imperialista de Napoleón? Bien hemos visto las consecuencias para perdernos ahora en futuribles.

Los hombres eran los mismos: Floridablanca, Aranda, Campomanes, Jovellanos... El sistema no estaba gastado y la paz armada de Fernando VI permitía salvar una economía deteriorada. Estábamos en familia con Francia, con Italia y con Portugal, e Inglaterra se reponía de sus pérdidas americanas... Ese era el panorama exterior al llegar al trono Carlos IV.

Antes de entrar en el desarrollo de la tragicomedia de la España, del Madrid de Carlos IV, daremos algunos datos sobre la Villa y Corte, objeto de nuestra Historia.

La ciudad se dividía en diecinueve parroquias; se habían ido formando a lo largo, a lo alto y a lo bajo de una orografía disparatada de barrancos, desmontes, vaguadas y cerros, sin las pretensiones que algunos comparan con la ciudad de las siete colinas. Tenía ya un gran Palacio, una zona urbana modernizada y una amplitud que desbordaba las viejas puertas semimedievales. La Villa iba creciendo con una cierta armonía conservando el típico Madrid de los Austrias, lleno de encanto y formando unos espacios urbanos amplios, con paseos, jardines y fuentes, Madrid borbónico, hacia el Norte y el Oeste, y siguiendo los ejes de la Castellana, Recoletos, el Prado y hacia lo que es hoy el parque del Oeste.

Había una especie de clasificación social en cuanto a sus paseos. El de Recoletos, que sería la base del futuro barrio de Salamanca, estaba tácitamente reservado a los personajes de alcurnia, a los clérigos importantes y a los ancianos de rango.

El del Prado, hasta los Jerónimos, era más alegre, juvenil, propio para los encuentros y amoríos. En fin, el de Atocha, el de menos categoría social, menestrales, trajineros, obreros y gente de paso. Era una especie de organización estatuida, que se respetaba, evitándose en lo posible toda relación.

Madrid tuvo problemas de abastecimiento de aguas, paliado en gran parte, aún más tarde, gracias al Canal de Isabel II y resuelto gracias a las políticas dictatoriales de los embalses, tan criticadas por algunos...

En tiempos de Carlos IV el abastecimiento se hacía por las canalizaciones llamadas viejes, el de la Castellana y otros, como el del Abroñigal, de la Fuente de la Teja, de la Fuente del Berro, de la Ermita de San Isidro...

En tiempos de Carlos IV las antiguas botillerías se fueron transformando en cafés; esos cafés que discutieron y casi dictaron la política a lo largo de todo el siglo XIX: la Fontana de Oro, el del Ángel, el del Comercio, el de la Cruz de Malta... Bien nos los describen Galdós y Baroja: sus tertulias, sus conspiraciones, sus noctámbulos, su vida bohemia... El Café de San Luis estaba abierto hasta la madrugada, horas de los chocolates para curas mañaneros y para juerguistas trasnochadores.

Por aquellos días se inicia un servicio de carruajes alquilables por horas y para trayectos concertados, precedentes de los famosos simones y manuelas. En esto influía la moda francesa, como en la pastelería, en la peluquería y en las modas. Era el Madrid alegre y confiado, mientras en el mundo, en Europa concretamente, a nuestras puertas, estaban ocurriendo cosas tan graves y que tan directamente nos iban a concernir.

Aquí lo que primaba era el espectáculo, la diversión de mayor o menor categoría, con un contagio de lo cortesano a lo populachero y de lo populachero a lo cortesano. El resultado era un mundillo extenso y colorista disfrazado con el término de «castizo». Los ídolos procedían del mundillo teatral y del taurino. Suele agudizarse en todos los países en las épocas de decadencia, en las etapas finales, pan y circo, más circo que pan.

Esos ídolos eran, por ejemplo, Manuel García, polifacético actor, cantante, compositor, empresario, músico... Como actor emocionaba a un público inocente, pero gustaba mucho. Estrenó óperas, compuso canciones, actuó con éxito en París, Londres, Nueva York y México. Fue el padre de la famosa Malibrán.

El día de la coronación de Carlos IV hubo dos corridas extraordinarias seguidas, mañana y tarde, la primera con doce toros y la segunda con veintidós. La Plaza Mayor estaba abarrotada. Hubo toros a caballo, «caballeros en plaza» y toreo a pie, muy distinto al de hoy, como bien saben los taurófilos. Torearon Pedro Romero, Pepe-Hillo, Costillares y Juan Cueto.

Pero el acontecimiento máximo de aquellos días fue la muerte de Pepe-Hillo (José Delgado, de Sevilla). Murió de una cornada en 1801, en la plaza de la Puerta de Alcalá. Conmovió a toda España y durante meses y meses no se habló de otra cosa, olvidándose las gentes de Godoy y de la Revolución francesa. El entierro del torero fue un acontecimiento en Madrid, que, calle Arenal arriba, siguió en masa al cortejo fúnebre. Se cantaba una coplilla:

> Pepe-Hillo y Romero,
> ¡dale que dale,
> se disputan la fama
> de Costillares!
> ¡Anda, graciosa,
> que el valor se reparten
> Sevilla y Ronda!

Otro gran famoso, este teatral, fue Isidoro Máiquez, retratado por Goya. Fue el gran amor de todas las famosas damas que se disputaban ser la diosa de la Corte, frente a la arrolladora y feísima soberana, que no admitía rivales. Pérez Galdós relata como nadie la Corte y el Madrid de aquellos días, con Isidoro Márquez en primer plano con las dos duquesas enceladas, a las que llama Lesbia y Amaranta, nombres que ocultaban el de la condesa-duquesa de Benavente y el de la duquesa de Alba.

Para que nada faltara, hubo en Madrid exhibición aerostática en 1792. El público siguió con enorme interés la preparación y el vuelo en globo de don Vicente Lunardi, desde los jardines del Buen Retiro hasta aterrizar en Daganzo, a cinco leguas de la capital. Nos modernizábamos.

## CARLOS IV Y MARÍA LUISA DE PARMA

Al subir al trono Carlos IV, el 14 de diciembre de 1788, tiene cuarenta años de edad, madurez y experiencia que había tratado de cultivar su padre, llevándole a los Consejos de Ministros y a actos oficiales, sin pleno éxito, bien es verdad. Recibe una herencia positiva, buenos colaboradores y además es bien acogido. Los pueblos, y el nuestro de los que más, se cansan de los largos períodos de gobierno, critican lo que tienen y esperan milagros de lo nuevo. Así, Carlos IV, de entrada, fue popular, aunque por el hecho de haber nacido en el extranjero no reunía las condiciones para reinar que establecía el Auto acordado de 1713 [1].

La Sociedad Económica Matritense, obra de Carlos III, la Orden fundada por este rey y el Ayuntamiento de la capital organizaron actos religiosos y cívicos en recuerdo del anterior monarca y presididos por el nuevo rey.

Probablemente sugeridas por Floridablanca, Carlos IV tomó muy pronto una serie de medidas que tenían que caer bien al pueblo: la Real Hacienda cubriría las subidas de precio del pan, consecuencia de las malas cosechas; condonó atrasos a los contri-

[1] Carlos IV nace y muere en Italia. Fue el primer rey de España que falleció en el exilio.

buyentes; suspendió por un año el pago de las deudas por las alcabalas; prohibió los monopolios en el comercio de granos y establecía nuevos almacenes.

También tomó medidas para evitar accidentes en las calles, para prohibir la blasfemia, las malas palabras y las conductas escandalosas y el estrépito en las calles después de las verbenas. En conjunto, una buena policía municipal.

También se tomaron medidas generales a favor de la riqueza nacional, como el fomento de la cría caballar, la libertad de comercio, aumento y mejoras en la Marina, evitar la acumulación de bienes en las manos muertas, disposiciones financieras sobre créditos, acciones, censos, foros, transmisiones, inmuebles... Se fomentaba la instrucción pública, nuevas escuelas, mejoras al magisterio, estudios científicos, formación profesional, aprovechamiento para ciencias y artes de los edificios que fueron de los jesuitas, protección a los gremios...

¿Estamos en Jauja? ¿Va a ser este reinado la continuidad, mejorándolo, del reinado anterior?

Más de uno pensará que no hay más que ver el gran lienzo de *La Familia de Carlos IV* para apreciar claramente que de aquellos personajes, sobre todo de los centrales, no podían esperarse tantas dichas, tanta felicidad[2]. ¡Qué mediocridad la de este monarca robusto, abúlico, de corta inteligencia, cuyo retrato fiel es ya caricatura real y cruel del inmenso Goya!

No cae solo por las terribles corrientes que vienen de Francia; sobre todo no cae con la dignidad de todo un rey de España. Ya lo advertía su padre en muchos aspectos. Carlos IV, en 1808, estaba ya vencido por su escaso talento y por su falta de interés, solo pendiente de la caza, de los oficios manuales y de su salvación eterna. Tiene, sí, un cierto sentido de la dignidad real, pero esto no basta para conservar y acrecentar la herencia que recibe. Gran parte de sus errores tienen su origen antes de su subida al trono.

En la dichosa endogamia de muchas casas reales, en especial los Borbones, la moda era la boda en familia, primos y tíos, tíos y

---

[2] En una de mis obras *(Goya. El arte, el amor y la locura)* me ocupo a fondo de este tema (Espasa Calpe, 2003).

primos. A Carlos le casaron con su prima hermana María Luisa de Parma, hija del hermano de Carlos III, infante don Felipe. Ella tenía catorce años. Era difícil adivinar todos los males que iba a traernos.

No vamos a contar aquí su historia personal, su carácter y su aspecto. Véase a Goya. Es suficiente. No entraremos en historias de alcoba, vox populi en Madrid. Ni fueron las primeras ni serían las últimas en Palacio. La serie de amantes de María Luisa tiene detrás montones de literatura y de documentos. Además, la señora no era excesivamente discreta, los amantes demasiado vanidosos, y Su Majestad, don Carlos, no se hacía respetar, más por bobaliconería que por consentimiento.

Todo esto no habría pasado del terreno anecdótico si no fuera porque la princesa parmesana tenía desmedida afición a la política, unos odios virulentos, una ambición desmesurada y unas pasiones sin freno.

La boda de Carlos con María Luisa se celebró en Madrid, por poderes, el 6 de julio de 1802, con el ceremonial de costumbre y favorable acogida por el público. Lo mismo ocurrió en Barcelona, cuando los infantes llegaron por barco de Italia dos meses después. La situación por aquellos días no podía ser más complicada en el escenario político europeo, lo menos apropiada para comenzar un reinado sosegado. Todo estaba a expensas de lo que decidiera el Gran Corso, que jugaba con los reinos de Europa, como piezas de ajedrez imperialista. Difícil era conocer sus designios respecto a España, que había sido aliada de Francia por los Pactos de Familia, pero que ahora parecía cerca de alinearse al lado de los aliados frente a Napoleón. En este juego iba a participar por parte española un nuevo personaje que al lado de los reyes Carlos y María Luisa iba a representar un papel de protagonista en los años decisivos que, desde 1805, Trafalgar, a 1808, 2 de mayo, pasando por el 19 de marzo, llevan al naufragio de España en el proceloso mar de la política internacional.

## TRAFALGAR

Aunque no tenga relación directa con esta Historia, no se puede escribir sobre el pasado de España, y por lo tanto de su capital, sin aludir a la tremenda tragedia y la definitiva trascendencia de la batalla de Trafalgar, de la que se cumplió el segundo centenario en 2005. Pocos episodios más importantes, graves y mejor conocidos de nuestra Historia moderna y contemporánea. La pérdida de nuestra escuadra, las responsabilidades, los heroísmos, las gravísimas consecuencias...

Galdós, como siempre, nos hace la mejor descripción de las circunstancias, de los prolegómenos, del desarrollo y de los personajes. Parece que lo estamos viendo. Con motivo del bicentenario han salido libros y más libros sobre Trafalgar, alguno muy valioso, otros de puro opurtunismo editorial. Nos conocemos al detalle todo lo que allí pasó y creo que ya nadie debe ignorar que el fin del señorío del mar supuso para España el hundimiento nacional en un abismo geopolítico del que llevamos dos siglos esforzándonos para salir. No es cosa de volver a analizar aquí las combinaciones políticas, las alianzas y contraalianzas, tratados y coacciones napoleónicas que nos llevaron a perder la magnífica armada creada por Ensenada, en tiempos de Fernando VI. Solo quiero advertir al lector sobre las falsas interpretaciones y las mentiras históricas con las que algunos historiadores franceses se descargan de culpas y atribuyen la derrota a los mandos españoles[3]. No es de extrañar en nuestro secular desencuentro con el vecino del Norte, a pesar de los Pactos de Familia.

No me constan datos especiales sobre la repercusión que tuvo en Madrid la famosa batalla y sus consecuencias. Nuestra Villa está lejos del mar hasta tiempos bien recientes; en cambio, tenían amplio eco en las tertulias, en los cafés y en las calles las victorias abrumadoras de Napoleón Bonaparte en tierras europeas, con admiración y miedo a la vez por nuestra parte.

El gobierno de Carlos IV, con sus ministros ilustrados de la etapa anterior, incapaz de pesar en la esfera internacional, ni en

[3] Empezando por M. Thiers, en su *Historia del Consulado y del Imperio.*

las grandes alianzas, ni en el trato digno y correspondiente a nuestra posición geopolítica, tendía por lo menos a dar una cierta continuidad a la política constructora del reinado de Carlos III.

Se restableció la superintendencia general de policía de Madrid; se fomentaron las fundaciones y las industrias; se creó un gran colegio de sordomudos; se crearon veinticuatro establecimientos botánicos; igualmente se fomentó la enseñanza, aplicándose el moderno método Pestalozzi.

Fue un tiempo en que se organizaron expediciones científicas, una de ellas la famosa para propagar la vacuna en América y Asia, con el doctor Balmis al frente.

Fue una época indecisa: todavía se vivían los estertores del Antiguo Régimen y España, siempre un poco a destiempo, procuraba alumbrar los últimos destellos del Siglo de las Luces, mientras la corriente revolucionaria de ultrapuertos lo arrasaba todo.

Y fue precisamente en esta etapa indecisa en la que aparece un personaje que tiene todavía el estilo dieciochesco, pero con una inexperiencia y una ambición que le convierten en juguete de unos tiempos nuevos, de los que quería ser protagonista. Logra ciertamente ese protagonismo, mas con unos resultados tan calamitosos que difícilmente tratan de disimular en estos últimos tiempos algunos ilustres y benévolos autores...

## El fenómeno Godoy

No voy a trazar una biografía de tan destacado personaje. Solo esbozar algunos datos, indispensables para ponernos en el Madrid de aquel tiempo, cuando era la residencia y el centro de la acción política y diplomática de don Manuel Godoy y Álvarez de Faria. Este ilustre personaje, al que algunos califican de meteoro, había nacido en Castuera, provincia de Badajoz, en 1767. Su hermano mayor servía en los Guardias de Corps, cuerpo armado muy selecto y cercano a los reyes y cortesanos. Manuel decide seguir el mismo camino. A los veintiún años, miembro ya del citado cuerpo, confía en su poderoso atractivo personal y tras un episodio novelesco sin importancia, una caída del caballo en La Granja, la reina se fija en él. Se fija tanto que al poco tiempo el joven extremeño es su amante. A los veinticuatro años es ayudante general y un año después ya es teniente general.

A los veintiséis años es ya primer ministro de España en sustitución del conde de Aranda. A los veintiocho años es nombrado Príncipe de la Paz y recibe el Toisón de Oro. El joven primer ministro está resplandeciente con su uniforme blanco cargado de condecoraciones. Además es duque de Alcudia, Grande de España. A tan poderoso señor le sobran los grandes políticos, reliquias del reinado anterior: los Floridablanca, Jovellanos, Campomanes. Él gobierna, con Luisa a su lado, y no admite rivales, mientras Carlos IV es un mero espectador complaciente. Las gentes de Madrid les llaman a los tres «la Trinidad en la Tierra».

La reina se alía con el conde de Aranda y hace no solo destituir a Floridablanca, sino que hasta le encarcela y destierra.

Godoy pasa de ser un aspirante decidido a ser el amo de España desde su residencia del palacio de Buenavista, con la Cibeles por testigo.

No vamos a relatar los muchos episodios novelescos ni a analizar la política del Príncipe de la Paz. Repito una vez más la frase de Marañón: «A los gobernantes hay que juzgarles por los resultados, y los de Godoy no pudieron ser más funestos».

Francia contemplaba con los mejores ojos la crisis en España. Tenía buenos observadores y muchos intereses creados que facilitaban las aspiraciones napoleónicas en la península Ibérica, como venía haciendo en casi toda Europa. Había que congraciarse con el Primer Cónsul, romper alianzas, facilitar el bloqueo continental contra Inglaterra.

El rey, dócil a los deseos de su esposa, destituye al conde de Aranda y nombra a Godoy primer ministro con poderes dictatoriales. Floridablanca, que tiene sesenta y cinco años, sigue preso en Pamplona, y Aranda, el afrancesado, tiene sesenta y cuatro. Godoy acaba de cumplir veintiséis. Toda esta tragicomedia política se desarrollaba en Palacio, pero el pueblo de Madrid se daba cuenta de todo:

Lo reflejaba en coplillas:

¿Quién está cuando no estoy?
¡Godoy!
¿Quién llega cuando me voy?
¡Godoy!
¿A quién más cargos le doy?
¡A Godoy!
¡Quién manda en España hoy?
¡Mi esposa!
¿Y quién le manda a mi esposa?
¡Godoy!
¡Que tiene gracia la cosa!
Pues solo de nombre soy
el rey, que lo es Godoy.

Cuentan las crónicas que cuando estas letrillas llegaban al despacho de Carlos IV, el rey se sonreía y exclamaba: «Sí, mi padre ya decía que los madrileños son muy imaginativos y muy mal pensados».

Un relajamiento de las costumbres, una crisis en el orden ciudadano siguió al reinado de Carlos III. La continua crisis desmoralizadora de Palacio repercutía en las calles. Dicen las crónicas que el pueblo de Madrid, tan aficionado a las fiestas y poco amigo de trabas, se encontraba a gusto con Carlos IV, más que con su padre.

La reina continuaba empujando a Godoy a las alturas. El teniente general de veintiséis años, duque de Alcudia, Príncipe de la Paz, con todas las condecoraciones, es ascendido a capitán general. Él, que ni se había acercado a los campos de batalla durante la Guerra del Rosellón.

Don Manuel Godoy bate todos los récords de nepotismo y de la dispensa de honores a los suyos. Se cuenta que en la cumbre del poder tenía siempre a la puerta de su despacho una fila interminable de visitas que venían a pedirle favores. Uno de ellos, un viejo sacerdote extremeño, amigo de la familia Godoy. Resumo la escena:

—Mira, hijo, soy viejo, y no quisiera morirme sin ser obispo.

—Cuente usted con ello. Será obispo.

El viejo sacerdote, cubierto ya de sus galas episcopales, volvió a ver a Godoy.

—Tengo un hermano sacerdote y quisiera que le hicieras obispo también.

Accedió Godoy, pero a los pocos días venían a verlo los dos nuevos obispos.

—No queremos abusar, pero ¿podrías hacer obispo a nuestro tercer hermano?

—Los Pérez Minayo sois insaciables; pero sea, por algo sois mis amigos extremeños.

Y aun lograron que hiciera a su hermana abadesa de las Huelgas de Burgos.

El encumbramiento de Godoy, tanto en la política como entre la Grandeza, iba originando un descontento creciente. El valido, con el favor de la reina, se había convertido en el amo del gobierno, en el general en jefe de los ejércitos sin otros méritos que sus amores con la soberana. No hay duda de que a su ambición unía condiciones de talento natural, de joven ilustrado, pero le perdía su falta del sentido de la medida. Ante un personaje así, la Corte presentaba unas facetas contradictorias. De una parte, los grandes señores y las damas de Palacio rendidos a los encantadores modos y al poder de Godoy, adulándole y poniendo sus títulos y sus grandezas a su servicio. De otra, con mayor disimulo, los que iniciaban una sorda conspiración contra el aventurero advenedizo y conseguían el apoyo importantísimo del propio Príncipe de Asturias, el futuro Fernando VII, que polarizaba así sin grandes méritos las ansias, los celos y las esperanzas no solo de destacados personajes, sino también el creciente descontento ciudadano. Un descontento cierto, porque, a pesar de la simpatía de Godoy, su enredo con la de Parma llegaba a convertirse en escándalo, y además no se le perdonaba que colocase a todos sus parientes, amigos y compinches en puestos privilegiados. El pueblo, dispuesto siempre a oír y seguir a los agitadores interesados, empezaba a estar apto para el motín, con más razón si se hacía bajo la bandera del Príncipe de Asturias.

Se corre la voz de que el valido mantiene una relación secreta con el gobierno francés, sin conocimiento de los reyes y en su propio provecho. Uno de estos planes secretos, acordados con Napoleón, consistía en permitir el paso por España de las tropas francesas camino de Portugal. El plan era muy osado y bastante maquiavélico: Lusitania, el norte, para los reyes de Etruria, a los que Napoleón había despojado de sus reinos en Italia. El centro de Portugal, entre el Duero y el Tajo, para negociarlo con Inglaterra a cambio de importantes territorios en Europa y en América y Gibraltar. Y el sur, para Godoy, como rey del Algarve. El tratado se firmó en Fontainebleau el 27 de octubre de 1807, en los mismos días en que la guillotina funcionaba sin parar en la plaza de la Concordia.

La invasión de Portugal la llevarían a cabo tropas francesas y españolas, y el bobo de Carlos IV en la inopia: mientras el infante don Fernando mostraba abierta simpatía por Francia, 28.000 españoles se unirían a las tropas francesas, un cuerpo de 50.000 hombres. Todos bajo el mando del mariscal Murat. Así, los franceses ocuparon en pocos días todos los puertos fronterizos y estaban ya en Barcelona, Pamplona y San Sebastián.

Entre tanto, la Corte estaba en Aranjuez, con la idea de seguir hacia el sur y embarcar para América. El ánimo popular se sublevó contra esta idea, y aunque hubo una declaración oficial de que era falsa, alguien empezó a armar a grupos rebeldes, empezando por los palafreneros de Palacio. Y, para todos, Godoy, el gran culpable.

Toda una marea humana cruzó Aranjuez, dirigiéndose al palacio del Príncipe de la Paz, que fue saqueado, el mobiliario arrojado por las ventanas e incendiado. Poco después, Godoy, medroso y pálido, era detenido y protegido por los soldados.

Descubierto el gran valido oculto entre esteras y alfombras, se libra del linchamiento por las turbas gracias a una orden del Príncipe de Asturias, que encarga a don Ramón Patiño, marqués de Castelar, que le salve del populacho y se lo lleve detenido. Entre tanto, Carlos IV ha abdicado en su hijo, en medio de la alegría popular por la caída de Godoy, cuya noticia ha llegado a Madrid, desde Aranjuez, con la llegada al trono del Deseado.

La carta de Carlos IV a Napoleón, dándole cuenta de su abdicación, es una suprema muestra de indignidad real: «[...] asegurado ahora con la plena confianza en la magnanimidad y el genio del grande hombre que siempre ha mostrado ser amigo mío [...] y con todo lo que este grande hombre quiera disponer de nosotros y de mi suerte, la de la reina y la del Príncipe de la Paz [...]». Hasta el final, Carlos IV es leal a su querido Manuel.

¡Claro que dispone Napoleón! Ordena a Murat, gran duque de Berg, que saque a Godoy de España «como sea». «Deseo verle en Bayona antes de tomar partido alguno.» La orden se cumple. El Príncipe de la Paz se une en Bayona a los reyes, que han llegado el 30 de abril de 1808. Ya está unida de nuevo «la Trinidad de la Tierra», como los llamaban los ingenios de Madrid.

Diez días después llega Fernando, que no ha sabido quedarse al frente de un pueblo que confiaba en él y que va a defenderse hasta la muerte. Ya están todos unidos en uno de los más vergonzosos espectáculos de nuestra Historia.

# 24
# Del 2 de mayo al rey José

## El 2 de mayo

En España se ignoraban los pormenores de estos recientes sucesos y de sus consecuencias. El pueblo creía todavía que Fernando era una víctima de las maniobras de los franceses y de la Junta de Gobierno española que de ellos dependía. Quien mandaba en verdad era Murat desde Madrid.

Fue él quien ordenó, exhibiendo una carta de Carlos IV desde Bayona, que salieran para aquella ciudad francesa los miembros de la Familia Real española que quedaban en la capital, es decir, la reina de Etruria y el infante don Francisco de Paula, niño de trece o catorce años.

La Junta se opuso a esta orden. La dirigía el infante don Antonio. Pero sus fuerzas eran muy escasas: apenas 3.000 hombres de la guarnición de Madrid frente a las 25.000 que el gran duque de Berg tenía dentro de la ciudad y en sus alrededores.

El 2 de mayo, Murat dio la orden para que los infantes salieran de Madrid. Gentes del pueblo situadas cerca de Palacio se opusieron, arrojándose varios paisanos sobre el oficial francés que dirigía la operación. Llegó una patrulla de los suyos y restableció de momento la calma, pero Murat mandó inmediatamente un batallón con dos piezas de artillería, haciendo una descarga cerrada que produjo varias víctimas y la desbandada de la población al grito de «¡Mueran los franceses! ¡Venganza y guerra!».

Fue una reacción auténticamente popular, colectiva, sin una dirección oficial o política, sin un mando militar ni un ejemplo de alcurnia. Eran menestrales, empleadillos, comerciantes, mujeres de rompe y rasga, desocupados, militares sueltos, de permiso, algún clérigo decidido, pueblerinos de paso, toda una amalgama humana que se enfrentaba al ejército más poderoso del mundo.

Y al margen de este movimiento espontáneo, una serie de personas acomodadas, encerradas en sus casas, sin tomar partido, sin arriesgarse patrióticamente, por miedo, por prudencia y en algún caso por un decidido o incipiente afrancesamiento. Ese era el Madrid del 2 de mayo de 1808 en los primeros momentos del choque abierto con el ocupante.

Murat se había equivocado por completo. Un día antes había escrito un informe a Napoleón en el que concluía diciendo: «*Les affaires d'Espagne sont terminées*».

La lucha contra el invasor se generalizó en calles y plazas. Soldado francés solo o en pequeños grupos que se arriesgaba a deambular se jugaba la vida, pues le atacaban en cualquier esquina, desde cualquier balcón, y con no importa qué clase de armas. Había como una impresión, así lo sostienen varios historiadores, de que la revuelta madrileña no era solo contra los franceses, que el pueblo se sentía traicionado por las gentes de alcurnia que habían congeniado con el ocupante, con notables personajes que habían negociado bajo cuerda, por los altos jefes que habían luchado al lado de los franceses contra Portugal y en los primeros avances por el norte de España; se sospechaba hasta de connivencias con el odiado Godoy. Lo cierto es que en cuanto todos esos jefes y oficiales se dieron cuenta de la perfidia francesa, se pusieron a luchar abiertamente al lado del pueblo sublevado. Y lo mismo ocurrió con el personal de Palacio.

Se empezaba a ver clara la cobardía del príncipe heredero, sometido sin resistencia a Napoleón. Por eso resulta asombroso ver cómo más adelante, sin haber cambiado tal actitud del felón de don Fernando, todo el país iba a luchar por él y a considerarle El Deseado.

De sobra son conocidos los múltiples y heroicos episodios de lucha madrileña contra los franceses. Heroísmo en caliente que algún autor deriva con cierta razón a una furia que alcanzaba a los que habían ido hundiendo a España de la gran potencia que era en tiempos de Carlos III a la vergüenza degradante de aquellos días: a Carlos IV, a la reina Luisa, a Godoy, a aquellos años de injusticia y de inmoralidad. Pero todo lo unificaba el grito de «¡Mueran los franceses!».

Se cuentan docenas de episodios, de anécdotas de aquella lucha sangrante que se prolongó muchas horas: navajas, tejas, aceite hirviendo, piedras, palas... Un nuevo sistema, un arte de la guerra. Se lanzan cuarenta mulos enloquecidos y apaleados sobre una patrulla francesa encerrada en una calleja estrecha, con el consiguiente aplastamiento de la pequeña patrulla. Muchachos de doce o catorce años rivalizaban con los mayores para lanzarse sobre granaderos y polacos del gran duque de Berg. No es fantasía. Hay nombres que han pasado a la pequeña historia, madrileños de Dios sabe dónde venidos, como Manuel Núñez Gascón, descabezado a sablazos junto a Palacio; de una niña de nueve años, Clara Michel, que murió luchando en la calle de los Milaneses y que estaba enterrada en la parroquia de Santiago; o Felipa Vicálvaro, de quince años, que guerreó y murió en plena Plaza Mayor; de una niña, Luisa García Muñoz, a la que acribilló una descarga cerrada cuando estaba en un balcón. Y a la famosa Manuela Malasaña, que murió entregando municiones a su padre en la defensa del Parque de Monteleón [1].

En disculpa de los franceses puede decirse que todos eran enemigos que mataban y que no podían hacer diferencias de edad. Madrid, para ellos, era un nuevo sistema de guerra.

El Parque de Artillería de Monteleón se convirtió en una plaza codiciada tanto por el pueblo de Madrid amotinado, que carecía de auténticos medios de guerra, como por los franceses, que no podían dejar que el enemigo dispusiera de cañones y fusiles.

De una parte, miles de madrileños; de otra, los batallones del general Lagrange, que tenían órdenes terminantes de ocupar el Parque.

---

[1] Los nombres de héroes casi infantiles, y tantos anónimos, harían interminable esta relación.

Dentro, el capitán Daoíz, que hizo prisioneros a los franceses que estaban allí como supuestos aliados, y el capitán Velarde, de la Junta Económica, artillero que se incorporó en cuanto tuvo noticia del ataque. Con ellos, el teniente Ruiz, de Infantería, que, herido grave después de heroica lucha, falleció poco después en Trujillo.

Unos breves datos sobre los famosos Daoíz y Velarde:

Luis Daoíz y Torres tenía cuarenta y un años al llegar el 2 de mayo. Había nacido en Sevilla. Era un maduro valiente, no un joven alocado. De sangre hidalga, estudió en la Academia de Artillería de Segovia. Participó en la Guerra del Rosellón. Fue prisionero y luego, tras su libertad, se enroló en la Marina, viajó dos veces a América y participó en la defensa de Cádiz.

Pedro Velarde y Santillán, de Muriedas (Santander), tenía veintinueve años. Es como la imagen del héroe joven que aparece en los libros escolares. Era profesor de la Escuela de Artillería y tenía además fama por su empaque, gran figura y éxitos con las mujeres.

Los dos capitanes murieron luchando a las puertas del Parque de Monteleón, que aún continuó la defensa hasta que la enorme superioridad de las fuerzas del general Lagrange obligó al capitán Goicoechea a capitular.

En contraste con esta reacción nacional del pueblo y de la oficialidad, Carlos IV, desde Bayona, para congraciarse con Napoleón, daba órdenes para enviarle desde Madrid dieciséis caballos de pura raza de las caballerizas reales, incluyendo dos, uno del conde de Altamira y otro del duque de Medinaceli. Era un regalo que valía un río de oro. Añádase que Carlos IV y su esposa (es de suponer que de acuerdo con Manuel, el querido inseparable) encargaron al pintor David, el célebre artista, dos retratos de Bonaparte para colocarlos —¿en su día?— en los palacios de Madrid y Aranjuez, que nunca volverían a ver. En la negociación y pagos de todos estos regalos tomaron parte, por España, Mariano Luis de Urquijo, y por Francia, el general Berthier.

## Napoleón, en Madrid

Después de los fusilamientos de patriotas en el Retiro y en la montaña del Príncipe Pío el 3 de mayo —el famoso cuadro de Goya—, Murat dictaba al día siguiente una orden con estos términos tajantes:

1.º Todos los detenidos con armas en la mano serán fusilados.
2.º Los habitantes que conserven armas serán fusilados.
3.º Toda reunión de más de ocho personas será dispersada a tiros.
4.º Todo pueblo en que sea asesinado un francés será quemado.
5.º Todos los autores, distribuidores y vendedores de libelos serán fusilados.

Después de este decreto, otro. El día 6, queriendo contemporizar..., «seguir vuestros trabajos, considerad a los soldados franceses vuestros amigos y aliados [...] que descanse vuestro espíritu, podéis usar capas [...]». Era como una invitación a sonreír. Y, para colmo, el gran duque de Berg invitaba al Consejo de Castilla a que pasara oficialmente y con solemnidad a felicitarle. Lo que el citado Consejo se apresuró a cumplir con servil disciplina.

Pocos días después, todavía en mayo, la Junta Suprema de Gobierno española suplicaba humildemente a Murat «que transmitiese al gran Napoleón el ruego de que fuera inmediatamente designado rey de España su hermano José Bonaparte».

Lo que parece, en principio, una petición rastrera, antipatriótica, cobarde y traidora, a años vista no parece tan disparatada. Los desastrosos años recientes, el mal gobierno de los últimos meses borbónicos, la innoble actitud de «la Trinidad de la Tierra», de las escenas de Bayona y la entrega vergonzosa de El Deseado, suponían una fuerte tentación para salir de aquello como fuera. ¿Por qué no un cambio de dinastía, al amparo del todopoderoso Napoleón? La desesperación, la ingenuidad, el miedo y la esperanza debieron de pesar mucho en el acuerdo de la Junta Suprema. Además, José I no era un cualquiera. Resumamos aquí, al margen del patriótico rechazo, algunos de los datos del hermano mayor de los Bonaparte.

José Bonaparte había nacido en Corte (Córcega). Había sido rey de Nápoles, nombrado naturalmente por su hermano, y se sentía allí feliz, sin ninguna gana de cambiar de reino. Tenía entonces cuarenta años. Había sido un notable abogado en su isla y se dice que era el mejor de la familia.

José entró en España el 11 de junio y desde Vitoria lanzó un manifiesto en el que prometía hacer todo lo posible por la felicidad de sus súbditos y de la nación española. El día 20 llegaba a las puertas de Madrid, ante un pueblo retraído y silencioso que observa al nuevo rey con simple curiosidad. Para caer bien a la población da libre entrada en los teatros y se reparten cuantiosas limosnas, pero el pueblo sigue pensando en Fernando VI.

Las primeras noticias de la guerra no podían ser más desalentadoras: en Rioseco nuestras tropas habían sido completamente derrotadas; pero la revancha vino pronto, coincidiendo con la marcha a Francia de un Murat enfermo, sustituido por el general Savary. La gran victoria española en tierras de Bailén, en torno al 18 de julio de 1808, fue total, impresionante frente a la *Grand'Armée* que había vencido en todos los campos de Europa: se derribaban las ilusiones y el mágico prestigio de un ejército que se consideraba invencible. Suponía nuevos ímpetus para la resistencia, pero al mismo tiempo obligaba a Napoleón a tomarse muy en serio la aventura de España y a volcar sus mejores fuerzas en nuestras tierras.

José, al recibir noticias de Bailén, decidió abandonar la Corte, llevándose cuanto pudo de los Sitios Reales. Lamentable primera etapa de gobierno, en la que procuró actuar con benignidad y prudencia, pero siempre odiado por los madrileños.

La reacción inmediata del Emperador, a pesar de estar en plena campaña en Centroeuropa, fue preparar más de 200.000 infantes, 50.000 de caballería, un poderoso armamento artillero y todo lo necesario para una nueva invasión en toda regla, acaudillada por él personalmente.

El gran obstáculo en su avance fue el famoso paso de Somosierra, forzado por la caballería polaca. La Junta de Madrid evacuó la población, yéndose a Aranjuez, camino de Badajoz, encomendando la defensa de la ciudad al capitán general marqués de Castelar y a don Tomás de Morla. Muy pocas fuerzas y muy escasas municiones, fiando toda la resistencia en una serie de fosos y en el refuerzo de puertas y portillos.

Mientras Napoleón llegaba a Chamartín, sus tropas abatían los muros del Retiro y avanzaban por los altos de Atocha y de Alcalá. Don Tomás de Morla fue a visitar el cuartel general de Napoleón en el palacio del duque del Infantado, en Charmartín. Salió tan aterrorizado que tuvo que cambiar su propuesta de tregua por la capitulación absoluta.

Solo unas horas entró el Emperador en la capital. Fue a ver el Palacio Real con auténtica curiosidad. Se cuentan tres anécdotas de esa visita:

Se asomó al balcón central que da al sur, al Campo del Moro, y señalando a lo lejos los montes de Toledo exclamó: «*Voilà Somosierra!*». Tremendo error de orientación y prueba de lo que le había obsesionado el difícil paso de la sierra norte. También se detuvo ante el retrato de Felipe II, y exclamó: «¡Y pensar que este hombre nos venciera siempre!». Por último, al retirarse, comentó a su escolta: «Ya lo decía yo, mi hermano José está mucho mejor alojado que yo», lo que demuestra la admiración del más grande hombre de muchos siglos, el que tenía el Luxemburgo, Versalles, el Trianón, La Malmaison, etc., al pasar unas horas en nuestro Palacio Real.

A Napoleón lo único que le interesaba era expulsar a los ingleses que con Wellington a la cabeza ayudaban a los resistentes españoles. Destituyó al Consejo de Castilla y repuso a su hermano en el admirado Palacio, mal llamado de Oriente.

El rey José volvió a entrar en Madrid, ciudad indefensa. Fue jurado ante un grupo de autoridades en la iglesia de San Isidro y pronunció un discurso «altamente patriótico» como monarca español. Y no tardaron en surgir los primeros afrancesados.

Cuentan los cronistas que ni la brillante formación de las tropas para dar guardia al Emperador impresionó lo más mínimo a los madrileños. La comitiva imperial, camino de Charmartín, que era un pueblo aledaño, cruzó en silencio las calles sin una aclamación. El vencedor de Europa, arrebujado en su asiento, no tuvo que levantar la mano ni una sola vez para saludar; aun así, el Ayuntamiento, corporaciones y clero tuvieron que acudir a rendirle pleitesía y a presentarle pliegos con firmas de adhesiones ciudadanas. Luego ordenó levantar el campo y salir hacia Benavente por la carretera de Guadarrama, pero quedaban en nuestras tierras los mejores mariscales de Francia: St. Cyr, Lannes, Moncey, Soult, Verdier, Marmont, Angereau... y 250.000 hombres, que garantizaban la permanencia de José I en el trono de Madrid[2].

## JOSÉ I, UN BUEN REY

Durante 1809, José I se instaló de manera firme en Palacio y empezó a gobernar a su modo, relativamente libre de las consignas directas del Emperador. Mientras, la guerra se iba desarrollando con diversas alternativas, generalmente favorable a la gran superioridad técnica y táctica de las fuerzas francesas. Eran los días en los que Zaragoza y Gerona sufrían los terribles asedios que han pasado a la Historia.

La proximidad de los 50.000 hombres del mariscal Soult, por tierras de Santa Olalla y Toledo, aseguraban la consolidación de la política josefina, que suprimió el voto de Santiago, constituyó un Ayuntamiento servil, vendió bienes, organizó hospitales militares, suprimió aduanas interiores, estableció la Bolsa, ordenó demoliciones para crear plazas (de ahí el apelativo de El Rey Plazuelas), fundó un Museo de Pinturas en el palacio de Buenavista, antigua residencia de Godoy; prohibió toda jurisdicción civil o militar a lo eclesiástico, por supuesto prohibida la Inquisición, y dispuso la creación de una gran plaza frente al Palacio Real, hasta el Teatro de los Caños del Peral, es decir, la plaza de Oriente de hoy, que a José I se debe. En cuanto a la palabra Oriente, recuérdese que José I era por entonces el Gran Oriente de la Masonería española... Positiva labor en conjunto del gobernante que seguía siendo odiado por la inmensa mayoría de la población.

[2] Para todo lo relacionado con este capítulo convendría leer mi obra *La Guerra de la Independencia* (Espasa Calpe, Madrid, 2002).

Una junta española formada por el obispo de Orense, el general Castaños, el marino Escaño y el representante de Ultramar Miguel de Lardizábal se formaba enfrente, para continuar la guerra y convocar Cortes. Por aquellos días, José I se trasladó una temporada a Sevilla, para tratar de captarse a los andaluces, regresando a Madrid al cabo de un mes. Por entonces se instaló en Cádiz la Regencia, con la pretensión de que en ella residía la soberanía nacional.

En aquella guerra sin frentes fijos, con constantes movimientos de tropas, la acción guerrillera, la intervención británica y los cambios en la *Grand'Armée* napoleónica según sus necesidades en los campos europeos, era difícil que un período de gobierno se prolongara en determinada zona española, lo mismo en la capital que en las más alejadas regiones. Madrid fue una ciudad de entrada y salida según las circunstancias bélicas. Tan pronto tenía que abandonarla José, como consecuencia de Bailén, como volvía, con Napoleón al lado. Tan pronto se iba por la presión de los de Wellington, vencedores en Talavera, como se presentaba de nuevo apoyado por las victorias de sus mariscales en Levante.

Así resulta difícil poder juzgar un período de gobierno prolongado. El odio continuaba latente, pero también se significaban interesantes colaboraciones con el vencedor del momento. En conjunto, José I permaneció largos períodos al frente del Estado español, desde junio de 1808 hasta finales de 1813. En esta Historia de Madrid, sin olvidar lo que en conjunto fue la gran guerra patriótica de la Independencia, lo que más nos interesa es lo que efectivamente sucedió en la capital de España durante la ocupación, con su inevitable y significativa carga anecdótica.

A José I, con más o menos entusiasmo, se le seguían dedicando las habituales ceremonias y homenajes debidos a la realeza: no faltaban los desfiles, las recepciones diplomáticas, los banquetes y los actos alegóricos, con retratos, besamanos y música. Ni el tedéum de gracias en San Isidro. La *Gaceta de Madrid,* muy mejorada como publicación oficial, se consolidaba al servicio del usurpador, que hacía todo lo posible para congraciarse con la gente; a los niños de San Ildefonso les daba oficios y 120 reales anuales; abría un colegio para 150 niñas huérfanas; organizó un servicio muy necesario de alumbrado público; fomentó el teatro nacional, a base de obras de Lope, Calderón, Guillén de Castro, Moreto... Eso sí, prohibió que las monjas se dedicaran a la enseñanza privada de niñas y suprimió las tradicionales Órdenes militares de Calatrava y Santiago, refundiéndolas en una nueva Real Orden de España.

Para no eternizarnos en este relato, resumamos algunas medidas importantes tomadas por el gobierno del rey José, entremezclándolas con algunas reacciones populares, que nos darán una mejor idea, un tanto anecdótica, de aquella etapa tan madrileña de nuestra Historia, porque, al fin y al cabo, Madrid, 2 de mayo y Guerra de la Independencia vienen a ser parte esencial del pasado hispánico.

Uno de los primeros decretos dictados por José I fue el siguiente:

> Art. I. El Tribunal de la Inquisición queda suprimido...
> Art. II. Los bienes de la Inquisición quedan en poder de la Corona de España.
> Art. III. El derecho feudal queda abolido en España... Todo lo que de él dependía pasa a fomentar la extensión libre de la industria.
> Art. IV. Se suprimen todas las aduanas y registros de provincia a provincia. Solo se establecerán en las fronteras.

Otra disposición:

> Art. I. El número de conventos existentes en España se reducirá a la tercera parte. Se reunirán los religiosos de una misma Orden en una sola casa. Se fijan pensiones para los que abandonen las Órdenes. Se mejorarán las congruas de los curas. Los bienes de los conventos suprimidos quedarán incorporados a la Deuda pública.

Parece que José Bonaparte lo que quería era que hubiera menos religiosos y curas, pero que vivieran mejor, tal vez como señores abates a la francesa.

Dejamos a juicio del lector estas medidas, que a mí no me disgustan del todo[3].

En otro aspecto, en los barrios bajos de Madrid proliferaban los conceptos insultantes contra el rey intruso y surgían nombres y letrillas como hierbas salvajes.

Quién no recuerda aquello de:

—Pepe Botella,
bajo al despacho.
—No puedo ahora,
que estoy borracho.

O aquel otro:

Ya se fue por las Ventas
el rey Pepino,
con un par de botellas
para el camino.

Cuando no:

En la plaza hay un costal
que nos dice en castellano
que José, rey italiano,
roba a España su dosel [...]

Ya viene por la Ronda
José Primero,
con un ojo postizo
y el otro huero [...]

Todo ello cuando se sabía que José no probaba el alcohol y que no estaba tuerto, sino que, de vez en cuando, usaba monóculo.

[3] No puedo evitar la idea de que el rey José pudo haber sido el mejor de España después de Carlos III.

Lo que sí es cierto es que por su atractivo personal, unido al del poder, y su afición al sexo femenino, José I tuvo gran éxito entre las damas de la alta sociedad de la época, muchas de las cuales buscaban pretextos para encontrarse con él y, si era posible, en la intimidad. Su esposa, que mostró siempre pocas simpatías por España, se había quedado en París. Por cierto, las comunicaciones de José I con el Emperador, por carta, fueron siempre difíciles. Los guerrilleros se encargaban con frecuencia de interrumpir su camino a la capital francesa, a pesar de que iban escoltadas por más de cien hombres.

La marcha de la guerra sufría frecuentes alternativas, pero cuanto más tiempo pasaba, más se inclinaba del lado aliado. El resultado de los grandes combates con intervención inglesa no podía ser más halagüeño. Las noticias de Ocaña, y sobre todo de Albuera y de Arapiles, eran acogidas sin disimulado entusiasmo por la población madrileña. No obstante, José I fingía seguir imperturbable dedicado a su función de gobierno.

Seguían funcionando los tres principales teatros, el Príncipe, la Cruz y los Caños del Peral. Actuaban las famosas actrices, las tres García, conocidas por las tres Gracias. La ciudad se dividía en 54 barrios, con miles de mendicantes y de indocumentados. Se creó una Junta de Sanidad, bien organizada, con especialistas en Medicina, Cirugía y Farmacia, y continuaban acertadas medidas del corregidor y de los dieciséis regidores. Se creó un indispensable servicio municipal de cementerios, hasta entonces una verdadera anarquía fúnebre municipal. Dos de los cementerios construidos fueron el de San Bernardo, Campo de las Calaveras, y el de San Isidro, sacramental cerca de la Puerta de Toledo.

Sorprende que hasta la costumbre de los baños se extendiera entre los madrileños. Hasta se autorizaron las corridas de toros, que habían sido suprimidas por Carlos IV.

En este ir y venir de franceses e ingleses por Madrid, la situación económica se iba deteriorando, llegándose a estados de verdadera penuria, de hambre, que sufría la población con paciencia pero con un creciente espíritu patriótico, pues ya no podía soportar más la imposición francesa, por benévola que esta quisiera presentarse. Molestaba también la prepotencia ofensiva de los ingleses de Hill, que en una de sus retiradas destrozó la famosa fábrica de porcelanas del Buen Retiro, conocida por la «Casa de la China».

Los franceses crearon el Registro público general, medida de guerra pero de valor. Igualmente crearon una Gendarmería Real para Madrid, para garantizar así la seguridad, iniciación de una verdadera policía nacional. Eran medidas positivas un tanto tardías, pues se veía que la guerra se acercaba a su fin. Napoleón se veía obligado a sacar tropas de España, y las que dejaba iban perdiendo posiciones, salvo en Levante.

Había quedado en la Villa y Corte el general Hugo, con mando en plaza. Parecía que su misión consistía en ir preparando todo para una retirada organizada, llevándose de Madrid todo lo que encontraban de valor, lo mismo daba que fueran muebles pesados que tapices, cuadros, orfebrería, hasta rejas, antigüedades, cajas fuertes, joyas, lámparas, documentos diversos, etc. Era el despojo total, camino de la frontera, pasando por Vitoria. Los madrileños podían ver aquella rapiña que superaba todo lo conocido en la Historia hasta entonces. Era repugnante, pero al mismo tiempo tenía algo de consuelo ver partir al enemigo, mas esta vez con aires de ser algo definitivo. En medio de tanto carro cargado de riquezas marchaba el lujoso coche oficial de José[4].

Parece que a última hora Napoleón trataba de lograr un acuerdo de regreso del complaciente Fernando VII bajo numerosas y muy duras condiciones, tanto nacionales como internacionales. Las condiciones eran inadmisibles. Entre tanto, las Cortes de Cádiz continuaban su labor en la isla de León y preparaban su traslado a Madrid, mientras los más osados en la capital preparaban una placa con el nombre de la Constitución para colocarla en la Plaza Mayor de la capital. Para el 13 de mayo se preparaban frenéticas demostraciones de júbilo.

El interesantísimo tema de los afrancesados, sus razones y lo que pasó con ellos, merece un profundo estudio. Ya se lo han de-

[4] Véase *El equipaje del rey José,* de los *Episodios Nacionales* de Benito Pérez Galdós.

dicado los profesores Artola y Marañón, entre otros. A ellos me remito, pues se sale del tema concreto de este libro[5].

Acaba para Madrid una guerra que comenzó el heroico 2 de mayo. Triste fin de toda una época trascendental de nuestra Historia. De una España todavía fuerte a una España deshecha. En medio, una gran tragedia heroica que viene desde Trafalgar. Pérdida de la dignidad de la Monarquía, pérdida de nuestras Américas y Filipinas. Esterilización de tantos valores patrios y una sima profunda a la vista entre las dos Españas, por más que se le busquen antecedentes, algo nuevo y deplorable.

Nunca hubo un país que más daño hiciera a su vecino: revolución, invasión y expolio.

Y, sin embargo, Madrid, España, seguían adelante. Pero iban a ser algo distinto.

Y Madrid, en dos siglos, iba a pasar del aristocrático y pueblerino de principios del siglo XIX a la gran urbe desorbitada y mundial de principios del siglo XXI.

[5] Curiosa coincidencia. En la Historia de España, desde don Pelayo, ha habido solo tres jefes de Estado pertenecientes a la masonería: dos extranjeros, José I y Amadeo I de Saboya, y uno español, Manuel Azaña Díaz.

# 25
# INTERMEDIO INDESEABLE DE EL DESEADO

## LA LLEGADA DEL NUEVO REY JOSÉ

La conducta del Príncipe de Asturias, don Fernando, desde que aparece su figura en la Corte con su mayoría de edad, no puede ser más indeseable.

Sobradamente es conocida su conducta durante la conspiración y proceso de El Escorial con su amigo el canónigo Escoiquiz al lado, la indigna actitud con sus padres, su doblez en las relaciones con Napoleón, que nunca le consideró, y con Godoy, que se aprovechó de él. Y resulta que Fernando VII, en tanto mito, en tanto «deseado», es un producto de Godoy, una consecuencia del odio, del desprecio y hasta del hastío de todo el país por una situación que ya hemos podido apreciar. Así opinan Mesonero Romanos y otros autores, los mismos que no tienen más remedio que exclamar «¡Qué sinceridad de aplauso, que vértigo de pasión y de idolatría!» al comentar el recibimiento del joven don Fernando al entrar en Madrid como nuevo rey después del motín de Aranjuez. Una explosión de júbilo popular, de locura colectiva de Madrid, lo llama Fernán Caballero. El rey cuenta con el apoyo del ejército y con el prestigio y la influencia de la Iglesia. ¿Qué iba a hacer frente a todo eso el espíritu constitucionalista de Cádiz?, opinan historiadores como Tuñón de Lara.

Amador de los Ríos describe así los primeros días del Rey Fernando en Madrid: «Durante días y días celebró Madrid la restauración de Fernando el Deseado: no sospechaba siquiera aquel inocente pueblo que así empezaba a labrar la cadena de sus desgracias y de su servidumbre... En cuanto a los primeros actos de su gobierno, pocas palabras bastan para indicarlos: hizo prender a los miembros del Consejo de Regencia, a los ministros, al presidente de las Cortes, a los secretarios del Congreso [...] Cúpoles la misma suerte a algunos famosos guerrilleros. Cuando las cárceles estuvieron llenas, fue preciso dar salida a los presos. Unos fueron encaminados a presidios de África, otros a los sótanos de la Inquisición, nuevamente instalados, muchos a la prescripción, algunos al cadalso». Son datos tomados de *Los anales de España,* de Ortiz de la Vega.

Madrid, que seguía con el espíritu de la Guerra de la Independencia, comenzó el reinado con los famosos gritos «¡Muera la libertad y viva Fernando VII!», «¡Viva el rey y muera el que no lo sienta y sostenga!», «¡Viva Fernando VII y la Inquisición!». Y comenzaron con sordina los chistes: ¡Dios guarde al rey, pero que se lo quede y no vuelva más! Y a tacharse lo de «el Deseado», que era obligatorio incluir en todo escrito en que se nombrase al rey. A este le interesaba lo que se decía en los salones. Los informes no podían ser muy halagüeños, porque gran parte de la nobleza estaba desterrada... Empezaron a aparecer pasquines en los que se añadía al grito oficial: «¡Viva el rey..., pero cuanto menos, mejor!». Empezó a hacerse famosa la camarilla que rodeaba y halagaba al monarca: el inevitable canónigo Escoiquiz; Ugarte, el que negoció la compra de barcos podridos a Rusia; Chamorro, el aguador; el duque de Alagón, que prestaba dinero y dejaba deudas...

Son tantos los acontecimientos encontrados sobre el tema constitucional, sobre la famosa intervención de los Cien Mil Hijos de San Luis, tantos los matrimonios, tantos los personajes y personajillos que postularon en torno al Deseado, que nos vemos obligados a referirnos solo a algunos de los más sobresalientes, de más valor anecdótico y que tengan una relación más o menos directa con Madrid. Y a dedicar un apartado final de este capítulo al tema de «los afrancesados», que considero de interés primordial a nivel nacional.

Un sastre de Madrid, conocido por *el Cojo de Málaga,* con fama de entusiasta liberal, fue detenido y condenado a muerte.

Aunque se solicitó el indulto, se le hizo subir al cadalso y, una vez con la soga al cuello, el rey le indultó.

Una orden real terminante prohibía a los empleados hablar o estudiar francés. Como es bien sabido, los documentos oficiales eran enrollados y sellados con obleas redondas. Pues bien: una nueva orden prescribió que esas obleas tenían que ser cuadradas y no redondas para evitar su sacrílego parecido con una Sagrada Forma. Se prohibieron las cartas venidas del otro lado de los Pirineos. Y una medida supermoderna y de fracaso seguro: «Se prohíbe terminantemente la indecente costumbre de fumar en las oficinas». Otra medida oficinesca: «En el interior de las dependencias oficiales todo el personal deberá estar siempre destocado, con la excepción de los empleados calvos, que podrán usar gorro. Y es obligatorio el caminar de puntillas para no interrumpir con el trote a los que trabajan».

Las gentes veían con asombro aparecer al rey en los actos oficiales con un manto aún más lujoso que el de Napoleón e imitando los gestos del Emperador.

El ministro Lardizábal cuenta que don Fernando recibía en audiencia diaria a todo el que quisiera ir a verle, con lo que oía las cosas más disparatadas en medio de un guirigay y luego tomaba por su cuenta las medidas que le daba la real gana. Decretos y más decretos sin contar con los ministros. Estos duraban veinte días o poco más, y dos hubo de cuarenta y ocho horas; pero ¡qué ministros!

En cuanto a las formas, Fernando VII era un muy deficiente orador, en unos discursos improvisados y fatales, a trompicones, sin musicalidad, mezclado con acento francés de su etapa de Valençay.

El general Díaz Porlier intentó una sublevación en La Coruña. Fue condenado a cuatro años de prisión en un castillo, pero una noche, mientras dormía, fue condenado a muerte y automáticamente ahorcado. Su esposa, Josefina Queipo de Llano, hermana del conde de Toreno, fue conducida a prisión.

El general don Luis Lacy conspiró en Cataluña; fue condenado a muerte, y como el general secretario de Guerra, marqués de Campo Sagrado, le consideró digno de indulto por sus grandes servicios, este fue entonces destituido y la ejecución de Lacy, para evitar conflictos en Barcelona, se llevó a cabo en Palma de Mallorca.

Lo mismo se hizo con el comisario de Guerra don Vicente Richard, que murió en la horca. Todo esto debió de ocurrir en el período absolutista, pero con Fernando VII igual daba con unos que con otros desde que el general Elío le dio poderes de rey absoluto, aboliendo la Constitución de 1812, desde que llegó de su exilio en Valençay. Porque un buen día a Su Majestad le dio por decir: «Siendo la voluntad general del pueblo, me he decidido a jurar la Constitución promulgada por las Cortes Generales y Extraordinarias el año 1812». Y terminaba con su frase lapidaria: «Marchemos francamente, yo el primero, por la senda de la Constitución».

Fernando VII nunca tuvo mentalidad ni sentimientos de jefe de Estado. Se dejaba llevar por el último que llegaba. Tenía sus buenos momentos, como cuando decidió continuar la gran tradición de las porcelanas madrileñas y fundó la Real Fábrica de la Florida para sustituir a la del Buen Retiro, destruida por ingleses y franceses en la reciente guerra. Hasta se convirtió en protector de Goya, a pesar de la fama de afrancesado del artista: «Debería ahorcarte por tus coqueteos con los franceses, pero te perdono y prefiero que me hagas un retrato».

Un personaje que adquirió gran notoriedad en el reinado de Fernando VII fue Tadeo Calomarde, un turolense de mérito, de modesta familia de labradores, a fuerza de ingenio, de intriga y de caer en gracia a Su Majestad; para ser repudiado más adelante y desterrado a Pamploma, después de haber sido ministro de Gracia y Justicia. Se le ocurrió cerrar varios institutos y a cambio creó una Escuela de Tauromaquia. En 1830 recibió el Toisón de Oro y el título de duque de Santa Isabel.

En 1832, Fernando VII cayó gravemente enfermo y entonces adquirió extraordinaria importancia la cuestión sucesoria. El Auto Acordado de tiempos de Carlos III concedía toda la preferencia hereditaria del trono al varón de grado más próximo: hijos, por orden de edad; nietos, hermanos, con exclusión del acceso de las mujeres al trono. Es decir, la francesa Ley Sálica. Pues bien: Calomarde obtuvo del rey Fernando la abolición de tal Auto Acordado y consiguió la Pragmática Sanción, que aseguraba el trono a la infanta Isabel, hija mayor del monarca.

Ocurrió entonces la famosa escena en la que la infanta Luisa Carlota se presentó en Palacio y ante el rey arrojó la Pragmática al suelo y sacudió al primer ministro una bofetada descomunal, la de la famosa: «Señora, manos blancas no ofenden».

Se agrava la enfermedad real y don Fernando, al parecer libre de presiones, confirma a la infanta Isabel como su heredera. Si no, el heredero, con Ley Sálica, hubiera sido el hermano menor del rey, el infante don Carlos. Episodio de trascendencia histórica, como todos sabemos.

Todavía vive Fernando VII cuando la princesa Isabel, que tiene cuatro años, es jurada Princesa de Asturias. Cuando el 29 de septiembre de 1833 muere el rey, la infantita es ya reina de España, Isabel II, con el nombre femenino más glorioso de nuestra Historia y bajo la Regencia de su madre, otra Borbón, designada como la Reina Gobernadora.

El panorama de la España de 1814 no podía ser más desolado, mucho más pobre que en 1808: los campos arruinados, la Administración desarticulada y el bandolerismo, secuela degenerada de la guerrilla, brotaba por doquier. Para colmo, nuestra situación internacional no podía ser peor, haciendo un pobre papel en el Congreso de Viena, donde, después de haber sido con Rusia los auténticos vencedores de Napoleón, nuestro embajador don Pedro Gómez de Labrador se vio obligado a jugar un triste papel secundario del lado de los prohombres de la Santa Alianza, los emperadores de Rusia y Austria, los Metternich, Nesselrade, Canning, Talleyrand, el derrotado vencedor, etc.

Y aquí, en España, los más ilustres liberales, como Canga Argüelles, Quintana, Ciscar, Agar, Calatrava... encerrados en presidios o en conventos.

Fernando VII quería ser un tirano ilustrado, pero no pasó de ser un tirano indeciso, rodeado de camarillas de tercera en vez de auténticos ilustrados, que los había en Madrid. Mientras tanto, con la eficaz dirección masónica, se nos iba de las manos. Ahora, después del triste papel desempeñado en Viena, no nos quedaba más que pelearnos en casa. El ejército empezaba a dividirse, con Elío al frente de la exaltación absolutista, y muchos liberales de la otra parte, decepcionados, y muchos procedentes de la guerrilla. Comienzan las sublevaciones militares a las que ya me he referido: Porlier, Lacy, Mina, Milans del Bosch... No digamos Riego y Quiroga, con su sublevación en Las Cabezas de San Juan, cuando iban a embarcar para defender nuestros virreinatos. La llamada «conspiración del triángulo» preparó incluso el asesinato del Deseado.

La lucha se exacerbó: lucha absolutista en Navarra, auténtica guerra civil que dirige desde Madrid el general presidente del Gobierno, Evaristo San Miguel, hombre moderado que poco pudo hacer entre aquellos extremismos.

El 7 de abril entran en España los Cien Mil Hijos de San Luis, al mando del duque de Angulema, «ejército de la fe», a favor del rey. Madrid acoge clamorosamente al duque, mientras el rey y los suyos se van a Sevilla. Paradójica situación: Fernando VII casi preso de los liberales y a punto de ser fusilado, y antes, amenazado en Sevilla de ser declarado demente. Pero es liberado y vuelve a Madrid.

Los diez últimos años de reinado son llamados por sus enemigos «la ominosa década». El rey vuelve al más descarado absolutismo, en manos del general Eguía. Luego pasa a una etapa más liberal e ilustrada, con Cea Bermúdez, el conde de Ofalia y López Ballesteros, que puso cierto orden en la Hacienda, y Javier de Burgos, el creador de la acertada división en provincias.

Hay que tener en cuenta que por aquellos días el infante don Carlos era oficialmente el heredero del trono, y en torno a él empezaron a agruparse los muchos enemigos de don Fernando; en Cataluña, por ejemplo, los agraviados o *malcontents.* Es como un anticipo de la gran división de las guerras carlistas, entonces llamados los «blancos» y los «negros». En la división influye mucho la actuación de los curas, sobre todo en la montaña, aunque esa actuación no influye en Madrid, que en medio de tanto desastre sigue de verbenas, toros y trabajo, como siempre, alegre y confiada. Se había formado un verdadero ejército, «los Voluntarios Realistas», más de treinta mil hombres, que parecían garantizar el orden.

La rebelión de 1827 en Cataluña y en el Bajo Ebro fue muy violenta. Por primera vez se acercó al frente Fernando VII; debieron de ser los primeros tiros que oyó cerca. La rebelión fue dominada en tres meses y la represión fue durísima, con el conde de España al frente.

Cea Bermúdez demuestra ser un buen político manteniendo a España al margen de la revolución francesa de 1830. No así en la famosa revolución de Torrijos en Málaga, montada desde Gibraltar. Son los días de la heroína liberal Mariana Pineda en Granada. Unos, como el librero Miyar, se van acercando al republicanismo, mientras que la burguesía en general se iba acercando a los «realistas puros», que tienen puestas sus esperanzas en el infante don Carlos.

Un nuevo acontecimiento viene a trastocar estos planteamientos políticos de las gentes, especialmente en un Madrid que desde 1814, fin de la guerra, lo politiza todo, desde los salones palaciegos a los cafés y a los tugurios de más baja categoría. Fernando VII, viudo de su tercera esposa, María Amalia de Sajonia, contrae nuevas nupcias con su sobrina María Cristina de Borbón, de los Borbones napolitanos, nueva endogamia familiar. Estamos a finales de 1829 y aún hay esperanzas de sucesión, lo que se confirma a los pocos meses.

Consecuencia inmediata: Fernando VII decide publicar la Pragmática aprobada por las Cortes en 1789, en plena fiebre revolucionaria, que paradójicamente vuelve a la Ley de las Partidas, que permite a la línea femenina acceder al trono. Se impone por ello a la nueva heredera el simbólico nombre de Isabel. En cambio, los tradicionalistas, los carlistas, defienden la muy afrancesada Ley Sálica. Estamos ya en la situación del final del apartado anterior, que aquí hemos ampliado. Una nueva y decisiva influencia en el oscuro panorama que en las calles de Madrid se discutía intensamente. Influye en ese clima el temor de las potencias de la Santa Alianza, que ven venir nuevas corrientes de excitado liberalismo al gobierno español.

Cea Bermúdez destierra a don Carlos, se concede una amplia amnistía a los defensores de la Constitución de 1812, y las Cortes juran heredera a Isabel II, que es ya reina desde el 29 de septiembre, fecha en que fallece Fernando VII.

Con los datos que hemos ido extractando en este capítulo creo que es innecesario caer en los panegíricos o en las diatribas.

Aunque hay que reconocer que son muchos más los acusadores que los defensores. En todo caso, la guerra carlista estaba servida.

A propósito he dejado para el final de estos capítulos un tema que tiene que ver con lo que en ellos acontece y que creo que es justo considerar para dejar a los españoles de entonces en el lugar que merecen ante la Historia. Me refiero a los afrancesados, término que se puede prestar a confusiones. Hay un afrancesamiento ideológico y cultural que puede darse en cualquier época, y un afrancesamiento de afinidades, simpatías e intereses que llevó a acercamientos o a las alianzas políticas por múltiples circunstancias. Ahora lo que trato más bien es de un cierto tipo de «colaboración», es decir, ponerse prácticamente del lado del invasor. Esta actitud podía derivarse, y así ocurrió en muchos casos, de ese afrancesamiento ideológico-cultural-político al que me acabo de referir, sobre todo a personalidades intelectuales, a nobles y burgueses cultos, funcionarios procedentes del campo de los ilustrados de los reinados anteriores.

Los desastres revolucionarios, tan intensamente vividos en Madrid, el lamentable espectáculo de Bayona, el recuerdo del contubernio Carlos-Luisa-Godoy, tan madrileño en palacios, calles y plazuelas, hicieron ver, en pura lógica, que una nueva dinastía podría restaurar el orden y pacificar las conciencias. No era traición ni falta de patriotismo, ni mucho menos. Al fin y al cabo, los Bonaparte no eran más dinastía extranjera en 1808 que los Borbones en 1700. Además, la Constitución de Bayona no estaba tan lejos de las ideas de las Luces, a la española. Ahora bien, faltaba la adecuación a la voluntad de la inmensa mayoría del pueblo que se estaba jugando la vida contra los franceses de Bonaparte. La lucha interna de dos grandes patriotas españoles ilustrados, en aquellas condiciones, Floridablanca y Jovellanos, debió de ser terrible.

Se cifran los afrancesados en unos doce mil. Pero cuando José I se instaló en Madrid fueron más de dos millones de españoles los que se adhirieron a la nueva dinastía de forma voluntaria. Los afrancesados querían reformas políticas y sociales, pero se oponían con rotundidad a la revolución y eran claramente monárquicos: sus ideas podían servir tanto para conservadores como para liberales.

Veamos lo que opina el insigne doctor Marañón sobre los «afrancesados»:

> Los afrancesados españoles acabaron por ser enemigos de los que oficialmente se titularon liberales. Estos tenían muy poco de liberalismo legítimo, fuera de su palabrería. De aquí la confusión con la que hoy todavía vemos este episodio de nuestra Historia. Los liberales de las Cortes de Cádiz eran casi todos ellos jacobinos, esto es, la representación de la máxima y más funesta superchería del liberalismo. Tenían prejuicios, algunos tan graves como el anticlerical, y el prejuicio político y humano es incompatible con el liberalismo verdadero. Este solo lo representó el pequeño grupo que se vio acosado por las dos fuerzas extremistas, el de Jovellanos y los suyos. En esa línea, con el pecado de origen de su inoportunidad, estaban muchos de los afrancesados, como ha ido reconociendo la crítica histórica, que casi con unanimidad les absuelve del pecado original.

Tengamos en cuenta que la misma España heroica que se batía de 1808 a 1814 recibía en triunfo a los franceses del duque de Angulema en 1820...

El primer afrancesado, por miedo, por indignidad, no por patriotismo cerebral, fue Fernando VII, con su alabar y su arrastrarse a los pies del Emperador.

Marañón, Artola, Jover, Seco Serrano, Vicens Vives... exponen con acierto las razones de los afrancesados y les sitúan en su circunstancia histórica y vital. Y se preguntan: ¿qué hubiéramos hecho nosotros? [1].

---

[1] Gran parte de esta sección adicional del capítulo procede de mi obra *De Carlos I a Juan Carlos,* ob. cit.

# 26
# ISABEL II, UNA REINA MUY MADRILEÑA

## LA REINA GOBERNADORA

Ni reina madre, ni reina regente, ni la extranjera. Simplemente, la Gobernadora. María Cristina de Borbón cayó bien en Madrid. No era fácil después de otras tres esposas de Fernando VII, siendo otra Borbón y teniendo en contra desde el primer día al infante don Carlos y a toda su familia. No era guapa, pero sí guapota, con un estilo campechano y sin aristas que suele gustar a las gentes. Más de uno pensó que después de Fernando y su camarilla podía ser un instrumento de regeneración política. Ya no había dudas de que se había impuesto la Ley Sálica, así que toda la Corte y la nobleza adscrita al trono tenían que estar al lado de la niña nacida el 10 de octubre de 1830. Automáticamente el reino se centralizaba, ya que los conatos de carlismo surgían en las zonas periféricas del norte y de Levante. Y para confirmar la sucesión femenina, la reina dio a luz a otra niña, bautizada con el nombre de Luisa Fernanda. La guerra carlista que se venía venir no era culpa de Fernando VII, sino de una serie de factores políticos y sociales, incluso territoriales, que venían de largo, y que la Revolución francesa y la Guerra de la Independencia hicieron inviables.

Fernando VII fue un rey de Madrid, pero viajero. El Palacio Real, su residencia habitual, la primavera en Aranjuez, el verano en San Ildefonso y el otoño en El Escorial. Doña Cristina, buena italiana, de la escuela napolitana de Carlos III, contribuyó en los pocos días que compartió con don Fernando a las obras más positivas de la época: la dedicación y adaptación del Museo de Prado, el embellecimiento del Buen Retiro, la creación de un museo en el palacio de Buenavista, lo que siempre debió ser; los inicios de las obras para el Teatro Real, la Fuentecilla de la calle de Toledo, la gran Biblioteca Real, hoy Nacional; el Conservatorio de Artes y Música...

Doña Cristina reinstauró la protección a las enseñanzas, a la elemental y primaria, muy abandonadas desde Carlos III, y dedicó gran importancia al urbanismo y la limpieza, con lo que Madrid fue adquiriendo una categoría digna de gran capital europea.

Con un orden relativamente cronológico hagamos mención de la turbamulta y de los problemas planteados en la etapa de la Reina Gobernadora, que fue desde el principio la cabeza visible del bando legítimo en la lucha dinástica que había quedado abierta, hasta el punto de que los suyos fueron llamados «los cristinos», o sea, los liberales, los centralistas, los «negros».

No cabe duda de que el problema más acuciante y grave era ganar la guerra, una guerra que, por desgracia, hizo de España un país mucho más desgraciado que sus vecinos europeos, una guerra que hoy vemos estúpida e inútil a pesar de toda la carga ideológica que separaba a los dos bandos.

Doña Cristina encargó el gobierno a un liberal moderado, don Francisco Martínez de la Rosa, mientras en el norte combatían los generales cristinos Sarsfield y Quesada contra la nueva gran figura militar de los carlistas, un coronel retirado llamado Tomás de Zumalacárregui.

La desgracia llegó a Madrid por otros caminos. Una cruel epidemia de cólera causaba estragos en la población, y la reacción, es doloroso decirlo, sacó a relucir algunas de las peores condiciones de la población madrileña: su credulidad y versatilidad política, que la convertía en presa fácil para los agitadores de partido, que nunca faltan; la violencia contenida, convertida casi en costumbre desde el 2 de mayo y la guerrilla; un ánimo siempre dispuesto a la algarada callejera, y, en fin, un soterrado espíritu anticlerical, relativamente razonable al haber vivido años bajo la influencia de los curas y de las Órdenes religiosas. Un sinsentido injusto pero de fácil arraigo en la ignorancia de la masa. De la procesión a la persecución no hay más que un paso.

Se corrió la voz de que los frailes habían envenenado las fuentes públicas. Se asaltaron los conventos, los inocentes religiosos fueron asesinados a mansalva, se cometieron crímenes espantosos, y la ira se fue devorando a sí misma, pues ella sola se fue extinguiendo. Y no solamente porque las Cortes habían excluido de la sucesión de la Corona a los carlistas, expulsando a don Carlos del país, refugiado en Portugal.

No faltó la sublevación militar, que se convertía en costumbre decimonónica. En la refriega murió el general Canterac, capitán general de Castilla la Nueva. El conde de Toreno sustituía al moderado autor del Estatuto Real, mal llamado «Rosita la Pastelera», pero el espíritu antirreligioso y «progresista» exigía más: siguieron los excesos y los asesinatos en Madrid, y con la idea de reprimir tales desórdenes la Reina Gobernadora llamó al poder al político más avanzado de la época, don Juan Álvarez Mendizábal, anglófilo, distinguido masón y desamortizador a ultranza, que con tan brillante currículum apenas gobernó un año, siendo sustituido por el reformista Istúriz.

En Madrid cada día se dividían más las opiniones, y sorprende cómo en un clima político tan revuelto y estéril la Reina Gobernadora pudiera llevar a cabo una labor positiva práctica en favor de la ciudad, como ya hemos apuntado.

Eran los días de la sublevación de los sargentos en La Granja, que obligó a restablecer la Constitución de 1812.

Nueva sublevación en Madrid, con la inhumana eliminación del general Quesada cuando quiso imponer el orden. Empezó a sonar el nombre del general Espartero, al que se dio el mando del ejército del Norte, durante el segundo sitio carlista de Bilbao. Obtuvo éxito en su misión, lo que le valió el título de conde de Luchana y, lo que es más, un prestigio que pasó de militar a político y a convertirle en el verdadero árbitro de la gobernación desde Madrid, a pesar de que las tropas de don Carlos estaban cerca de la capital de España. Entre tanto, la Constitución de 1837 había vuelto a estar en vigor. La guerra dio vueltas con éxitos alternativos, pero al fin se fueron imponiendo las fuerzas cristinas, y entre los carlistas, también divididos, surgió la figura del general en jefe don Rafael Maroto, que fusiló a varios jefes rebeldes y, convencido de que su victoria era imposible, se entendió con el jefe cristino, el famoso Espartero, con el que firmó el famoso Convenio de Vergara, que ponía fin a la Primera Guerra Carlista. Madrid celebró este acuerdo con grandes fiestas oficiales y populares, como si se tratara de una gran victoria sobre una poderosa potencia extranjera. Espartero fue nombrado duque de la Victoria, y aún quedaban focos carlistas en la llamada Junta de Berga y del general Cabrera en su zona del Maestrazgo, escenario de sus proezas.

No todo fueron glorias después de los abrazos y ducados. Una nueva Ley de Ayuntamientos le costó si no el trono, sí el nombre de Gobernadora a doña Cristina de Borbón. Todos los municipios de España se opusieron a que los alcaldes fueran nombrados por el Gobierno. La Milicia Nacional se sublevó en Madrid; parte del Ejército se unió a ellos; el duque de la Victoria, que vio bien por dónde iban los tiros, se puso del lado de la oposición y la Reina Gobernadora, en tales circunstancias, cortó por lo sano: el pueblo español, la milicia y la sensibilidad de las gentes seguían siendo monárquicos, la reina niña era querida por todos, y allí la que sobraba era ella. Dejó el país confiado a sus hijas y a la lealtad de los españoles, se trasladó a Valencia, se fue para Italia y el año 1840 acabó de cumplir su misión la Reina Gobernadora.

Quedó el país sin regente. ¿Qué hacer con España y con la niña Isabel? La tutela de la reina fue encomendada a don Agustín Argüelles, y para la Regencia surgió inevitablemente el nombre del general Espartero, el hombre de moda. Estas soluciones llevaban el poder de España a la izquierda. Protestó desde Marsella la ex Reina Gobernadora, y algunos generales más conservadores o en la línea carlista se dispusieron a tomar las armas, como O'Donnell y Montes de Oca.

En Madrid la gran aventura romántica corrió a cargo de don Diego de León, conde de Belascoaín, que con el general Concha y otros oficiales quisieron entrar en Palacio y liberar a la reina Isabel del poder de las garras izquierdistas. Alguien no fue fiel a la consigna y el joven general De León, de treinta y tres años, «la más brillante espada de España», fue sometido a consejo de guerra y fusilado, mientras que el general Concha tuvo tiempo para huir.

Espartero empezó a perder la popularidad que había ganado en la guerra. Frente a una sublevación que hubo en Barcelona recurrió a medios inadecuados, llegando a bombardear la ciudad. Provocó la hostilidad de la nueva representación nacional y tuvo que disolver las Cortes. Lo peor es que perdió la confianza del ejército, hasta el punto de tener que ir a Cádiz para embarcar con destino a Londres. Parecía el destino a que estaban condenados los regentes, mientras que el pueblo, inquieto, molesto y sin saber qué partido tomar, iba cayendo en un abismo de pronunciamientos y revoluciones, los dos extremos.

Parecía que lo mejor era salir de aquel lío de interinidades y de luchas partidistas y declarar de una vez a Isabel mayor de edad y convocar nuevas Cortes. Llega el tiempo de los dos destacados políticos, astutos, duros y muy enfrentados: Olózaga, gran orador, y González Bravo, que contaba con la mayoría. De Olózaga llegó a decirse que su relación con la reina niña era algo más que política.

Volvió a Madrid de su destierro voluntario la reina madre, que fue muy bien recibida. Se guardaba de ella un buen recuerdo, sobre todo en relación con el guirigay de los partidos.

Se creó la Constitución de 1845 —¿cuántas iban ya?—. Volvió un gobierno moderado, se suprimió la Milicia Nacional y se cambió el sistema tributario al modo francés. Pero los enfrentamientos callejeros, las sublevaciones y la efusión de sangre continuaban.

Políticos serviles y el pueblo en general creyeron que el matrimonio de la reina podría consolidar el sistema y la confianza en la Institución.

## FARSA Y LICENCIA DE LA REINA CASTIZA. LA VIDA EN MADRID

Tuvo don Ramón María del Valle-Inclán la brillante osadía, como todas las suyas, de poner este título atrevido a unas divertidas escenas dedicadas con trampa a la etapa de la reina Isabel II. Creo que hubiera precisado más llamando a su obrita *Farsa y licencia en torno a la reina castiza.* Licencia efectivamente, toda la que ella quiso, que fue mucha; pero farsa más bien la de los que le rodeaban, pues ella fue siempre rabiosamente sincera, franca y hasta descarada, sin que le dolieran prendas en cantarle las cuarenta a cualquiera de sus politicones, en hacer burla de las galas de alguna encumbrada señora, y en irse a la cama con quien le daba la gana.

Otro no menos brillante y admirable conocedor de la vida y milagros de la egregia dama, más o menos directamente, la llama «la de los tristes destinos», y la verdad es que creo que muchas mujeres en el mundo hubieran querido tener unos destinos tan tristes como los de aquella oronda señora que nació hija de rey, murió madre de rey, mientras de camino vivía intensamente, mandaba, bailaba y no dejaba de ser gran señora ni en el salón del trono ni en la francachela de rompe y rasga.

A nadie había sorprendido en Madrid cuando la joven Reina Gobernadora pocos años antes, al quedar viuda a los veintisiete, se enamoraba de un apuesto guardia de Corps, natural de Tarancón. Por lo visto, después del famoso asunto Luisa-Godoy, aquello de los guardias de Corps, nunca mejor dicho, se había convertido en una regia costumbre. El amor, surgido en Quitapesares, finca cercana a La Granja, fue algo fulminante, y de ahí el rápido ascenso a teniente general, y los ducados que hoy ostentan muy dignos descendientes. La relación de la Reina Gobernadora con el duque de Riánsares, nuevo título, se debió de llevar con cierta discreción, sin excesiva ostentación y sin pretensiones gubernamentales, por lo que no consta escándalo digno de mención ni cambio político muy significativo.

Dados estos antecedentes y la fogosa sexualidad de la reina Isabel II, precoz en las formas y en sus afanes, tendríamos que llenar todo un tomo de un erótico subido solamente para relatar las diversas y amenas etapas de los amores reales, desde sus casi infantiles redondeces a los trece años, con elevado donjuanesco personaje, hasta sus despedidas parisinas de no tan tristes destinos. Pero de eso se ha encargado ya, y bien a fondo, el siempre bien documentado don Ricardo de la Cierva a lo largo de miles de páginas [1].

Tengamos en cuenta que Isabel II es la primera reina de España toda, ya que su gloriosa predecesora Isabel I fue oficialmente solo de Castilla, compartiendo el trono con don Fernando, rey de Aragón, y que su hija doña Juana la Loca nunca fue reina efectiva y oficialmente compartió también el título real con su hijo, Carlos I, rey efectivo. Téngase en cuenta también que de hecho, en España, desde la Guerra de la Independencia, el verdadero poder lo ostentaban los militares, ya que los partidos políticos constitucionales lo único que hacían era encontrar a un prestigioso general dispuesto a ponerse al frente del gobierno. Eso de los partidos era otra novedad, y con ellos, las Cortes, que eran el glorioso artilugio reinventado en Cádiz con ecos medievales transformados en liberales, laicos y masónicos. Así que con todos esos instrumentos nacionales iba a tener que manejarse la ardorosa niña Isabel, que por cierto encontró desde un principio un ambiente muy favorable, despertando simpatías populares y un cierto deseo de los políticos de que la Institución Real fuera dignamente representada por la joven soberana.

Dejemos a un lado los detalles de política interna reflejados en las sesiones parlamentarias y en el cúmulo de prensa diaria que invadía calles y quioscos, otra novedad de la época. Vamos a acercarnos a aquellos hechos que, sin dejar de ser parte expresiva de la vida del reinado, se van acercando más a la capital de España, que más que nunca lo fue con el centralismo de entonces. Y allí donde nombremos un gobierno, una crisis, un hecho social o militar descollante, demos por descontado que doña Isabel II estaba detrás, como protagonista, como inspiradora o como circunstancial víctima.

El 30 de octubre de 1850 tuvo lugar la solemne apertura de Cortes. En el centro, en la presidencia, el trono de Su Majestad. A la derecha, una tribuna para la reina madre y el infante don Francisco de Paula. Sobraba la brillante guardia, porque el amor

[1] *Vida y amores de Isabel II (El Triángulo),* Ed. Fénix, 1999.

del pueblo protegía a Su Majestad. Se inauguraban así las Cortes Constituyentes. Pocos días después, el 19 de noviembre, santo de la reina, tenía lugar otro acontecimiento no menos deseado por Madrid: después de treinta y dos años de obras, se inauguraba el Teatro Real con el estreno de *La Favorita*. La fila de coches con escudos nobiliarios llegaba hasta la Puerta del Sol. En los palcos privilegiados, el presidente del Gobierno, general Narváez; las duquesas de Alba y Medinaceli y el poderosísimo marqués de Salamanca.

Para orgullo de los madrileños diremos que por aquellos días el Real era el mayor teatro europeo, más que la Scala, la Fenice, San Carlos, la Ópera de París y el famoso Covent Garden.

Aunque cualquier sociólogo de hoy habría considerado mucho más apropiada la construcción de unos miles de viviendas protegidas en los Carabancheles o en las Ventas, la moda urbanística de la época de Isabel II estuvo mucho más influenciada por el estilo palaciego, por los grandes y solemnes edificios, no solo en los centros oficiales, ministerios, bancos, obras benéficas, sino por una especie de competencia de la más encopetada nobleza y nuevos ricos por ver quién se construía el más espléndido y señorial palacio. Los Medinaceli, Alba, Sotomayor, Miraflores, Vistahermosa, Alburquerque, Salamanca, Montellano... iban cubriendo de importantes arquitecturas, al estilo parisino, todo espacio selecto que quedaba libre en el viejo Madrid o en las grandes avenidas que iban surgiendo a lo largo de la Castellana, Recoletos, Alcalá, el Prado... Grandes portalones, espléndidos materiales, jardines bien cercados, hasta alguna fuente entre las arboledas, iban dando al centro de Madrid el aspecto de gran ciudad. De un modo más discreto, pero bastante a la parisina, una especie de «Corte de los Milagros» marcaba la diferencia entre ese Madrid poderoso y los barrios más modestos, aunque en el centro había una zona de convivencia en la que vivaqueaba el pequeño comercio, con los menestrales de paso, con la nueva bohemia de café y tertulia, con los paseantes en Corte, tan clásicos de Madrid..., gentes que hablaban de lo cara que estaba la vida, de la última estocada de Machaquito y, desde luego, de política. Porque Madrid, en cuanto a ciudad politiquera, no hubo en España y tal vez en Europa quien la ganase.

Y surgían, y se discutían, nombres y más nombres de políticos consagrados, de otros en potencia y de más de un periodista curioso o trepador.

De la publicación de los Presupuestos Generales del Estado, los gastos militares siguen llevándose la parte del león a causa de las guerras que colean en Marruecos y en las Antillas, pero ensombrece todos los comentarios la aparición de la figura del marqués de Salamanca, con su fortuna asombrosa para entonces. Obtiene éxitos financieros formidables y rápidos que le llevan también a la política. A los treinta y seis años era ministro de Hacienda, pero uno de tantos cambios de gobierno le llevó al exilio a París.

Volvió Salamanca a Madrid a la caída de Narváez, dispuesto a grandes operaciones financieras. Sobre todo, con un capital de setenta millones de reales comienza hacia 1855 la constitución de todo un barrio de buenas construcciones, casi todas para viviendas. Este audaz malagueño, a quien tanto debe Madrid, adquirió para empezar miles de metros cuadrados desde el paseo de Recoletos, calle Alcalá arriba, por una parte, y a lo largo del paseo de la Fuente Castellana, un gran polígono que hoy, muy merecidamente, lleva su nombre. Admirable visión de futuro, sin dejar por ello de construirse un magnífico palacio y de llevar hoy su nombre una de las plazas más importantes. Como es lógico, tal personaje tuvo enseguida a su alrededor una numerosa corte. Y se cuenta como anécdota que fue el primer madrileño que introdujo la costumbre de bañarse a diario. Y dio trabajo a más de mil quinientos obreros cada día, cifra verdaderamente inaudita en aquel tiempo.

Tengamos en cuenta una vez más que estamos tratando de una época en la que para ir de Madrid a provincias había que valerse de sillas de posta y de diligencias. Había servicio diario que unía la capital con Guadalajara y con Toledo en varias horas. Una diligencia salía de la calle de la Montera para Vitoria un día sí y otro no, aunque lloviera, y el viaje a El Escorial exigía dos o tres relevos, según la carga. Había una diligencia que hacía el «servicio del Norte», que duraba quince días, con etapas en León, Oviedo,

Santander y Valladolid. Salía cada cuatro días y corría grandes riesgos no solo por la nieve y lo abrupto del terreno, sino por las numerosas partidas carlistas. Cada despedida familiar era como salir para una gran aventura.

El transporte en Madrid se solía hacer con grandes carruajes tirados por mulas y con capacidad cada uno para unas treinta personas. A los barrios extremos, las Ventas, Tetuán de las Victorias, Chamartín, Vallecas, se tardaba más de una hora. En la actualidad llevamos el mismo camino debido a la intensidad del tráfico y las interminables colas, con automóviles que pueden pasar de los 200 kilómetros por hora. Los límites de la ciudad, no bien definidos, iban del montículo de Chamberí, por la calle de Fuencarral, hasta el pozo de las Nieves, hoy glorieta de Bilbao, de Quevedo a San Bernardo. Todavía no existía el barrio de Argüelles. Cruzaba la campa de la Fuente Castellana y se subía hasta la hoy calle de Velázquez, sueño en la imaginación de Salamanca. De la otra parte, los límites del Madrid de los Austrias, el Retiro y el Manzanares, con sus indecisas riberas hacia la Casa de Campo. Y una parte muy selecta y céntrica empezaba ya a gozar de iluminación de gas: calle Mayor, Carretas, Montera, San Jerónimo y Puerta del Sol.

Desde mediados del siglo XIX se desarrolla en Madrid un fenómeno muy propio de la época: la multiplicación de las publicaciones periódicas, o séase, del periodismo. La tirada de cada uno se medía por arrobas. *La Esperanza,* absolutista, se puso a la cabeza de la clasificación con 400 arrobas; le seguía el protagonista *El Clamor,* con 100 arrobas, y así, bajando de peso de papel, el periódico del conde de San Luis, el demócrata *La Reforma,* y otros como *La España, La Época, La Nación,* con tiradas que a veces no llegaban a setecientos ejemplares.

Los cronistas de la época criticaban la pobreza y escasa calidad de los locales teatrales: «teatrillos de mala muerte», les llaman. Clamaban por unos teatros de calidad europea que sirvieran para algo más que para los bailongos de Carnaval. Por ello fue muy elogiada la modernización del Teatro de Variedades en la calle de la Magdalena. En 1850 se rumoreó que se preparaban varias conspiraciones coincidiendo con los Carnavales. Se movilizaron unidades de caballería y regimientos completos ocuparon los lugares estratégicos de la ciudad, pero nada sucedió. «En Madrid todo el año es Carnaval», decían algunos, aunque de vez en cuando sonaron los tiros del pronunciamiento o de la revolución matacuras.

En este Madrid de Isabel II, la vida era francamente barata. Un cocido para cinco personas, con abundancia, costaba poco más de un real, y con vino, otro real. Estaba al alcance de cualquiera en un mesón. Claro que los personajes como Martínez de la Rosa, Ventura de la Vega, Bretón de los Herreros, los duques de Rivas y de Frías, Hartzenbusch, Escosura... se gastarían algo más para cultivar sus brillantes intelectos.

Se mantenía un ejército bastante importante de cerca de 200.000 hombres, de ellos unos 18.000 de caballería, más 8.000 de la Guardia Civil. Claro que con una cabeza desproporcionada, mala costumbre nacional, con doce capitanes generales, figurando todavía Godoy como el más antiguo, y nombres tan sonoros y famosos como Castaños, duque de Bailén; Espartero, Serrano, Narváez, el marqués de Duero, Wellington, Novaliches...

Entre los tenientes generales, O'Donnell, Maroto, el duque de Ahumada, fundador de la Guardia Civil; el duque de Riánsares, esposo de la Reina Gobernadora, y Ros de Olano, que dio nombre al famoso kepis o gorro del ejército.

Como curiosidad diremos que el escalafón de la nobleza comprendía 936 títulos, de ellos 153 con Grandeza, y 62 duques[2].

Un Madrid curiosamente original. Una acequia que venía desde la carretera de Fuencarral, futuro Canal de Isabel II, «iba a permitir que la Corte» pudiera crecer más de un siglo. «Madrid es un pueblo cobarde para las reformas —decía el periódico *La*

[2] Un Ayuntamiento del que era alcalde el marqués de Santa Cruz, y tenientes de alcalde, el duque de Alba, el vizconde de Armería, el barón de Ballora, y concejales, el marqués de Bárboles, el marqués de Cusa, el conde de Goyeneche, el conde de Parcent, el conde de Villalobos y el conde de Cumbres Altas. ¡Selecta representación del pueblo de Madrid!

*Esperanza*—: la calle del Príncipe debía ya unir Alcalá con Atocha y Carretas llegar hasta Progreso». Y mientras tanto las tropas carlistas vivaqueaban por las alturas de Colmenar Viejo.

## BODA REAL Y EL RETABLO DE LOS POLÍTICOS

Narváez es la figura clave de todo un largo período lleno de alternativas. Durante tres veces desempeña la Presidencia del Gobierno. Era el clásico «hombre fuerte» para las situaciones políticas comprometidas, enérgico, autoritario, con altibajos de carácter que le llevaban tan pronto a la arbitrariedad como a la dimisión inesperada. No obstante, en sus períodos de gobierno se lograron importantes mejoras prácticas, como la ley de imprenta, la de tributos, la ley electoral, la reforma efectiva de la instrucción pública y mantuvo una política internacional moderadamente ambiciosa. Durante más de veinte años permaneció en puestos prominentes de la política activa. El famoso militar, mucho más hombre de Estado que simple «espadón de Loja», como le llamaban sus muchos adversarios, tuvo el acierto de rodearse siempre de muy buenos colaboradores. Pío Baroja, gran crítico conocedor de la época, decía de Narváez: «Era un general fuera de lo normal, incompleto, pero un verdadero genio». Y Seco Serrano añade: «Si hubiese sido más reflexivo, nadie le hubiera igualado».

En la ardua cuestión de buscar un marido para una niña en edad impropia para desempeñar la Jefatura del Estado, Narváez, duque de Valencia, era partidario del francés duque de Aumale, que, como francés, contaba con la cerrada oposición de Inglaterra. Otro candidato, al parecer bastante inocuo, un Coburgo, no cayó bien en España, e igualmente el duque de Trápani, hermano de la ex Gobernadora y, por lo tanto, tío de Isabel II; y el conde de Montemolín, hijo de don Carlos María Isidro, primo hermano de la reina, fue rechazado precisamente porque unía las dos ramas, ideal político que era defendido por Balmes y por el marqués de Vilma.

Quedaban los hijos del infante don Francisco de Paula, el hermano menor de Fernando VII, el de «nos los llevan» del 2 de

Entrada de Felipe V en Madrid el 14 de abril de 1701. Grabado del libro *Historia de la Villa y Corte de Madrid*, de José Amador de los Ríos

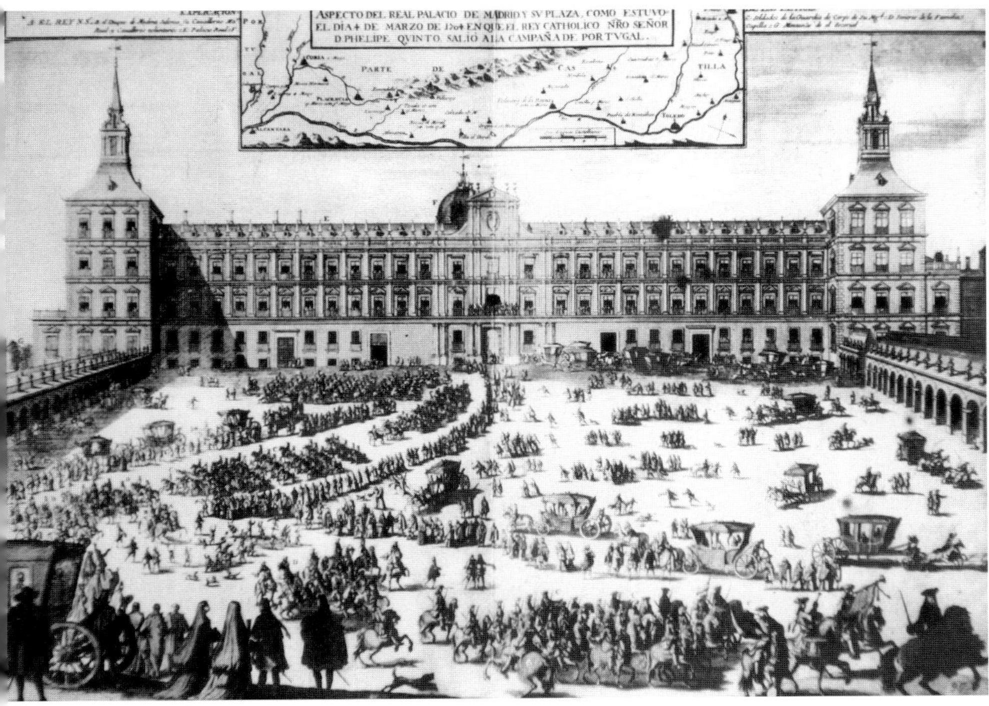


El Alcázar Real durante la salida de Felipe V hacia la guerra con Portugal en 1704

Recepción en la Plaza Mayor de Madrid con motivo de la llegada de Carlos III a la capital en 1760. Óleo anónimo. Museo Municipal, Madrid

La puerta de Alcalá, uno de los monumentos más significativos, levantados durante el reinado de Carlos III. Fotografía de Laurent

El Motín de Esquilache en las calles de Madrid. Grabado del libro *Historia de la Villa y Corte de Madrid*, de José Amador de los Ríos

Grabado del siglo XIX en el que se recoge la defensa del madrileño parque de Artillería de Monteleón el 2 de mayo de 1808

Vista de Madrid en el siglo XIX. Litografía de A. Guesdon de su obra *L'Espagne à vol d'oiseau*

La Puerta del Sol en 1852. Al fondo, la iglesia del Buen Suceso. Fotografía de Tensión

La calle de Alcalá en 1858, desde la plaza de la Cibeles hacia la Puerta del Sol. Fotografía de Ch.Clifford

ntrada triunfal de Alfonso XII en Madrid l 14 de enero de 1875. Óleo de Joaquín Sigüenza. Colección particular, Madrid

Llegada de Alfonso XIII al Congreso de los Diputados en 1902 con motivo de su mayoría de edad

La vieja plaza de toros de Madrid, inaugurada en 1874 y derruida en 1934

Vista de Madrid desde la Pradera de San Isidro en el último tercio del siglo XIX. Fotografía de L.L.

El crecimiento de Madrid. La popular glorieta de Cuatro Caminos en 1920

La Gran Vía y la plaza de Callao en los años cincuenta

El Congreso de los Diputados en una fotografía contemporánea

mayo. El primero duque de Sevilla, un conocido tipo excéntrico, fue desechado. Quedaba el pequeño, Francisco de Asís, duque de Cádiz. El tema del cercano parentesco parece que para nadie fue obstáculo. Era ya como una costumbre familiar[3].

Aparte de la lamentable endogamia, el duque de Cádiz era un tipo insignificante, con fama de homosexual, primo hermano de la reina, e Isabel II le detestaba de siempre. De él se decían y escribían las mayores expresiones insultantes y demoledoras, que no reproduzco aquí por ser demasiado escabrosas. En Inglaterra y Francia caía bien, precisamente por ser una calamidad para España; muy demócrata, tal vez masón, y bien visto por los exiliados en la Gran Bretaña, como Espartero, Mendizábal y Olózaga.

A Narváez le sustituyó un buen gobernante civil, Bravo Murillo, un ilustrado, en la línea de los Floridablanca, Jovellanos y Campomanes. Logró un buen período de gobierno, pero duró menos de lo debido porque los progresistas le odiaban. Tres veces tuvo que disolver las Cortes. «Lo hago —decía— para que ustedes nos dejen gobernar y puedan seguir descansando.» Él dio cima al Concordato con la Santa Sede de 1851 y que establecía el Patronato Regio, la unidad católica y el derecho de presentación. Demasiado confesional: tuvo enfrente a la reina madre, a los principales generales, como Espartero, Narváez, Concha, O'Donnell, San Miguel..., y el intrigante y ascendente don Luis José Sartorius, rápidamente enriquecido y titulado.

Con tanto general, tal enfrentamiento de moderados y progresistas, la política estaba en las calles y en las tertulias de Madrid. El resto de España en esas cuestiones contaba poco. El pronunciamiento se veía venir. Es la hora de la «Vicalvarada» (1854). O'Donnell, Ros de Olano, Dulce... se levantan con su tropas en Vicálvaro y obligan a la reina a llamar de nuevo a Espartero para que gobierne con O'Donnell. En la preparación del golpe habían participado varios civiles, como los moderados Ríos Rosas y un joven que empieza a sonar, Antonio Cánovas del Castillo. Él redactó el llamado «Manifiesto de Manzanares». Y se dice que contaban con el apoyo de los banqueros. Hay que tener

[3] ¿Hemos reparado en que desde Carlos IV los padres, abuelos y bisabuelos de Alfonso XII fueron Borbones casados con Borbones?

en cuenta que por entonces las líneas políticas no estaban bien definidas y tan pronto se veía a un general o a un prohombre en un campo como en otro.

Nuevas Cortes, nueva Constitución de soberanía nacional. O'Donnell, con los moderados, elimina a Espartero y forma un gobierno que dura «un largo y cálido verano». Entre cambio y cambio, alguna tarea positiva: leyes de ferrocarriles y de telégrafos, nueva ley de la Banca... Sin embargo, la lucha obrera no cesa, sobre todo en Cataluña.

Un desaire de la reina en un baile a O'Donnell vale una nueva crisis, y vuelve Narváez con un gobierno de gran eficacia administrativa: Ley Moyano, que crea la moderna Universidad; nueva Ley Hipotecaria; Nocedal pone orden en Gobernación...

La reina se cansa pronto; tal vez le gusta cambiar de caras o de... Vuelve O'Donnell con la Unión Liberal, un afortunado término medio que dura cinco años. Valera dice que eso se debe a que se temen unos a otros... Son años de algunas expediciones militares exteriores. Sirven para distraer, lograr consensos y exaltar un patriotismo zarzuelero.

Nombres y más nombres políticos, «el retablo de don Cristobita», como en los títeres del Retiro. Y la pena es que se trata de señores muy valiosos y de benéficas intenciones. A algunos les recordamos hoy por los nombres de calles: Ríos Rosas, Alonso Martínez, Calvo Asensio, Cea Bermúdez, Miraflores, Posada Herrera, Bravo Murillo, O'Donnell, Argüelles, Moyano, Alcalá Galiano, Becerra..., y no digamos Prim.

La indecisión de la política exterior española llevaba a un constante cambio de ministros de Estado. En cuatro años hubo nada menos que once. Dos grandes figuras tan opuestas como Balmes y Castelar defienden el alejamiento, la automarginación. En cambio, la Unión Liberal prefiere una actitud de prestigio patriótico, aprovechando que, de momento, el ejército parece unido. Recuérdense las campañas de Marruecos, Wad Ras, Tetuán, los Castillejos, éxitos militares con gran eco popular favorable. Añádanse las expediciones a México y a Cochinchina, totalmente infructuosas, así como la triste despedida de Santo Domingo, nuestra «España vieja», que quería seguir siendo española.

La reina parece mantenerse al margen de todo esto. Como ve decrecer el prestigio de los generales vencedores, caso de O'Donnell, dice a los progresistas que quiere ser reina de todos los españoles. Hasta el ridículo rey consorte, don Francisco de Asís, hace sus pinitos políticos y juega a progresista. Aquello vuelve a ser la «Corte de los Milagros», tan valleinclanesca: renace la influencia de la reina madre, todo un carácter; discretamente influye también el duque de Riánsares, que con su familia ha pasado del estanco de Tarancón a la Corte: el rey Francisco de Asís es más conocido por «Paquito Natillas» («que es de pastaflora y orina en cuclillas como una señora [...]»), e influyen varios curiosos personajes: un tal padre Fulgencio y los que define Valle-Inclán en cuatro versos:

Isabel y Marfori,
Patrocinio y Claret,
para formar un banco
¡vaya unos cuatro pies!

Madrid se lo toma a risa y verbena, pero la situación es grave. Han muerto Narváez y O'Donnell. Ahora, las dos grandes estrellas de la milicia son Serrano y Prim.

Serrano es un general de Palacio, buen militar, apuesto, amigo del marqués de Salamanca, con el que hizo gran fortuna, oportunista, simpático para todos, especialmente para la reina.

Prim era otra cosa. Me atrevo a decir que uno de los personajes más importantes del siglo. Muy superior en clase personal y en cultura a Espartero, más inteligente que O'Donnell, más atractivo y brillante que Narváez, gran señor en las aficiones y en sociedad, con una deslumbradora carrera militar... Lo tenía todo, además de una gran afición a la política. Lo absurdo es que, siendo de por sí un aristócrata, un auténtico Grande de España, se dedicó primero a ponerse al lado de la demagogia, al sectarismo socialista, y, más por ambición que por ideas, a estar siempre dispuesto a la revuelta contra el trono, con gran animadversión contra los Borbones. Él, teniente general, conde de Reus, marqués de los Castillejos, vizconde del Bruch y duque de Prim *post-mortem*.

Prim, que pudo ser el gran hombre, el salvador de la monarquía para un siglo, se dedicó paradójicamente, y tal vez sin querer, a derribarla.

## Camino de la Revolución

La Revolución comenzó, una vez más, en Cádiz, en septiembre de 1868. De allí se dirigió Prim con una fragata a Valencia, y Serrano, por Sevilla, hacia Madrid.

Las fuerzas isabelinas salieron a su encuentro, que tuvo lugar en el puente de Alcolea, una batallita, «un trueno sin tormenta, un chispazo sin corriente», según comenta el general Martínez Campos, en la que los isabelinos al mando del general Novaliches fueron derrotados. La voz popular cantaba «En el puente de Alcolea la batalla la ganó Prim», que estaba a cientos de kilómetros de allí, pero su prestigio no tenía límites.

Madrid se rindió sin combatir. Estaba vencido de antemano: así suelen triunfar las revoluciones.

Isabel II, que veraneaba en San Sebastián, quiso volver a Madrid, pero nadie apoyó su propósito. Los marqueses de Alcañices y de Salamanca, íntimos de Palacio, le aconsejaron que abdicara en Alfonso XII y entre tanto que encomendara la Regencia a Espartero, vieja estantigua representativa. Ni por un momento le sedujo la idea. Abdicar, de ninguna manera, y volver, imposible. De momento, a Francia con su Marfori, y ya se vería lo que pasaba. Era todavía joven y no estaba dispuesta a ceder ni a revolucionarios ni a carlistas. Va y se instala en el castillo de Pau. La crisis política era mucho más profunda. El profesor José María Jover opina con acierto que entonces se estaban gestando las diferencias que durante muchos años iban a dividir a España en dos. ¿Revolución burguesa? ¿Restos del Antiguo Régimen salvado en Viena? ¿Carlistas o liberales? ¿Católicos o francmasones? ¿Borbones: jamás? ¿El Ejército, en la línea liberal? ¿Constituciones o espantajos? ¡Cuántas interrogantes! En Madrid las gentes probablemente ni se las planteaban. Si acaso aparecía un fermento republicano o el nombre de una dinastía nueva. Era ir a lo práctico, a ver qué pasaba mañana con los precios y con los presos.

Por fortuna —¡qué ingenuos los historiadores de entonces!—, España no tenía problemas de unidad nacional. Con Isabel, con Cristina, con Castelar, con don Carlos, con el futuro Alfonso XII, España, con Madrid al frente, como siempre. Ni por un momento lo dudaban ni Prim, ni Serrano, ni Topete, ni Martínez Campos, ni Sagasta, ni Cánovas, ni Salmerón...

# 27
# INTERMEDIO: EL REY AMADEO Y LOS CUATRO PRESIDENTES

## ESPAÑA, SIN REY

Por primera vez, desde el paso de la Edad Media a la Edad Moderna, España está sin rey. La Institución Real que ha pervivido cinco siglos se ha hundido en el descrédito, la sangre y hasta en el ridículo. Crisis total de orientación, de ideales, de hombres.

Han muerto Narváez y O'Donnell, solución moderada, y el viejo Espartero en su retiro de Logroño ya no sirve para los liberales. Y los carlistas se encierran en sus reductos y sus intransigencias, por lo que no ofrecen soluciones nacionales.

Decía yo en un estudio sobre el paso de la Revolución a la Restauración que la primera fue comenzada con la ayuda de dos infantes, el duque de Montpensier, cuñado de la reina, y don Enrique, duque de Sevilla, su primo hermano, y con ellos varios generales y almirantes conservadores, con un monárquico al frente, el marqués de los Castillejos, don Juan Prim, con el importante detalle de que odiaba a los Borbones y quería cambiar de dinastía. Todavía es difícil comprender de dónde venía aquel odio, salvo por el fracaso de los descendientes de Carlos III. Prim pudo haber sido perfecto regente en espera de la mayoría de edad de Alfonso XII. Así que con el «¡los Borbones jamás, jamás, jamás!» del brillante general conde de Reus hubo que lanzarse a buscar por Europa un sucesor de los Reyes Católicos.

Aquella Revolución no sabía bien dónde iba, sin unidad, orden ni programa. Solo coincidía en cierto sectarismo y estar muy influenciada por las potencias extranjeras que esperaban beneficiarse de la crisis de algún modo. Lo que no admite duda es que detrás de aquella desorientación organizada estaba la difusa y «discreta» presión de la internacional masónica. Palacio Atard llama con acierto a aquellos años «la edad de oro de la masonería». No fue la única; no hay más que recordar la España de 1931-1936. Masón era Prim, masón era Víctor Manuel de Saboya, su hijo don Amadeo, Napoleón III, Cavour, Disraeli..., todos los que decidían entonces en Europa.

De momento, la figura triunfal revolucionaria era el general Serrano, palatino, duque de la Torre. Con la parafernalia de costumbre, entró en Madrid. Aquello, del color que fuera, a los madrileños, desde Alfonso VI, les encantaba. Prim era el ministro de la Guerra de aquel Gobierno provisional, y Topete, de Marina, es decir, los tres «pronunciados» de Alcolea, «España con honra», como la autotitulaba el general Prim. En el gobierno destacaba otro ilustre masón, ingeniero riojano, don Práxedes Mateo Sagasta, en Gobernación, y el dramaturgo López de Ayala, en Ultramar. Y el más avanzado era Ruiz Zorrilla, en Fomento.

Los grandes honores eran para Serrano, pero el director de escena era Prim, que además era el líder de la burguesía acomodada, sobre todo en Cataluña.

Se convocan elecciones. Los «chanchullos», según el autonomista catalán Valentín Almirall, están a la orden del día: 160 progresistas, 80 unionistas, 40 demócratas, 80 federalistas, 30 reaccionarios y algún alfonsino, entre ellos, Cánovas.

Salustiano Olózaga, prodigioso personaje, hace una nueva Constitución, la de 1865, unitaria, católica y monárquica, casuística, con sufragio universal y amplias libertades. Ahora bien, el rey aparece casi sin poderes. Sin duda, recordaba a su «Isabelona».

En espera del nuevo rey se nombra regente a Serrano, con el tratamiento de Alteza. Parece de cuento. España es un país en busca de rey por las Cortes de Europa. Los Borbones, por la oposición terminante de Prim, quedan excluidos. Se van eliminando por diversas causas otros candidatos. El rey viudo de Portugal, un Coburgo, queda fuera porque ha vuelto a casarse morganáticamente. El hijo del poderoso káiser alemán, Leopoldo de Hohenzollern, imposible, porque Napoleón III se niega rotundamente y la guerra franco-prusiana está a punto de estallar. El eterno aspirante, duque de Montpensier, cuñado de Isabel II al estar casado con la infanta Luisa Fernanda, tampoco lo admite Francia por tratarse de un Orleans; los príncipes de los países del Norte son todos protestantes. Se piensa hasta en grandes duques rusos e incluso suena la posibilidad del anciano Espartero, Baldomero I. ¡Qué disparate! Además, no tiene descendencia.

«Difícil es hacer un rey —dice Prim—, pero más difícil es hacer una república en un país en el que no existen republicanos.»

La candidatura de Leopoldo de Hohenzollern da miedo por suponer la victoria del pangermanismo, y su nombre queda en anécdota: la gracia madrileña transforma su apellido, Hohenzollern Sigmaringen, en «Ole, ole, si me eligen».

Así en tales circunstancias, el más inocuo, heredero de un país recién unificado, Italia, liberal y mediterráneo, es el hijo de Víctor Manuel II, Amadeo, duque de Aosta, de la Casa de Saboya. Y le apoyan las logias, porque es masón como el ilustre Prim.

La candidatura se vota en las Cortes, como si se tratara de un alto funcionario. Votan a favor de Amadeo 191. La República obtiene 60; Montpensier, 27; Espartero, ocho, y Alfonso XII, nada menos que dos. Bonito sistema para elegir al que será, ¡todavía!, rey de las Españas. Un momento muy oportuno. Se levantan partidas carlistas por todas partes; la rebelión ha estallado en Cuba con el Grito de Yara; Napoleón III y su esposa Eugenia ofrecen la Corona a Prim si les facilita 80.000 hombres contra Alemania; se vive en un estado semirrevolucionario en varias provincias... Pues bien: Amadeo I se embarca rumbo al trono de los Reyes Católicos.

## AMADEO I, EN EL PALACIO REAL

Galdós describe la entrada de Amadeo de Saboya en Madrid como un perfecto fotógrafo. Parafraseamos su crónica:

> En 2 de enero de 1871 vimos entrar en los Madriles al monarca constitucional elegido por las Cortes, hijo del *re galuntuomo,* soberano de la nueva Italia.
>
> En las calles cubiertas de nieve se agrupaba el pueblo para ver al príncipe italiano del que se hacían lenguas los amigos de Prim, que le habían traído para la felicidad de estos abatidos reinos, más arrimado a la libertad que al feo absolutismo... Entró don Amadeo a caballo, con brillante escolta, saludando ceremoniosamente al quitarse el sombrero. Saludaba con graciosa novedad, gallardo y animoso. Acababan de darle la noticia del asesinato del general que le había traído. Su arribo a España en estos momentos trágicos no carecía de romana grandeza [...]
>
> La majestad saboyana se fue de la estación al santuario de Atocha para visitar a Prim, muerto y amortajado. Parecía como si el cadáver le dijese: Aquí tienes a tu Patria [...] aprende la inseguridad de las glorias humanas. Vienes a reinar traído por mí [...] Ahora, arréglate como puedas, hijo.

No tardó mucho el pobre don Amadeo en encontrarse con la más cruda expresión de los consejos de Prim. Regresaban los reyes a Palacio desde el Retiro. Al llegar a la calle de la Escalinata se oyeron varios disparos. Desde otro coche atacaban a la carretela descubierta de los monarcas, que milagrosamente resultaron ilesos. Era como una manifestación violenta de que el nuevo rey no había caído bien a todos. El partido de Prim no existía: no era ni borbónico, ni conservador, ni liberal, ni republicano. Era solo de Prim, y con él se acababa el sector político de la Casa de Saboya en España. A don Amadeo le atacaban los monárquicos; la nobleza le despreciaba; la izquierda, que había confiado en Prim, le consideraba un traidor. No había un solo día en el que no hubiera en Madrid expresiones desagradables, o insultos, o grupos vociferantes, o bromas desmedidas, todas manifestaciones de un deseo casi general de que don Amadeo se volviera a Italia. Le llamaban «Macarronini I».

Coinciden varios historiadores en que el duque de Aosta tenía condiciones para ser un buen rey constitucional. ¿Pero había en España verdadero espíritu constitucional, a pesar de haber sido los inventores el año 1812 en Cádiz? Decían algunos, y no sin cierta razón, que, como en el caso de José I, eran reyes que no nos merecíamos. Y da la casualidad de que tanto Amadeo como José eran italianos, masones y apuestos señores de notorio éxito con las damas.

Desde finales del siglo XVIII, sin el Antiguo Régimen, no había encontrado todavía su camino constitucional. «Dividida, amorfa, desconcertante», la llama un autor. Y como máxima expresión, un Madrid «socavado por mil intrigas dentro y fuera de Palacio». Los alfonsinos, es decir, los monárquicos dinásticos, que no solo defendían la reciente tradición liberal, frente a los carlistas, que con su lema de «Dios, Patria, Fueros y Rey» tenían ímpetu, lealtad y razones más que sobradas, pero que, a pesar de los pesares, guardaban un fuerte espíritu de simpatía cristina e isabelina. ¡Qué ceguera política no haber llegado a unir las dos ramas dinásticas!

Y en medio, aquel joven *gentilhuomo* de Saboya recibido entre vítores y pronto amenazado con bombas y trabucos... La abdicación se hacía inevitable: todo Madrid tenía ya su candidato, y un número creciente de tertulianos de café y ateneo trabajaban para encauzar hacia la República los numerosos motivos de malestar popular...

Según los más conspicuos, el documento de abdicación era una verdadera obra maestra de tacto político y de sutileza diplomática y psicológica. Obra, sin duda, de don Manuel Silvela. El marqués de Villaurrutia, diplomático que estuvo presente, relata así algunos detalles de la triste despedida de Madrid de Amadeo I: «La escolta real, de gigantesca talla y rojos uniformes, estaba ya formada en la escalera. La mañana era crudísima. A la reina, aún no repuesta de su reciente alumbramiento, la bajaron en una silla y el rey la tomó en sus brazos para llevarla al carruaje. La escena causaba honda emoción. De allí a la estación del Norte, donde tomaron el tren para Lisboa [...]».

Los senadores y diputados proclamaron la República aquella misma madrugada mientras la Familia Real abandonaba Palacio.

España era ya una República. Primer presidente del Gobierno provisional, que no jefe del Estado, el dignísimo don Estanislao Figueras, pronto sustituido por los grandes prohombres del republicanismo, sucesivamente, Pi i Margall, Salmerón y Castelar. En total, once meses... España llevaba varios años tras un rey constitucional, casi medio siglo, y no lo había conseguido. Menos aún estaba preparada para ser una República después de muchos siglos.

Solo el protagonismo de Serrano y el monarquismo integral de Prim habían evitado la República de la Revolución del 69. Ahora son unas Cortes monárquicas las que, constituidas en Asamblea Nacional Soberana, proclaman la República por 258 votos contra 32. No aparecen ni fe ni voluntad alguna en defensa de la Institución Real. Un año después las cosas cambiarán.

En el primer gobierno de la Primera República, con el efímero Figueras, Castelar es ministro de Estado. El ingenio madrileño les llama el «Ministerio de los pájaros», porque en él figuran los señores Pi, Sorní, Tutau y Chao.

La gente apenas vota. En Madrid, el diputado que más obtuvo se quedó en 5.000 votos; cuarenta diputados no llegaron ni a mil votos.

Gobernación, según costumbre, ofreció los datos que le dio la gana. Solo Estados Unidos y Suiza, las dos Repúblicas de la época, reconocieron al nuevo gobierno. En Europa a nadie gustó «el grito estridente de la República desorganizada y convulsa». La pequeña burguesía progresista madrileña, un tanto literaria, provinciana y bohemia de tercera clase, se perdía en su facundia verbalista y agitadora, según José María Jover.

Algunos creen que república significa 'reparto de tierras'. Jesús Pabón dice que confunden la libertad con el derecho al insulto, a la bullanga y al motín...

El segundo presidente, Pi y Margall, federalista teórico e inconsciente empresario del desastre cantonalista, duró un mes. Salmerón, su sucesor, duró poco más de dos meses por no querer firmar unas penas de muerte. Y don Emilio Castelar, el gran tribuno, cuarto presidente, apenas sobrepasó los tres meses. Fallaba la estructura de la sociedad y los jefes no tenían sentido del

Estado. España parecía condenada a los extremismos, que por desgracia derivaron hacia el cantonalismo y el anarquismo.

Varios personajes sensatos que trajeron la República, Serrano, Sagasta, Cristino Martos, alcalde de Madrid, quisieron cortar aquel desorden destructivo, e intentaron un golpe de Estado sublevando varios batallones, que se reunieron en la plaza de toros de Madrid, la antigua, entre Lagasca, Claudio Coello y el Retiro. La mala coordinación del plan permitió que fueran dominados por los 80.000 hombres de la Milicia Nacional, movilizada por el Gobierno, al mando de Nicolás Estévanez. Una frase de este señor le define: «¿Qué es la Milicia Nacional? Tiros, coplas, contento universal, todos éramos felices [...] libertad sin orden, sin autoridad [...]». No había ya Ordenanzas Militares. En Madrid funcionaba un «Comité de Salud Pública», mala copia del 1789 francés.

Se extendió el movimiento cantonalista: Sevilla, Málaga, Valencia... Con decir que llegó a Ávila y a Béjar. En Andalucía fue feroz y destructivo; en Cataluña reclamó el Estat Català, y en Murcia y Cartagena llegó a ser una verdadera guerra. Allí se sublevó la marinería y con algunos barcos de guerra quiso extender el cantonalismo por todo el Levante. La República oficial tuvo que enfrentarse a sus propios hijos. Un cantonalismo que nada tenía que ver con la Historia, con el regionalismo auténtico ni con la descentralización. Simplemente, el caos revolucionario. Con decir que Salmerón tuvo que enviar al general monárquico Martínez Campos a poner orden en Valencia y al general López Domínguez, sobrino del duque de la Torre, a conquistar el cantón de Cartagena.

Castelar, el más enérgico y menos sectario, quiso afianzar el orden de una República conservadora, con ejército, relaciones internacionales y apoyo económico de las potencias. Incluso volvía la censura, a una verdadera dictadura republicana. Su fórmula era «hacer patria, país y ejército». Hasta restableció el Cuerpo de Artillería y dio altos mandos militares a Martínez Campos, Primo de Rivera y Pavía, este nada menos que capitán general de Madrid. Y mejoró mucho las relaciones con la Iglesia. Pero, como no tenía mayoría parlamentaria, a Castelar le era imposible dominar aquel caos.

Y, como es bien sabido, es el general Pavía el que en la madrugada del 3 de enero de 1874 interrumpe en las Cortes la elección del doctor Palanca para sustituir a Castelar en la Presidencia. Breve tragicomedia sin víctimas.

Había que hacer algo enseguida. Cánovas, tan conservador, teme, sin embargo, que se adelante algún «espadón» impaciente y no quiere caer en la semidictadura en que ha caído Francia con Mac-Mahon. Los alfonsinos prefieren ir preparando el terreno para la vuelta a la Monarquía de Austrias y Borbones. Para eso está en Francia el hijo de Isabel II, y hay que olvidarse de la madre.

De momento sigue una República «ducal» por la presencia al frente de Serrano, duque de la Torre, con tentaciones de macmahonismo y quién sabe si a más, sobre todo por las grandes aspiraciones de la duquesa.

Serrano decide marchar al frente contra los carlistas, muy envalentonados. Deja como jefe de Gobierno al general Zabala, marqués de Sierra Bullones, pero quien manda con energía desde Gobernación es Sagasta, que impone el orden.

Serrano no logra el éxito esperado en la campaña del Norte, lo que alienta los planes de los conspiradores alfonsinos, que son muchos en Madrid, capital que podríamos calificar, en su conjunto, de partidaria de la Restauración.

La mejor consecuencia cultural de este período es la creación de la Institución Libre de Enseñanza, modelo laico de pedagogía bien orientada.

Cánovas, a duras penas, contiene a los jefes y oficiales que de cuartel en cuartel y con el natural apoyo de aristócratas y banqueros desean la inmediata Restauración.

El famoso golpe decisivo de Martínez Campos en Sagunto, en principio, se da contra la voluntad canovista. El ministro de la Guerra, en Madrid, parece que ni se entera. El capitán general de Madrid, tampoco. Pero todo esto es ya cosa del capítulo siguiente. El intermedio en la Historia de España, como en los teatros de la época, no había pasado del ambigú.

# 28
# Alfonso XII, rey madrileño por excelencia, y una gran señora, la reina Cristina

## Infancia del rey Alfonso

Después de lo visto en los capítulos anteriores, ¡cómo no iba a caer bien en Madrid aquel niño nacido en Palacio hijo de madrileña, posiblemente de madrileño, ya que el famoso ADN parece que a nadie interesaba por entonces! Con esas gotas de intriga picaresca que, lejos de ser un inconveniente, parece que tanto gusta al pueblo, Isabel II daba a luz cada dos por tres, con diversa fortuna. Embarazo tras embarazo, y sin embargo parece que esta vez la cosa iba en serio. Así lo anunciaba el presidente Narváez en abril de 1857. Cuenta un agudo historiador que el rey consorte estaba consternado: sospechaba de la colaboración de un joven y apuesto oficial de Ingenieros llamado Puig Moltó. Era lo de menos: lo importante era la continuidad dinástica, asegurada por el nacimiento el 28 de noviembre de 1857 de un varón apadrinado por el papa Pío IX con una serie interminable de nombres, empezando por Alfonso, y de apellidos Borbón y Borbón. Al menos oficialmente, la endogamia borbónica continuaba: nietos los cónyuges de Carlos IV y de María Luisa de Parma, ambos Borbones, y el famoso «indecente parecido con Godoy», según opinaba lady Holland.

El caso es que el niño Alfonso, a los cinco años, daba muestras de despierta inteligencia e ingenio. Cuando tiene once años ve cómo derriban del trono a su madre. Era demasiado joven para comprender lo que aquello suponía, sobre todo al oír la *Marcha Real* mientras doña Isabel recibía honores reales del brazo de Napoleón III en la estación de la Negresse, de Biarritz. Por cierto, que en esta ocasión Isabel II da un manifiesto al país diciendo que no renuncia en absoluto al trono que ha abandonado por la fuerza.

De allí, a París, al Pavillon Rohan, de la calle de Rívoli, hasta que esté dispuesto y alhajado el palacio Basilewski, que acaba de comprar la reina y que desde entonces se llamará palacio de Castilla. Y el rey consorte, Francisco de Asís, se va Épinay-sur-Mer, acompañado de su fiel e inseparable Meneses.

Isabel II se rodea fastuosamente de cortesanos, generales, grandes y menos grandes, embajadores, diplomáticos y políticos, siempre con el inevitable Marfori al lado, amante de turno y jefe del partido contrario a la abdicación de la soberana.

Su principal adversario era el duque de Sesto, amigo fiel de Alfonso XII, a pesar de la diferencia de edad. Era muy rico, estaba casado con la bellísima Sofia Trubetzkoy, viuda del duque de Morny. Su hijo Carlos era el íntimo amigo de don Alfonso. Estudiaba este en el Colegio Stanislas, y sacaba muy buenas notas.

Por fin, en el verano de 1870, entre los monárquicos se impuso el criterio de la abdicación; las noticias de Madrid aseguraban ya que esta idea no admitía dudas ni entre los grandes ni en el pueblo. La coyuntura no podía ser más favorable.

Alfonso, todavía Príncipe de Asturias, acudió a Roma a recibir la primera comunión de manos del Papa y para poner en vigor el Concordato de 1851, reafirmando la catolicidad de España. Isabel II recibió la Rosa de Oro: siempre fue muy fervorosa católica, paradoja humana de la veleidosa señora, sometida en parte a la santa influencia del padre Claret (san Antonio María Claret) y a la proximidad de sor Patrocinio, la monja de las llagas, cuya disparatada historia nos relata con detalle Ricardo de la Cierva en su trilogía sobre la extraña iluminada. Alfonso utilizaba en esa etapa de sus viajes el título de conde de Covadonga. Tenía 13 años y lucía en su levita el Toisón de Oro. En la firma de la abdicación de Isabel no faltó como testigo principal la vieja Reina Gobernadora, con ciertas aspiraciones de regencia mientras don Alfonso llegaba a la mayoría de edad. También las tenía el ambicioso e incansable duque de Montpensieur, cuñado de Isabel II, y el inevitable general Serrano, que ya había gozado, siquiera brevemente, de las mieles del poder de regente.

Aunque no le podía ni ver, doña Isabel se vio obligada a citar en París a don Antonio Cánovas, verdadero factótum de la Restauración, hombre de gran inteligencia y cultura. Las entrevistas del eminente político con el joven príncipe no pudieron ser más positivas. Le encontró, a pesar de sus pocos años, abierto, consciente de su responsabilidad y siempre haciéndose respetar como patriota leal. Cánovas resumió así su impresión: «Es el príncipe joven más inteligente de Europa y el más apto para poder ser un buen monarca constitucional».

Desde entonces, el futuro rey y el político mantuvieron una intensa correspondencia.

Iban a ser los días de la guerra franco-prusiana. Después de la gran batalla de Sedán, Isabel II, con toda su corte y familia, se vio obligada a abandonar París y dirigirse a Suiza, instalándose en Ginebra, a orillas del lago, gracias en gran parte a la ayuda económica del duque de Sesto.

Por fin, en París, el mariscal Mac-Mahon restableció el orden y don Alfonso y los suyos pudieron regresar al palacio de Castilla.

El 28 de noviembre el futuro rey cumplió catorce años en Múnich, yendo luego a estudiar, con un plan de tres años, al Colegio Theresianum de Viena, país neutral y como de familia para la Corona española. Estamos a finales de 1871. Faltan aún cuatro años para que el madrileño Alfonso XII vuelva a Madrid. Un día visita el Museo de la Historia, fundado por la emperatriz María Teresa, fundadora también de su colegio, el Theresianum. Allí le mostraron a don Alfonso la espada de Fernando el Católico. Al verla, dijo con emoción a los presentes: «Os juro por mi sangre que si algún día ciño esa espada de Castilla, no ha de ser mi voluntad menor que la del rey don Fernando» [1].

[1] En todo caso, tanto monta si la espada era de Aragón como si era la espada de España unida.

## Se va acercando el Palacio Real

El duque de Sesto, marqués de Alcañices, regresó a Madrid para ir preparando el camino. Desde que terminó el gobierno ilustrado de Carlos III, la aristocracia española se había visto obligada a vivir en continua conspiración, más o menos liberales, más o menos moderados; salvo el aguerrido y minoritario sector carlista, todos los monárquicos estaban volcados por la candidatura del futuro Alfonso XII.

No es por jugar a la guía nobiliaria, pero con citar a los Miraflores, Alba, Medinaceli, Santa Cruz, Torrecilla, Abrantes, Infantado, Adanero, Bailén, Estremera... puede uno darse a la idea de que la historia se despertaba en torno a la Corona.

Pero lo más importante es que en el mismo bando, con matices muy personales, figuraban los generales Pavía, Martínez Campos, Concha, Primo de Rivera, Echagüe, Caballero de Rodas, Sangro..., hasta Weyler. Y los hombres de cultura, como Valera, Campoamor, Ricardo de la Vega, Manuel del Palacio, Vital Aza, Bretón, Zorrilla, Alarcón, Pereda, León..., como los artistas Madrazo, Fortuny, Rosales, Pradilla, Villegas, Santa María, Muñoz, etc., más todos los toreros, El Tato, Frascuelo, Lagartijo...

Un buen capital político que había que poner pronto a rentar en la Bolsa de Madrid, que era la que daba la medida a toda España. Don Alfonso, con gran acierto, desde el Theresianum de Viena, se preparaba, se olvidaba de la existencia política de su madre y de Marfori y convirtió a Cánovas en su inspirador y portavoz.

En Madrid se estaban viviendo los peores días caóticos republicanos, que apenas podían controlar Salmerón y Castelar, sucesivamente, y don Carlos se presentaba en la frontera con nuevos aires bélicos [2]. Estas dos amenazas extremas, paradójicamente, eran factores que estaban favoreciendo a la causa de don Alfonso.

Toda la admirable tarea de Cánovas del Castillo tratando de unir la tradición y el progreso en una síntesis española firme y

[2] Las intenciones de los carlistas en modo alguno eran separatistas. Su propósito era llevar a don Carlos como rey de España a la Corte de Madrid.

duradera, de hacer constitucional y moderna la vieja y feliz simbiosis Rey-Pueblo, habría resultado infructuosa sin las cualidades personales egregias del protagonista máximo, el joven don Alfonso. Desde luego, lo más lejos posible de las taras de su madre y de su abuelo.

Los más entusiastas propugnaban la urgencia de un golpe militar, mientras que otros defendían el ritmo político prudente de Cánovas del Castillo.

¿Cómo era el Madrid que esperaba a Alfonso XII, ese «rompeolas de las cuarenta y nueve provincias españolas» recién creadas, y con tanto éxito? Desde los tiempos en que fue designada capital por Felipe II, a pesar de haber centralizado en parte la administración, a pesar de los nada despreciables intentos del conde-duque de Olivares y de las sabias corrientes ilustradas del XVIII, Madrid no había logrado ejercer una verdadera capitanía del país, una inevitable referencia de poder y de representación.

Sin embargo, la Revolución francesa con su enorme presión política, la unidad forzada por la guerra contra Napoleón y el nuevo constitucionalismo nacido en Cádiz en 1812 habían convertido a Madrid en el centro absorbente y decisivo de la vida política española. La realidad geográfica e histórica, por encima de las peculiaridades regionales, mantenía la unidad del Estado-nación, con siglos de fecundo pasado y de realidad viva en el panorama europeo.

Madrid era a la vez la beneficiaria y la víctima de este extraño siglo XIX español. El regreso de Alfonso XII podía suponer una reconciliación de los Borbones, de la Monarquía como Institución, después de los lamentables reinados anteriores tras el gran rey Carlos III.

Los monárquicos estaban crecidos en sus filas con un notorio éxito popular. Varios historiadores lo reflejan con un optimismo un tanto casticista y de simpático patriotismo localista. Fernández Almagro, Pedro de Répide, Cortés Cavanillas, Almagro San Martín, entre otros, dicen que Madrid en 1874 «era una fruta madura monárquica y alfonsina, tanto en los palacios [cada día había más] como en los cuarteles, en los casinos, los cafés y la calle». Hasta constituían partidas agresivas y un tanto chulescas, como la «de la Porra» de Felipe Ducazcal, como la «banda del aguardiente», la «del agua de colonia», formada por señoritos, y la «del aguarrás», formada por comerciantes. El propio Alcañices, Romero Robledo y toreros como Frascuelo y Pucheta salían a la calle al frente de estas huestes. Así, por las de toledo, la Ruda, los Estudios, Tribulete, Cabestreros, etc., se oían de día y de noche con toda libertad los gritos de «¡Viva Alfonso XII!». Y todavía estaban en el gobierno don Amadeo, Pi y Margall, Castelar o el regente Serrano.

Decía yo en mi reciente ensayo biográfico *Alfonso XII y la reina Cristina*[3] que resultaba curioso y espléndidamente anacrónico que, en aquellos días tan confusos, variables e inseguros, muchos próceres españoles se lanzaran a construirse lujosos palacios o palacetes, ennobleciendo para bastantes años grandes avenidas y plazas madrileñas. Parece como que se preparaban a organizar fastuosos banquetes y brillantes bailes de gala en honor del nuevo rey, todavía una entelequia. Pero como el pueblo bailaba también, e iba a los toros, al circo y a las verbenas, pues todos contentos. Una gloriosa inconsciencia que duraría por lo menos hasta 1898 o quizá hasta 1931. Mientras, el joven don Alfonso seguía estudiando y aprendiendo por Europa. El rey *in pectore* reunía las clásicas cualidades borbónicas: simpatía, viveza, ingenio, buena memoria, naturalidad, además de sentido del deber y disciplina.

Su nuevo preceptor desde 1871, don Guillermo Morphy, no disimulaba mucho al informar sobre el despertar de los apetitos carnales del mozo. Por cierto, advierte que en él dejó honda huella «una muchachita muy mona y graciosa que vio en dos ocasiones en Viena acompañando a los duques de Montpensier, sus padres. Se llama María de las Mercedes». Claro que también impresionó mucho, de modo distinto, al príncipe la segunda dama de la compañía de ópera de la gran Adelina Patti. «Era una mujer atractiva, espléndida, de soberana belleza, llamada Elena Sanz.»

[3] *Alfonso XII y la reina Cristina,* Espasa Calpe, Madrid, 2005.

La opinión del futuro conde de Morphy sobre su regio pupilo, en carta a Isabel II, demuestra agudeza y premonición: «Si el príncipe, al coincidir su desarrollo físico e intelectual, se casa con una mujer virtuosa [¿y de alcurnia?] de quien esté enamorado y que le sepa llevar, creo que será muy feliz y llegará a ser un gran rey como sus predecesores [no todos, ni mucho menos]. En cambio, si se lanza a la vida tempestuosa, creo que no se casará y tendrá gravísimos disgustos por ese camino».

Más optimista y precisa es esta frase dirigida por don Alfonso a su madre: «Si algún día voy a España será para ser el padre de todos los españoles, no para adular las pasiones de unos ni de otros».

## El Madrid de Alfonso XII y boda real

Desde Marsella, Alfonso XII llegó a Barcelona a bordo de la fragata *Navas de Tolosa.* Venía de la Academia Militar de Sandhurst, donde completaba sus estudios a la inglesa después de la etapa germana del Theresianum.

Tras Barcelona y Valencia, donde recibió toda clase de honores, la entrada en Madrid fue una verdadera apoteosis. Acababa de publicar su famoso «Manifiesto», debido a la pluma singular de Cánovas. En él anunciaba el nuevo monarca que iba a ser un buen católico en la tradición de la Corona española y un liberal como un hombre de su siglo.

Cánovas del Castillo bien merece los muchos cientos de páginas que se han dedicado a su figura histórica, en las que, al lado de alguna crítica, el elogio a su formidable tarea política es casi unánime y sobradamente conocido. Volvamos al efecto que causó en Madrid el golpe de Estado de Martínez Campos en Sagunto.

No llegaba la capital de España a los 500.000 habitantes. Mucho había cambiado en su modesto urbanismo en los últimos años. Calles más anchas y con aceras, derribo de viejos edificios sin valor histórico o artístico que entorpecían el desarrollo. Se ensancharon todos los alrededores de Cibeles, surgiendo señoriales casas entre las calles que se llamarían de Olózaga y Marqués del Duero. La calle de Serrano, hoy de las más lujosas de Madrid, se fue creando para llegar hasta Diego de León, salvo la cochera de tranvías recién inaugurada, de los *tran-way,* como todavía se llamaban.

También se había extendido Madrid mucho hacia la Moncloa, llegando por Ferraz, Tutor y Princesa hasta el campo. La desaparición de la vieja plaza de toros dio ocasión a ampliaciones y mejoras en Lagasca, Claudio Coello y Columela, y nacieron barrios suburbiales como Delicias, Pacífico, Prosperidad, Guindalera...

Cánovas, que se opuso en principio al golpe militar, hasta fue encarcelado, pero el capitán general de Madrid, Fernando Primo de Rivera, le puso enseguida en libertad y el estadista formó sin perder un minuto un Ministerio-Regencia, que venía a ser como el primer gobierno de Alfonso XII.

El 14 de enero, el rey hizo su entrada solemne en Madrid. Todo es entusiasmo, pueblo y ejército hermanados. ¡Qué fácil sería gobernar a un pueblo que con tanto fervor se le entregaba!, ¡qué locura colectiva ante aquel muchacho joven, simpático, a lomos de su caballo blanco, saludando a todos como si fueran sus amigos de toda la vida! Las monarquías con todo su espléndido ceremonial.

De aquella primera etapa del rey en Palacio se cuenta una conocida y simpática anécdota. En una de sus salidas nocturnas, escapando de la férula de Cánovas, se encontró perdido de sus acompañantes y se topó con un desconocido. Trabó rápida amistad y al llegar cerca de la plaza de la Armería se despidió amablemente: «Gracias por su compañía, caballero, aquí me tiene: Alfonso XII, en Palacio, a su disposición». El otro creyó que se burlaba de él, y con gracia improvisó respuesta: «Lo celebro; yo soy Pío IX y me tiene en el Vaticano, siempre a sus órdenes».

En la mayoría de los casos, la soltería de un príncipe joven, no digamos de un rey, plantea el problema de encontrarle la esposa adecuada, desde luego, matrimonio de Estado, y si es posible, por amor. Hubo candidatas; Cánovas tenía la suya, la princesa Beatriz, nieta de Victoria de Inglaterra. Pero Alfonso XII había elegido desde el día que conoció en Viena a Mercedes de Orleans, su prima. Este amor adolescente tuvo sucesivos y breves capítulos en paseos por Madrid, por La Granja y por El Escorial.

La futura reina tuvo un éxito fulminante. En Madrid cayó bien a todos. Joven, morena, alegre, madrileña, dócil, y amor, mucho amor, él veintiuno, ella diecisiete; se querían como la gente del pueblo. Mercedes, Merceditas, desde el primer día, era la reina de Madrid.

Había sido esposa y reina de España durante seis meses y tres días. Todavía estaban vivas las flores de la boda y en el aire los clamores de las gentes y las fanfarrias de las bandas militares cuando la Villa y Corte tuvo que ver pasar el cortejo fúnebre con el rey pálido, lloroso, el más triste del mundo, entre carrozas enlutadas... La política se había detenido, los Madriles alegres se postraban silenciosos ante el féretro de la adolescente muerta.

«La fe se nos derrumba y el mundo sigue andando...», como dice el cantar americano. Hacía falta una nueva princesa, había que garantizar la continuidad de la dinastía, había que formalizar con una nueva boda, por una parte, las tristes nostalgias del monarca herido en lo más íntimo; por otra, su carácter enamoradizo, que no le permitiría seguir mucho tiempo sin una compañía femenina a su lado.

Cánovas lo sabía bien, conocía al personaje y facilitó las cosas de modo que no tardaron en llegar a Madrid los retratos, los datos humanos, los informes políticos de todas las princesas casaderas de Europa.

Año y medio estuvo Alfonso XII viudo. Durante ese período la vida de España no se paró. El Rey Pacificador, conocido como tal por haber dado fin a la guerra carlista, tenía un salto sentido de su responsabilidad nacional en todos los terrenos. Tenía a Cánovas a su lado y, aparte de divisiones de partido, el país y sus grandes políticos, salvo raras excepciones, seguían a su lado, sin veleidades dinásticas ni republicanas.

«Constituido el Estado y normalizada en lo posible la política general del país, el campo de la lucha legal de los partidos se despejaba de día en día...», escribe Fernández Almagro. Las crisis se empezaron a hacer normales a los tres años de la Constitución.

La persona elegida para futura reina de España fue la archiduquesa María Cristina, hija del archiduque Carlos Fernando de Austria y de la archiduquesa Isabel de Austria-Este. Tanto título parece como para una novela rosa palaciega. Así debió de parecerles a bastantes gentes de estos madriles que seguían con el romance de «Merceditas ya se ha muerto». Una austríaca, ex abadesa, muy distinguida, muy pálida, es decir, muy aburrida, muy poco interesante, como cualquiera de aquellas reinas de la Casa de Habsburgo que pasaron más o menos sin pena ni gloria por los siglos pasados. Unas breves notas anecdóticas sobre el primer encuentro del rey con María Cristina, que le esperaba en la Ville Bellegarde, en la playa francesa de moda de Arcachon. Lo primero que vio don Alfonso fue la fotografía de la reina Mercedes sobre el piano en que se ejercitaba Cristina, admirable pianista. Fino detalle que completó la archiduquesa con estas palabras: «Señor: mi mayor deseo es hacerme semejante a ella. Pero no me atrevo...»; y completó la frase: «Si llegamos a casarnos y tenemos una hija, la llamaremos María de las Mercedes». El rey agradeció estos detalles y facilitó la conversación con su castiza campechanía madrileña. Cuentan los cronistas que a pesar de ello no hubo detalles ni frases cariñosas entre los futuros contrayentes. Lo que sí consta es que don Alfonso no pudo ocultar una fuerte admiración por la madre, la archiduquesa Isabel, de esplendorosa belleza digna del pincel de Rubens. Pueden ustedes figurárselo: parece que el rey así se lo explicó a lo castizo a sus íntimos: «¡Esa sí que es una señora madre!».

En fin, parece que se rompió el hielo: palabras gentiles, bailes, excursiones, playa, veleros, casino... En todo había algo rígido, pero había que dorar la razón de Estado. Volvía el rey en el tren charlando con su confidente de siempre, el duque de Sesto, Pepe Alcañices:

—¿Qué te ha parecido, Pepe, la que va a ser reina de España?

—Señor —respondió Alcañices—, es una gran dama, elegante, distinguida, culta, amable, de verdadera clase imperial, esbelta, inteligente...

—Para, querido Pepe, para —le respondió el rey—. A mí, tampoco.

Otro de los presentes era el conde de Benalúa.

Después de renunciar en Viena protocolariamente a todos sus derechos hereditarios en el Imperio, el 17 de noviembre salía María Cristina para Madrid acompañada de su madre y de un amplio séquito de la más alta nobleza imperial. En todas partes les recibieron con honores, en Sttutgart, Württemberg, Estrasburgo y en París, donde la recibió Isabel II y el presidente de la República francesa. A la gran recepción en el palacio de Castilla asistió el todo París. Isabel organizaba bien esas cosas, como si estuviera en el Salón del Trono en Madrid.

Una vez en el país del que iba a ser reina, doña María Cristina se instaló en el palacio de El Pardo, que iba a ser su residencia hasta el día de la boda. La víspera de la gran ceremonia, la archiduquesa contestaba al saludo del presidente del Congreso, Adelardo López de Ayala, con el siguiente y breve discurso, todavía con su deficiente acento castellano: «Yo ruego, señor presidente, que me consideren desde hoy como española, porque mi único deseo es servir a España, quererla y hacer la felicidad del rey en la modesta esfera del hogar doméstico. Muy feliz sería, señor presidente, si los españoles me quisieran tanto como yo quiero a España».

Seis años justos estuvo casado Alfonso XII con la reina Cristina. Ya un año antes, cuando Madrid celebraba el feliz regreso a la capital terminada la campaña del Norte contra los carlistas, un individuo salido de entre la masa que le aclamaba disparó dos veces contra el monarca, que saludaba triunfal desde lo alto de su caballo. Milagrosamente, don Alfonso salió ileso.

Pues bien: un año después, cuando Sus Majestades regresaban del Buen Retiro en un faetón que guiaba el propio rey, al llegar a la puerta del Príncipe, frente al palacio de Oriente, un hombre disparó dos veces contra los reales esposos, disparos a quemarropa. ¿Qué disignio providencial pudo salvar la vida de los reyes, para prolongar solo unos meses más la del monarca? Un rey que, como dice el cronista Sainz de Robles, «le entró a

Madrid por el ojito derecho, un nuevo monarca que era un mozo barbián, cordial, apuesto y un poquito melancólico».

Durante el reinado de Alfonso XII, prosigue Sainz de Robles, parece que como una muestra de romanticismo lírico, trasnochado, los niños madrileños se aficionaron como nunca a cantar al corro, interpretando tal vez el sentir de los mayores. ¿Quién no recuerda el «dónde vas, Alfonso XII», o «la viudita del conde de Cabra», o «¡quisiera ser tan alto como la luna!» y tantos y tantos pregones callejeros que eran como el mejor retrato sonoro de la época?

Nadie ignoraba en Madrid las aficiones de Alfonso XII. La nueva reina no había calado en el pueblo como su predecesora, tan española, idolatrada todavía más por su muerte que por su vida. María Cristina era la extranjera, demasiado seria y perfecta para encandilar a las gentes, tan frívolas, tan callejeras y tan patrioteras. La llamaban «doña Virtudes» o «la Institutriz». Se sabía que el rey no le era fiel, y eso, sin demasiados escrúpulos, al madrileño medio le divertía.

Los tres o cuatro primeros años del matrimonio transcurrieron con múltiples acontecimientos sociales, llamando sociales a todo lo contrario que ahora: bailes, espléndidos saraos en las grandes casas, estrenos teatrales y de ópera, algún acto benéfico para dejar buenas conciencias... También actos internacionales, como la Conferencia de Madrid sobre Marruecos; las inundaciones de la cuenca del Segura, en las que don Alfonso no dejó de estar presente, como siempre que sus compatriotas sufrían calamidades...

Doña Cristina estaba perfectamente al tanto del gran amor del rey por Elena Sanz, con la que tuvo dos hijos varones, lo que tanto deseaba la reina y no llegaba...

Pero todavía hirieron más a la reina los amores apasionados del joven don Alfonso con la cantante italiana Adela Borghi, vox populi en Madrid, llevados al aire libre con la mayor desvergüenza. La reina exigió al presidente Cánovas que ordenara al gobernador de Madrid y ministro de Estado, señor Elduayen, que expulsara de España inmediatamente a la tal cantante. Las escenas entre rey, ministro, presidente, la Borghi, etc., son tan divertidas que bien merecen un pequeño apéndice en este libro, ya que se trata de un madrileñísimo episodio[4].

El discurso de Alfonso XII al inaugurar la legislatura 1880-1881 presentó un panorama nacional casi idílico: orden público, asegurado, riqueza incrementada, crédito robustecido, mejores comunicaciones, magnífico saldo de seis años de reinado. Era como el anuncio de una política que a nadie sorprendía: el relevo de Cánovas asegurado por un Sagasta, fino político de la oposición, apoyado en el Senado por Martínez Campos y Jovellar, con anuencia del ejército. Un relevo que se iría consolidando de un modo sucesivo con aquellos dos grandes políticos al frente de los dos partidos monárquicos de la Restauración: Cánovas, conservador, y Sagasta, liberal, un malagueño por un riojano. Una prueba más de que la alta política nacional se hacía en Madrid, pero por políticos de origen provinciano, raramente capitalinos. «Este joven monarca es tan simpático y tan inteligente que se adapta perfectamente a las circunstancias», decía don Natalio Rivas, experto político, después de una entrevista en Palacio con Su Majestad.

Efectivamente, don Alfonso procuraba que sus gobiernos no fueran sectarios, sino perfectamente equilibrados dentro de sus respectivas tendencias. Con los liberales entraban hombres de gran prestigio: Martínez Campos, primera figura del ejército; Vega de Armijo, Albareda, León y Castilla... Y eran miembros o afines al partido liberal nada menos que los duques de Medinaceli, Veragua, Alba y Fernán Núñez, solo como ejemplo. Se decía que a Isabel II, en la sombra, le complacía mucho esta alternancia y con estos nombres. Además, este gobierno, en cierto modo la izquierda de la Monarquía, se dedicaba a mejorar las relaciones con la Santa Sede, a renovar la adhesión filial del país a la Iglesia, como cumplía a la Historia y a las veneradas tradiciones católicas de la nación española.

Hay que tener en cuenta que por aquellos días empezaba a sonar el nombre de un republicano de creciente prestigio, Pablo Iglesias, un ferrolano, tipógrafo en Madrid, donde encabeza el nuevo partido socialista y el sindicato UGT; que en Andalucía

[4] Véase Apéndices.

actuaba con agresividad el grupo anarquista conocido por la «Mano Negra»; que Serrano, con sus pretensiones de casa ducal, estaba contra Sagasta, y que el carlismo se seguía removiendo. Sin olvidar las consecuencias de la confusa política exterior y la presión independentista del Caribe y Filipinas.

Alfonso XII emprendió varios viajes al extranjero invitado a participar en importantes maniobras militares y para agradecer anteriores ayudas en Austria, Inglaterra, Alemania... De este último surgieron complicaciones. En las grandes maniobras de Fráncfort y Hamburgo fue nombrado coronel efectivo de un regimiento de ulanos, el regimiento que tanto se había distinguido en la derrota francesa en la reciente guerra franco-prusiana. Puede uno figurarse las consecuencias que ello tendría en la inmediata visita del rey Alfonso a París. Cánovas no había sido partidario de tal visita. El embajador de España en Francia advirtió de los riesgos. Don Alfonso se opuso, «aunque le costara la vida». Se confirmaron los peores augurios. Todo fue deprimente. Solo se salvó la digna y valiente actitud de Su Majestad.

Las aclamaciones a Alfonso XII al llegar a Madrid superaron todos los precedentes. A tal punto llegó, que el rey permitió que la multitud que le seguía entrara con él hasta el interior del Palacio Real.

Alfonso XII encargó de formar gobierno a don José Posada Herrera, y Sagasta, sin dejar de mandar, pasó a ser presidente de las Cortes. Moret hizo una interesante reforma: dividió a España en quince regiones, sobre las cuarenta y nueve provincias, división mucho más natural y acertada que otras posteriores.

Al llegar el año 1885, desgraciadamente en las vísperas de la muerte del rey, dejo un tanto a un lado las cuestiones estrictamente políticas, los partidos, la acción gubernamental, las rivalidades entre los prohombres y las maquinaciones derivadas. Para concluir este capítulo doy más importancia a las cuestiones personales y el ambiente de Madrid en aquellas circunstancias.

El 25 de diciembre, día de Navidad, se produjo un intenso terremoto en Granada. Cerca de setecientos muertos y más de mil quinientos heridos. Alfonso XII estuvo inmediatamente allí:

de pueblo en pueblo, por caminos destrozados, ayudando a llevar camillas. Allí estuvo el monarca, cordial, humano, muy enfermo. Como en las guerras carlistas, como en las inundaciones de Murcia, como luego, durante la peste, en Aranjuez, él, siempre, en primera fila.

Y Madrid, que es como es, a los pocos días del terremoto celebraba con gran jolgorio el Carnaval. Incluso con brillantes bailes palaciegos: Alba, Tamales, Villagonzalo, Medinaceli, Veragua, golpes de alabarda, don Alfonso con uniforme de capitán general. Estaba agotado, enfermo, deshecho por el viaje a Andalucía. Trataba de disimularlo —«¡Qué va, Crista, estoy como nunca»!— y bailó sin parar: el rey estaba ardiendo de fiebre.

Luego, en Palacio, se quedó solo, meditando... «Esto voy a dejar a mi esposa y a mis hijos... ¿Por qué no me ha dado Dios un hijo varón?». Era tan triste morir tan joven...

Con ánimo esforzado, el rey luchaba contra la enfermedad. Incluso asistió al ingreso del gran poeta José Zorrilla en la Real Academia Española, celebrado en el Paraninfo de la Universidad por querer asistir todo Madrid al acontecimiento.

Los médicos, doctores García Camisón y Sánchez Ocaña, decidieron que el clima más adecuado para él era el del palacio de El Pardo. Aún recibió al embajador de Alemania para tratar de la difícil cuestión de las Carolinas. Recibió al ministro de Gracia y Justicia, don Francisco Silvela. «¿Qué tal va vuestra salud, Majestad?». Don Alfonso dio un golpe sobre la mesa: «¡Qué pregunta, Silvela! ¿No lo veis? Mal, muy mal. Esto se va...». Recibió también a Martínez Campos: «Lo esencial es mantener el Ejército unido en torno a la reina cuando yo muera». Aún salió a dar un paseo en coche con su tía la duquesa de Montpensier.

«Señora —le dice Cánovas a la reina—, debéis ir al teatro. Que el país no sepa que el rey se está muriendo.» «No insista, presidente. Mi lugar está a la cabecera del rey.»

Besó la mano de su esposo. Su juventud acababa de morir.

El Pacto de El Pardo o de la Moncloa [5] consistió, como es bien sabido, en un acuerdo entre conservadores y liberales para

[5] O de casa del general Martínez Campos, que es otra posibilidad.

alternarse pacíficamente con el poder, en servicio legal a la Corona y, concretamente, a Su Majestad viuda, la reina Regente. Esta juró ante las Cortes en un acto solemne y emocionante, acompañada de las dos hijas, María de las Mercedes y María Teresa, que había habido de su difunto esposo.

Sagasta, en virtud de dicho pacto, era el nuevo jefe del Gobierno y Cánovas pasaba a presidir el Congreso. En este acto pronunció un espléndido y patriótico discurso, insistiendo en combatir la anarquía y evitar el desmembramiento de la Patria. El Gobierno Sagasta emprendió su labor con grandes ímpetus, pero al pueblo de Madrid lo que le interesaba ya era el noveno mes de embarazo. En la imaginación, en la ilusión de las gentes sencillas, el nuevo rey iba a ser «el hijo de Madrid».

# 29
# OTRO INTERMEDIO: EL MADRID FIN DE SIGLO

Aunque estaban muy lejos, los conflictos político-militares en Cuba y Filipinas tenían una amplia repercusión en Madrid. Se discutía los más arduos problemas: la escuadra del almirante Cervera, la llegada de los voluntarios, el calibre de la artillería, las proclamas revolucionarias y los aciertos y desaciertos del mando. Cada café de Madrid era como un despacho de Estado Mayor. Desde que disfrutábamos de Constituciones, en las tertulias de Madrid se creía saber de todo. Y de muy buena tinta. Que si Olózaga, que si Sagasta, que si Linares Rivas, gran pontífice en Fornos, el café de la famosísima «botica»... Por allí aparecían el duque de Tamames, Frascuelo, Spottorno, Gayarre... La tertulia del Café de la Iberia la presidía el propio Sagasta, y con él otro riojano, Olózaga. El Café de Ayala podía presumir de contertulios como Galdós, Cánovas, Castelar, Madariaga y Echegaray, y en el Lion d'Or y en el Prado aparecían nuevas y brillantes figuras como Santiago Ramón y Cajal y don Joaquín Dicenta. Panorama intelectual de muchos quilates.

La opinión de estos grupos y el ambiente de la calle, la calle madrileña que se las sabe todas, y la noticia del último que llega al Café Nuevo de la calle de Alcalá, monárquico o republicano, que aún quedan algunos añorando el «73».

Y gozaba por aquellas fechas con el mayor esplendor el famoso Lhardy, fundado años antes por un comerciante suizo y que visitó el rey más de una vez. Era el centro de acreditada repostería francesa, los *petit-suisses,* los *éclairs,* los *brioches,* los *vol-au-vents, croissants...* Por Lhardy habían pasado Espartero, Prim, Castelar, Martínez de la Rosa, O'Donnell, Serrano, Sagasta, don Amadeo y todos los duques, generales y banqueros... Además, estaba cerca del Congreso.

Eduardo del Palacio, celebrado periodista, describía así en una guía de la capital, reseña muy pintoresca pero aleccionadora, que cita con acierto el cronista Bravo Morata, del que extraemos un resumen, casi literal:

> Madrid es una villa populosa [...] Contiene los Ministerios, varios teatros, boticas, palacios del Congreso de Diputados y Senado del Reino, y ultramarinos, bodegas, camas sin fiador y paseos públicos en buen uso.
>
> El número de casas de pupilas y de pupilos es excesivo para Madrid. Aún es mayor el número de tabernas. Hay coches de punto, y de punto hay también calzoncillos, calcetines y elásticas.
>
> Hay tranvías de motor animal y guardias de orden público.
>
> No puede ocultarse al forastero los peligros a que se halla expuesto en Madrid. Hay buenas gentes que acogen al recién venido a la Corte de cualquier región de España. Pero no faltan individuos en Madrid que, como arañas a las moscas, aguardan a los provincianos para devorarlos en secreto [...]

Claro que también muchas de esas arañas son de origen provinciano.

Madrid se iba convirtiendo en una gran ciudad a la europea. No una megalópolis como las que fueron surgiendo en otros continentes, pero sí en una capital a la altura de Bruselas, Berna, Praga, La Haya, Berlín, Roma, París y Londres, aunque con menores dimensiones que estas dos últimas ciudades. Con medio millón de habitantes y todo el montaje administrativo y ciudadano que la convertía en centro de atracción y de difusión, tanto en lo material como en lo intelectual. Era el centralismo, común en los dos partidos gobernantes, denostado por muchos, pero aceptado por casi todos. Y, en conjunto, los madrileños de la Restauración y la Regencia estaban viviendo una buena época, a pesar de Cuba y Filipinas.

Comenta un cronista, con fúnebre ironía, que la Villa y Corte se iba convirtiendo en una ciudad para vivos, y no para muertos, como lo venía siendo con sus doce cementerios de 1895. Los había al lado de la glorieta de Quevedo, «el campo de las calaveras» fue llamado muchos años; otro, el general del Sur, cerca del puente de Toledo; la sacramental de San Ginés, cerca de Vallehermoso; el Patriarcal o general del Norte; las sacramentales de San Martín y San Ildefonso, hacia Bravo Murillo; la sacramental de San Sebastián, en Méndez Álvaro; las de San Lorenzo y San José, en la calle de la Verdad; las muy castizas necrópolis de Santa María y San Isidro, y añade el meticuloso enterrador que en el cerro de las Ánimas fue fundada en 1847 la sacramental de San Justo, «un cementerio romántico, moderno y elegante» muy del gusto de la gente poderosa y selecta [1]. En 1884 se inauguró el cementerio de la Almudena, que vendría a ser la gran urbe funeraria de la Villa y Corte. Claro que no bastaba y en nuestro tiempo han surgido otros en los alrededores de la capital.

Pasemos a otro tema más alegre, indispensable también en una gran ciudad: los teatros. Aparte del Real, dedicado a la ópera, el de la Princesa y el de la Comedia, dedicados a obras clásicas y de costumbres; el de la Zarzuela, como su nombre indica; el de Lara «la bombonera elegante»; el de la Alhambra; el Martín y el Romea, que derivaron a lo frívolo; el Salón de Variedades; otro, de temporada en el Buen Retiro... De gran éxito fue el Apolo, en plena calle de Alcalá, de moda mucho tiempo y muy familiar.

Había un gran circo en la plaza del Rey, que se llamó primero Circo de Parish y luego de Price. Frontones, más que nunca: el Beti-Jai, el Jai-Alai, el Euskal-Jai, el de señoritas pelotaris, otros que derivaron hacia el naciente pugilismo.

---

[1] Casualmente los fundadores y patronos de esta sacramental fueron mis tatarabuelos, que debían de ser gente de posibles y de variadas aficiones, pues fueron empresarios de la plaza de toros vieja y de algunas temporadas del Teatro Real.

Los teatros Martín, Romea y Variedades atraían sobre todo a los provincianos de paso. Y no faltó un gran velódromo en las Delicias con pintorescas carreras de velocípedos.

Capítulo importante para una ciudad: los hoteles. El Gran Hotel de París, en la Puerta del Sol, entre Alcalá y San Jerónimo. Se cuenta que allí hubo de siempre un hotel o algo parecido, en el que en el siglo XVIII se habían alojado, entre otros, personajes curiosos de la categoría y fama de Casanova y Cagliostro. En Arenal estaba el Hotel de Cuatro Naciones, con «departamentos y habitaciones desde dos pesetas. Mesa redonda y luz eléctrica». El Gran Hotel Inglés disponía de un gran salón capaz para quinientas personas. El Gran Hotel de Roma, en Caballero de Gracia, disponía también de entrada para carruajes. Y así varios más, ofreciendo hasta teléfono y buenos precios.

La Puerta del Sol tenía poco más o menos las dimensiones de ahora y hasta contaba con establecimientos que han durado muchos años y con gran fama, como el Gran Bazar de la Unión, la Mallorquina, la Librería Fernando Fe, las farmacias de Gayoso y Borrell... El tráfico para entonces era intenso, llegaba nada menos que a quince unidades por minuto: manuelas, simones, landós, berlinas, tranvías de mulas y hasta algún velocipedista.

Fumaba todo el que quería, desde «puros regios» de tres reales a cajetillas de cuarenta céntimos. Y Lavapiés o el Avapiés, que seguía sin haberse con seguridad por qué se llamaba así, aunque hubo hasta polémicas lingüísticas en la prensa sobre su origen judío...

En quince años Madrid tuvo dieciséis alcaldes, casi todos hoy con calles bastante importantes, más o menos merecidas en su recuerdo: Alberto Bosch, Andrés Mellado, Rodríguez San Pedro, Marqués de Cubas, Conde de Romanones, Conde de Peñalver, Conde de Montarco, Sánchez Toca... Cuando llegó lo de la Gran Vía, se cantaba así: «Sánchez Guerra, Sánchez Toca y el Ensánchez son tres Sánchez sin rival...». Empezaron a nacer como setas espléndidos edificios, la mayoría de bancos, y lamentablemente Cervantes y Lope de Vega seguían en dos callejas sin la importancia que con el tiempo irían teniendo Sagasta, Serrano, O'Donnell, Cánovas, Canalejas, Dato, Becerra, Espartero, Maura, Martínez Campos, Pontejos... Casi todas muy merecidas. ¿Un apéndice a este tema de calles, plazas y estatuas?

Importante, como durante muchos años, siguió siendo para el pueblo de Madrid la fiesta de los toros. Uno de los acontecimientos de la época fue la dramática muerte de El Espartero (1894), de nombre Manuel García, casualmente llamado como el general príncipe de Vergara. Fue un toro, *Perdigón,* de la famosa ganadería de Miura el que acabó con la vida del gran héroe popular de la época. Aunque otro torero de fin de siglo le hizo la competencia, Antonio Reverte Jiménez, torero de romance, de leyenda, el de «la novia de Reverte tiene un pañuelo con cuatro picadores, Reverte en medio...».

Y famosa fue una corrida benéfica «para ganar la guerra de Cuba a Estados Unidos». Grandes donativos, millones de recaudación, cifra ridícula para crear una flota más moderna de acero. Muchas duquesas y marquesas, elevados chaqués, Romanones presidiendo con Lagartijo de asesor; torean todos: Mazzantini, Guerrita, Reverte, Fuentes, Bombita... Adornaron la plaza nada menos que Sorolla, Benlliure y Moreno Carbonero... Medio millón de pesetas para ganar la guerra en el Caribe y en el Pacífico.

Resumiendo los años de la Regencia, el cronista don Federico Carlos Sainz de Robles nos hace un comentario, acertado en su conjunto, en el que huye tanto de la cómoda idea de que, aparte de la política del gobierno y de los partidos, allí no ha pasado nada, como de los agoreros pesimistas que no ven en los Madriles más que un tipismo de tercera, vida bohemia, aurora roja, vagabundos, picaresca y puestas de sol espléndidas, como Unamuno, Azorín y Baroja, «Pueblo de tenderos y burócratas», le llama Azorín. «Pueblo que con ser gracioso bastaba para vivir», bromeaba muy en serio don Pío. Mucha literatura, oportunismo costumbrista y situación del bolsillo o de la moda en la tertulia.

Sainz de Robles, en cambio, se muestra pragmático, serio y con buen sentido del término medio.

> Durante la Regencia —dice— el tono lo dio la reina Cristina, severa, discreta, señora y algo melancólica. [Tiempo de las acacias y de las lilas.] Entre el 25 de noviembre de 1885 y el 17 de mayo de 1902, año en que empezó a reinar don Alfonso XIII, en Madrid, lo que se dice en Madrid, no aconteció nada de particular. Porque nada de particular hubo en el turno pacífico para gobernar de Cánovas y Sagasta. Y nuestras últimas colonias ¡se perdieron tan lejos! [...] Durante diecisiete años Madrid vivió una existencia burguesa, de capital de provincia, jugando con los tonos grises. Las fiestas y fiestecillas populares de siempre. Las despedidas y los recibimientos patrióticos de los soldados que marchaban a África y a Ultramar a lidiar con las emboscadas rifeñas o con las fiebres palúdicas de la manigua [...].
>
> Durante la Regencia de doña María Cristina fueron ensanchadas y redondeadas las plazas de Neptuno y de Cibeles, con sus estatuas bellísimas; empezaron a funcionar los primeros tranvías eléctricos, los ascensores hidráulicos, los teléfonos de bocina y manija; nacieron (1902) el hermoso parque del Oeste y los bulevares desde este parque a la plaza de Colón, cuyo padrino fue aquel alcalde gigantón, obeso y patriarcal llamado Alberto Aguilera, y se asfaltaron la Puerta del Sol y otras calles [...] Se crearon el Laboratorio y la Guardia Municipal, los famosos «romances»; era moda presenciar el relevo de la Guardia Real, Húsares de la Princesa, Húsares de Pavía, Alabarderos [...]
>
> Nació la costumbre de las doce campanadas de fin de año en la Puerta del Sol... De la Regencia de María Cristina vienen edificios muy notables: Banco de España, palacio de Linares, palacio de la Bolsa, palacio de Bibliotecas y Museos, Ministerio de Fomento, Real Academia de la Lengua, Escuelas de Ingenieros [...].

¡Como intermedio de fin de siglo, no está mal!
Lo del 98 y los del 98 son otra cosa.

# 30
# El Madrid de Alfonso XIII

## La vida oficial 1900-1923

Al llegar a este reinado tan próximo, tan repleto de vivencias que casi están a la vista, que casi nos resultan palpables, el autor tiene una sensación de falta de perspectiva un tanto agobiante. Sobra tanta información directa, existe el peligro de dejarse llevar más por la impresión que por un espíritu analítico. ¿Cómo vamos a tratar por igual el reinado y el Magerit de Enrique III, del que apenas se saben cuatro cosas, que el de este Alfonso XIII, casi cuarenta años a nuestro lado y al que casi vemos aparecer a la vuelta de la esquina, con uniforme de capitán general de gala, con el Toisón de Oro?

Además, los datos se acumulan de día en día y los estudios profundizan en los acontecimientos y los interpretan no con la mentalidad y las circunstancias de un entonces tan reciente, sino con objetivos políticos contemporáneos muy concretos.

No hay más que acercarse hora por hora a las hemerotecas. La presión es vertiginosa, alucinante; a mayor cercanía, mayor confusión y menos imparcialidad.

Demasiadas fuentes, demasiada pasión. Téngase en cuenta que esta historia del reinado de Alfonso XIII, que es el reinado de Madrid tal vez más pleno de todos los tiempos hasta 1931, la han escrito todos los historiadores nacionales y extranjeros, y no hay escritor español que desde hace un siglo no sitúe la acción de su obra de modo pleno o circunstancial en ese Madrid que va de Cánovas, Sagasta, Canalejas, Maura, etc., al Madrid de Azaña, Besteiro, Gil-Robles y José Antonio Primo de Rivera. Porque Franco, pararrayos de todos los humores hispanos, llenándolo todo, vendría después.

Recurriendo a la síntesis selectiva más extremada, me veo obligado a dividir este capítulo en tres partes bien diferenciadas, aunque con cierta conexión entre ellas, ya que en una Historia de Madrid la capital de España tiene que ser el fondo vivo, no las bambalinas de lo que está pasando en nuestro país.

Así, por el largo e intenso período que va de 1900, aproximadamente, hasta 1923, año de la Dictadura, pasarán solo aquellos acontecimientos nacionales e internacionales de la vida oficial, la política y los políticos de especialísimo relieve y las inevitables referencias al protagonista y a las consecuencias de su actuación. Máximo responsable de todo lo bueno y lo malo de lo que pasó en aquellos años, desde Palacio a la calle.

En la segunda parte, que hoy sigue siendo tan polémica como si fuera un tema del siglo XXI, resumiré lo esencial que se ha dicho a favor de la Dictadura del general Primo de Rivera, si fue el culpable de la caída de la Monarquía alfonsina o fue el oportuno y acertado gobernante que la prolongó siete años.

La tercera parte recogerá algunos aspectos de la ciudad en sí, de la vida ciudadana que conserva en gran parte sus características, pero que poco a poco va perdiendo, a veces demasiado deprisa; de modo que cada día Madrid es como otras grandes urbes europeas, con mucho también de norteamericana. No obstante, en esta larga etapa de Alfonso XIII el lector encontrará todavía viejos conocidos, modos, modas y personajes, que del más alto al más bajo seguirán escribiendo, con muchas líneas torcidas, la historia antigua y nueva de los Madriles.

En el Alfonso XIII de 1902 aparecen ya casi todas las características y muchas de las contradicciones de su personalidad. Apostura, simpatía, llaneza, tal vez demasiada; heredero del señorío de su frondoso árbol genealógico; inteligente, vivo, con memoria borbónica, el mismo valor que su padre y un gran amor a España, que le acompañó hasta en sus mayores errores.

En los primeros años gozó de gran popularidad y una costumbre excesiva de intervenir en la política con un sistema constitucional que exigía «la menor cantidad de rey posible».

Ligero, de frívola superficialidad, deseoso de complacer a todos, personalizar en demasía las preferencias personales, poco interés intelectual y especulativo... Todo esto y otras muchas cosas más se dicen en la biografía y en los numerosos ensayos que he escrito sobre Alfonso XIII. A ellos tengo que referirme, ya que esta es una historia de Madrid y no del monarca, entre los que siempre hubo tantas concomitancias. Don Alfonso nació en Madrid y lo vivió con intensidad. En esta parte del capítulo enumeraré solamente una especie de índice de hechos destacados de su reinado entre principios de siglo y el año 1923, año de la Dictadura del general Primo de Rivera.

El 31 de mayo de 1906, Alfonso XIII contrae matrimonio con Victoria Eugenia de Battenberg, nieta de la reina Victoria de Inglaterra. Es una de las jóvenes princesas más bellas de Europa. El acontecimiento esplendoroso de la boda real, seguido con entusiasmo por el pueblo de Madrid, ensombrecido y enlutado por el famoso atentado contra los reyes en la calle Mayor cuando regresaban a Palacio desde la iglesia de los Jerónimos, atentado del anarquista Mateo Morral, que lanzó una bomba contra la carroza real. Sus Majestades resultaron afortunadamente ilesas. Acontecimiento de sobra conocido para que insista sobre él en estas páginas.

A la muerte de Sagasta, el rey prefirió, lógicamente, continuar el turno de partidos, para lo cual necesitaba encontrar sucesores adecuados para los dos grandes jefes políticos fallecidos.

En el primer lustro del reinado hubo un trienio conservador, de 1902 a 1906, con Silvela, Fernández Villaverde, Maura y Azcárraga al frente de los sucesivos gobiernos.

De 1905 a 1907 se suceden gobiernos liberales encabezados por Montero Ríos, Moret, el marqués de la Vega de Armijo y el general López Domínguez, sobrino de Serrano. El más destacado, pero débil, fue Moret, anglófilo y afecto a la masonería.

Pero el sistema no marchaba. La anquilosada Constitución de 1876 no funcionaba y era un caos en su aplicación práctica. La duración media de los gobiernos era de cinco meses. Y después de 1917, aún más cortos, salvo el llamado «gobierno largo» de Maura.

Alfonso XIII viaja por Europa: Londres, Berlín, Viena y París, donde sufrió un atentado sin consecuencias, pero ante el que reaccionó con notable gallardía. Lo que sí mostró siempre el rey fue su valor, su amor al Ejército, con el que se sentía totalmente identificado.

En este período del reinado empieza a adquirir fuerte influencia la prensa, un verdadero «cuarto poder», con periódicos como *El Imparcial, El Heraldo, La Ilustración, ABC*... [1].

Un nuevo republicanismo va sustituyendo al decimonónico, con jefes radicales, como Lerroux, y marxistas militantes, Juventudes Socialistas y Casas del Pueblo. El factor autonomista solo adquirirá gran virulencia al ser exacerbado años más tarde, tras la dictadura, por la Conjunción Republicano-Socialista, con grave riesgo para la unidad nacional.

Tratadistas como García Escudero recalcan la influencia de la masonería, la secta por excelencia la llama, en todo el proceso negativo del reinado de Alfonso XIII, la sublevación de Villacampo, la pérdida de las colonias, la Semana Trágica de Barcelona, la dimisión de Maura y la campaña del «¡Maura, no!», los asesinatos de Canalejas y Dato, la huelga general de 1917, el apoyo a los marroquíes y el abandonismo, la degeneración de los regionalismos hacia el separatismo total, los ataques contra el rey como cómplice de la dictadura, y por fin, la obra cumbre masónica, la República de 1931.

El mal entendimiento del rey con Maura dio lugar a un gobierno Moret, que apenas duró tres meses, lo que permitió la llegada al poder de uno de los políticos más valiosos del reinado, don José Canalejas, que había sido republicano pero ahora era un convencido monárquico, demócrata autoritario. Tuvo

[1] Luego vinieron otros grandes diarios: *El Sol, El Debate, Informaciones, Ya, La Vanguardia*...

numerosos éxitos; no es cierto que fuera anticatólico, sino que pretendió deslindar bien las funciones de la Iglesia y del Estado. Su asesinato por el anarquista Pardiñas privó a Alfonso XIII de uno de sus mejores políticos. Los sucesores de Canalejas al frente del partido liberal, aun siendo dos destacadas personalidades, el marqués de Alhucemas y el conde de Romanones, excelente persona el primero y agudo político el segundo, pudieron cubrir debidamente la pérdida de su predecesor, lo que facilitó la llegada al poder de la nueva figura destacada del conservadurismo, don Eduardo Dato, hombre de Palacio y rival de Maura.

Es un momento de extraordinaria trascendencia, pues coincide con la Gran Guerra. Fue decisiva la actitud de neutralidad española en la contienda, más aún teniendo en cuenta la delicada posición personal del monarca, con sentimientos divididos entre su madre austríaca y su esposa inglesa, con parientes muy próximos en los dos ejércitos enemigos. El país, del más alto al más bajo, se dividió apasionadamente entre germanófilos y aliadófilos, preconizando algunos nuestra entrada en la guerra en el bando de su preferencia.

Es de destacar la intervención española, con el rey a la cabeza, en el aspecto humanitario, contribuyendo al canje de prisioneros y a la ayuda sanitaria, económica y social a favor de heridos y prisioneros de los dos bandos. Lo que no aprovechamos para mejorar de modo notable nuestras relaciones comerciales, ya que los productos españoles eran codiciados por unos y por otros. Lo que sí permitió fue aumentar nuestras reservas de oro, que por desgracia fueron a parar a las arcas de la Unión Soviética durante la guerra de 1936-1939.

La crisis política, económica y social fue muy grave en 1917: malas cosechas, inflación, anarquismo, maniobras masónicas, mítines durísimos de derecha e izquierda, ejemplo de la Revolución rusa y descontento en el ejército. Fue el momento de la huelga general revolucionaria. El desbarajuste era total: choques sangrientos, declaración del estado de guerra.

Cae el gobierno Dato y Alfonso XIII cita en Palacio a políticos de varias tendencias para formar un gabinete de concentración nacional. Gobierno de brillantes figuras que resulta totalmente ineficaz. En la izquierda, el socialismo más virulento se va imponiendo al republicanismo moderado. En conjunto, podía advertirse que el prestigio de la Corona estaba en juego y Alfonso XIII no encuentra la fórmula para salvar el crítico momento. Paradójicamente son los conflictos de Marruecos, cada día más graves, los que concentran la preocupación nacional y sirven para crear un sentimiento patriótico unificador que resiste incluso los más desastrosos contratiempos militares en el Rif. Hubo un momento de optimismo con la toma de Tetuán en 1913, pero vino después el terrible año 1921: hundimiento de la Comandancia de Melilla, la sublevación de las tribus de Abd el-Krim y los desastres de Annual y de Monte Arruit.

Tales catástrofes causan en Madrid una enorme conmoción más que justificada, y se buscan responsabilidades políticas. La operación en este aspecto se vuelve totalmente antidinástica, bien orquestada por un socialismo que está directamente en relación con Lenin y con el arma del sindicalismo revolucionario de la CNT.

Para colmo, el presidente del Gobierno, don Eduardo Dato, es asesinado en la Puerta de Alcalá de Madrid.

## La Dictablanda del general Primo de Rivera

Frente al término dictadura, tan en uso, con justicia y precisión al calificar regímenes autoritarios, violentos casi siempre y con drásticas limitaciones de las libertades, sobre todo de las políticas, he considerado más justo calificar de Dictablanda al régimen, autoritario efectivamente, que dirigió durante siete años en España el general don Miguel Primo de Rivera en el reinado de Alfonso XIII.

Vamos a comparar por un momento esa etapa con otras contemporáneas, dictaduras efectivas, y eso sin salir del civilizado mundo occidental, especialmente en Europa.

Desde 1917, por citar un año clave, recordemos las purgas, los pogromos, las fosas de Katyn y de Bosnia, los campos de exterminio de Auschwitz y de Buchenwald, las Fosas Ardeantinas de Roma, las ejecuciones de colaboracionistas, los regímenes de Tito y Ceaucescu; por ejemplo, los «paseos» legalizados por tribunales populares y militares en las dos Españas del 36 al 39, la represión posterior... Eso sí que eran dictaduras. No es que no lo fuera la calificada por antonomasia así, la gran restricción de libertades políticas de tiempos de Primo de Rivera, autoritario sin duda, pero que llega al poder sin derramamiento de sangre, sin sañuda persecución y dura prisión para los adversarios políticos. Algunas multas, algún destierro, prudente vigilancia, no mucho más.

Recordemos un poco la situación en vísperas del 13 de septiembre de 1923. Enfrentamientos diarios entre el terrorismo obrero con la reacción patronal en Barcelona, ciudad sin ley, especie de Chicago. Las estadísticas del crimen social son aterradoras. Solo en día y medio en 1921 se cometen veintiún asesinatos. Caen los gobiernos. El liberalismo parlamentario es una democracia-ficción, y el propio rey expone sin ambages ideas para recurrir a fórmulas abiertamente extraconstitucionales. El ejemplo italiano de Mussolini está bien cerca. El último gobierno liberal de Alfonso XIII tiene aires bastante republicanos: lo preside un político honrado, un gran señor de escasa energía, y entran en él Alcalá-Zamora, Portela Valladares, Joaquín Chapaprieta y Santiago Alba, que serán presidentes de la República, del Gobierno y del Congreso en la Segunda República... Son asesinados el líder sindicalista Salvador Seguí y el arzobispo de Zaragoza, cardenal Soldevilla... Fracasa la política africana en Marruecos.

El clima político en Madrid es de desmoralización absoluta. Comienza a haber una reacción pública a favor de la intervención del ejército y varios generales preconizan una Junta de Defensa Nacional. Incluso Maura se inclina por esta clase de soluciones. Alfonso XIII, muy unido al Ejército, ante el creciente separatismo de Macià en Cataluña, la anarquía irrefrenable y el fracaso de los políticos, no podía reaccionar de otra forma. ¿Es el responsable de una dictadura que todo el país pedía a gritos? ¿Perjuró de una Constitución que más que muerta estaba ya enterrada?

Me limito aquí a citar algunos comentarios sobre la Dictadura, cuando Alfonso XIII encarga al general Primo de Rivera que se ponga al frente de un Directorio militar:

«La solución dictatorial venía a ser la única salida a la crisis del Estado» *(Historia de España,* de Tuñón de Lara).

«No hemos conspirado. Hemos recogido a plena luz y ambiente el ansia popular» (general Primo de Rivera).

«España necesita una dictadura política y le sobra el Parlamento» *(El Debate).*

«El pronunciamiento ha sido acogido por el país sin desagrado, hasta con simpatía» (Alejandro Lerroux).

«Cuando los sublevados se jactan de haber recogido el ansia popular, tienen razón. En lo íntimo de la conciencia de cada ciudadano brota una flor de gratitud hacia ellos» (Ángel Ossorio y Gallardo).

«Si el movimiento militar ha querido identificarse con la opinión pública y ser plenamente popular, justo es decir que lo ha conseguido por entero. Calcúlese la gratitud que la gran masa nacional siente hacia esos magnánimos generales que generosamente, desinteresadamente, han realizado la aspiración semisecular de veinte millones de españoles sin que a estos les cueste esfuerzo alguno» (José Ortega y Gasset, *El Sol,* 27-XI-1923).

Las consecuencias de toda índole del paso de un régimen parlamentario en crisis total a un sistema autoritario militar son tantas y tan discutibles, con grandes éxitos iniciales positivos hasta llegar a muy negativas reacciones finales, que resulta imposible resumirlas en una Historia de Madrid en la que no influyeron excesivamente. El pueblo madrileño vivió tranquilamente el cambio de régimen, sin grandes alteraciones, bien en paz y observando la política desde fuera, sin marcadas muestras de apasionamiento político.

Salvo en la censura de prensa, se notó poco la restricción de libertades, y solo pequeños sectores intelectuales lo criticaban en cafés y tertulias, con la participación a veces de políticos de la etapa anterior que se habían visto postergados, cosa que ocurrió también a una parte de la aristocracia que antes mangoneaba en

Palacio. El general había caído bien en la calle, y prueba de ello era su aplaudida presencia, casi sin protección policial, de lo que tengo abundantes testimonios personales.

He estudiado a fondo este período y escrito sobre él en libros y prensa. A esos trabajos me remito, resumiendo a continuación algunos hechos y comentarios ajenos relevantes para marcar la evolución de la Dictadura primorriverista.

El régimen trae un nuevo regeneracionismo, tan deseado por Costa: paz, orden, autoridad, desarrollo, «el Estado de obras», a lo que pueden dedicarse un gobierno y una administración que no tienen que estar pendientes de la lucha de partidos. Y sin embargo, sin una oposición fuerte, coordinada y con apoyo masivo, acabó entrando en el callejón sin salida de todas las dictaduras. El porqué de que se llegara a esta situación, incluso por parte del más favorecido por la Dictadura, el propio rey, que vivió en ella sus mejores años, es una opinión basada en hechos firmes. Lo que puede comprenderse en parte porque es imposible la convivencia de dos políticos en la más alta dirección del Estado. Me veo obligado a remitirme de nuevo a mis obras sobre el tema que se citan en las Sugerencias bibliográficas, desde luego teniendo en cuenta que Primo de Rivera fue siempre leal al rey, sin egoísmos personales y creyendo con sinceridad que realizaba una obra de justicia y patriotismo.

Salvador de Madariaga, en su obra *España,* escribe: «Primo de Rivera fue un buen sultán de cuyas manos fluye la miel del buen gobierno para altos y para bajos, sobre todo para los bajos».

En tiempos de Primo se llevó a cabo con éxito el desembarco de Alhucemas y se liquidó la dura guerra del Rif; pasó de un Directorio militar a un Gobierno civil, descubriendo en él a personalidades tan eminentes como Yanguas Messía, Calvo Sotelo, Aunós, Amado, Guadalhorce, Gómez Jordana, Callejo, Flores de Lemus, Ponte...

Tuvieron gran éxito las Exposiciones Universal de Barcelona e Iberoamericana de Sevilla, la reunión de la Sociedad de Naciones en Madrid, el vuelo del *Plus Ultra...*

La muerte de la reina Cristina hundió moralmente a Alfonso XIII en un período clave. En noviembre de 1929, el monarca propone a Primo de Rivera que deje el Gobierno. El general está muy cansado. Consulta ingenuamente a sus colegas, capitanes generales de las regiones militares, si están conformes con él y goza de su confianza. La contestación es ambigua. Primo de Rivera dimite unos días después (30-I-1930). Muere en París el 17 de marzo de 1930. La Monarquía se moría con él un poco más.

## MADRID, EN LA CALLE

Madrid tenía 400.000 habitantes, uno más o uno menos, cuando comienza el reinado de Alfonso XIII. Al final, se acercaba al millón. Fenomenal crecimiento en menos de treinta años. Familias numerosas y gran aportación de forasteros, sobre todo provincianos. Madrid se estaba haciendo, a pesar de las convulsiones nacionales e internacionales. No debían de ser tan malos aquellos dirigentes políticos a nivel local o nacional, contra los que se protestaba constantemente en calles, prensa y caricaturas, cuando se veía que Madrid crecía y progresaba a ojos vistas. Es cierto que el mundo se estaba transformando, pero la Villa y Corte no quería quedarse atrás.

La evolución de los transportes era algo prodigioso. Aparece el automóvil, y los reyes y los más poderosos lo adoptan enseguida. Siendo alcalde el conde de Peñalver se daba un bando advirtiendo sobre los peligros de la circulación con aquellas máquinas.

Los ferrocarriles unen Madrid con la periferia, a base de lentitud, informalidad horaria, coches cama de Wagons Lits Cook y de asientos de madera y carbonilla en tercera; pero con todo, y sobre todo, para las mercancías, ¡qué gran progreso!

Aparecen los tranvías, primero tirados por mulas, y los famosos *rippers* oliva... Un ingeniero inglés, O'Ryan, y un empresario atrevido, José Domingo Trigo, crean la primera compañía. En aquel pequeño Madrid de principios de siglo todo el mundo se conocía. Dice un cronista que en realidad era una ciudad en la que contaban diez mil personas, casi en familia, la flor y nata, o la *crème* o el *gratin,* como decían los afrancesados, que eran legión, porque, claro, la moda venía de París.

Más que de París, de fuera, del extranjero, porque aquí no había mucha iniciativa y copiábamos a las principales ciudades extranjeras.

Estaban muy de moda los saloncillos en los teatros. Los escritores, artistas y charlatanes más o menos ilustres, o que se lo creían, se repartían entre el Apolo, cómo no, el Eslava, la Comedia, la Princesa, el Cómico, la Zarzuela... Por allí aparecían y sentaban cátedra o escuchaban nada menos que Echegaray, Arniches, Linares, Rivas, Mariano de Cavia, Vital Aza, Miguel Moya... y los maestros Serrano, Chueca, Caballero, Vives, Arrieta... Y se daban a conocer Muñoz Seca, los Quintero, Romea, etc.

La aristocracia se pirriaba por los mejores palcos de la ópera: Wagner, Rossini, Verdi, Puccini... Llegaban a sabérselos de memoria después de veinte representaciones; pero lo importante era que les vieran en las plateas, sobre todo si asistían los reyes.

Otra moda elegante era el Paseo de Coches del Retiro: las más elegantes, las más lúcidas carretelas, la jaca del conde de tal y el corcel del marqués de cual..., y no digamos si los monarcas daban un *party* en el Campo del Moro. Y en otros niveles muy diferentes, pero tal vez con igual satisfacción, el cocidito madrileño «crepitando en la buhardilla» o el bocadillo de tortilla a pie de obra. Y las mascaritas de Carnaval, adonde iba el rey, un chaval de catorce años, a tirar confeti y serpentinas a La Chata, que pasaba en su landó, saludando con su castiza simpatía.

Y, como siempre, las corridas de toros: Bombita, Machaquito, El Algabeño, con famosos amores, y el popularísimo Vicente Pastor. No faltaba el rey, mientras la reina se tapaba la cara para no ver caballos destripados. ¡Pobre inglesita del té de las cinco, qué poco ayudaste al éxito político y popular del monarca, a pesar de tu entrega a tareas caritativas y benéficas!

En Madrid se construía mucho, oficial y particularmente. Obras fundamentales fueron el gran barrio de Salamanca, gran parte de Argüelles y sus bulevares, el palacio de Correos y el espléndido parque del Oeste, los paseos de Ronda, la Ciudad Lineal, el monumento a Alfonso XII y, sobre todo, la Gran Vía, que transformó Madrid y su circulación. Se cuenta con un parque móvil de 110 automóviles y 600 coches de caballos, pero el aumento fue muy rápido.

A partir de 1901 se adopta oficialmente la hora de Greenwich. Coincide ese año con el primer nombramiento de ministro del conde de Romanones, que era ya concejal desde los veintisiete años. La ciudad evolucionaba y eran clásicos los serenos, pero era algo nuevo el *football,* deporte importado de Inglaterra, como casi todos.

Arraigó pronto. Para ver a unas docenas de señores corriendo en calzoncillos se reunían casi mil personas en un campo más o menos improvisado en cualquier descampado. Pronto hubo equipos en Madrid: el Rácing, el Real, el Atlétic, la Gimnástica... El primer campeonato lo ganó el Club Atlétic de Bilbao.

Madrid se iba haciendo sin perder un cierto aire provinciano y con una vida un tanto embarullada. Cuando la boda de los reyes, apenas hubo modo de alojar a las 150.000 personas que se calcula que llegaron: reyes, príncipes herederos de toda Europa, grandes magnates orientales y provincianos en masa. Y en plena evolución seguían siendo tipos populares, famosos en tiempos de nuestros abuelos, «la tonta de la pandereta», «Madame Pimentón», «Garibaldi», «Doña Juana la Loca», «El perro Paco»..., mezcla de mendigos y de espectáculo callejero. Era un Madrid en el que algunos poderosos empezaban a veranear, a ir al norte, sobre todo a San Sebastián y Santander, que pusieron de moda la reina Cristina y don Alfonso con la reina Victoria. Con el veraneo, la moda de los baños de mar —que disfrutaba la reina—, una de sus nuevas costumbres, fumar, el maquillaje, los trajes claros, el té de las cinco... Claro que la mayoría de los madrileños pasaban los calores del verano a base de botijo, horchata y verbenas.

La vida frívola y nocheriega tenía abundantes templos: el Trianón, el Variedades, el Ideal Room, el Polistilo... Allí empezaron a triunfar y a hacerse famosas Consuelo Vello, conocida por *La Fornarina;* Pastora Imperio, casada con El Gallo; la Chelito, que se buscaba la famosa pulga; tiempos del cuplé atrevido y de las noches de la Bombilla... Triunfaban poetas menores: Emilio Carrere, Retana, Bello, Vital Aza...

Seguía la afición a los desfiles, a las procesiones, a las verbenas..., y en la alta sociedad el esnobismo extranjerizante, en las modistas, peluquerías, joyerías, lo mismo en la caza que en los salones... Menos mal que en Palacio los menús se redactaban, ¡por fin!, en español, hasta cuando vino en visita oficial el presidente de Francia, M. Loubet.

Y algunas cosas serias durante estos primeros años del reinado de don Alfonso. Por ejemplo, el Decreto de 1902 por el que el monarca conservaba a su madre, de por vida, el tratamiento, honores y preeminencias de Reina Consorte Reinante. O la concentración de los alcaldes de toda España en Madrid, en prueba de adhesión a la Monarquía y a las personas reales. Y no faltaron algunas críticas a la tal concentración.

Galdós se declaraba republicano. Fracasaban los gobiernos de salvación. Ahora se diría que había ruido de sables. Y siete años después, el *Himno de Riego.*

# 31
# La Segunda República (1931-1936)

## Visión general

En España, en abril de 1931, se comprueba el riesgo de las monarquías constitucionales aun en países afectos tradicionalmente a la Institución Real y que tienen un sentimiento republicano bastante reducido y mal comprendido. Las Constituciones establecen la irresponsabilidad del monarca, y es este el que acaba respondiendo. En buena parte esto es lo que le ocurrió a Alfonso XIII: la soledad de un rey, con la paradoja de que la nación centraba en su persona de tal modo la Monarquía, que a aquel solitario que cada día pintaba menos lo consideraba el culpable de todo lo infausto del reinado.

No fue la Monarquía la que cayó; fue aquella Monarquía cortesana, antitradicional, centralizada, basada en un parlamentarismo fracasado. Por eso también contra ella talentos patrióticos como los de Ortega y José Antonio Primo de Rivera, no solo los Lerroux, los Prieto o los Besteiro... y las Casas del Pueblo.

La República vino de un movimiento intelectual valioso, con un fondo de resentimiento, que supo excitar el mesianismo y la lucha de clases de un pueblo poco desarrollado. Fue como un amplio motín que, en medio de la inconsciencia colectiva, derivó en un golpe de Estado trascendental, incruento y pronto legalizado.

Según Miguel Maura, primer ministro de Gobernación de la Segunda República, «el Comité revolucionario recogió el poder del suelo, donde lo había dejado tirado la Monarquía. Nos regalaron el poder». Era la España monárquica —el Madrid monárquico— que se despertaba republicano.

La Segunda República se justifica por todo el período anterior, cuyos muchos errores fueron bien aprovechados por determinados sectores, con la masonería detrás y con el socialismo de punta de lanza, con habilidad y oportunismo para crear un clima de fervorosa acogida popular, de forma estruendosa, como se vio en la Puerta del Sol de Madrid. Sin olvidar las docenas de camiones bien paseados con sus tripulaciones de soldados descamisados, ciudadanas despechugadas y chiquillos sin clase pero bien abanderados con la franja morada. Y no eran precisamente los vivas a la República los que predominaban, sino los mueras y los más groseros insultos contra todo lo de la Monarquía destronada.

¿Dónde se ha visto que unas elecciones municipales por distritos se conviertan en golpe de Estado? Vayamos a los hechos: elegidos el 12 de abril de 1931 en las urnas «rabiosamente sinceras», como afirmaron los líderes republicanos: 22.150 concejales monárquicos; 5.775 concejales republicanos.

Ahora bien, en las mayores capitales de provincia se impusieron las candidaturas de la Conjunción Republicano-Socialista.

Políticamente, el nuevo régimen se apoya en los firmantes del Pacto de San Sebastián mucho más que en la llamada Agrupación al Servicio de la República, minoría selecta de intelectuales, con Ortega y Gasset, Marañón y Pérez de Ayala a la cabeza, más bien hermosa y brillante cabeza pero sin cuerpo.

Aparecen nombres republicanos relativamente nuevos. Se hallan reunidos en casa de Miguel Maura, hijo de don Antonio, calle de Príncipe de Vergara, esquina a General Oraa: Álvaro de Albornoz, Marcelino Domingo, Martínez Barrio, Prieto, Lerroux... multitud de aspirantes a subsecretarios del nuevo Gobierno[1]. ¿Dónde estaba a esa hora don Manuel Azaña? La gran sorpresa fue la presentación del «monárquico» general Sanjurjo, ponién-

[1] Rafael Sánchez Guerra, Eduardo Ortega y Gasset, Osorio Florit, Ángel Galarza, Barriobero.

dose ya a las órdenes de don Miguel Maura, como futuro ministro de la Gobernación.

Para muchos el nuevo régimen había traído una nueva ilusión. Así lo creyeron en muchos puntos de España, más en las ciudades que en el campo, más viejo políticamente y más escéptico. Durante unos meses se creyó que la República era la panacea universal. Pronto se vio que para unos era demasiado y para otros demasiado poco. Sobre estos temas, unos en general visión y estudio, otros en casos concretos, se han escrito miles y miles de páginas, y el desacuerdo continúa, casi siempre con opiniones proyectadas a la actualidad. No hay protagonista de primer o segundo orden que no haya dejado sus memorias y recuerdos, ni historiador moderno que no haya revivido aquellos cinco años. Tenemos tan cercanos los testimonios, algunos vivos, que es difícil disponer de una perspectiva clara, aunque los hechos son indeclinables, y a ellos me atengo.

Recordemos simplemente algunos nombres, muchos nuevos, y merecedor cada uno de su descripción y estudio, todos con influencia en la vida nacional, aunque directamente con escasa incidencia en la vida de Madrid.

Don Niceto Alcalá-Zamora, andaluz, buen y pintoresco orador, que había sido ministro de Alfonso XIII. Vivía en un pequeño chalé en la calle de Martínez Campos y le recuerdo perfectamente paseando por el barrio, y luego, una vez presidente de la República, en sus veraneos en La Granja. Buen burgués y católico practicante. Francisco Largo Caballero, líder de la izquierda socialista, obrero estuquista, llamado «el Lenin español». Fue consejero de Estado nombrado por el general Primo de Rivera.

Y así podríamos seguir, con una serie de personajes; algunos hicieron una buena tarea inicialmente en sus ministerios, como Indalecio Prieto en Obras Públicas, Marcelino Domingo en Instrucción Pública, Fernando de los Ríos, creador de la Universidad de Verano de Santander... Otros fracasaron desde el primer día, como Álvaro de Albornoz, o pasaron inadvertidos: Giralt, Rocha, Casares Quiroga... Cuestión de opiniones que dejo para otros. Casi todos eran provincianos: gallegos, andaluces, catalanes, canarios, asturianos... Creo que solo Largo Caballero era de

Madrid, y no sé si aquel gordo alcalde socialista que se llamó Pedro Rico López.

Fue notable el número de políticos del antiguo régimen que se adaptaron al nuevo y alcanzaron altos cargos, empezando por el propio presidente de la República, Alcalá-Zamora. También Ossorio y Gallardo, Chapaprieta, Portela Valladares, Santiago Alba, Melquiades Álvarez, general Sanjurjo, Sánchez Guerra..., aunque con matices y rectificaciones. Lo que no tuvo duda fue la enorme influencia de la masonería, que dominó el Gobierno, las Cortes (Congreso), altos cargos y política antirreligiosa, a pesar de ser católicos el presidente y el ministro de la Gobernación. Hasta Manuel Azaña, que no era masón, tuvo que hacerse para poder ser jefe del Gobierno.

La Segunda República representa también la eclosión de los sectores separatistas en varias regiones, algunas ya desarrolladas, o culturalmente, como en Cataluña, o al modo aldeano, como el grupo de Sabino Arana en tierras vascas, y alguno naciente, como la ORGA en Galicia. Todos ellos tenían participación general o indirecta en el Gobierno de Madrid. La derecha como tal era más bien una entelequia, inexistente políticamente, actitudes personales, no de partido, sin peso electoral ni capacidad de movilización de masas. Pronto surgirán grupos intelectuales, restos de carlismo y gérmenes de nacionalsindicalismo.

El acontecimiento más notorio que, por desgracia, tiñó a la República muy pronto de sus tintes más sectarios y violentos fue la llamada «quema de los conventos»: incendios, ataques odiosos y sin sentido contra muchas iglesias, conventos, colegios... de carácter católico, sobre todo en Madrid y en varias provincias. Lo importante era aterrorizar, el odio, el sacrilegio. Parece que la idea salió del Ateneo de Madrid y los promotores y jefes fueron un tal José Antonio Balbontín y el sargento Rada, uno de los auxiliares en el famoso vuelo del *Plus Ultra,* la gran hazaña aérea de la época. El católico Miguel Maura, ministro de la Gobernación, y el presidente, el también católico Alcalá-Zamora, permitieron tranquilamente toda aquella clase de desmanes. Luego, tarde y sin eficacia, se declaró el estado de guerra, que duró poco, y se puso en marcha una durísima Ley de Defensa de la

República, creándose también los Guardias de Asalto, fuerza que adquirió cierta popularidad, positiva y negativa, según los vientos... y los gobiernos.

Los conflictos de orden público nacieron ya en 1931. Se multiplicaron y se hicieron de día en día más graves. La represión fue muy dura. En Villanueva de la Serena llegaron a utilizarse cañones y hasta autogiros contra los huelguistas. En Toledo hubo cinco muertos en choques de obreros y guardias civiles, y otros dos en Palacios Rubios (Salamanca). En Barcelona se aplicó la «ley de fugas» a tres obreros.

Alcalá-Zamora es elegido presidente de la República, y Manuel Azaña, sin dejar de ser ministro de la Guerra, pasa a ser jefe del Gobierno. A los pocos días, cuatro guardias civiles eran asesinados en Castilblanco (Badajoz), y en un motín en Arnedo hubo seis muertos frente a la fuerza armada, mientras en el Bajo Llobregat se proclamaba el comunismo libertario.

Dos grandes proyectos del gobierno Azaña (casi dos años) resultaron en la práctica un fracaso: la Ley de Términos Municipales y la Ley de la Reforma Agraria, su tema clave, que empezó con buenos planes, casi jovellanistas, y acabó en pura demagogia y poniendo su nombre a una importante calle de Madrid. En cambio, tuvieron indudables aciertos Marcelino Domingo en Educación, Prieto en Obras Públicas y Largo Caballero en Trabajo. Curiosamente, varias obras comenzadas por estos ministros de la República fueron continuadas y rematadas durante el gobierno de Franco. Podría citar varios casos, algunos que afectaron directamente a Madrid.

No cabe duda de que la Iglesia había tenido y seguía teniendo gran influencia política en España. El problema de la separación de funciones Estado-Iglesia tenía que adquirir gran trascendencia con el nuevo régimen. Pudieron hacerse bien las cosas, con buen sentido, pero el sectarismo antiguo y ateísmo militante de los triunfadores y la tradicional posición de los vencidos tenía que chocar, y con virulencia. No podemos entrar aquí, ni por encima, en tan arduo tema, pero tan grave acabó siendo que para mí fue uno de los motivos principales, si no el especial, que llevó a la división irreconciliable y a la guerra del 36 al 39.

Las consecuencias de este enfrentamiento, de este ataque despiadado a lo católico, se vieron desde los primeros días del nuevo régimen. Fue, posiblemente, el máximo error de la Segunda República, y así lo han reconocido muchos de los conspicuos comentaristas republicanos.

Otro aspecto muy importante fue el de la política militar del Gobierno, concretamente de don Manuel Azaña, compleja personalidad sobre la que tanto se ha escrito y se ha disentido. Una idea inicial positiva, reorganizar, reducir altos mandos, modernizar, etc., encontró para ello la persona más inadecuada en el intelectual ateneísta que fue Azaña, del que decía Unamuno que era un escritor sin lectores que sería capaz de organizar una revolución para que le leyeran.

El Ejército, en principio, aceptó y fue leal al nuevo régimen, sobre todo el alto mando, salvo un pequeño grupo muy monárquico e idealista bajo la paradójica dirección del inquieto y voluble general Sanjurjo, héroe de la guerra de Marruecos. Fue la pequeña llamarada del 10 de agosto de 1932, fracasada desde su origen y duramente reprimida, como lo fue también el motín obrero izquierdista de Casas Viejas (Cádiz), conato revolucionario que cortó Azaña sin contemplaciones.

Madrid, capital, cabeza política, origen de muchas cosas graves, parece que observaba, comentaba y maniobraba sin arriesgar lo estrictamente político, que sonaba y resonaba en el Congreso entre oratoria, exabruptos e insultos. Y huelgas continuas parciales o generales; todo con una cierta inconsciencia que había cambiado de color desde el 14 de abril, pero seguía parecida en muchas cosas a la de antes. Claro que se veían menos curas, menos militares y menos títulos de nobleza, que se procuraba presentar con el simple apellido.

El más interesante intento de la derecha para adaptarse a la nueva situación fue el nacimiento de Acción Popular, movimiento vivo de ideas democristianas y de rápido éxito con amplias posibilidades electorales, sobre todo en el campo y entre las clases medias católicas menos politizadas, en lo que Azaña llamó despectivamente «burgos podridos». Su inteligente líder y organizador fue José María Gil-Robles, abogado de Salamanca. Pronto fue una figura nacional, a tal punto que llevó a su partido a la victoria electoral en noviembre de 1933, de acuerdo con el partido radical republicano de centro de Alejandro Lerroux. Apareció por entonces un partido joven, muy minoritario, Falange Española, bajo la dirección de José Antonio Primo de Rivera, hijo del dictador.

El ver al centro-derecha en el poder no pudo ser soportado parlamentariamente por la poderosa Conjunción Republicano-Socialista, cada día más inclinada al marxismo revolucionario y al separatismo integral en Cataluña. Sus dirigentes, con ayudas internacionales sociocomunistas, organizaron la revolución de octubre de 1934, de dirección socialista en Asturias, con base en la zona minera y verdadera guerra en Oviedo, bajo el mando de los diputados del PSOE González Peña y Teodomiro Menéndez, con Indalecio Prieto en la máxima jefatura. En Barcelona se declaró el Estat Català independiente, dirigido por Companys, Dencàs, Gassol y unos oficiales republicanos.

La revolución barcelonesa fue cortada de raíz por los cañones emplazados frente a la Generalitat por el general Batet[2], por orden del Gobierno. En cambio, en Asturias se convirtió en una verdadera guerra que tuvo que ser dominada por el Gobierno enviando tropas, incluso la Legión; fue una rebelión creciente con muchos muertos por ambos bandos. Dirigieron esta contienda desde Madrid, con el ministro de la Guerra, el jefe del Estado Mayor Central, general Francisco Franco, y sobre el terreno el general republicano y masón López Ochoa, asesinado por los rojos nada más comenzar la guerra del 36.

Las consecuencias de la revolución de octubre del 34 fueron graves y duraderas. Responsabilidades, juicios, represalias, ruptura política total, auténtico clima de choque agonal simplificando entre la derecha y la izquierda, choque total de clases sociales, católicos y anticatólicos... Gil-Robles tenía mucha razón cuando escribió *No fue posible la paz.*

Había nacido un nuevo partido de derechas más bien monárquico, el Bloque Nacional, dirigido por José Calvo Sotelo. Su fuerza era muy limitada, aun unida a los tradicionalistas...

[2] Que paradójicamente fue fusilado por los «nacionales» en 1936.

Las elecciones de febrero del 36 dieron el poder de un modo muy discutible al Frente Popular de izquierdas, que inició enseguida una política sectaria y casi dictatorial. El Ejército estaba muy dividido. Casi todo el alto mando oficial era de izquierdas y de influencia masónica. En cambio, casi toda la oficialidad, sobre todo la africana, empezaba a ser partidaria del golpe de Estado, y para ello se empezó a conspirar muy seriamente.

No cabía duda: se estaba preparando una revolución marxista dirigida desde París y Moscú, y del otro lado, un movimiento militar y social, con las cabezas en África y en Navarra. A todos estos temas se les ha dado mil vueltas, millones de páginas, y se conocen los datos casi hora por hora.

En Madrid se vivía todavía con mucho calor verbal, pero sin ver con claridad lo que estaba fraguándose. Para dar una idea ofreceré algunos datos de orden público: en cuatro meses se quemaron 170 iglesias, hubo 269 homicidios políticos y 133 huelgas generales. Solo en Yeste mueren 117 campesinos. Quien marca las directrices es la Komintern. Del otro lado se buscan ayudas en Berlín y en Roma... El asesinato de Calvo Sotelo, jefe de la oposición de derechas en el Congreso, fue como la gota que desbordó el vaso. La orden surgió de la propia Dirección de Seguridad, de la plaza de Pontejos, cuartel de la Policía, a Velázquez, 89, domicilio de Calvo Sotelo. Primero fueron a buscar también para matarle a José María Gil-Robles, que estaba ausente. De Velázquez, 89, al cementerio de la Almudena con el cadáver de Calvo, con una bala en la nuca. Dirigieron la operación los capitanes Condés y Moreno, al servicio del Gobierno. Utilizaron para el asesinato a un pistolero profesional, Victoriano Cuenca.

El capitán Condés relata a Julián Zugazagoitia cómo fue la «ejecución». Zugazagoitia le recibe en su despacho de director de *El Socialista.* Relata así el encuentro: «Cuando se fue aquel hombre sentí repugnancia, un malestar me recorrió todo el cuerpo. ¡Cómo puede haber hombres capaces de tal acción! ¡Esto es la guerra!». Algo más que una guerra, la culminación del odio y el miedo, envueltos en sangre, que hoy algunos pretenden revivir desenterrando cadáveres.

Cuando los sucesos están tan cercanos, existen tantos testimonios directos y hasta se han vivido personalmente, que resultaría abrumador el contar aquí, día a día, lo que ocurría en el Madrid de la República, tan parecido y tan distinto a la vez de lo que venía ocurriendo cuando don Alfonso estaba todavía en Palacio. Es decir, que la vida de cada ciudadano seguía siendo aproximadamente la misma. Eso sí, hablando de política a todas horas, en cualquier medio y al menor pretexto, sobre todo porque al entusiasmo inicial vocinglero y ateneísta había sucedido la mayor confusión política, con pretensiones de estar creando una Revolución francesa a la española, nuevo régimen, nueva vida.

Me permitirá el lector que termine este capítulo, un poco *pêle-mêle,* a base de recuerdos personales de un niño que tenía por entonces entre diez y catorce años. Hechos auténticos, ingenuos, pero siempre reflejo de la sociedad de aquel tiempo. Todo de memoria, sin consultar un papel.

En todo tiempo ha habido amos y servidores, desde que los vencedores utilizaban prisioneros, esclavos, libertos a medias, pobres gentes de los campos sin la protección de un castillo o de un monasterio. Señores y criados de muy distinta condición y oficio en todas las épocas, escoltas, lacayos, doncellas, aprendices, grumetes, escuderos, correveidiles, validos de validos... Hasta bien avanzado el siglo XIX podían darse toda esta gama de productos sociales y muchos más, algunos relacionados con lo eclesiástico o con lo militar.

Hasta el siglo XX, digo, porque en España, y concretamente en Madrid, aparece estabilizado, nuevo, distinto, un género de servidora doméstica; prolifera y marca un tono de vida, un digno tipo de mujer, que hace un poco de todo, que sirve para todo, que se empieza a dividir en clases dentro del tono general de servicio doméstico. Se les llama generalmente criadas, chachas de servicio o simplemente «chachas», aunque, como digo, se clasifican por especialidades y por sueldos. Géneros privilegiados son la cocinera profesional, incluso repostera; las primeras doncellas, de absoluta confianza de la señora; las segundas doncellas, las chicas para todo, las asistentas, las interinas... Miles y miles de mujeres, niñeras y amas de cría incluidas, invaden Madrid, se hacen indispensables y valiosas. Casi todas proceden de provincias, y sobre todo del norte, con gran prestigio de gallegas, asturianas, navarras, vascongadas y castellanas de la vieja Castilla, lo que no excluye a las demás regiones.

Este sistema no suponía una degradación social, ni mucho menos. Por el contrario, con todo su tono de servidumbre, era como un método de integración, en el que se basaron sólidas amistades, muchas relaciones cuasifamiliares y hasta una modesta economía, que con todas sus imperfecciones cubría muchas necesidades y un modus vivendi para las clases medias, cada día más extensas, y un acercamiento de las más modestas economías, con beneficios para miles de emigrantes.

Fue un sistema que tuvo hasta su tono republicano, que se expresaba en canciones que se hicieron muy populares. Quién no recuerda de patio en patio canciones como la *Cirila, Mari Cruz, María de la O, La hija de Juan Simón,* etc., símbolos de cierta simpática inspiración bastante chabacana, que unió clases y atormentó muchos oídos.

Otro fenómeno característico de la época fue el cine. Se dirá que el tal juguete científico-festivo venía desde Méliès y los hermanos Lumière, que hoy se habla de los Oscar y de su mala copia, los Goya, pero nunca como entonces se dedicó tanto la gente a ir al cine, de todas las clases sociales, de todas las edades, en ciudades y pueblos. Surgían los cinematógrafos como setas, desde el pequeño salón o casino adaptable, incluso garajes y almacenes, hasta los más grandes edificios construidos o reformados para cines. Es la época de la Gran Vía de Madrid: el Palacio de la Música, el Avenida, el Callao, el Palacio de la Prensa, el Rialto, el Coliseum —a veces teatro—, el Imperial, el Rex... La inauguración del Capitol fue un acontecimiento, con pantalla panorámica y orquesta que surgía del foso en los intermedios.

Desde una o dos pesetas, hasta un duro en los grandes estrenos, se podía ir a soñar a las modestas sillas, a los confortables butacones, con los amores de Clark Gable y Claudette Colbert, con las caballerescas aventuras del Oeste de Gary Cooper o Robert Taylor, o las maravillas históricas de Ronald Colman en *Historia de dos ciudades.*

¿Quién no recuerda *Rebelión a bordo, Tres lanceros bengalíes* o *Treinta y nueve escalones,* o al William Powell y la Myrna Loy de *Ella, él y Asta?*[3].

También el cine español se lanzó a la vorágine cinematográfica, con Florián Rey, Benito Perojo y otros, con sus debutantes Imperio Argentina, Lina Negrós y Antoñita Colomé.

Esto era Madrid del 31 al 36 en una de sus facetas más costumbristas y multitudinarias.

Las gentes seguían yendo al teatro, un público algo más selecto, porque además era más caro. Los nombres de siempre: Benavente, los Quintero, Linares Rivas, Arniches; los nuevos nombres, pronto famosos, de Lorca y Casona; el formidable humor de don Pedro Muñoz Seca, cruelmente asesinado, o el más reciente de Jardiel Poncela. Triunfa el derechista José María Pemán y hasta Azaña tiene la osadía de estrenar una obra política *La Corona...*

En fin, un Madrid que con Monarquía o República se quería distraer y salir de un vivir que de día en día se volvía más desagradable, a pesar de que seguía el Circo de Price, con su Ramper, y de que crecía con cierta audacia el teatro musical arrevistado, con la gran Celia Gámez a la cabeza. La que iba cayendo en crisis, cuestión social y de locales, era la ópera.

Sin relación alguna con la política, se va desarrollando la afición y la práctica del deporte en general, sobre todo como espectáculo. El fútbol llena ya las páginas de los diarios y sus nombres se hacen famosos; los clubes, el Real Madrid, la Gimnástica y el National, más modestos; el Atlético, gran club que sigue al famoso bilbaíno y se independiza con éxito; el Rácing desaparece y surgen decenas de pequeños equipos que juegan en cualquier descampado. El público acude ya a los campos de Chamartín, Metropolitano y Vallecas en muchos miles. Hay torneos oficiales, nace la famosa Liga y hay también importantes partidos internacionales. Hombres como Zamora, Samitier, Quinco-

[3] Añadir los bailes de Fred Astaire y Ginger Rogers.

ces, Regueiro, Ordóñez, Gorostiza, etc., alcanzan la cumbre de la popularidad.

Y no solo es el fútbol: el boxeo, con Paulino Uzcudun o Ignacio Ara; el ciclismo, con Cañardo, Trueba, Berrendero, Ezquerra, Langarica..., hasta el tenis, con Lily Álvarez y Enrique Maier; la lucha libre, con Ochoa, Brendel, Gaztañaga...

A pesar de su carácter un tanto aristocrático, continuaba la hípica en su estupendo hipódromo de la Castellana, así como los concursos de saltos, con grandes éxitos de militares españoles en el campo internacional.

Voy refiriéndome a cuestiones madrileñas de la época según las voy recordando, en desorden pero con autenticidad. Por ejemplo, uno de los primeros desfiles militares de la República, en la Castellana. Presidía don Niceto. Lo vi desde el piso de don Carlos Blanco, padre de los Blanco-Soler, que era entonces director general de Seguridad, un buen señor del partido de Melquiades Álvarez. Me regalaron un ejemplar de la Constitución de la República con la bandera republicana. No debió de influirme demasiado.

Otro contacto republicano que tuve, también a los diez años de edad, fueron una señora gorda, repintada y simpática, que era vecina nuestra. Se llamaba doña Rosario Cárceles y era hija de un republicano histórico. Tocaba el piano sin parar y hasta me aprendí la letra de la canción, «La República tenemos, / ya tenemos libertad. / La República o la muerte / es el grito universal», con música de *Los sirgadores del Volga*.

Lo de la muerte no tardó mucho en ser verdad. Por entonces lo que recuerdo eran huelgas un día sí y otro también: de panaderos, de lecheros, de tranviarios, de periódicos, de basureros... Se tomaba con bastante paciencia y con algún choque entre los huelguistas y los de Asalto. Así se llamaba a los nuevos guardias.

Si la cosa se ponía fea de verdad, con cierta alarma, entonces o no había clase en el colegio, o había que ir con mucho cuidado y evitar los grupos con aires belicosos. La gente se acostumbró, y desde luego no se veía una sotana ni por casualidad e iban desapareciendo los sombreros, salvo algunos políticos al ir a las Cortes. La prensa no daba mucha importancia a estos conflictos laborales parciales y solo subía de tono si la huelga era general, pero con censura que tachaba columnas enteras. En cambio, se hablaba mucho de sucesos, como siempre, «el caso de las niñas desaparecidas» o «el hundimiento de la calle de Alonso Cano»... Los medios de comunicadión se multiplicaban mediante prensa, solamente. Cada día un periódico nuevo, de izquierdas o de derechas, además de los de siempre: *El Sol, El Debate, ABC, El Heraldo, La Voz, Ahora, La Nación...,* otros como *Informaciones, Claridad, La Luz, La Tierra...,* por la mañana y por la tarde, con la última hora. Claro es que la radio era escasa, pero iba creciendo, con Unión Radio (EAJ7), Radio España..., creciendo y politizándose, cada día más enfrentadas y partidistas. Abundaban los mítines, los discursos, las arengas y las soflamas. El clima político era tenso, espeso, caricaturesco y de negativos presagios... ¡Ah! ¡Me olvidaba de las corridas de toros! Esas, como siempre, multitudes en la nueva Monumental, entusiasmos, partidismos, tertulias... Los grandes nombres ahora eran Marcial Lalanda, el más grande; Villalta, el estoqueador; los gitanos Cagancho y Gitanillo de Triana; Manolo y Pepe Bienvenida, y un nuevo monstruo toledano, Domingo Ortega... Se protegía a los caballos con peto y se muleteaba con estoque de madera. No faltaban las nocturnas y las cómicas con Charló, Llapisera y su Botones. Es decir, que Madrid se divertía, se consolaba y se alimentaba como siempre: pan y circo.

Continuaban las verbenas, disminuían las procesiones y, desde luego, mucho *Himno de Riego.* Lo que crecían eran las antipatías, las clases sociales en pugna, y hasta empezaron a sonar algunos tiros.

Como el hipódromo era más bien cosa de señoritos y de marqueses propietarios, se eligió aquel gran espacio al final de la Castellana para construir allí los Nuevos Ministerios, que fueron un acierto. Los caballos se mandaron a Lagamarejo, en Aranjuez.

Los colegios religiosos tuvieron que adaptar sus estudios y exámenes a los de los institutos oficiales de Segunda Enseñanza, lo que en muchos aspectos resultó positivo. Más adelante las relaciones Iglesia-Estado se fueron deteriorando hasta llegar en febrero del 36 a una ruptura casi total. Claro es que eran ya unos tiempos en que la política, más que en el Congreso, se hacía en las calles, con atentados, tiros y los consiguientes entierros. El patriotismo positivo de las gentes, que seguía existiendo, se manifestaba solo en las victorias deportivas.

Pero en Madrid lo que se imponía desgraciadamente era la lucha de clases y el clima latente de guerra civil, que de un lado o de otro iba pronto a estallar[4].

[4] Los años le hacen a uno testigo infantil con buena memoria. Pequeños desahogos del autor. Recuerdo haber visto el entierro de la reina Cristina. Recuerdo haber estado presente en conversaciones de mi abuelo, artillero, en encuentros amistosos y nada políticos, con los generales Primo de Rivera, Franco y Weyler. Subí un día en ascensor a casa de unos parientes comunes con José Antonio Primo de Rivera. El presidente de la República, don Niceto Alcalá-Zamora, nos invitó a mi hermana y a mí, de diez años y siete, respectivamente, muy amable y paternal, a embarcarnos con él en una góndola en el llamado Mar de La Granja, en San Ildefonso...

# 32
# La guerra de 1936-1939 desde Madrid

Que la llamada Guerra Civil española, que de civil tuvo muy poco, fue un acontecimiento nacional de gran trascendencia no solo en España, sino con carácter universal, es algo que está fuera de toda duda y sobre lo que no cabe síntesis alguna en una obra como la presente. Basta tener en cuenta que la bibliografía sobre dicha guerra supera la de la Segunda Guerra Mundial, que el partidismo sigue latente y que aún hoy son cientos de libros nuevos, en general apasionados y engañosos, los que aparecen cada mes en las librerías nacionales y extranjeras.

En este capítulo voy a dar una visión más bien local de la contienda, es decir, no de la guerra en general, sino desde Madrid, en los momentos clave, aquellos en los que la defensa y el ataque a la capital tuvieron importancia bélica, no tanta como algunos estrategas suponen. La guerra desde Madrid, porque en Madrid se fraguó su fracaso, que es el que la prolongó, y porque su ocupación por las tropas nacionales fue definitiva.

La guerra en sí fue un desastre, y a la larga, a los casi setenta años, un gran fracaso para las dos partes. La guerra fracasó desde el primer momento como golpe de Estado político-militar. No se puede derribar un régimen instalado sin tener la seguridad de apoderarse desde el primer momento de la capital del país, amén de las otras dos o tres ciudades más importantes. Aquel golpe militar con gran apoyo civil, como organización, fue una verdadera chapuza. Que si Valladolid sí, pero Badajoz no; que si Oviedo sí, pero Santander, que era segura, no; pero sí Huesca en precario; Navarra, desde luego, pero el País Vasco ni hablar, salvo Vitoria; Andalucía, muchas incógnitas; Cataluña está perdida, y Levante, también... Es decir, que no contamos con tres capitales clave: Barcelona, Valencia y, en el norte, Bilbao. Parece que Castilla la Vieja responde, pero no la Nueva y La Mancha. Conexión mala, los enlaces fallan, hay pequeñas defecciones. ¿Y por qué encerrarse en el cuartel de la Montaña, y en Campamento, y en el Alcázar, y en Santa María de la Cabeza, y en el cuartel de Simancas, y en los de Loyola, y en el Hotel Cristina, y en el Hotel Colón...? ¡Vaya golpe de Estado! Y, sin embargo, del otro lado, todavía peor. El Gobierno de la República, que parecía estar en la inopia, tenía en su mano todos los resortes del poder: casi todos los mandos militares, empezando por los generales, la escuadra, la Administración, los Gobiernos Civiles, los Guardias de Asalto y casi toda la disciplinada Guardia Civil, la Banca oficial, Banco de España, y la privada, relaciones diplomáticas plenas con todos los países el 18 de julio, crédito internacional, zonas productivas más ricas y más exportadoras, desde naranjas a hierro; zonas industriales, puertos, principales fronteras... ¿Y con todo eso se dejan sorprender e ir derrotando por unos pocos generales, varios retirados, por unos chavales de la Falange y por el viejo tradicionalismo del norte?

Fracaso de unos y de otros, porque, además, los claros vencedores del 39 crean una especie de pacífico, constructivo, admirable espejismo de casi cuarenta años y llegan a creerse que han salvado a España para siempre, a pesar de los primeros problemas internacionales, que fueron sucesivamente superados, y del comunismo y la masonería, y el maquis, y la impolítica y excesiva represión.

Cuarenta años de progreso, de espejismo, y ahora, 2006, resulta que los vencedores de entonces son los vencidos. A pesar de que hicieron posible el desarrollo de España hasta los niveles más altos de los últimos siglos, a pesar del más largo período de paz que se recuerda. Es decir, un gran fracaso histórico después de una de las más positivas etapas de nuestra Historia.

Madrid, en medio, con papel decisivo, porque en estos casos es siempre la capital la que decide. Y no lo digo por la tan cacareada «Batalla de Madrid», que nunca fue tal, como trataré de explicar más adelante.

El general Vicente Rojo, jefe del Estado Mayor del Ejército que se honraba en llevar su mismo nombre, es probablemente quien mejor detalla no solo los medios con los que contaba para la defensa de la capital, sino que también conoce la organización y métodos bélicos del enemigo. Con un importante defecto de apreciación: valora excesivamente las fuerzas que le atacan y parece que no conoce bien la mentalidad y las enigmáticas y a veces simples ideas de su compañero de carrera y no sé si hasta de promoción, un tal Francisco Franco.

## Madrid, en julio de 1936

En el Madrid de mediados de julio del 36 pueden distinguirse dos actitudes muy diferentes. Una gran parte de la población, sobre todo entre las clases medias y las gentes modestas no politizadas en los dos grandes sindicatos, CNT y UGT, vivía su quehacer diario sin más preocupaciones que las de ir saliendo adelante y divirtiéndose todo lo posible en los ratos libres con sus distracciones habituales.

Otra gran parte de los madrileños, tal vez la lectora de periódicos y auditora de la poca radio que llegaba a través de los aparatos «de capilla» o de las improvisadas galenas, la gente de cultura, los profesionales, los universitarios, los militares y asimilados, en fin, todos aquellos que seguían más o menos de cerca la vida política, se daban cuenta de que algo grave estaba pasando, que se veía venir la tormenta y no se sabía bien por dónde podía estallar. Recuerdo a un señor que todas las noches, al volver a casa, decía: hay coco. Con esta expresión de miedo infantil resumía la idea de que en el ambiente flotaba efectivamente el miedo, la crispación, el convencimiento de que el choque era inevitable. Por mucho que se quiera definir con otras expresiones, desde febrero del 36 lo que había era un clima de enfrentamiento agonal entre derechas e izquierdas, y el que honestamente se considerara fuera de esa guerra latente, el hombre de centro, por lo general culto y bienintencionado, lo mejor que podía hacer era quitarse de en medio, porque si no, como decía Marañón, las bofetadas le iban a llegar de los dos lados.

Tengo al alcance de la mano dos obras muy valiosas que describen punto por punto lo que fue el Madrid del 36. Una de ellas, que lleva ese título, de Maximiano García Venero: 600 páginas describiendo un solo mes. Otra, nada menos que cuatro volúmenes para relatarnos ambiente y episodios de la que llamaba *La batalla de Madrid,* autor admirablemente documentado, don Federico Bravo Morata. Podría añadir la obra seria y clara de un protagonista, el general don Vicente Rojo, republicano, titulada *Así fue la defensa de Madrid,* que, como es natural, arrima el ascua a su sardina. Y cientos de obras más en gran parte de protagonistas y testigos, varios de ellos de ilustres generales del bando vencedor, contrarrestados hoy por una serie de resentidos, de mentirosos y tardíos ignorantes que quieren convencernos de que lo blanco es negro y que desacreditan hasta el color rojo de que presumen [1].

Los primeros momentos del levantamiento militar fueron de una extraordinaria confusión. Noticias contradictorias, falsas informaciones, bulos, descaradas mentiras de uno y otro bando, sobre todo para levantar la moral decaída de la posición oficial, así como para crear ilusorias expectativas entre los sublevados. Hubo intentos de última hora para lograr un acuerdo entre el presidente Martínez Barrio y el general Mola, pero las actitudes habían llegado a unos extremos insuperables, para el Gran Maestre de la masonería española y para el Director del levantamiento, este con un manifiesto de ruptura total, aunque terminaba con un «¡Viva España!» y «¡Viva la República!».

El Gobierno de Madrid se veía seguro al tener en su lado a todo el alto mando del Ejército, fieles republicanos; todo el armamento de la ciudad en el Parque de Artillería, dispuesto a ponerlo en las manos del pueblo; una milicia popular socialista y comunista ya entrenada militarmente, amén de la aviación, con fama de republicana. Además, se contaba con la Escuadra, al haber ordenado a la marinería que eliminara a la oficialidad sublevada, echando los cadáveres al mar... Son todos datos que constan documentalmente, con nombres, fechas y sellos oficiales.

[1] Véase Sugerencias bibliográficas.

Si el Gobierno confiaba en todo lo anterior, más lo estuvo después del fracaso de los supuestos generales jefes de la sublevación en la capital, con sus regimientos acuartelados en vez de salir a la calle y sobre todo después del asalto victorioso del pueblo en armas al cuartel de la Montaña, donde resistían unos cuantos oficiales y civiles, restos de una sublevación de Madrid que nunca existió.

La capital de España desde el 18 de julio de 1936 se había convertido en una ciudad totalmente republicana, de extrema izquierda, con el poder en manos de militares de reconocida actitud de izquierdas y de los jefes milicianos de los dos grandes sindicatos. Ignorarlo y tardar en entenderlo fue, a la corta, el gran fracaso de los a sí mismos llamados «nacionales», y a la larga, la mejor baza para su victoria final.

Mola, el Director, calculó mal. Difícil es creer que se equivocara un hombre de su experiencia conspiradora y su talento. Probablemente lo que le ocurrió es que no tuvo más remedio que lanzarse a la aventura. Ya era tarde para rectificar. Un régimen no cae si no cae la capital. ¿Cómo podía pensar Mola que iba a tomar la capital con sus cuatro «columnitas» castellano-aragonesas formadas por los escasos soldados de unas pequeñas guarniciones disminuidas y unos cuantos jóvenes voluntarios de FE de la SAP y de Renovación, lanzándolos desde el norte hacia las sierras madrileñas? Bastante hicieron con llegar a dominar las alturas de Guadarrama y Somosierra. Y no digamos con la tardía, inocente y desconectada quinta columna del interior.

El Gobierno, bien que mal, anuló los conatos de sublevación, dispuso de los elementos de la guarnición con mandos afines, armas largas, cañones, carros y miles de fusiles y ametralladoras que entregó a una masa amorfa de voluntarios en la que había de todo: milicianos de los sindicatos de izquierda, estudiantes de la FUE, grupos de desocupados callejeros, batallones improvisados y hasta miles de delincuentes comunes puestos en libertad [2]. Como contaban con mandos profesionales, bastantes suboficiales

[2] «Los presos comunes, arbitrariamente sacados de la Cárcel Modelo de Madrid el mes de julio y enviados al frente, donde defendieron valientemente el embalse del Lozoya...» (General Vicente Rojo, *Así fue la defensa de Madrid).*

y un aventurerismo lleno de entusiasmo y fervor republicano, incluso con muchas mujeres, las más exaltadas, como en un nuevo 2 de mayo «antifascista», pronto se formaron unidades combatientes. Y una vez ocupado el cuartel de la Montaña, ¿adónde ir?, ¿a la sierra a enfrentarse con las columnas «facciosas» o rebeldes?

Y la derecha de Madrid, ¿qué hacía entre tanto?

Existe la certidumbre de que al menos un 30 por 100 de la población madrileña era de ideas derechistas o al menos muy moderadas. Unos cientos de miles de personas que, aun estando al tanto de la crispación política existente, no tenían idea concreta alguna de que por aquellos días de julio del 36 iba a estallar un movimiento militar de tipo conservador muy coincidente con sus opiniones en cuanto a orden, religión, propiedad, moral, seguridad ciudadana... Desde luego, los monárquicos y muchos republicanos en la línea de la CEDA y del españolismo tradicional dieciochista.

¿Qué iban a hacer aquellas gentes? Los que eran funcionarios, asistir al trabajo, como si nada pasara, o lo mismo que los que tenían empleos fijos. Todo menos jugarse el cocido, todo menos verse concernidos con una situación política sin ser militantes en un grupo que tuviera que ver con sublevación. Por aquel entonces la izquierda plural, del sindicalista al desocupado profesional, del chiquillo revoltoso al mundo cercano al hampa, era muy fácil de movilizar, unos cuantos eslóganes y no digamos con un fusil en la mano. La declaración del estado de guerra para ellos era lo de menos. La derecha está casi siempre dispersa, es comodona, egoísta, conservadora, más culta y menos combativa. Porque la izquierda culta, selecta, inteligente no podía ver aquella situación más que con escepticismo y nada tenía que ver en la práctica con la quema de los conventos ni con el asalto al cuartel de la Montaña. Además, la parte moderada del Gobierno, a partir del 18 de julio, nada contaba al lado de los más exaltados y de un Casares Quiroga víctima de su sectarismo y de sus vacilaciones.

En Madrid, enseguida se impuso un régimen de terror. Empezaron a dominar las partidas, unas con pretendido marchamo oficial, otras descaradamente comunistas y anarquistas. La menor sospecha de derechismo, lector de *ABC* o *El Debate,* símbolos católicos ostensibles, la denuncia de un subordinado cualquiera, la pequeña venganza personal..., todo eso podía dar lugar «al paseo» o, cuando menos, a la cárcel. Surgían comisarías del pueblo, prisiones particulares del sindicato tal o cual, muy pronto checas al modo soviético.

¿Qué hacer entonces, lejos de la incipiente y un tanto fantasmal quinta columna con la que soñara Mola? Tratar de conseguir enseguida un carné de la UGT o de la CNT, encerrarse en casa, fingir modesta condición, buscar refugio en alguna embajada...

Todo lo que acabo de escribir es cierto y sobra la voluminosa documentación y los testimonios directos que lo demuestran. Lo que no quiere decir que en las capitales dominadas por los sublevados no pasaran cosas parecidas, aunque proporcionalmente en un grado diferente, dadas las dimensiones y las condiciones sociales y civiles o militares.

Indudablemente, la guerra que se batía en los diversos y desconectados frentes de aquella contienda absurda tenía que repercutir en un Madrid en el que el Gobierno había perdido el control a pesar de contar con prestigiosos generales al mando en el Ministerio del Ejército. La defensa, sobre todo los milicianos voluntarios, se volcó hacia el norte: «¡Vamos a la sierra!», era la consigna. Pero resultó que el peligro para el Gobierno republicano, «los leales», según se autotitulaban antes de llamarse abiertamente Ejército Rojo, no venía del norte, sino del sur, de muchos cientos de kilómetros de distancia, desde el estrecho de Gibraltar. Dejemos por ahora ahí la guerra, porque para Madrid no empezó a contar como preocupación bélica hasta que los que pasaron el Estrecho llegaron a Talavera. Y de allí, a Maqueda, donde Franco tomó unas de las decisiones más importantes de la guerra.

## La llamada «batalla de Madrid»

La decisión de Maqueda fue el primer gesto claro de que el hombre que iba tomando día a día el mando supremo del Ejército nacional, el general Francisco Franco, daba a la toma de Madrid una importancia relativa, convencido de que, de no caer pronto la capital como fruta madura, cosa imposible, la guerra iba a ser muy larga y había que ganarla en otros frentes.

Nadie podía imaginar el 18 de julio que la amenaza contra la ciudad iba a venir de aquella menguada columna de no más de 20.000 hombres que había salido de Sevilla, apenas ocupada, camino del norte por la vía larga y difícil de Extremadura, la «vía de la plata», con el Guadiana, el Tajo y cientos de kilómetros de camino. ¿Por qué no la ruta directa por Córdoba y La Mancha, por Despeñaperros? El caso es que mientras las columnitas dispuestas por Mola se estancaban a poco más de 50 kilómetros de Madrid, para contener más que para avanzar, la columna «africana», escasa pero aguerrida, superaba los ríos, los montes y las ciudades. Zafra, Almendralejo, Mérida y hasta una capital, Badajoz, y se plantaba, superada Talavera de la Reina, en la vega del Tajo, camino de Toledo y... de Madrid.

El mando rojo envió contra los atacantes a sus mejores tropas con mandos selectos como Asensio, Riquelme, Sabio, Pozas, Barceló..., y Franco se plantaba en Escalona y Maqueda, a medio camino entre Toledo y la capital de la República.

Toledo era un símbolo, el de la heroica resistencia en el Alcázar de un puñado de oficiales, de cadetes y de sus familias contra fuerzas militares de primer orden, con los milicianos de refuerzo —¿o de estorbo?— con Largo Caballero al frente para conquistar la improvisada fortaleza. Miles de fusiles, de ametralladoras, de cañones de grueso calibre, minas y bombardeos aéreos, más un convincente sacerdote, el famoso padre Vázquez Camarasa, para proponer «por razones humanitarias» la rendición.

¿Para qué insistir en el tema? Franco prefirió en Maqueda desviar a sus tropas hacia Toledo, donde todavía resistían Moscardó y los suyos. El plan tuvo un éxito espectacular y a Franco le valió políticamente media Jefatura del Estado, como pronto se vería en Cáceres y Salamanca. Toledo es liberada el 13 de septiembre y Franco es elegido jefe del Gobierno del Estado el día primero de octubre.

Madrid había quedado en segundo plano, pero las escasas unidades disponibles de la columna africana seguían su avance desde Toledo. Sin gran resistencia por parte del mando republicano, desde el Ministerio de la Guerra de Madrid, continúa el avance de los que ya se llaman «los nacionales», a través de las provincias de Toledo y Madrid, eliminando hasta los tanques rusos que se les opusieron en Seseña.

Sorprendentemente suenan ya en los partes de guerra nombres como Torrejón de Velasco, Navalcarnero, Alcorcón, Boadilla, hasta los Carabancheles. A tiro de tranvía hacia la Puerta del Sol. Ahora sí que llega la guerra hasta Madrid, entregada a una orgía revolucionaria, más que para una defensa militar, alejando del casco de la capital la amenaza de los cañones.

Coincide esta punta de lanza directa que llega a la Casa de Campo, al Manzanares y a la Universitaria, con los primeros combates aéreos sobre la capital. Los aviones de un lado y de otro son extranjeros, guerra aérea de verdad, que se ha internacionalizado. El tema de si Madrid pudo ser conquistado en noviembre del 36, si lo impidió la heroica resistencia del pueblo en armas, hasta con un general soviético, Goriev, dando órdenes; si fue la escasez de medios de los atacantes, si estratégica y tácticamente la operación estuvo mal proyectada, si Franco quiso o no quiso, si llegaron a tiempo para la defensa las columnas anarquistas de Durruti, y poco después, las famosas Brigadas Internacionales, etc., son suposiciones, interpretaciones sobre las que se han escrito miles de páginas, incluso por los propios protagonistas.

Aquí he intentado iniciar un relato de los prolegómenos de la supuesta gran batalla de Madrid. Algo más añadiré sobre la actitud de la ciudad y de sus habitantes, de aquel Madrid que era todo menos el Madrid de antaño, ni el Madrid de hogaño.

El general Vicente Rojo, que llegó a jefe del Estado Mayor Central de todo el Ejército republicano, ha escrito un libro ecuánime, serio, perfectamente documentado, con un título bien descriptivo: *Así fue la defensa de Madrid*[3]. Aun mostrando sus ideas políticas y sus grandes conocimientos profesionales, el libro es neutral, independiente y aleccionador, más para los suyos que para sus enemigos.

Su primera aproximación a la verdad histórica es que la que en sentido estricto puede llamarse batalla de Madrid duró solamente cinco meses, y no tres años. De noviembre del 36 a marzo

[3] Vicente Rojo, *Así fue la defensa de Madrid,* Comunidad de Madrid, 1987.

del 37. Y eso llamando batalla, sobre todo al principio, lo que no fueron sino unos encuentros esporádicos, desordenados y dispersos entre un pequeño ejército que ni tenía fuerza para atacar y otro improvisado y heterogéneo, basado en el entusiasmo político-social más que en principios militares concretos.

No podemos aquí entrar en detalles, pero sí resaltar la importancia que da el general Rojo a la actitud de una parte del pueblo de Madrid que se lanzó a la defensa armada con una mezcla paradójica de valor, fervor, más sentimientos de odio y de revancha, contra un enemigo que desconocía pero que consideraba como el demonio fascista, con moros sanguinarios que cortaban cabezas y violaban mujeres del pueblo.

Sin un frente continuo, con unas tropas escasas pero con justificado espíritu vencedor, y un ejército difícilmente encuadrado por jefes profesionales y comisarios políticos, aquello más que una gran batalla fue una toma de posiciones sin orden ni operaciones decisivas. Sonaban lo mismo nombres de pueblos de importancia de las cercanías de la capital como barrios periféricos, suburbios de la gran ciudad. Más de un madrileño dijo haber visto moros en la plaza de España, y legionarios en la calle Mayor o en Rosales.

El caso es que así pasaron varios meses, algunas líneas se estabilizaron y todos acabaron convenciéndose de que la guerra iba a durar mucho y que no se iba a decidir en Madrid. En la tal batalla las fuerzas combatientes de uno y otro bando no pasaban de los veinte mil hombres, tal vez treinta mil en la posterior batalla colateral del Jarama, mientras que las dos ejércitos, más adelante, llegaron a reunir más de un millón de combatientes efectivos.

Madrid iba a quedar como una ciudad símbolo, el «No pasarán» para unos y el lejano objetivo para los otros, que nunca pensaron en una conquista militar de una capital de cerca de un millón de habitantes. La guerra cerca, sí; guerra sufrida, hambre, hospitales, esporádicos cañonazos, combates aéreos, algún bombardeo ocasional y muy exagerado, en comparación con la Segunda Guerra Mundial. Sobrevivir, esperar, bulos constantes sin confirmar, miedo en la derecha, que sin duda soñaba con la liberación, y mejor organización todavía del Ejército republicano, ambos bandos con ayudas extranjras, el Comité de no Intervención en la inopia, y la guerra, estas sí, batallas a lo grande, en el norte, en Aragón, en Asturias, en Teruel, en el Ebro, en Belchite, en el Pirineo.

¿Pueden considerarse batallas por Madrid la del Jarama, de Guadalajara, de La Granja, de Brunete...? No soy quién para discutirlo a los que así opinan, pero explico mi opinión, que mantengo y argumento, en mi obra *La larga guerra de Francisco Franco*[4].

Dejemos aquí el Madrid de las colas, de los refugiados en las embajadas, de los entusiastas batallones voluntarios, de peluqueros, de panaderos, de camioneros, de confiteros..., de las lentejas de Negrín, de la pobre ejecutoria de la quinta columna..., todo muy discutible y muy discutido.

El Gobierno de Madrid se fue a Valencia y aquí quedó de general en jefe el famoso Miaja Menant, con su Comité de Defensa y su Ejército del Centro.

Más adelante vendrían los temibles episodios de la guerra interna entre los comunistas de Madrid al servicio de Negrín y las columnas anarquistas de Cipriano Mera.

Pero todo eso es ya otro cantar.

## «NO ME CUENTE USTED SU CASO...»

A los pocos meses de terminada la guerra, don Javier Martín-Artajo publicó una especie de novela relato titulada con acierto *No me cuente usted su caso.* La historia transcurría en Madrid durante los años de la guerra del 37 al 39. El título venía muy a cuento. Desde el primero de abril de 1939 todo habitante que había soportado en Madrid la dureza, crueldad, penurias y sufrimientos de toda índole a lo largo de tres años estaba dispuesto a contarnos lo mal que lo había pasado, las aventuras que había vivido, su conformismo, sus quejas, heroísmos y fracasos; en general, miedo, más sombras que gozos, invirtiendo el título de la famosa novela.

Pues bien: entre tanto relato de uno y otro signo, por la época en que se publicaron predominan los de tono «derechista», pero yo, no por llevar la contraria, sino por un afán de ecuanimi-

[4] *La larga guerra de Francisco Franco,* Ed. Rialp, Madrid, 1991.

dad y hasta de neutralidad, he elegido para resumirlo aquí en esa faceta de la actitud del pueblo de Madrid un libro [5] muy serio, muy interesante y detalladísimo de un general republicano, don Vicente Rojo, nada menos que el general jefe del Estado Mayor del Ejército de la República: a él nada le hubiera gustado que le llamáramos Ejército Rojo, aunque lo era. El libro se publicó en 1987, aunque fue escrito en el 62. No hay obra mejor informada, más sincera y menos rencorosa que este admirable intento de decir la verdad, aunque lógicamente no deje de elogiar y de demostrar sus simpatías por los que fueron los suyos. De ella extraigo algunos datos y opiniones para la Historia de Madrid.

Opina el general Rojo que la ciudad capital de España —cada vez menos a lo largo de la guerra, opinión mía, no de Rojo— no fue una ciudad dominada por la pesadumbre, la angustia y el dolor. Según él, también bullía un afán de trabajo, de entereza y de sereno valor. De lo que no habla aquí el general es del miedo, del odio y de la revolución de los «humillados y ofendidos».

Dice Rojo que los soldados y oficiales convivían con la ciudad, relataban sus episodios del frente, que estaba tan cerca que a veces volvían a dormir a casa desde las trincheras. «El ambiente ciudadano cobraba un aire belicoso [...] y el soldado lo mismo tenía palabras de aliento y esperanza que de angustia y de cansancio.»

El pueblo, como siempre, «se unía a las solemnidades, desfiles, entregas de banderas [...] acudían por el entusiasmo y el bullicio que provocan las muchedumbres [...]».

Rojo confirma que las iglesias estaban cerradas. No dice que todo lo católico estaba mal visto, prohibido y perseguido. Llega al colmo del eufemismo cuando dice: «Las cárceles retenían a algunos reclutas y, en la misma o mayor proporción, las embajadas albergaban refugiados. Ya hemos dicho la tolerancia y generosidad que desplegó el Gobierno. [...] La prensa se publicaba con normalidad, perturbada solamente por la escasez de papel». Claro que no dice qué clase de prensa.

«El personal civil deambulaba de un lado para otro sin saber para qué [...] en todo caso para recoger el último bulo destinado a deprimir o a exaltar la moral [...] los timoratos, los cínicos, los

[5] *Así fue la defensa de Madrid,* ob. cit.

osados estrategas cafeteriles. [...] Las industrias, pequeñas y grandes, trabajaban a ritmo acelerado, hasta por la noche. Algunas mujeres trabajaban en géneros de punto»... En parte se trataba de monjas camufladas. «Evidentemente, tienen miedo, lo que está más que justificado.»

Las obras de fortificación no se interrumpieron y se multiplicaron los refugios, así como para cubrir museos y monumentos. Lo cierto es que las destrucciones de cierta importancia fueron muy pocas después de una guerra de tres años y de tantos terribles bombardeos artilleros y aéreos de los nacionales como proclamaba la propaganda republicana.

Vamos, algo así como Coventry y Dresde en la Segunda Guerra Mundial.

En lo que no está muy acertado el general Rojo es cuando dice, así como de pasada, que «se respetaban la propiedad y la vida». Debía de estar en Babia; así como cuando afirma que «la Puerta del Sol estaba incesantemente batida».

Dejemos para terminar estos comentarios la hermosa frase con la que el general escritor justifica ante sí mismo, con nobleza, el tremendo error político a que le llevaron sus ideas de buen profesional y de buen español: «Con la escueta síntesis que acabo de hacer del ambiente de Madrid aspiro a que el lector logre captar cuánto había en aquella batalla de grandeza en su alcance social y humano, a pesar de los derrotistas y del turbión de bajas pasiones en que los luchadores, dignamente consagrados a su deber, se vieron envueltos».

Que cada lector juzgue estas palabras como quiera. He tratado de evitar «que cada uno nos cuente su caso».

Esto, poco más o menos, es la historia de la guerra desde Madrid. Frívolamente podríamos resumirla con las palabras de Pasionaria, «¡No pasarán!», y las del chotis de Celia Gámez, *Ya hemos pasao.*

# 33
# Y Madrid se hizo una gran capital

## Cambio total de régimen

De entre los miles de palabras que se han escrito sobre la llamada «era de Franco», en pro y en contra, con su consiguiente consecuencia en la capital, pocas he encontrado más precisas y aparentemente neutrales que las que encabezan una revista de agosto de 1975 que ha caído casualmente en mis manos. Se titula *Historia Internacional,* y el artículo, «Los 39 aristócratas de Franco». Sin entrar en su contenido, citaré las palabras que lo inician: «El nuevo Estado aparecido en 1939, tras una guerra, adopta los moldes de la sociedad monárquica, aunque con las especiales características de una ideología "falangista" [las comillas son mías], una estructura burguesa, una economía autárquica en la que los grandes grupos no vacilan en aliarse llegado el momento con las multinacionales, y un mando unificado de origen militar. En este conglomerado sui géneris se conforma una élite [...] como gracioso anacronismo que perfila más aún, si ello es posible, a la nueva situación».

Toda esta especie de definición parcelada es cierta, la suscribo y es perfectamente aplicable a Madrid. Puede interpretarse a gusto del lector.

Pocos cambios ha habido a lo largo de la Historia de España de mayor trascendencia y gravedad que el que representa el último parte de guerra firmado por Franco, a orillas del Arlanzón, no en Madrid, el primero de abril de 1939. Ningún cambio de gobierno, incluso de dinastía, llegó a tener tantas y tan importantes consecuencias. Cero y el infinito, podríamos decir con el título de la famosa novela. Sin afán panegírico alguno, sino solamente descriptivo, es factible afirmar que pocas veces un hombre ha partido de menos y de más a la vez. Todo hecho y todo por hacer. La responsabilidad es inmensa: toda es suya, como todo el poder es suyo. Lo que puede parecer un inmoderado gesto de soberbia es para él un acto de servicio, una identificación total con la que considera su misión histórica cargada de sentido patriótico y providencialista. Sin estas premisas sería difícil comprender a Franco y a toda su época, que para amigos y enemigos no cabe la indiferencia. Su «dictadura constituyente y de desarrollo», como la llama Rodrigo Fernández Carvajal, ha dado lugar a la utilización del término «franquismo», que en su tiempo no se utilizó y que a él nada le gustaba. El sociólogo Juan Linz califica sucintamente a ese franquismo de «régimen autoritario no fascista».

Podríamos seguir indefinidamente con las definiciones, interpretaciones y juicios más o menos definitivos sobre el hombre, su régimen, los elogios y las diatribas, un tiempo de casi endiosamiento faraónico bajo palio y otro de bilis incontenible, la exacerbación de un odio retrospectivo. Todo blanco o todo negro. No hay ecuanimidad ni en aquellos que presumen de historiadores desaparecidos y neutrales. Dejemos, pues, a Franco y a su régimen y volvamos a Madrid para ver muy por encima algunas de las variantes y novedades que trajo el largo período, hechos, nada más que hechos. Para escribir sobre otros tiempos he tenido que leer, consultar e investigar miles de páginas, sin afanes de erudición, solo para saber y transmitir mis conocimientos al lector. En este caso, en el del Madrid de la era de Franco, me sobran, me abruman, hasta me aburren, tanta literatura, tanta exageración, tanta soflama y tanta mentira. Como testigo, hilvanaré algunos recuerdos de tipo general y particular, simplemente a modo de índice madrileño.

Uno de los símbolos de lo que hoy llaman tiranía franquista fue el No-Do, un noticiario documental que era obligatorio proyectar en todos los cines antes de la película larga. Que había censura previa, sobre todo en esta primera época, en prensa, en radio, cines, teatros, etc., ¡qué duda cabe! Pero a la gente le divertía el No-Do y le gustaba llegar a tiempo para no perdérselo.

Aquí voy a presentar una especie de No-Do rápido de más de treinta años, sin más censura que la mía y la brevedad obligada de esta obra, circunscrita a Madrid.

1) Un sacerdote con sotana va por la calle de Goya, día 2 o 3 de abril de 1939. La gente empieza a aplaudirle: el grupo se hace muy numeroso, se oyen vivas y aparecen banderas. Madrid llevaba tres años sin ver una sotana de cura ni una toca de monja por la calle. La escena se repitió muchas veces, del Prado a la Puerta del Sol, de Embajadores a Tetuán de las Victorias. Lo mismo ocurrió más de una vez al ver a unos oficiales del Ejército condecorados, pequeñas manifestaciones espontáneas que engrosaban rápidamente. Recuerdo una que se formó por Cibeles y no se disolvió hasta que el general Saliquet, con sus bigotazos, se asomó a un balcón de la Gran Peña (Gran Vía, esquina a la calle de las Torres) y dio lo que entonces se llamaban «los gritos de rigor». Y así, cientos de veces, casos parecidos entre abril y mayo del 39.

2) Había hambre. Se había pasado mucha hambre durante casi toda la guerra en Madrid. Sin entrar en análisis, mientras en la zona llamada nacional había de todo en abundancia, en Madrid se pasó mucha hambre: racionamientos escasos, miseria, lucha por el «chusco», colas, almortas, cáscaras de naranja...; alguna legumbre llegaba difícilmente de la zona levantina.

Puedo citar dos casos a modo de ejemplo. En la primavera del 39, dos matrimonios salían varias veces por semana a cenar a un restaurante; lo hacían en abundancia y luego se iban a otro restaurante a cenar de nuevo. Había que resarcirse de tanta privación pasada.

Otro caso: viaje en automóvil Madrid-San Sebastián. Parada en Aranda de Duero, en Lerma, en Burgos... ¿Por qué tantas paradas? Para darse el gustazo de comprar grandes libretas de pan blanco. «No lo veíamos desde hace tres años», era la explicación.

3) Apenas había terminado la guerra en España, ya estaba ahí la Segunda Guerra Mundial. Los No-Do son casi siempre germanófilos, pero en Madrid se mostraban abiertamente las dos tendencias, y no precisamente por una división de clases sociales ni de vencedores y vencidos. Es un fenómeno sociopolítico muy interesante que estudio en otra de mis obras, lo que ahora no es el caso. Pero sí que Madrid vivió intensamente el fenómeno de la guerra mundial que tanta repercusión tuvo en que España no pudiera continuar el camino de reconstrucción y desarrollo emprendidos desde abril del 39, en el que se hacían verdaderos milagros para unificar las dos zonas, con perfectas relaciones diplomáticas con todos los países excepto la URSS y México. Dos terribles obstáculos para poder disfrutar de una paz tan duramente conseguida. Por un lado, la guerra mundial obligó a vivir nuevas escaseces y racionamientos. Por otro, revivió recientes heridas entre los dos bandos y prolongó una dura, odiosa y tal vez inevitable etapa de represión política, lo que se reflejó y se refleja todavía en viejos resentimientos, casi olvidados por el pueblo, pero reavivados de modo suicida por determinados intereses políticos contemporáneos de partido.

4) La moneda de la zona roja o «republicana» desapareció. Volvió una peseta firme, que con múltiples alternativas ha seguido en vigor sin graves oscilaciones, a pesar de la conmoción mundial, hasta la reciente y costosísima —pero conveniente— incorporación al euro. En Madrid se desarrolló el comercio enormemente y surgieron las llamadas «grandes superficies». La banca privada alcanzó niveles mundiales, con miles y miles de sucursales, cientos de ellas en el propio Madrid. Lo mismo ocurrió con la industria, que rodeó la capital de grandes fábricas y talleres, con aumento lógico de la riqueza y es posible que con grave error urbanístico y hasta político. Sobre este tema, tan importante para la capital de España, podrían extenderse los comentarios, si hubiera espacio para ello.

5) La vida universitaria se reanudó rápidamente en Madrid. En el otoño del 39 ya había clases y exámenes casi normales en la Universidad Central de la calle de San Bernardo, con un profesorado de gran categoría, algunos de cuyos nombres conviene recordar para rebatir ciertas interesadas acusaciones. Podemos recordar, entre otros, a Joaquín Garrigues, a Ursicino Álvarez, a Federico de Castro, a Antonio de Luna, a don Pío Zabala, a Gascón y Marín, a Leonardo Prieto Castro, a Felipe Clemente de Diego, a Castán Tobeñas, a López Ortiz, a Sosa, a Joaquín Ruiz-Giménez, a Rodrigo Uría, a Blas Pérez... Me estoy refiriendo solo a Derecho.

De esa universidad madrileña han salido cientos de nombres ilustres que llenan la vida científica y cultural de España, de derechas y de izquierdas, durante muchos años.

A finales de 1939 y principios de 1940 había ya exposiciones nacionales de todas las artes, funcionaban los museos y se abrían las primeras galerías privadas.

Hay que reconocer la buena labor cultural llevada a cabo durante la guerra en el Madrid republicano para defender monumentos y tesoros culturales, y en otro sentido las lamentables consecuencias que tuvo para la cultura y la ciencia nacionales el exilio masivo de una serie de primeras figuras nacionales, muchas de ellas por fortuna recuperadas al poco tiempo, mientras que otras han mantenido su alejamiento por lo menos hasta 1975.

6) En plena euforia político-militar producida en muchos sectores jóvenes por las victorias sucesivas de las armas alemanas se produjo el fenómeno de la División Azul. El objetivo esencial era derrotar al comunismo, el gran enemigo desde el año 36, y al mismo tiempo devolver los favores del régimen nazi durante «la Cruzada de Liberación». Los divisionarios azules fueron en su inmensa mayoría voluntarios, jóvenes universitarios bajo el mando del general don Agustín Muñoz Grandes, de origen republicano pero muy fiel a Franco, que alcanzó los puestos más altos del régimen. Muchos de aquellos muchachos entusiastas cayeron en los campos rusos. Recuérdense en este No-Do las escenas del ministro Serrano Suñer en el balcón de la Secretaría Nacional del Movimiento exaltando a los estudiantes y al público al grito

de «¡Rusia es culpable!», y la fervorosa acogida en Barcelona a los supervivientes de la División Azul a su regreso a bordo del *Semiramis*. Ramón Serrano Suñer fue varios años la primera figura del régimen, detrás de Franco, del que era cuñado, y él fue el verdadero creador político-jurídico del nuevo régimen nacional.

7) En Madrid se vivió durante los «mal llamados años» un mundo constante de espectáculos de todas clases. Cines y más cines, teatros y más teatros, variedades nacionales y extranjeras, conciertos, ópera en la Zarzuela (el Real estaba en eternas obras), artistas famosos de todas las procedencias... En Madrid no hubo aislamiento ni aburrimiento: pasada la etapa de penuria inicial, estraperlo, cartillas, piojo blanco, el pueblo madrileño, después de que pasaron los lamentables e inevitables campos de concentración de miles de vencidos, volvió a ser, en el mejor de los sentidos, el de siempre, alegre, divertido y tranquilo, con una paz y un relativo bienestar desconocidos desde hacía muchos años. Orden, seguridad, trabajo, completado a veces con una limitada y organizada emigración a Europa. Las pequeñas luchas políticas dentro del régimen interesaban muy poco a las gentes. El régimen, efectivamente muy autoritario en lo político, no permitía desviaciones, lo controlaba todo y cualquier cosa que recordaba al enemigo de la guerra, marxismo, masonería, separatismo, anarquismo..., era sometido a la justicia militar o civil, según la época y los casos. Y la Gran Vía, que en la guerra fue conocida como la «avenida del quince y medio», por ciertas incómodas visitas de las granadas que venían del frente de la Universitaria, se convirtió en el auténtico Broadway madrileño, con su Palacio de la Música, Avenida, Callao, Palacio de la Prensa, Rialto, Rex, Imperial, Coliseum y el imponente Capitol. Por aquellos años empezaron a darse a conocer en Madrid Antonio Gala, Buero Vallejo, Sastre, Salom, Paso, Concha Velasco, Fernán-Gómez, la Montiel, Ana Belén, Marujita Díaz, Bardem, Berlanga, Carmen Sevilla, Lola Flores..., además de todas las glorias anteriores, que resucitaron. Muchos de ellos actuaron en las fiestas que Franco daba en La Granja los 18 de julio.

Claro que por aquellos tiempos se terminaban en Cuelgamuros las obras del Valle de los Caídos para enterrar a las víctimas de la pasada guerra, obras en las que trabajaron prisioneros de dicha guerra. Y también reconstruía la Ciudad Universitaria, y se construía sin tino, a veces muy bien y a veces muy mal [1].

8) Los deportes. El mundo moderno es un mundo deportivo. Madrid desde los años cuarenta vivió intensamente el deporte, en la práctica y como espectador. En todas las clases sociales, en todos los barrios. El rey del deporte, como desde hacía años, el fútbol. Media ciudad era del Real Madrid y la otra del Atlético Aviación, aunque las preferencias crecieron a favor del Real cuando empezó a ganar, unas tras otra, las más importantes competiciones europeas.

Los demás deportes se desarrollaron de modo extraordinario, sobre todo al compás que iban surgiendo grandes figuras, con fervientes seguidores. El ciclismo con Bahamontes, el tenis con Santana, las motos con Nieto y Pons, la gimnasia con Blume, la hípica con Goyoaga, el boxeo con Carrasco, Folledo, etc. Radio, prensa diaria y especializada, más tarde la televisión, deporte a todas horas. El fútbol, el baloncesto con Epi y Emiliano, el golf con Sota, Ballesteros, etc.; nuevas prácticas y nuevas competiciones, cada día más y más populares... «El opio del pueblo», decían algunos. ¡Bendito opio! ¿Podéis suponer lo que era vencer en fútbol a la Unión Soviética, quedando campeones de Europa, en el nuevo estadio Bernabéu, con Franco presidiendo el partido? Allí no había franquistas ni antifranquistas, sino 80.000 españoles entusiasmados.

Es cierto que el deporte viene siendo desde entonces el gran aglutinante del patriotismo nacional, tan mal tratado por ciertas modas políticas y por ciertos medios de difusión. Con el deporte volvió a brillar y a emocionar a los madrileños la ban-

[1] En esta etapa de gobierno se crearon o desarrollaron el CS de IC, la ONCE, Radio Nacional, la Agencia Efe, la Orquesta Nacional, la Seguridad Social, las Instituciones Laborales, la Formación Profesional, el Instituto Nacional de Previsión, el Talgo, el INI, la Facultad de Ciencias Políticas y Económicas, la Escuela Diplomática, el Instituto de Cultura Hispánica, la Concentración Parcelaria, el Instituto de Estudios Políticos, las primeras autopistas, Televisión Española, Iberia, los planes de desarrollo, etc.

dera nacional, viendo luchar y vencer a los vascos del Athlétic de Bilbao, de la Real de San Sebastián, y a los catalanes del Barcelona y del Español, y a los canarios, y a los gallegos, y a los andaluces, bien como equipos, bien como integrados en la selección nacional. Y no se me olvidan muchos, que harían esta relación interminable. Pero ¿es o no realidad feliz de la pequeña gran historia del Madrid de aquellos años? La verdad y nada más que la verdad.

9) ¿Cómo va a olvidar el No-Do a la Sección Femenina, gustara o no gustara, realidad también en una España que tanto había cambiado? Como en todo régimen autoritario, el Servicio Social trató de unificar a todas las clases sociales, y la Sección Femenina rindió esos servicios con entusiasmo y desinterés, qué duda cabe de que con una línea política bien definida y no disimulada, femenina, que no feminista, patriótica y llegando hasta el último pueblo de España. En Madrid, gran capital, se notó menos la tarea esforzada de las chicas de Pilar Primo de Rivera, pero sí en los momentos más difíciles de acción de Auxilio Social de Mercedes Sanz Bachiller y la gran labor formativa en escuelas rurales y viejos castillos recuperados.

10) El No-Do reflejó sin duda y sin disimulo la política de toda una época. No podía faltar a la hora de los acontecimientos y de la propaganda. En tiempos de duro aislamiento político se fue abriendo la puerta, y llegaron los primeros, mejor aún, las primeras turistas, y los primeros vehículos, el Seiscientos, el 4 × 4, el Simca 1000, y las visitas de personajes, Perón, antes su Evita, y el Negus, y Norodom, y el cardenal Spellman, y reyes, príncipes y presidentes, orientales e hispanoamericanos... Culminó con el Congreso Eucarístico Internacional de Barcelona, y la llegada a Madrid, acontecimiento máximo de la época, del presidente Eisenhower. El No-Do estaba allí. Y en los pantanos.

Fueron también los años en que se desarrolló y alcanzó cumbres políticas una discutida y sorprendente organización religiosa, el Opus Dei; no hay que olvidar que es fundación originaria de Madrid. Como Comisiones Obreras, que aquí no hago más que contar hechos irrebatibles de la Historia de Madrid; lo que no puedo, y como historiador lo siento de verdad, es ponerme en la mentalidad, los sentimientos y las reacciones de los vencidos de la guerra del 36 al 39, porque sería inventarme a mí mismo.

11) Franco nunca tuvo ni mostró predilección alguna por Madrid. Se ocupó de la ciudad, lógicamente como capital del Estado, pero sin preferencias ni especial compenetración. En ese aspecto, él, un hombre con categoría y práctica de estadista, que conversó de tú a tú, en torno a una mesa, con Hitler y Mussolini, Eisenhower y De Gaulle, nunca dejó de ser un provinciano emocionalmente.

Como estratega y político de muy clara visión no mostró especial interés ni precipitación en dirigir el país desde Madrid desde el principio de la guerra. Como ya he escrito, trato de demostrarlo en mi obra *La larga guerra de Francisco Franco.*

El Generalísimo no tuvo la menor prisa en entrar en Madrid; lo demostró permaneciendo en Burgos desde el 29 de marzo del 39 hasta el 17 de mayo, en el Desfile de la Victoria, que, al margen de ideas políticas, fue un día grandioso en la Historia madrileña.

Rechazó elegantemente la idea de instalarse en el Palacio Real, lo que no quiso hacer Azaña, y prefirió la soledad segura y señorial de El Pardo. No se acercó a Madrid, que yo sepa, en visita amistosa y privada, rehuyendo todo contacto público, siempre guardando las distancias, lejos de eso que los franceses llaman *bain de foule,* que tanto gustaba a otros gobernantes, dictadores y demócratas. Nunca buscó Franco homenaje alguno especialmente madrileño, aunque no rechazó ni mucho menos el homenaje nacional, siempre sin descender de su trono peculiar, él, que era un hombre eminentemente sencillo y tímido. Tampoco se acercó Franco al mundo intelectual madrileño. No era lo suyo, a pesar de haber sido un auténtico mecenas y promotor de una intensa obra y vida científica y cultural.

El mayor contacto que Franco tuvo con Madrid desde el formidable desfile de mayo del 39 fue después del 20 de diciembre de 1975, cuando alrededor de cuatrocientas mil personas desfilaron ante su túmulo, esta vez sí, en el palacio de Oriente, que respetó como gentilhombre que fue de Alfonso XIII, reservándolo para el nieto de este, el actual rey de España.

12) Los regímenes totalitarios, aunque sean tan sui géneris como el de Franco, suelen tener al lado de sus características negativas, como la falta de libertades políticas, otras positivas, como la que algunos han calificado de «Estado de obras». Les gusta actuar, modificar y dejar huella. Tiene sus riesgos porque pueden exagerar, pasarse de novedosos y caer en la megalomanía. No hay más que recordar algunas grandiosidades de Roma, Moscú, Pekín y Berlín.

Madrid no cayó en esas mitologías monumentales, salvo en el famoso Valle a cincuenta kilómetros. Tuvo el acierto de completar dos grandes obras de los regímenes anteriores: la Ciudad Universitaria, espléndida iniciativa de tiempos de Alfonso XIII, y los Nuevos Ministerios, proyecto acertado y de gran dignidad arquitectónica, iniciativa del ministro Indalecio Prieto en la Segunda República. Igualmente, el aeropuerto de Barajas.

En lo que sí perdió un poco el control constructivo el sistema político fue en el urbanismo, con importantes aciertos y crasos errores, al querer hacer mucho, acumulando proyectos y planes a veces contradictorios o mal coordinados. Un *animus aedificandi* guiado por el laudable afán de dotar de viviendas a tantos miles de necesitados, creando excesivos barrios suburbiales, todo mezclado con una cierta mediocridad pretenciosa. Un deseo de hacer a toda prisa una gran ciudad de avenidas, plazas, túneles, *scalextric,* etc., un gran desorden circulatorio a pesar de las mejoras en el metro. De todo ello fueron culpables las circunstancias por el enorme aumento de la población inmigrante, un parque automovilístico desorbitado que superaba todas las previsiones y un crecimiento centralizador exagerado de la Administración.

Tuvo el acierto de respetar lo más clásico del Madrid de los Austrias y de poner en valor la grandiosidad monumental de los Borbones. Una muy dudosa tarea fue la de sustituir palacetes y hoteles ajardinados por grandes edificios modernos, algunos gigantescos, con aires de rascacielos, en zonas suntuosas como Recoletos, Prado, Castellana, etc.

Todos estos temas tuvieron sus etapas y sus alcaldes. Mi preocupación y mis viejas ideas sobre ellos vienen en parte explicados en unos artículos que publiqué hace muchos años y que reproduzco en un apéndice de este libro.

De un modo u otro, este Madrid, Villa y Corte de nuestras entretelas, se fue convirtiendo en una gran capital a nivel mundial al llegar al final de esta larga etapa «autoritaria» allá por los finales de 1975.

La verdad es que no me reconozco. De aquel Madrid en que he querido reflejarme, más que retratarme, a través de muchas páginas, a este Madrid en que me veo convertido, imagen que se diluye y construye en el espejo del tiempo, hay a la vez un abismo material que nos aleja y un viejo encaje, antiguo y sentimental, que nos sigue uniendo.

He roto límites, he desorbitado la figura que de la prehistoria llegó a la gran ciudad y hoy me pierdo, me descompongo en autovías, poblados satélite, redes de enlaces, túneles, cientos de kilómetros subterráneos, riadas desbordadas de automóviles, fábricas, semáforos, letreros de multinacionales... A mis madrileños se les ha pegado a la oreja un telefonillo móvil; parece que hablan solos por las calles y la ciudad habla un lenguaje extraño de web, arrobas..., y los que no sabemos lo que es Internet parece que seguimos en la Edad Media. Las vacaciones han pasado de Torrelodones, Sangenjo y Zarauz a las islas Seychelles y al dichoso Cancún. ¿Estoy en mí, en la Cibeles o en las Vistillas, o estas partes de mi ser están en Filadelfia, Hong Kong, Hamburgo o Kenia? ¿Por qué descubrió Colón el maligno tabaco, si ahora está prohibido? ¿Para qué se esforzaron siglos en forjar a España para que ahora, que soy tan grande, solo se me quiera dejar ser capital del Ebro al Guadalquivir?

Al fin y al cabo, puede que estos tiempos, agitados, locos, no sé si cósmicos o cómicos, me permitan seguir siendo Madrid, capital de España, la ciudad de todos, por la gracia de Dios.

# Apéndices

## I
## Muerte del infante don Sancho y honor de don Diego Fernández de Gudiel

Llegaba a su gracia el año de 1373: convocadas en Burgos las Cortes del Reino, la Villa de Madrid envió como procurador al regidor don Diego Fernández de Gudiel, uno de sus más nobles caballeros. Trasmitió a la posteridad su generosidad y entereza. Había tomado posada en el barrio de Santisteban con los más poderosos magnates, entre ellos el infante don Sancho, hermano del Rey.

Sin duda por despreciables principios se empeñó reñida contienda entre criados y familiares del infante y los de Pero González de Mendoza, trabándose sangriento combate. Tan ciegos andaban los de uno y otro bando que, sin reparar en su persona, alcanzaba desdichadamente a don Sancho la lanza de uno de los combatientes, con tan recio golpe en el rostro que le arrancaba a pocos momentos la vida.

Divulgada aquella noticia, produjo al rey Enrique profundo dolor y enojo y mandó prender a todos los que habían tomado parte en tan desgraciado suceso, entre ellos, por azar, el regidor de Madrid, Diego Fernández de Gudiel, y les mandó ejecutar.

Cuando estaba a punto de ser cumplida la sentencia, intervino con súplicas a favor de don Diego el almojarife mayor Moseh-ben-Roman. Tocado de generosidad y en pago de antiguos servicios, el rey perdonó la vida al regidor de Madrid, que entonces dirigió estas memorables palabras al hebreo Moseh-ben-Roman: «Yo vos tengo en merced la buena obra que facer me queredes; no soy en tiempo de poderoslo pagar, pero mando a los mis fijos y de los que de ellos vinieren que lo fagan con los vuestros. Nunca plegue a Dios que les deje en este camino». Y volviéndose al pregonero continuó: «Tira e dí tu pregón, que yo no quiero gozar solo de la vida». Y el rey, enterado de la generosidad del caballero, otorgó magnánimo el perdón a todos los condenados, mereciendo el aplauso de la nación entera, comparando tal benignidad de los Trastámara con la crueldad del rey don Pedro. (De la *Crónica del rey don Enrique de 1374,* citada por Azcona y por A. de los Ríos.)

## II
## Alfonso XII, la Borghi y el ministro Elduayen

Lo que le traía a mal traer a la reina Cristina, superados los celos por los amores del rey con Elena Sanz, porque lo creía todavía más peligroso para su escasa felicidad conyugal, era la intensa relación de Alfonso XII con la cantante italiana Adela Borghi.

Cuenta un cronista que «la relación de los amantes había llegado a tal cinismo que hacían ostentación de su idilio en lugares públicos, muy frecuentados incluso por personalidades de la Corte. Era un desprecio para la dignidad real y de la mujer que en Palacio sentíase infinitamente desgraciada».

Ocurrió ya en 1884, cuando Cánovas había vuelto al poder. La reina le llamó a sus habitaciones:

—Lo que voy a decirle, señor Cánovas, es de índole particular, pero puede tener repercusiones nacionales e internacionales. ¡Estoy harta de ser humillada por el rey! Hasta ahora he soportado pacientemente sus devaneos.

Siguió María Cristina con la queja detallada de los escándalos, de la vergüenza de tanta sucia aventura, de los que se alegraban porque era una extranjera, una austríaca...

—No obstante, señor Cánovas, hoy se ha colmado la medida. ¡Le doy un plazo de una semana para que Adela Borghi abandone España!

El presidente meditó unos momentos antes de responder:

—¿Ha hablado Vuestra Majestad con el rey?

Doña Cristina, con una triste y forzada sonrisa, le contestó a Cánovas:

—¿Para qué? Esta mañana le he visto y me ha visto cuando iba con ella por el paseo de Coches del Retiro. ¿Es que tendré que aplaudirle esta noche en *Los hugonotes?*

El ilustre político, por cierto no muy puritano en cuestión de faldas, según decían, comprendió perfectamente los motivos de la reina, toda una gran dama de voluntad inquebrantable, una soberana de cuerpo entero. Sugirió a doña Cristina que hablara con el rey.

—No me humillaré más ante él. No soy una persona de impulsos, pero he meditado bien mis actos. Espero sus noticias.

Cánovas marchó directamente al Gobierno Civil. Allí le esperaba el señor Elduayen, que era el gobernador y además ministro de Estado.

—¡Qué grata sorpresa, presidente!

—No muy grata, amigo Elduayen.

—¿Viene a pedirme la dimisión?

—No, amigo; si acaso, dimitiremos juntos.

A continuación fue explicando lo que sucedía, su conversación con la reina, la justa e imperiosa orden que había recibido y las que él daba a Elduayen para ejecutar sin excusa ni pretexto.

—Mañana, a la hora que yo le diga, para no encontrarse con el rey, va usted con dos agentes a la casa de la Borghi y se la lleva con el billete hasta la frontera, desde la estación del Norte. Y cerciórese de que pasa a Francia y de que no vuelve. Lleve algún dinero por si ella se lo pide para el viaje. No le preocupen las consecuencias. Yo respondo de todo.

Al día siguiente, a la hora indicada por Cánovas, pocos momentos antes, Elduayen estaba en la casa de Adela Borghi.

—Haga usted las maletas. Dos agentes irán con usted hasta Francia.

La Borghi pidió toda clase de explicaciones, protestó, se enfadó, amenazó al gobernador y ministro de Estado.

—Usted no es un caballero, no sabe tratar a las damas.

—A las damas, sí; a usted, no. Usted es una..., ¿quiere oírlo?

Ella, entonces, insinuó que alguien iba a venir a verla de un momento a otro.

Elduayen no cedió. Treinta minutos para hacer el equipaje.

—Claro es que Alfonso no sabe nada. Va a ver usted la que le espera cuando se entere. Volveré a España porque él me traerá.

Adela Borghi con esa idea acabó en la frontera. Cuando Alfonso XII se enteró, se indignó, se encolerizó, se tragó su ira frente a Cánovas, pero muy en privado, sin tomar medida alguna. Tal vez más adelante...

Solo Alcañices y Morphy estaban presentes mientras se desahogaba.

Al día siguiente, Cánovas se presentó en el despacho del rey. Le llevaba su lista del nuevo Gobierno, pues le había renovado como presidente pocos días antes. El nuevo equipo variaba muy poco del anterior.

Alfonso XII depositó la lista sobre su mesa de despacho. Como si nada supiera de la expulsión de su amante, puso el aprobado al nuevo Gabinete y solo tomó la pluma para tachar el nombre de Elduayen. No hubo palabras hasta que Cánovas rompió el silencio diciendo:

—Por favor, Majestad, ¿me prestáis vuestra pluma un momento?

Y sin dudarlo tachó su propio nombre de presidente.

El rey, sorprendido por el gesto, se mordió los labios y dijo a Cánovas, al que tanto debía:

—No es la primera vez, señor presidente, que tacho un nombre de una lista después de aprobar los demás.

—Elduayen y yo sabemos el motivo que impulsa a Vuestra Majestad.

Alfonso XII vio venir la crisis total. No era el momento ni le convenía prescindir del gran estadista. Tampoco quería que su problema personal trascendiera a la calle.

—Aprobado todo el Ministerio. ¿Tiene algo más que tratar?

—No, Majestad.

—Entonces puede retirarse —concluyó Alfonso XII[1].

# III
# MADRID, EN SU PUNTO

## LA CAPITAL TIENE EN 1954 LAS PROPORCIONES JUSTAS PARA EL EQUILIBRIO

### *Ciudad de paradojas, se ha encontrado a sí misma en estos últimos años*

Madrid está en su punto. Si hasta 1936 fue escasa capital para España, ahora, en 1954, tiene las proporciones justas para que el cuerpo no se desequilibre por exceso de cabeza.

[1] De mi obra *Alfonso XII y la reina Cristina,* ob. cit.

De sucesivas etapas históricas es el Madrid de hoy una síntesis admirable que ha ido conservando lo mejor, lo más genuino, lo más elegante. Del tiempo de los Austrias, la exacta y al mismo tiempo acogedora geometría de la Plaza Mayor; la lección arquitectónica, puro estilo madrileño, padre de tantas obras de hoy, hechas canon en el palacio de Santa Cruz y en la Casa de la Villa. Y todo un barrio en torno, cultivado en época y estilo con amor y sabiduría.

Los rincones en que la Historia fue dejando su huella perdurable: la iglesia recoleta, joya de arte; el típico mesón, la piedra noble...

Carlos III da norma, línea y señorío a una nueva etapa de la Corte, desbordando ya el círculo estrecho del Madrid austríaco. Primer gran urbanista de nuestra ciudad, organiza y construye, limpia y enseña. Entre las muchas muestras que hoy quedan de su labor de buen alcalde, ahí está esa Puerta de Alcalá —o la de Toledo, en tiempos de Fernando VII— para que pase la luz, para que no se detenga el progreso, encauzado por arcos y columnas neoclásicas.

Contando con estas dos bases urbanas y artísticas, perfectamente conservadas —tanto la austríaca como la borbónica—, Madrid no se ha ceñido, sin embargo, a uno u otro patrón. Gran pecado y gran misterio de Madrid es el tener una perfecta y definida personalidad, compatible con ese su crecimiento anárquico, con la multiplicidad y variabilidad de los elementos que la constituyen.

*Ciudad de paradojas*

Madrid es una ciudad de paradojas, llena de acentuados contrastes, que ha hallado su equilibrio, que se ha encontrado a sí misma en estos últimos años.

No es la ocasión ahora de hacer un estudio especializado de cualquiera de las facetas del Madrid actual, humano o urbano. No es esta la ocasión de analizar sus problemas y de buscarles solución. Porque problemas, ¡quién lo duda!, los hay, y muy importantes; pero no son obstáculo para que podamos exaltar su gracia indefinible, su atractivo poderoso y la realidad magnífica de su momento actual.

La solera histórica y artística que pregonan sus monumentos, sus templos y sus museos, estos cada día más y mejores (¡qué esfuerzo para no caer en la guía turística!), sobre el fondo natural del cielo más azul y con la atmósfera más clara dibujando los contornos, son la prosapia o el marco de la ciudad. Y hoy, Madrid, que tiene el campo al alcance de la mano desde los rascacielos de la Gran Vía, está en la hora en punto para no pasarse de rosca, para no invadir el campo con la ciudad, para poner cerco a esta con árboles y flores, para que, abierta siempre, siga, sin embargo, íntima y familiar, que todavía lo es. Con acierto se ha visto la conveniencia de la expansión a base de alegres y autónomos poblados satélites que adornen la sequedad de la estepa. Hasta un río de verdad está a punto de tener nuestro Madrid en este año de gracia de 1954. Y cada vez más cerca, la Sierra, llena de ecos del Arcipreste y del marqués de Santillana, soberana de magníficos paisajes, pulmón y recreo envidiable para cualquier capital de primera fila.

Pero, al fin y al cabo, bien aprovechado, todo esto es naturaleza, regalo de Dios para compensar dureza de clima y sequedad de la tierra. El loor al Madrid de hoy se lo merecen la mente y las manos de los hombres que han transformado, que han perfeccionado la ciudad hasta hacerla espejo de capitales e imán de las gentes del mundo.

*Como una catedral gótica*

Madrid es la obra y el crisol de España, «rompeolas de las cuarenta y nueve provincias españolas», creo que fue Machado el que la llamó así. Tal vez lo fuese antaño. Hoy, como una catedral gótica, es la obra de todos, a todos debida, por todos gozada y, ¿por qué no?, sufrida muchas veces.

La antigua y modesta Villa y Corte, con su señorío, con su oso y su madroño, su folclore de majas y chisperos, de zarzuela y de género chico, con su anecdotario decimonónico, con su cara de pueblón manchego al lado sur, con su fama de alegre y confiada, con su agujerito para verla desde el cielo, es hoy algo más, mucho más.

En 1954, Madrid es una de las más bonitas, limpias, modernas e importantes capitales del mundo. Aeropuerto transoceánico, visitantes ilustres y famosos, que no es lo mismo; sede de reuniones internacionales importantes, escenario de acontecimientos, faro de los pueblos de América, emporio cultural, avenidas espléndidas, edificios soberbios.

Madrid de las nuevas industrias, de los parques renovados, de los alegres y suntuosos salones de espectáculos, de los grandes estadios, de los hoteles sensacionales... Madrid, donde cada día el pobre está más cerca del rico, porque a cada uno se le va midiendo por su obra y a todos se les va dando los medios para realizarla... Madrid de las casas regionales que acercan y aclimatan... Madrid de la eclosión fabulosa de belleza femenina en todas las estaciones, que ha hecho decir con justicia a un visitante extranjero que es la ciudad del mundo donde hay más mujeres guapas por metro cuadrado... Madrid de las fiestas de San Isidro, Madrid de las devociones, Madrid caritativo de la Flor y de la Cruz Roja... Madrid rico, millonario de luz y de alegría; Madrid de los brazos abiertos, tan criticado y tan querido, tan vilipendiado y tan deseado... Madrid amigo, viejo amigo, en 1954, más que nunca espejo y orgullo nuestro. [Artículo publicado por José Antonio Vaca de Osma en el diario *Ya,* de Madrid, el 11 de julio de 1954.]

# IV
# LOS PRÓXIMOS DIEZ AÑOS DE MADRID

### UNA CIUDAD ASOMBROSA, CON MIL PROBLEMAS Y MIL POSIBILIDADES

No se fíe el lector del título de este artículo. Tiene trampa. No es un anticipo profético a diez años vista. El título es más bien un compromiso, un señuelo y una intuición.

Con soñadores como Ensenada y Esquilache, que cada uno a su modo lo fue; con soñadores como Churruca, el de Trafalgar, vencedor en la derrota, así se hacen y se rehacen los grandes pueblos.

Con soñadores como el barón Hausmann, como Rius i Taulet, y como Cerdà; con soñadores como los tres capitanes, cada uno a su modo y en su momento, que ha tenido Madrid desde 1939 dirigiendo la nave municipal, así se hacen las grandes ciudades o así se las hace resurgir, cual ave fénix, de sus cenizas. Así debe de ser ese Willy Brandt, de Berlín, o ese Chaban-Delmas, de Burdeos, o esos grandes empresarios que han ido haciendo las ciudades norteamericanas fabulosas en poco más de un siglo.

El mirar diez años para delante poco quiere decir. Ni invitación a un programa, ni lección para quienes no la necesitan. Es amor a la patria chica, al pueblo de los mayores de uno, que hasta debieron ser castizos (y cuidado que me gusta poco «hoy» el casticismo), porque nacieron y murieron durante más de dos siglos en ese cuadrado que va de la plaza de Cascorro a la glorieta de Atocha, de la Puerta de Alcalá hasta el palacio de Oriente.

El mirar diez años adelante tal vez sea un reflejo de mirar diez años atrás. Poco más o menos este tiempo hace desde que escribí en un diario madrileño de la mañana un artículo titulado «Madrid, en su punto». Era un elogio, un canto en prosa vulgar a una ciudad que casi iba siendo perfecta —a escala humana—, que se podía y se debía mejorar y cuidar, pero en modo alguno agradar, un tanto a lo loco, y menos aún jugar con ella a la megalomanía o gigantismo. Apenas sabía entonces de planes coordinados de urbanismo ni de esferas de competencia. Lo único que veía era que Madrid se nos iba de las manos y que ciertos laudables proyectos se quedaban en eso, en proyectos, y se hacía, en parte, todo lo contrario. Por aquellos días tenía la experiencia reciente de varias capitales mundiales, buen espejo en que mirarse para saber lo que se debía y lo que no se debía hacer. Desde el buen criterio vienés, bruselense, florentino o washingtoniano, hasta la locura desbordada de varias grandes ciudades americanas de nuestra estirpe. Desde el horrible cinturón industrial de las poblaciones que *a natura* lo son hasta la sabia distribución amorosa de espacios verdes en las ciudades jardín.

Mas dejémonos de recuerdos, evocaciones y comparaciones. Olvidemos toda posible erudición de datos estadísticos fríos o de amorosa delectación histórica. Ignoremos (¿la conoce bien, de verdad, alguien?) toda legislación en lenta elaboración. Prescindamos de ejemplos extranjeros y de la corta mentalidad de un sistema de Administración local, generalizador sin matices, burocracia sin ánimos y con poca fe, posiblemente con alguna razón. Todo esto sería una tara para una exposición escueta que, si llega el caso, no habría inconveniente en desarrollar y aclarar a gusto del consumidor.

Procuremos ponernos en el papel de ciudadanos, todos lo somos en nuestra ciudad, y al mismo tiempo contemplemos desde fuera, limpiamente, con perspectiva, para que los árboles nos dejen ver el bosque. (Árboles, árboles, muchos árboles y mucho jardín; entre ellos, o rodeado de ellos, se verá mucho mejor el bosque de cemento, de piedra, de hierros, de ladrillo, de asfalto... Y se respirará mejor, como Don Juan a orillas del Guadalquivir.)

La dirección y administración de una gran urbe, el bien de los ciudadanos, exige una estrategia, un estado mayor, unos mandos con el material a punto y unos magníficos batallones; es una guerra incruenta —no siempre— de todos los días. Si falla cualquiera de estos elementos, el fracaso es seguro. Y aun otros, que aunque parezcan secundarios, en la guerra y en la ciudad, son indispensables: Intendencia, Sanidad, Intervención, Transporte, Reserva General, Cartografía, etc.

Y, como en las guerras, también hace falta la intuición después del detenido estudio, la visión clara de adivinación. Así se ganan las batallas. Así las ganaba Napoleón, que en sus grandes triunfos, han llegado a decir sus mejores biógrafos, había «visto» lo que iba a pasar antes de comenzar el combate.

El gobierno de la gran ciudad, y más aún si es la propia, es la más difícil y hermosa labor para el político, como la de su país, la de un gran país, para el verdadero hombre de Estado. Id y consultad a nuestros tratadistas de los siglos XVI y XVII, buenos profesores de teoría y práctica de gobierno.

Hay que resolver los problemas del día con soluciones válidas para muchos años. ¡Fuera las mentalidades estrechas, las soluciones mediocres! La decisión y la imaginación no están reñidas con el realismo y el buen sentido. Por ello hay que aceptar la crítica constructiva y depurarla de intereses particulares que no coincidan con el bien de la comunidad. No hay que olvidar que la política siempre es el arte de lo posible, y que por ello hay que poner todos los medios para llevar a compás ilusión y ejecución. El gobierno de una gran ciudad, y perdone el lector estas quintaesencias a que obliga el espacio limitado, es incompatible con una interferencia de jurisdicciones. A priori hay que coordinar toda acción, venga de donde venga, y delimitar bien las competencias, lo que evitará zonas de fricción. Pero la decisión debe ser única; el mando, claro, personal y responsabilizado, después de oír y aceptar el criterio, si procede, del órgano colegiado o representativo competente y con los asesoramientos técnicos que sea preciso.

Los municipios españoles tienen una gloriosa tradición histórica, una obra positiva de siglos, al lado de enormes defectos, y son hoy pieza clave del ordenamiento político, jurídico y administrativo de España. Su jurisdicción en materias propias, hombres y siglos creando una experiencia y unos derechos acumulados, puede ser revisada, pero no barrida alegremente de un plumazo o con unos cuantos planos. La capital de un país exige un régimen especial. Creo que, en líneas generales, es de sentido común un planteamiento parecido al siguiente, que admite matices y variantes y que, como dicen los ingleses, *«everything is subject to revision»: a)* Una dirección ejecutiva que implica también la suprema representación de la Corporación municipal. Es el alcalde, alcalde gobernador, alcalde gerente, alcalde presidente, como se le quiera llamar. En determinados actos esa representación la ostentará la Corporación en pleno, con su alcalde al frente. Nada nuevo entre dos platos, dirán algunos. Como en el anuncio de la televisión: «Fíjense bien, pero bien, bien». Un Consejo efectivo y representativo. No es este lugar para indicar el sistema electoral para la capital de España, ni yo quién para apuntarlo en este momento. (A este Consejo, además de tomar los acuerdos que la ley le señale, le corresponderá la inspección y fiscalización de la actuación del comité de gerencia y de los presupuestos, en representación orgánica del pueblo de Madrid.) *b)* Un comité de gerencia, o más bien jefes técnicos de servicios, plantel selectísimo, bien remunerado, con dedicación absoluta y por materias, aunque deba admitirse una división secundaria por distritos o barrios.

Todo esto, probablemente, podrá adaptarse bien a las fórmulas legislativas que están cociéndose a fuego lento. ¿Para que el pan municipal tenga la cochura debida? ¿Por falta de fuelle? ¿Por escasez de leña o serojas? ¿O es que algunos no quieren que el pan crocante salga del horno, y prefieren la miga blanda o el duro trozo revenido al que nadie quiere ya meter el diente?

### *Los problemas de Madrid*

Casi telegráficamente, y por vía de ejemplo, me referiré a algunos temas vivos que para muchos o no han nacido o están muertos: *a)* Desconcentración industrial. Madrid ha cometido el error de fomentar excesivamente su cinturón de fábricas. ¿Inconvenientes? Muchos y graves: problemas de vivienda, de higiene, de transporte, de conflictos sociales. Además aumenta una inmigración suicida, se despueblan aún más la meseta central y los campos andaluces, y no se crean centros industriales en las zonas subdesarrolladas, lo que sería en gran parte su salvación. Algo se inició, pero ¡qué poco! Y casi siempre obra del Estado, blando, por otra parte, al no obligar a la iniciativa privada a esa desconcentración fabril, con sus enormes ventajas de toda índole, salvo para algunos «comodones». *b)* Adecuación de la ciudad, de Madrid, a la geografía y al clima. Si es preciso, y a veces así es, se ha hecho, se lucha contra ellos, pero no conviene forzar demasiado a la naturaleza, es antieconómico y absurdo.

A Madrid, que le favorece su posición central, le perjudican sus problemas de agua (que serán pronto gravísimos si no se les da preferencia absoluta, lo que al parecer va por buen camino gracias a la diligencia del Canal de Isabel II y del Ministerio de Obras Públicas), los de falta de materias primas, los de su alejamiento de los puertos exportadores, la propia convivencia con la Administración central... *c)* Se ha hablado estos días de la Ciudad Universitaria. No entro en comentarios. Ahí está, maravillosa y espléndida, mejorable como todo, con una juventud maravillosa y espléndida también, acusada de atonía o de complejos y múltiples recelos políticos, que no espera más que limpios, claros y elevados objetivos nacionales en la paz.

Ahí está la Ciudad Universitaria: gloria del rey que la puso en marcha.

*Polémica del urbanismo*

Temas urbanísticos. ¡Bonito tema, a fe mía! Por hoy, solo unas insinuaciones.

No se pueden tomar posiciones tajantes y extremas. ¿Grandes reformas interiores? Muchas, ¿por qué no? Otras son disparatadas y antieconómicas. ¿Llevar la ciudad al campo? Si se hace bien, con categoría, con absoluta autonomía, suficientemente lejos..., magnífico. Así viven algunas de las ciudades más agradables, bonitas y adelantadas del mundo.

Pero, ¡por Dios!, no más poblados satélite gigantescos al final de las calles de Madrid, taponando accesos, creando núcleos sociales unificados a media o baja economía... Poblados, en general, de pobre y no muy duradera construcción, con servicios insuficientes, calles que son caminos de carros, tan cerca y tan mal comunicados.

Se ha dado un gran paso, pero no ir más allá de lo que exige el dar vivienda digna, con todos sus complementos, a todo el que «ya» vive en Madrid y lo que obligue el crecimiento vegetativo y el reagrupamiento familiar. Nada más. Cerrar las puertas y crear industrias y hacer viviendas en la ancha Castilla, en el amplio Aragón, en La Mancha inmensa, casi infinita.

En cambio, el campo, urbanizado en jardín o casi virgen, como en los montes de Garabitas o El Pardo, eso sí que hay que meterlo en la ciudad.

En una especie de cajón de sastre meteré esos temas, que cada uno necesitaría páginas enteras para exponerse debidamente; y con sus correspondientes soluciones de un soñador realista. Altura de edificios, rascacielos, sí y no, depende cómo y dónde. Comunicaciones, circunvalación de Madrid, colaboración con los Ministerios de Obras Públicas y Vivienda, contratas, intermediarios... Intentaré un esquemático ensayo de orden de prelación de problemas. Confío en que *El Español,* otros días, me permitirá ir concretando algunos puntos y sus posibles enfoques y soluciones.

*Cortar la inmigración*

Es esencial cortar mediante medidas indirectas y no coactivas el flujo de inmigrantes en la capital, que sigue siendo meta suprema, aspiración de muchos, crisol de España y gran error que muchos también lamentan cuando ya no pueden rectificar.

Es urgente y primordial la urbanización, antes señalada, de las zonas suburbiales. Pavimentaciones, alcantarillados, agua, luz, espacios verdes, zonas deportivas, mercados, enseñanza en los grados primarios, medios y de formación profesional, templos, etc.

Las reformas interiores con tiento y con tino, atendiendo a resolver problemas de tráfico, estacionamiento, distribución comercial, evitar perjuicios e incomodidades por obras interminables, ¡las dichosas contratas!, etc. Grandes vías, sí, pero antes otras cosas más importantes. Y conservar y realzar los tesoros artísticos e históricos que Madrid encierra.

Transportes urbanos. Desarrollo al máximo, sobre todo los colectivos y más económicos, dotándoles de la comodidad indispensable y de la frecuencia que evite retrasos y aglomeraciones.

También es necesario hacer más rápida y fluida la circulación. (Por cierto: ¿se ha estudiado a fondo el costo, rendimiento, utilidad y utilización de los grandes estacionamientos subterráneos en obras?)

Atención especial y exigir la debida esfera de competencia, con los medios adecuados, en materia de abastecimientos. Es seguro que el Ministerio de Comercio será el primero en ayudar eficazmente.

También deben revisarse los horarios de los comercios e ir a la máxima libertad en la fijación de los mismos, salvo en la terminación de espectáculos y diversiones nocturnas, que deberán tener una hora tope de cierre.

Las que pudiéramos llamar «labores de adorno». Son muy importantes, y aunque otras acucien más, pueden y deben desarrollarse simultáneamente. Pero hay que hacer más, mucho más, en materia de arte, turismo, publicaciones, cultura (enseñanza primaria, etc., ya queda dicho). Adecentamiento, deportes y educación física, protocolo, arreglo o construcción de edificios representativos y oficinas modernas, protocolo.

### *Madrid, provincia*

Madrid debe cuidar también su zona de influencia en la provincia, excursiones combinadas, estaciones veraniegas o de deportes de invierno, comunicaciones secundarias... Cabe una colaboración obligada y en parte bien enfocada desde la Diputación Provincial. Todo esto exige una profunda modificación y agilización (perdón por la palabreja) de los servicios municipales, personal, medios materiales, instalaciones, etc.

El ejemplo de que ello es posible nos lo han dado ministerios y organismos anquilosados y de escasa eficacia convertidos en poderosos y eficaces resortes ejecutivos por un simple cambio de mentalidad. Y el dinero para ello se ha encontrado cuando se ha buscado de verdad y se ha dado mayor rendimiento al que había. Todo sin forzar al contribuyente de manera sensible y, desde luego, siempre después de que los ingresos del ciudadano hayan aumentado proporcionalmente. El caso es adecuar medios afines.

El ejemplo nos lo han dado grandes ciudades extranjeras, algunas resurgidas de las ruinas.

El ejemplo nos lo están dando otras poblaciones españolas, desde Barcelona (con todos sus enormes problemas y los difíciles momentos de una etapa de transición en el sistema municipal, todavía con algunas quiebras, pero en buen camino y perfectible sobre la marcha) hasta ciudades tan diversas como Alicante, Ávila, Ferrol, León, Salamanca, Oviedo...

*La obra bien hecha*

A la obra, para que esté bien hecha, hay que echarle mucho amor. No todos pueden. Pero sin afanes de megalomanía, con la colaboración de todos, implicado el ciudadano en la tarea del bien común, es posible cumplir en esta parcela de la patria que es su capital. [Artículo publicado por José Antonio Vaca de Osma en el diario *Pueblo,* de Madrid, y el semanario *El Español,* en Madrid, 3-IV-1964.]

# SUGERENCIAS BIBLIOGRÁFICAS

Sobre Madrid se ha escrito todo y de todo desde hace muchos siglos. Eminentes «historiadores» han dedicado sus esfuerzos y la mayor parte de su obra a relatarnos la Historia de la capital de España, o de modo general o en detallados aspectos parciales de esta... Unos más antiguos, como Fernández de los Ríos, Mesonero Romanos, Estébanez Calderón, el magnífico Amador de los Ríos... Otros más recientes, como Bravo Morata, Sainz de Robles, García Mercadal, García Venero, Pedro de Répide y Juan Antonio Cabezas, especialista en calles. Hay hasta un interesante diccionario de Madrid de Rubiños.

Sin ser historiador, Pérez Galdós nos cuenta mejor que nadie el Madrid que va desde finales del XVIII a principios del XX. Nuestros grandes clásicos situaron gran parte de su obra en la Villa y Corte: Lope, Quevedo, Alarcón, Tirso, Vélez de Guevara, Calderón.... Puestos a incluir literatura, la hay de todas clases: Madrid protagonista, Madrid escenario, Madrid ensalzado, Madrid vilipendiado; poetas, dramaturgos, humoristas, costumbristas. ¡Cómo olvidar a Ramón de la Cruz, a Baroja o a Foxá!

No hay extranjero, escritor profesional o simple viajero, que puesto a escribir no lo haya hecho, incluso con mucho detalle o con gran interés, sobre sus impresiones de la ciudad, de sus gentes, de sus costumbres; desde profundas interpretaciones a estúpidas opiniones superficiales. De la condesa D'Alnouy a León Rosmithal, de Blanco White a Alejandro Dumas y Téophile Gautier, de Richard Ford a Saint-Simon...

Recientemente, Hugh Thomas ha publicado una selección de textos titulada *Antología de Madrid,* que incluye una bibliografía con más de trescientos títulos. Me permito recomendarla (Gadir Editorial, Madrid, 2004).

No falta turbamulta de obras sobre aspectos parciales de la Villa: arquitectura, urbanismo, callejeros comentados, guías, anécdotas y chistes a mansalva.

No digamos en todo lo que se refiere al Madrid de 1936-1939, con muchísimos datos, tantos como opiniones encontradas, verdades y mentiras en algarabía. ¿Quién puede seleccionar? Comprenderá el amable lector de las páginas anteriores que el intentar una bibliografía de la Historia de Madrid era tarea imposible y creo que inútil. Por eso no he intentado presentarla y la dejo aquí para que si a alguien le ha despertado interés mi libro que la complete a su gusto. Con mi agradecimiento anticipado.

# Índice onomástico